Georg Graf von Schwerin

Zettemin

Georg Graf von Schwerin

Zettemin

Erinnerungen eines mecklenburgischen Gutsherrn

Mit einem Vorwort von Botho Graf von Schwerin

Langen Müller

Zu den Abbildungen

Vorderer Vorsatz
Linke Seite: Wolfshagen/Uckermark, das Geburtshaus des Autors. – Der Autor im Jahr 1936. – Vera Gräfin von Schwerin, die Ehefrau des Autors.
Rechte Seite: Zettemin, Frontseite und vom Garten aus gesehen (oben und Mitte). – Die von den Zisterziensern im 14. Jahrhundert errichtete Kirche in Zettemin.

Hinterer Vorsatz
Linke Seite: Feldmark und Feldarbeit in Zettemin (oben und Mitte). – Die Familie des Autors Anfang der 20er Jahre.
Rechte Seite: Botho, Christian und Benita, die Kinder des Autors (v.l.), Juli 1928 in Zettemin. – Der Autor in den 60er Jahren.

(Sämtliche Fotos stammen aus Privatbesitz.)

Am Ende des Buches, auf den Seiten 334/335, ist die Landkarte »Mecklenburg und Schleswig-Holstein« abgedruckt. (Mit freundlicher Genehmigung des Bibliographischen Instituts & F. A. Brockhaus AG, Mannheim, entnommen »Meyers Lexikon – Atlasband«, 7. Auflage 1928.)

Neu durchgesehene und erweiterte Ausgabe der 1959 erschienenen Erinnerungen »Zettemin – Leben und Wirken auf dem geliebten Lande«

Umschlaggestaltung: Bernd und Christel Kaselow, München, unter Verwendung eines Fotos von Gut Zettemin (Privatbesitz)
Satz: Filmsatz Schröter GmbH, München
Gesetzt aus 10/12 Times auf Linotronic 300
Druck: Jos. C. Huber KG, Dießen
Binden: Buchbinderei Oldenbourg
Printed in Germany
ISBN 3-7844-2531-3

Den Zetteminern
gewidmet
als Dank
für ihre Treue
in schwerer Zeit

Inhalt

Dritter Teil: Tohuwabohu

Zur Neuausgabe des Buches meines Vaters

Von Botho Graf von Schwerin

Georg Graf von Schwerin aus dem Hause Wolfshagen/Uckermark wurde in eine bewegte Zeit hineingeboren. Seine Jugend fiel noch in die Kaiserzeit, nach dem Studium der Rechtswissenschaften in Kiel und Genf erlebte er als junger Soldat den Ersten Weltkrieg.

In den Wirren der zwanziger Jahre begann er mit der Übernahme der Güter Zettemin mit Wolde und Zwiedorf aus dem mütterlichen Erbe sein Berufsleben als Landwirt. Durch schwere Krisenzeiten führte er den Besitz.

Mit dem Aufkommen des Nationalsozialismus schien sich für die bedrohte Landwirtschaft eine bessere Entwicklung anzubahnen, weshalb viele, durch die neuen Amtsträger verursachten Pannen und Mißstände zunächst mit einem gewissen Galgenhumor aufgenommen und kommentiert wurden. Doch bald schon brach sich die Erkenntnis Bahn, daß das neue Regime alle staatstragenden moralischen Werte auf dramatische Weise verwandelte. Mit dem von Anfang an als Katastrophe begriffenen Krieg schließlich endete die Epoche in einem Inferno ohnegleichen.

Georg Graf von Schwerin flüchtete nicht wie viele andere seines Standes vor den anstürmenden russischen Truppen, sondern harrte in Treue und Pflichterfüllung auf seinem Grund und Boden und bei seinen Leuten aus, bis er schließlich von den neuen kommunistischen Machthabern enteignet und vertrieben wurde.

Der Autor sah bewußt von einer Wiedergabe berufsbedingter Sorgen und Nöte in damaliger Zeit ab. Ihm kam es wesentlich darauf an, das Sozialgefüge auf dem Lande in Mecklenburg möglichst genau darzustellen. Es erschien ihm dies um so wichtiger, als Aufgabe und Stellung der Gutsbesitzer von politischer Seite später in ein negatives Licht gerückt wurden.

Zwar verlor er nie den festen Glauben an die Wiedervereinigung des zerrissenen deutschen Staates, doch war er sich der Endgültigkeit der Vernichtung einer Kulturepoche bewußt.

Der Lebensstil auf dem Lande, wie ihn seine Generation noch gekannt und mit getragen hatte, gehörte ein für allemal der Vergangenheit an. Um an ihn zu erinnern und vor dem Vergessen zu bewahren, schrieb er in seiner Flüchtlingswohnung in Aumühle bei Hamburg auf einer alten Schreibmaschine seine noch frischen und lebendigen Erinnerungen nieder. Eine erste kleine Auflage erschien im Selbstverlag und war schnell vergriffen. Daß mit der Wiedervereinigung unseres Vaterlandes ein neuer großer Leserkreis erschlossen wird, ist einer der Gründe für diese Neuausgabe nach rund fünfunddreißig Jahren.

Danndorf bei Wolfsburg, im Januar 1995

Vorwort

Wie rasch ist alles vergessen! Bereits die übernächste Generation wird sich kein genaues Bild mehr machen können von dem Geschehen unserer Zeit und von der Art und Weise unseres Lebens.

Gewiß, es wird Geschichte geschrieben, aus der die kommenden Geschlechter einen Überblick gewinnen können und lernen mögen, manche Fehler zu vermeiden, aber auch viel Gutes pfleglich zu bewahren.

Es werden Memoiren verfaßt von Männern, die im öffentlichen Leben standen als Politiker, Soldaten, Forscher, Ärzte, Techniker, Künstler und andere mehr, die vieles und Interessantes erlebt, Großes erreicht und Wertvolles geschaffen haben.

Es werden auch Romane geschrieben, die ein charakteristisches Bild der Zeit vermitteln.

Das alles soll dies Buch nicht sein. Es ist ein Versuch, ein Bild aus der Froschperspektive zu zeichnen, nüchtern und ohne Beiwerk, wie es sich einem der Politik fernstehenden »Landjunker« in Mecklenburg in guten und in schlimmen Tagen geboten hat. Sein Schicksal glich dem von vielen Hunderten seiner Standesgenossen, die im allgemeinen dasselbe Leben geführt, die gleichen Sorgen und Freuden hatten. Tritt er nun in den Mittelpunkt der Erzählung, so nur als »pars pro toto« und nur zu dem Zweck, den Begebenheiten gewissermaßen als Gerüst zu dienen.

Diese sind das Wichtige und nicht die Person.

Daher habe ich die indirekte Berichtsform gewählt, um persönlich nach Möglichkeit in den Hintergrund zu treten und um nicht fort und fort das mir zu aufdringlich und anspruchsvoll erscheinende »Ich« anwenden zu müssen. Ich will ja nicht *meine* Memoiren schreiben, sondern ganz allgemein ein Bild zeichnen. Daß ich mit »Georg« identisch bin, mag ein Zufall sein.

Kleine Begebenheiten, oft unscheinbar und alltäglich, fügen sich zum Bild, aber auch erschütternde, für unmöglich gehaltene Ereignisse. Lieblich und heiter bieten sich die Szenen im ersten Teil – in ihrer Art für Mecklenburg wohl unwiederbringlich – und

unheilschwanger im zweiten. Aber wild durcheinander mischen sich die Farben im dritten Teil zu einem schaurigen Gemälde.
Liebevoll gedenke ich aller, der Lebenden wie der Verstorbenen, mit denen ich mich in Gedanken wieder eingehend befaßt habe, und danke ihnen für ihre unfreiwillige Rolle als Mitwirkende in diesem Buch. Ich hoffe, keinem zu nahe getreten zu sein. Sollte aber der eine oder der andere der noch unter uns Weilenden dennoch das Empfinden haben, nicht genügend gewürdigt oder ein wenig schief gezeichnet worden zu sein, dann bitte ich ihn herzlich um Nachsicht. Auch ein Portraitist trifft die Feinheiten und Schattierungen der Züge nicht immer so, wie es den Wünschen des Portraitierten entspräche.
Das Fabulieren ist dem Verfasser leider nicht gegeben, aber dafür ist er ein Fanatiker der Wahrheit. Das Zeitbild darf daher als photographisch genau und dokumentarisch angesehen werden, auch wenn manches noch so unwahrscheinlich erscheinen mag.

G. S.

ERSTER TEIL

Pastorale

Am Kamin

Das Feuer in dem großen Kamin war fast heruntergebrannt, an dem dicken Knust Buchenholz züngelten nur noch kleine Flämmchen. Der Klotz war zu knorrig, um völlig auszubrennen. Ab und zu flogen kleine, glühende Stückchen mit scharfem Knall auf die vor dem Kamin in das Parkett eingelassene Platte aus grauem Marmor, aus dem auch die des großen, runden, niedrigen Tisches gearbeitet war.

Georg und Vera Schwerin saßen einander in tiefen Sesseln gegenüber und starrten gebannt in das flackernde Spiel der Flämmchen. Als nun gar mit lautem Puff glühende Holzkohlenstückchen bis auf den Teppich sprangen, knurrte Georg ärgerlich:

»Wie kommt nur wieder dies verdammte Buchenholz in den Holzkorb zwischen das Birkenholz? Erst gestern habe ich wieder daran erinnert, das zu unterlassen, denn nur die Birke brennt hell und störungsfrei und ist wie geschaffen für den Kamin.«

Rasch sammelte er die Funken auf, bevor sie Schaden anrichteten, und stellte neue Birkenscheite auf die Glut. Sofort begann das Feuer lustig prasselnd an ihnen hochzulecken.

Obwohl beide allein waren – ihr Sohn Botho befand sich auf dem humanistischen Gymnasium in Rostock in Pension, und ihre Tochter Benita war zu Verwandten gereist –, hatten sich beide abendlich gekleidet: Georg in den Smoking und Vera in ein samtartiges, blaßblaues, ausgeschnittenes Abendkleid, wie man es nur zu großen Abendgesellschaften trug. Wie selten kam das vor, wie selten ergab sich hierzu eine Gelegenheit! Warum sollten die Gewänder dauernd im Schrank hängen und unmodern werden, statt Auge und Herz zu erfreuen! Ein großes Abendkleid konnte ohnehin nur wenige Male getragen werden, dann war es zu bekannt. Besonders, wenn es auffallend schön war. Das Umkleiden zum abendlichen Essen war beiden eine liebe Gewohnheit: Nach des Tages Arbeit und Mühen legte man mit dem täglichen Arbeitsgewand auch seine Sorgen ab, fühlte sich frei und befriedigt und genoß das friedliche und harmonische Beisammensein. Im Winter am Kamin, im Sommer auf der Gartenterrasse.

Brümmer, der Diener, kam leise herein, um das Kaffeegeschirr abzuräumen, bevor auch er sich in seine Wohnung zurückzog zu seiner Frau und Feierabend machte.
Der Mokka war wieder einmal vorzüglich gewesen: Drei Stunden vorher hatte ihn aber auch die Köchin zu filtern begonnen. Da sollte er nicht stark geworden sein! Cognac und Likör nahm Georg später in seinen Aktenschrank, wo sie stets griffbereit standen.
Brümmer räusperte sich, ein Zeichen, daß er noch etwas auf dem Herzen hatte.
»Nun, Brümmer, was gibt's?« ermunterte ihn Georg zum Sprechen.
»Haben die Herrschaften schon gehört, daß die alte Frau Möller heute abend einen Schlaganfall erlitten hat? Die rechte Seite ist vollständig gelähmt, und sie liegt fest. Der Arzt war bereits da.«
Nein, das war ihnen neu.
»Morgen vormittag will ich sie besuchen«, sagte Vera, »und dafür sorgen, daß sie und ihr Mann (es war der pensionierte Stellmacher) einstweilen ihre Suppe aus unserer Küche bekommen. Um das übrige wird sich die Gemeindeschwester kümmern. Ich werde auch noch mit ihr sprechen.«
»Ein Unglück kommt nie allein«, fuhr Brümmer fort. »Die jungen Peters haben mit ihrem Schwein arges Pech gehabt: Die Sau stand kurz vor dem Ferkeln, brach sich ein Bein und mußte abgestochen werden. Ein großer Verlust.«
»Ja, da werde ich diesen braven Leutchen auch zu Hilfe kommen müssen«, meinte Georg. »Nun, wir werden sehen, was sich da am besten machen läßt.«
So gab es immer etwas zu sorgen, war man doch auf dem Gut und im Dorf eine große Familie. Georg und Vera betrachteten ihre Leute als ihnen vom Schicksal und von Gott besonders anvertraut. So war es nicht nur in Zettemin. Das Zusammengehörigkeitsgefühl ging so weit, daß sich die Kutscher und Chauffeure häufig mit den Titeln ihrer Herren anredeten. Vera hatte es einmal unfreiwillig zu hören bekommen, als sie am Bahnhof in Stavenhagen in der Dunkelheit wartend im Auto gesessen hatte. Da hatte es geheißen:
»Na, Herr Graf, wat för Besäuk hest du allwedder aftauhoalen?« Oder »Dag ook, Exzellenz, ist dien Swien all fett?« Oder »Is dien Lütt wedder begäng, Herr Kammerherr?«

»Ist die Not am größten, dann ist Herrn Grafens Hilf' am nächsten«, sagte der Förster einmal mit Galgenhumor, als ihm die Zigarren und der Tabak bis auf den letzten Rest ausgegangen waren und Georg ihm selbstverständlich aushalf. Das war das Schlimmste, was dem Mann geschehen konnte. Ging er doch nur deshalb selten zum Gottesdienst, weil er dann eine ganze Stunde lang nicht rauchen durfte, der Ärmste. Glücklicherweise gab es einen Radio-Gottesdienst, der ihm zu Hilfe kam.
Man war wirklich eine große Familie. Abgesehen von den alteingesessenen Arbeiterfamilien, waren der erste Beamte, der Förster, Diener, Kutscher-Chauffeur, die Köchin und das erste Hausmädchen schon seit Schwerins Ankunft auf Zettemin bei ihnen. Sie kannten einander gegenseitig seit vielen, vielen Jahren mit ihren Vorzügen und Schwächen; es war ein ideales Zusammenwirken. Georg und Vera ließen ihre Leute aber auch mit größtmöglicher Selbständigkeit arbeiten, jeden auf dem ihm übertragenen Gebiet. Das hob die Arbeitsfreudigkeit und stärkte das Verantwortungsgefühl, und die Leute dankten es ihrer Herrschaft.
Nur der Röckwitzer Maltzahn war mit diesem Grundsatz arg hereingefallen. Er war aber selbst schuld daran. Auch er hatte, wie Georg, den Weinkellerschlüssel seinem Diener anvertraut, um nicht für jede Flasche in den Keller hinabsteigen zu müssen. Alles ging gut, bis ein Dienerwechsel stattfinden mußte. Als der Diener fortgezogen war und der Röckwitzer sich selber eine Flasche Wein aus dem Keller holte, war scheinbar alles in bester Ordnung: Wohlverkorkt lagen die Flaschen der verschiedenen Sorten in vorschriftsmäßiger Menge auf den Regalen. Als er aber die erste entkorkt hatte, spendete sie nur reines Wasser. Donnerwetter! Die zweite desgleichen, ebenfalls die dritte und jede weitere. Eine schöne Schweinerei: Nicht eine einzige Flasche enthielt Wein, alle waren mit Wasser gefüllt!
Kontrolle ist natürlich nötig, und das muß der Diener wissen. An dieser hatte es der Röckwitzer fehlen lassen. Man darf niemanden in zu große Versuchung führen.
Brümmer hatte mittlerweile das Kaffeegeschirr auf das große silberne Tablett gestellt und wollte sich damit entfernen.
»Brümmer«, hielt Georg ihn noch einen Augenblick zurück, »zu morgen 10.32 Uhr in Stavenhagen sagte sich eben der Herr Forstmeister Rohde an. Sagen Sie bitte Tanger, daß er ihn mit

dem Auto abholt. Der Herr Forstmeister wird zwei Nächte hierbleiben und kann im Blauen Zimmer wohnen. Und 11.30 Uhr soll Wilhelm mit dem Jagdwagen vorkommen, wir wollen gleich in die Forst fahren; das zweite Frühstück nehmen wir mit.«

»Jawohl, Herr Graf.«

»Sonst noch etwas? Nein? Dann gute Nacht, Brümmer.« Georg und Vera sagten es fast gleichzeitig.

»Gute Nacht, Frau Gräfin, gute Nacht, Herr Graf.« Brümmer erwiderte den Gruß mit einer leichten Verbeugung und entschwand ebenso leise, wie er eingetreten war, mit dem Tablett rückwärts durch die Tür.

»Bei dem Forstmeister Rohde fällt mir immer der ›Forstbaron‹, Freiherr v. Rodde, ein«, lachte Georg, »ein Original. In meiner Kindheit betreute er Onkel Lutz' Mildenitzer und Daberkower ›Busch‹ von 500 Hektar. Ich glaube, ich habe dir noch nie von ihm erzählt?

Das war der Mann, der niemals sei es auch nur die kleinste Reise ohne Zylinderhut unternahm, konnte doch womöglich in dem Hause, in dem er als Gast weilte, ein Todesfall eintreten. Wie stünde er dann ohne Zylinder bei dem Begräbnis da!

Obwohl kein Montmorency oder gerade deswegen, war der Forstbaron, ein eingefleischter Junggeselle, auf sein Äußeres stets sehr bedacht«, fuhr Georg fort.

»Ich erinnere mich genau, da es mich sehr belustigte, an einen Spaziergang mit Mama – ich war acht bis zehn Jahre alt – auf dem Mildenitzer Weg im Wolfshäger Wald. Unvermutet bog, uns entgegenkommend, der Forstbaron um eine Ecke des Weges. *Wie* sah er aus! Um mit seinen einige zehn bis zwölf Zentimeter nach beiden Seiten reichenden, rötlichblonden Schnurrbartspitzen der schönen Schloßherrin in Wolfshagen in tadelloser Verfassung unter die Augen zu treten und sich in das rechte Licht zu setzen, hatte er sich eine der damals üblichen Schnurrbartbinden umgebunden! Nur morgens beim Ankleiden im stillen Kämmerlein pflegte man sie anzulegen, um den Bart den richtigen Sitz zu geben. Diese Binde herunterreißen und schamvoll erröten war eins. Das Unglück war aber geschehen und nicht wieder aus der Welt zu schaffen: Ein Forstmeister spazierte mitten im grünen Wald mit einer Bartbinde. Ausgerechnet die gnädigste Frau Gräfin hatte das sehen müssen!

›Mein Gönner‹, so redete er stets den Onkel Lutz an, ›es war furchtbar!‹
Den besten Witz leistete sich der Forstbaron bei seinem Abgang aus dem mecklenburgischen Staatsdienst«, erzählte Georg weiter. »Seit längerer Zeit gedachte er, ihn zu quittieren, denn mit seinem Oberlandforstmeister stand er sich wie Katz und Hund. Als dieser wieder einmal das Forstamt besichtigte und beide im Kutschwagen im Revier herumfuhren, platzten die Geister wie üblich aufeinander. Der Forstbaron ließ anhalten, bat seinen Vorgesetzten, mit ihm auszusteigen, kritzelte in Wut sein Abschiedsgesuch auf ein Notizblatt, riß dieses ab und überreichte es dem Oberlandforstmeister. Während dieser noch verdutzt die Schrift entzifferte, stieg unser Forstbaron wieder auf den Wagen und fuhr davon, ließ den Oberlandforstmeister mitten im unbekannten Revier stehen. Viele, viele Stunden brauchte der Unglücksmann, um wieder zu Menschen zurückzufinden. Das war einmal ein Abgang! Dem hatte er es gegeben!
Damals hatte Onkel Lutz unter seinen Gästen einen weiteren«, fuhr Georg fort, »der auf mein kindliches Gemüt einen besonderen Eindruck machte: M. Rémy, einen ›munteren, jungen Seifensieder‹, geradewegs aus Paris. Der Onkel wollte seine französischen Sprachkenntnisse ein wenig aufpolieren und hatte sich M. Rémy verschrieben. Er war elegant und charmant und machte höflich, wie es sich geziemte, meiner Großmutter, der Mutter seines Gastgebers, seine ›Visite‹. Im Winter lebte sie in Dresden, den Sommer verbrachte sie regelmäßig in Wolfshagen im ›Schweizerhaus‹, dem Witwensitz. M. Rémy erschien dort ›tiré à quatre épingles‹ im Gehrock mit Zylinder und wunderbar parfümiert mit allen Narden. Ich sehe mich noch heute als hochinteressierten Knirps den antichambrierenden Zylinder ergreifen und die Nase hineinstecken mit der Feststellung: ›Ah, ça sent le français!‹
Zu dem gegenteiligen Ergebnis kam M. Rémy in bezug auf Hans, einen zugelaufenen pechschwarzen, rasselosen, aber treuen Köter in Mildenitz. Er stank meistens wie die Pest. M. Rémy hatte als Fachmann ein gutes Rezept: ›'ans, ich werde kochen aus dir eine Seif', et ce sera la première fois que tu sentira bon.‹
Da M. Rémy kaum ein Wort Deutsch verstand, war Onkel Lutz um das leibliche Wohl seines Gastes besorgt, als er für wenige Tage verreisen mußte. Die treue alte Seele Gusta, Mädchen für alles

außer einer Köchin und ein Original besonderer Art, sprach aber hochdeutsch nur ehrfurchtsvoll am neumodischen Telephon, sonst nur Platt, für M. Rémy demnach gleichbedeutend mit Chinesisch. Doch sie beruhigte den Onkel:

›O Herr Graf, ick künn mi gaud mit em verstännigen. Ick bruhk bloht tau em tau seggen: Kaffich, Kaffich, denn kümmt hei ümmer achter mi an.‹

Diese Gusta war eine Perle«, erzählte Georg weiter, »ein Jammer, daß du sie nicht mehr gekannt hast. Kaum glaublich erschien es, daß es so etwas noch gab: Sie war mit der Eisenbahn niemals weiter als bis zur nächsten Kleinbahnstation des Nachbarstädtchens Woldegk gereist, war daher von der bösen Welt noch nicht angekränkelt. Ihr Gesicht war runzelig wie von braunem Leder, die linke Hand verkrampft, das schwarze Haar trug sie gescheitelt und straff nach hinten in einem ›Dutt‹ zusammengezogen, und zu allem hinkte sie kräftig in Jamben. Sie war das Häßlichste vom Häßlichen und regte meine kindliche Einbildungskraft zu Vergleichen mit einer alten Indianerin an. Niemand konnte sich besser zum dienstbaren Geist eines einsamen Junggesellen auf dem Lande eignen, und nicht einmal die spitzesten Zungen konnten schnöde Andeutungen glaubhaft anbringen. Trefflich hatte Onkel Lutz dieses treue, ältliche Geschöpf ausfindig gemacht, das kindlich und unverblümt alles aussprach, was es dachte. So auch eines Morgens, als Gustas Herr und Gebieter nach später Heimkehr von der Reise besonders fest und lange schlief und sie zum Wecken und Öffnen des Fensters leise und unbemerkt in das Schlafzimmer eintrat. Erschrocken rief sie aus:

›Herrje, heww ick mi verfiert! Ick dacht, Herr Graf wieren all dod.‹

Gerade das hörte der gute Onkel am allerwenigsten gern! Besonders nicht gerade morgens beim Aufwachen.

Da ich schon einmal bei alten Mildenitzer Jugenderinnerungen weile: Habe ich dir je von der Einsetzung des Pastors Wendland, des ›ollen, gauden Jung‹, in das Pfarramt Groß-Daberkow und Mildenitz erzählt? Sie leitete eine gute Ehe zwischen Patron und Pastor ein, zumal Onkel Lutz von dem überraschenden, aber, wie sich zeigte, glücklichen Einfall ausgegangen war, einen geistig nicht überragenden geistlichen Herrn auszuwählen, da dieser ihm voraussichtlich am wenigsten Schwierigkeiten bereiten würde.

Ich war etwa sechzehn Jahre alt und auf Sommerferien zu Hause in Wolfshagen. Zu dem feierlich-festlichen Ereignis hatte Onkel Lutz auch mich neben meinem Vater und Herrn v. Scheve-Canzow (Ihrnting) als benachbarte Patrone eingeladen. Gebeten waren weiter zwei Paten-Pastore und der Landessuperintendent aus Neu-Strelitz. Die feierliche kirchliche Einsetzung in das Pfarramt fand in der Kirche in Groß-Daberkow statt, wo die Pfarre lag, das Festmahl in Mildenitz.
In einem Nebenraum kühlte die Menge der Sektflaschen – beim Onkel Lutz wurde bei festlichen Anlässen alles andere als geknausert – in einer großen, runden und flachen Blechwanne, in der sonst die Gäste morgens in ihrem Zimmer badeten. Die dicken Eisbrocken hatte der tief in die Erde gebaute, rohrgedeckte Eiskeller geliefert. Es war ein leckerer und vielversprechender Anblick.
Die Stimmung war prächtig, als die Herren und ich am späten Nachmittag nach dem Mahle auf den Balkon der Gartenseite hinaustraten. Dort gab es Mokka, Cognac und Importzigarren, und zwei bauchige Bowlen standen verheißungsvoll auf den Tischen: auf der rechten Seite eine mit Erdbeeren, auf der linken eine mit Pfirsichen. Die Verwaltung der Bowlen war mir anvertraut worden, und ich füllte die Gläser und ergänzte den Inhalt der Bowlen, sobald es nottat. Das tat es oft, denn die Herren waren alle trinkfreudige und trinkfeste Mecklenburger, auch die hohe Geistlichkeit. Ich selber kam auch nicht zu kurz, mußte ich doch dauernd kosten und abschmecken.
Alles hat einmal ein Ende, so war es auch mit diesem Fest. Die Kutschwagen fuhren vor. Herr v. Scheve auf Canzow war so zu Scherzen aufgelegt, daß er vorn auf den erhöhten Sitz neben seinem Kutscher einstieg und sich dann über die Lehne auf den hinteren Sitz schwang. Mit Eleganz vollführte er das kleine Akrobatenstück, ohne – um mit Fritz Reuter zu sprechen– die ›Blansierung‹ zu verlieren. Wenn auch alle Herren in Stimmung geraten waren, so blieben sie doch tadellos in Form, wie es sich gehörte, und waren sich darin einig: Das war ein würdiger und festlicher Tag gewesen.
Auch die Abfahrtzeit des Zuges der ›Mecklenburgischen Friedrich-Wilhelm-Bahn‹ vom Bahnhof Mildenitz in Richtung Neu-Strelitz rückte heran, und der Herr Landessuperintendent rüstete zur Heimreise. Leichtbeschwingt gaben wir alle ihm das Geleit.

Am nächsten Vormittag traf eine Sonderlokomotive ein und brachte einen Hut: der Herr Landessuperintendent hatte sich einen fremden aufgesetzt und bat um Rücksendung des seinigen! So behaglich waren die Zeiten damals. Allerdings trug zu diesem Unternehmen in der Hauptsache der Umstand bei, daß ›Friedrich-Wilhelm‹ eine Privatbahn – die längste im Reichsgebiet – und ihre Erbauer vornehmlich mein Vater und mein Onkel waren.
Ich selber versetzte meine liebe Mutter leider etwas in Sorge, denn sie fürchtete, ich hätte mich erkältet: Meine Stimme sei so rauh gewesen!
Ja, das liebe Mildenitz und der gute Onkel Lutz waren für mich immer ein und derselbe Begriff seit meiner frühesten Kindheit und sind es noch heute. Er, der ewige Junggeselle, gehörte ganz zur Familie meiner Eltern und kam jeden Abend, wenn er nicht verreist war, mit ›Vadder Becker‹, seinem Kutscher, zum Essen nach Wolfshagen herübergefahren. Vadder Becker, glattrasiert, wie es sich für einen herrschaftlichen Kutscher geziemte, trug dicke, schwarze Bartkoteletten. Mit seinem Gesicht und seiner kurzen, gedrungenen Gestalt erinnerte er mich als kleinen Jungen immer an einen Affen. Elegant war er gewißlich nicht, wie nichts in Mildenitz, aber er hatte es ›in sich‹ und war ein Inventarstück, das zu dem ältlichen Kutschwagen in kennzeichnender Weise paßte. Selbstverständlich sprach auch er nur Platt, worauf der Onkel großen Wert legte. Unnachahmlich war sein gemeckertes ›Neeee‹, wenn er etwas verneinte. ›Besser schlecht gefahren, als gut gegangen‹, sagte denn auch der Landbriefträger, der damals noch tagein, tagaus zu Fuß von Dorf zu Dorf lief und den Onkel Lutz aufgelesen und mitgenommen hatte, ein Ausspruch, der den Onkel sehr belustigte. Machte es ihm doch Spaß und suchte er sich in seiner Lebensweise einfach zu geben.
Jetzt habe ich aber genug erzählt. Ist man mit seinen Gedanken wieder in der Jugendzeit, dann kommt man zu leicht vom Hundertsten ins Tausendste.« Damit warf er den Zigarrenstummel in den Kamin.
»Wie denkst du als Abschluß des Abends über das Violin-Doppelkonzert von Bach? Soll ich die Platte auflegen? Ich habe großes Verlangen, noch gute Musik zu hören.«
Vera nickte zustimmend, obwohl sie, hochmusikalisch und täglich auf ihrem geliebten Flügel weit über den Durchschnitt schön

spielend, Platten- und Radiomusik immer als Surrogat, als Konserve empfand. Was half es, auf dem Lande mußte man sich mit diesem Ersatz begnügen.

Nach dem schönen Konzert gingen beide glücklich und zufrieden zu Bett. Sie konnten es auch sein, denn der Herrgott hatte ihre Arbeit sichtbar gesegnet. Der Spruch »Was du ererbt von deinen Vätern hast, erwirb es, um es zu besitzen« war wie auf sie persönlich gemünzt.

1918 hatten sie nach dem Tode von Georgs Vater die in der klassischen Fritz-Reuter-Gegend in Mecklenburg gelegenen mütterlichen Güter von 2231 Hektar übernommen, während Georgs älterer Bruder Alexander den Hauptbesitz Wolfshagen in der Uckermark angetreten hatte. Es war ein schwerer Anfang gewesen, denn unreelle Administration der abseits gelegenen Güter und der Krieg 1914/18 hatten den Besitz arg verwahrlost. Georgs Vater hatte sich als Kommandant des Engländergefangenenlagers Ruhleben bei Berlin und dann infolge seiner tödlichen Kehlkopfkrebs-Erkrankung nicht mehr um den umfangreichen Besitz kümmern können. Durch schwerwiegende Unterbilanzen waren auch die Geldreserven dahingeschmolzen. Doch Georg und Vera waren jung, voller Tatendrang und Gottvertrauen; da konnte es nicht fehlgehen. In jahrzehntelanger, sorgenvoller Arbeit war es ihnen gelungen, die Betriebe wieder zu vollem Ertrage und schönster Blüte zu bringen. Neugierig beobachteten damals die Nachbarn die neu Hinzugezogenen und warteten gespannt, wann sie sich völlig festgefahren haben würden. Sie bissen sich aber eisern durch, gewannen sich bald das Zutrauen der verprellten Arbeiter und, was nicht minder wichtig war, auch das ihrer Bank.

Sie gönnten sich in der Inflation, die für sie *die* Chance war, nicht das geringste: »Wat den eenen sien Uhl is, is den annern sien Nachtigall.« Sie schufteten Jahr für Jahr in der Erkenntnis, daß es nach dem verlorenen Krieg in erster Linie darauf ankam, die Kuh, die Milch geben sollte, wieder gesund zu machen. Machten in Ausnutzung der Inflation die gutgestellten Großgrundbesitzer schöne Reisen und bauten sich ihre Herrenhäuser neu oder zu Schlössern um, so steckten Georg und Vera alles, was sie erübrigen konnten, wieder in ihre Betriebe. Sie brachten die Arbeiterwohnungen durch Neu- oder Umbauten in Ordnung und ebenso die Wirtschaftsgebäude, während ihr eigenes, heruntergewohntes

und zum Teil baufälliges Haus noch warten mußte. Sie bauten den Viehbestand wieder auf, sie ergänzten und modernisierten den Maschinenpark, und sie brachten, was das wichtigste war, wieder Gare in den Acker, so daß dieser volle Erträge liefern konnte.
Auch in der Forst blieb der Erfolg nicht aus, die sich in einem so trostlosen Zustande befunden hatte, daß Vera nach ihrer ersten Fahrt durch den Wald erklärt hatte: »In Zukunft ohne mich.« Sie war von ihren heimatlichen ostpreußischen Wäldern her Besseres gewohnt.
Wie schön und mit wieviel Liebe hatten sie sich später im Lauf der Jahre ihr Haus zurechtgebaut und eingerichtet: ein Mittelbau mit zwei großen, runden Flügeln, in denen sich außer ihrer eigenen Hauswirtschaft auch die Gutswirtschaftsräume, Inspektorwohnung, der Kutschstall mit Wagenremise, die Garage und die Dienerwohnung befanden. Veras Vetter, Carl Lorck, stellte einen treffenden Vergleich an: »Ein Haus, das den Gast gleichsam mit offenen Armen empfängt.« Spätrokoko war der Baustil, und je zwölf hohe Linden standen im Bogen an der Auffahrt vor den beiden Rundflügeln. Wie dufteten sie in der Blütezeit!
Georg und Vera hatten das Glück, unbelastet zu sein mit ererbten Möbeln aus den geschmacklosen achtziger Jahren des neunzehnten Jahrhunderts. Auch hatten sie sich nicht »das Herrenzimmer«, »das Schlafzimmer«, »das Eßzimmer« (Standuhr mit dem Dom-Gong-Schlag!) ohne persönliche Note gekauft, sondern kahl angefangen mit wenigen Sachen, mit denen sich Georgs Mutter vordem ein »pied à terre« in Zettemin eingerichtet hatte. Nach und nach hatten sie sich das eine und das andere erlesene Stück gekauft, das sie zufällig gefunden hatten. So hing an jedem eine schöne Erinnerung, eine kleine Geschichte, und so ergab es sich, daß ihre Einrichtung antik und zugleich modern war. Letzteres namentlich in bezug auf die tiefen, weichen Sessel: Auf Stilmöbeln sitzt es sich bekanntlich immer unbequem und ungemütlich. Auch das elektrische Licht bedingte moderne Beleuchtungskörper und Kronen, und ebenso modern waren die Bilder an den Wänden. Das ergab eine Mischung, die wunderbar harmonisch zusammenpaßte.
Gerade richtig in den Ausmaßen war das Haus: nicht zu groß, um im Winter nicht in allen Teilen bewohnt zu werden, und nicht zu klein, um nicht viele Gäste aufnehmen zu können.
Auch »de Lustgoren«, wie der kleine Park im Leutemund benannt

wurde, und der anschließende Blumen-, Gemüse- und Obstgarten hatten die richtige Größe, um tadellos gehalten werden zu können, nachdem anfangs – wie auch auf dem Acker – der Wust der Quecken beseitigt worden war. Der Boden war zu wertvoll, um große Anlagen zu gestatten.

Rosen wuchsen auf diesem Boden, daß es eine Pracht war! Als »das mecklenburgische Unkraut« bezeichnete sie Seppi Hahn. Das machte sich Vera zunutze, die in Rosen vernarrt war, wie sie und Georg Blumen über alles liebten, besonders die duftenden. Als der erste blumenlose Winter überstanden war, stand es für beide fest: So geht das nicht weiter. Nun wird trotz aller dringlichen Bauereien und knappen Geldmittel ein kleines Gewächshaus aufgestellt. Fürs Herz will man auch etwas haben.

Acker und Vieh, Haus und Hof, Wald und Garten wollten gepflegt, immer weiter verbessert und verschönert, und die Gutsleute betreut werden. Es gab genug zu tun, das Leben auf dem Lande steht nie still, auch nicht die Arbeit im Winter, den sich der ahnungslose Städter so behaglich vorstellt. Zwar ruht sie auf dem Acker für kurze Monate, ist aber in den Viehställen, den Getreidescheunen, auf den Speichern und in der Forst desto intensiver. Dafür, daß die Arbeit im Büro nicht abreißt, sorgen die Behörden und das Finanzamt. Das Leben eines Gutbesitzers spielte sich nicht zum geringsten Teil am Schreibtisch ab.

Insbesondere das Steuerwesen hatte sich zu einer umfangreichen und verzwickten Wissenschaft ausgewachsen. Die Zeiten waren vorüber, in denen (bis 1918) die Finanzamtsangelegenheiten dem Landratsamt angegliedert waren und für den gesamten Kreis von einem einzigen Herrn mit einer Schreibhilfe erledigt wurden. Die Buchführung auf einem großen Gut war ohne Steuerberatung und Buchprüfung nicht mehr denkbar, drei- bis viermal im Jahr war der Bücherrevisor ständiger Gast in Zettemin.

Wie dieser, kamen auch die anderen beratenden Herren: der Architekt – zu reparieren oder neu zu bauen gab es ständig mehr oder weniger –, der Ingenieur, der Forstmeister, der Tierzuchtinspektor, der Biologe und andere mehr. Das ist das Interessante am landwirtschaftlichen Beruf, daß er unendlich vielseitig ist. Will der Landmann in alle Sparten tiefer eindringen, dann bleibt keine Zeit, sich zu langweilen, der Tag ist viel zu kurz. Und je mehr er Einblick in die Lebensvorgänge erhält, desto mehr wird ihm

bewußt, wie eng die Grenzen seiner Erkenntnis gezogen sind, wie gering sein Wissen und wie armselig und klein er ist.
Auf den feststehenden, das ganze Jahr durchlaufenden und jedes Jahr wiederkehrenden Rhythmus der Natur ist er angewiesen, seine Existenz beruht auf dem rechtzeitigen Wirken dieses Rhythmus: Sommer und Winter, Frost und Hitze, Tag und Nacht; wie es in der Bibel steht. Sonnenschein und Regen sollen der Vollständig- und Wichtigkeit halber noch hinzugefügt werden. Sich über fehlenden Regen, im Winter zu wenig Schnee, eisige Ostwinde über blanken Saaten oder mangelnden Sonnenschein aufzuregen und zu ärgern, ist zwecklos und kleingläubig. Nur sich zu sorgen und ein Stoßgebet gen Himmel zu senden, mag erlaubt sein. Sollte der Mensch nicht gläubig sein, als Landmann wird er es; einen Atheisten unter dem Landvolk gibt es kaum. Das Walten einer höheren Macht mit allen ihren Wundern offenbart sich ihm täglich, stündlich, und immerfort wird ihm seine Ohnmacht, nicht eingreifen zu können, mehr als in jedem anderen Beruf vor Augen geführt.
Ist die Gottgläubigkeit ein Merkmal des Landmannes, so ist es auch sein Konservativismus. Tiere und Pflanzen hegt und pflegt er nach alten, überlieferten Erfahrungen und Regeln. Erst dann bequemt er sich langsam zu Neuerungen, wenn diese erprobt und für besser befunden worden sind. Hinzu kommt das Festhalten an der Scholle, die sich oft schon seit Jahrhunderten im Besitz der Familie befindet, an alten Gebräuchen und Sitten. Diese durch Vererbung und tägliche berufliche Erfahrung bedingte geistige Einstellung des Landmannes führt natürlicherweise auch zu politisch konservativer Gesinnung. Es ist kein Wunder, daß alle Revolutionen stets versuchen, die beiden staatserhaltenden Pfeiler, die Kirche und den ländlichen Grundbesitz, als erste umzustürzen.
Die Natur kennt keine Hast, ebensowenig der Landmann, dessen Arbeitstempo sie bestimmt. Das Leben ist auf dem Lande geruhsamer und gesünder als in der Großstadt und sorgt dafür, daß auch der »innere Mensch«, die Seele, nicht zu kurz kommt. Das gibt dem Landmann eine größere Kraft, die Managerkrankheit ist ihm unbekannt, und Nervosität bleibt ihm fern, sofern ihn nicht familiäre, geldliche oder andere Sorgen drücken.
Geldliche Sorgen, das war allerdings ein vertrauter dunkler

Punkt, den die Zetteminer zur Genüge kennengelernt hatten. Sie waren »blödsinnig begütert«, besaßen viel Land, aber kaum Geld. Immerhin waren sie nicht als arm zu bezeichnen, wenn man den Maßstab anlegte: »Wohlhabend ist der, welcher zehn Pfennige mehr besitzt, als er gebraucht.«

Große Sprünge waren in der Landwirtschaft nicht zu machen, denn das investierte Kapital verzinste sich im Durchschnitt nur mit etwa drei Prozent, und das Betriebsvermögen setzte sich nur einmal im Jahr um. »Rechnen« war stets groß zu schreiben, und viele »Unbekannte« waren einzusetzen. Dafür war man sein eigener Herr, unabhängig von allem und jedem, konnte tun und lassen, was man wollte, und war niemandem Rechenschaft schuldig außer sich selbst und dem Herrgott. Es war ein schönes, freies Leben, das Georg und Vera miteinander führten, denn sie arbeiteten Hand in Hand, besprachen alles zusammen und teilten miteinander Freude und Leid.

Gegensätze sind Würze des Lebens. Tagein, tagaus stilles Landleben, auch wenn es noch so schön ist, weckt die Sehnsucht nach dem Getriebe und den geistigen Genüssen der Großstadt mit ihren Theatern, Konzerten und lieben Bekannten. Friedrich- und Leipziger Straße sowie der Kurfürstendamm in Berlin, wo das Getriebe am ärgsten war, trugen am besten zur Auffrischung bei. Georg und Vera besaßen zwar kein eigenes Haus in Berlin, wie es noch im neunzehnten Jahrhundert vielfach im Landadel und auch bei ihren Vorfahren üblich gewesen war. Dafür gab es das reizvolle Hotel Adlon, Unter den Linden 1, in dem sie immer Bekannte trafen und wo immer etwas »los« war. In späteren Jahren richteten sie sich zwei Zimmer in der Wohnung von Georgs Mutter in der Landgrafenstraße ein und konnten sich nun ins Auto setzen, ohne auch nur eine Zahnbürste mitnehmen zu müssen.

Etwa alle drei Wochen frischten sie sich auf diese Weise für jeweils zwei bis drei Tage auf und bewahrten sich dadurch vor dem Verbauern und Versauern. Als sie es »geschafft« hatten, unternahmen sie auch verschiedentlich schöne Autoreisen mit und ohne Kinder nach Ostpreußen, Veras Heimat, oder gen Süden, nach Italien. Die Wirtschaften liefen auf hohen Touren, und auf die treuen, tüchtigen und eingearbeiteten Angestellten durfte man sich verlassen.

Leider gönnten sie sich solche Unternehmungen zu selten. Georg

wollte die »melkende Kuh« immer noch ergiebiger gestalten und verwandte alle Einkünfte zu diesem Zweck. Eine kleine Portion Leichtsinn hätte ihm nicht geschadet.
Nächst Autofahren – seit 1904 im Elternhaus »frönte« er diesem Sport, der für ihn Lebenselixier bedeutete – war Photographieren seine Leidenschaft von Kindheit an. Ein Sechzehn-Millimeter-Kino-Kodak mit Farbfilm begleitete ihn in den letzten Jahren, wo es anging. Zwar boten sich auf dem Lande zu wenig aufnahmewürdige Szenen für eine Wochen-, wohl aber für eine Jahresschau.
Diese »Jahresschauen« vermitteln trefflich das Landleben auf einem Gut. Rollen sie heute ab, so ist es gut, vorher ein wenig Einblick auch in die Sorgen, Nöte und in die oftmalige Einförmigkeit des Lebens auf dem Lande gewonnen zu haben. Könnte doch sonst nur zu leicht der Anschein erweckt werden, als ob dieses Leben nur aus Gastereien und Feiern, aus Geselligkeit und Jagden bestanden hätte.
Diese waren nur die Rosinen in dem Kuchen! Sie seien nun herausgepickt.

Getreue Nachbarn

Liebe und getreue Nachbarn auf dem Lande zu haben, ist ein Gottessegen. Auf sie ist man in seinem Verkehr angewiesen – abgesehen vom Hausbesuch –, will man kein Einsiedlerleben führen.

Georg und Vera hatten das Glück, in einer Gegend Mecklenburgs zu leben, die besonders mit netter Nachbarschaft gesegnet war: viele große Güter und nur wenige Bauerndörfer dazwischen. Wenn man sich auch selten besuchte, wozu die wenigsten Zeit fanden, denn jeder steckte in seiner Arbeit und war abends müde, so sah man sich doch viel auf den Jagden im Herbst und im Winter, zu Geburtstagen oder anderen Familienfeiern, zu denen man einander gern einlud. Bisweilen auch auf einem Begräbnis, das durchaus nicht immer betrüblich zu sein brauchte. Häufig kamen die Herren auch zusammen bei den genossenschaftlichen Sitzungen und Versammlungen der Zuckerfabrik, Molkerei, Wassergrabengenossenschaft, des Ein- und Verkaufsvereins und dergleichen mehr. An manche Sitzungen schloß sich traditionell, einmal im Jahr, ein feucht-fröhliches Herrenessen an im denkbar einfachen kleinen Saal des »ersten Hotels« im Landstädtchen. Das hieß in Stavenhagen »Erbgroßherzog« und in Demmin »König von Preußen« trotz Republik und Nichtmehrexistenz beider Würden. »Allens bliwt bien Ollen«, lautete ja auch nach Fritz Reuter der Paragraph 1 der ersten mecklenburgischen Verfassung.

Diese getreuen Nachbarn sich näher anzusehen lohnt, denn gerade auf Mecklenburger Boden gediehen und erhielten sich die Originale am längsten. Zumal wenn sie Junggesellen waren, schnurrige aber reizende Käuze mit frei- oder unfreiwilligem Humor und krausen Gedanken und Einfällen.

In Faulenrost, angrenzend an Zettemin, lebten deren gleich zwei: Walter und Matthias Hahn. Sie waren Veras entfernte Vettern und beide eingefleischte Junggesellen.

»Primus sum, qui Deum laudat«, lautete ihr wunderschöner Wappenspruch. Er hinderte sie aber nicht daran, ihren Herrgott doch erst morgens zwischen neun und zehn Uhr zu loben. Sie bewohnten ein stilreines, weitläufiges Schloß, einen hohen Spätrokoko-Mittelbau mit zwei fast ebenso hohen Seitenbauten. Von zwei Torhäuschen, ebenfalls mit gebrochenen Dächern, führte eine breite, alte Kastanienallee mitten über den Wirtschaftshof schnurgerade auf den Schloßhof.

War man die Freitreppe zur hohen, doppelflügeligen Eingangstür emporgestiegen, erblickte man verwundert drei mit Kreide aufgemalte Kreuze. Auch im Innern des Schlosses erschienen sie wieder an jeder Tür. Aha, hier hauste der Aberglaube; die Kreuze dienten der Abwehr des »Bösen«! Matthias pflegte ihn selbstverständlich nur aus Humor, beileibe nicht aus Überzeugung, denn er war ein guter Christ. Oder mochte doch ein klein wenig an dem Aberglauben daran sein? Man konnte es nicht wissen; sicher ist sicher.

Nie durfte er den neuen Mond durch eine Glasscheibe sehen. Da der Kalender über die Mondphasen Auskunft gab, richtete er es stets ein, daß er die neue, feine Mondsichel nur im Freien oder durch ein offenes Fenster erblickte.

»Schafe zur Linken, Glück tut dir winken. Schafe zur Rechten, gibt's Streiten und Fechten.« Konnte Matthias, im Wagen fahrend, eine Schafherde nicht linker Hand lassen, dann drehte er sich im Vorbeifahren einfach um: Die Schafe befanden sich auf seiner linken Seite.

Eine einzelne Krähe zu sehen, bringt Unglück. Fuhr er, und ereignete sich ihm dies Mißgeschick, dann fragte er seinen Kutscher:

»Friedrich, siehst du die Krähe?«

Worauf dieser erwiderte: »Jawohl, Herr Graf.« Der Bann war gebrochen, denn jeder hatte eine Krähe gesehen: Es waren demnach zwei!

Tausenderlei gab es weiter zu beachten:

»Spinne am Morgen bringt Unglück und Sorgen.« Pfui Deixel! Man durfte sie nicht erblickt haben.

Mit dem linken Bein zuerst aus dem Bett aufzustehen war unmöglich!

Ebenso verwerflich und leichtfertig war es, die Schuhe verkehrt und nicht fein säuberlich den rechten und den linken ordnungsgemäß nebeneinander zu stellen, oder gar zu dreizehnt am Tisch zu sitzen, denn der Dreizehnte mußte als erster sterben.

Lief einem eine Katze über den Weg, dann konnte man das Unglück nur abwenden durch Berühren fremden Eisens, ein Beginnen, das oft schwer durchzuführen war.
Und dergleichen mehr.
Matthias hatte viel zu beachten, um unversehrt durch den Tag zu kommen, daher war er lieber der Nachtwächter des Gutes. Er behandelte und pflegte das kranke Vieh und besorgte seine lieben Bienen im Gemüsegarten, bei denen er sich später begraben ließ.
Einmal befragt, was er eigentlich den ganzen Tag treibe, antwortete er schlagfertig-witzig:
»Ich degeneriere, gnädige Frau!«
Nach dem Tode seines dritten Bruders »Mauchen« trat er von dem Amt eines Nachtwächters zurück und übernahm dessen Aufgabenkreis: Küche, Keller und Hauswirtschaft. An Arbeit mangelte es ihm hinfort nicht mehr.
Der ältere Bruder Walter besorgte die Land- und Forstwirtschaft und jagte, soweit dies nicht mit Strapazen verbunden war. Denn er schwoll von Jahr zu Jahr mehr und mehr an: Essen und Trinken schmeckten doch zu gut! Ob dies oder die Jagd seine größere Leidenschaft war, konnte nicht entschieden werden.
Wie oft waren die Brüder, es waren ursprünglich sieben, alljährlich in Faulenrost zusammengekommen, um sich über die Erbteilung des großen Besitzes schlüssig zu werden. Nie kamen sie damit zu Rande.
»Kinder, nun sind wir wieder alle so nett beisammen; laßt uns eine Flasche Sekt trinken«, hieß es dann regelmäßig. Und dabei blieb es, das heißt nicht bei der einen Flasche! Erst der Tod lichtete die Brüdergemeinde und regelte die Besitzverhältnisse.
Wie gegensätzlich waren diese Brüder; keiner glich im geringsten dem anderen, weder im Wesen noch im Aussehen. Was aber alle gemeinsam hatten, war ihr gutes Herz und ihre grundanständige Gesinnung, so daß sie bei jedermann, bei ihren Standesgenossen und bei ihren Leuten, hochgeliebt waren.
Von der Frau Mama, der regierenden Gräfin zu Basedow – ursprünglich soll die Herrschaft neunundneunzig Güter umfaßt haben –, erzählte man sich unter anderen folgende Geschichte:
Unternehmungslustig und forsch reiste sie gern mit »Sechsen lang« nach Berlin. Die alte Reisekutsche, ein schwerfälliges Ungetüm in großen C-Federn hängend, stand noch in der Wagenremise

in Faulenrost. Wieder einmal kutschierte sie nach Berlin, wo damals die Straßen und Brücken noch eng waren. Ein Viererzug kam ihr entgegen und besaß die Unverschämtheit, als erster über die schmale Brücke fahren zu wollen. Voller Empörung rief sie aus:
»Platz da! Ich bin die Hahn aus Basedow!« und ließ die Pferde angaloppieren. Worauf ihr zurückschallte:
»Und ich bin der Schulze von Berlin!«
Es war der Regent Prinz Wilhelm, der nachmalige Kaiser Wilhelm I. Wer von den beiden Regierenden zuerst über die Brücke kam, steht nicht mehr fest. Der Prinz war ein ritterlicher Mann. Vielleicht wird er der Gräfin lachend die Vorfahrt gelassen haben.
Auch die Künste sind in Basedow heimisch gewesen: Die Dichterin Ida Hahn-Hahn hatte dort gelebt und vordem der »Theatergraf«, ein Kunstmäzen. Dieser hochinteressierte Graf Hahn hatte sich nicht nur im unweit gelegenen Rempliner Park eine kleine Sternwarte erbauen lassen, sondern auch im dortigen Schloß einen großen Theatersaal. Namhafte Schauspieler und Schauspielerinnen hatte er zu den Vorstellungen herangezogen, unter anderen auch Iffland. Mit einem Viererzug hatte er ihn nach Berlin zurückfahren lassen und mit einem verschlossenen Brief, den Iffland erst nach seiner Ankunft in Berlin öffnen sollte. Sein Inhalt besagte, daß der Graf ihm den Viererzug zum Geschenk gemacht hatte. Ob Iffland sehr entzückt war von dem unbequemen Geschenk, steht dahin; großzügig war es jedenfalls gewesen.
Doch zurück zu den noch Lebenden, Walter und Matthias.
Besuchten die Zetteminer die beiden und saßen sie beisammen in dem überhohen Wohnzimmer, bis zu dessen Decke das Lampenlicht nicht mehr vordrang, wurden sie folgendes gewahr: Die Brüder führten zwar gemeinsamen Haushalt, hatten aber ihre getrennten Cognac- und Likörschränke. Jeder ging zu seinem Privatissimum und kredenzte gesondert daraus. Die sich freuenden Dritten, die »tertii gaudenti«, waren Georg und Vera: Sie erhielten immer doppelte Rationen.
Damit wäre das Thema Alkohol angeschnitten, das im alten Mecklenburg im besonderen »Rotspon« hieß. Wer ein echter Mecklenburger war und es sich leisten konnte, trank ihn, falls nicht das ganze Jahr, so bestimmt ab ersten Oktober, wenn die Eisenbahn mit ihrer Heizung begann. In jedem kleinen Städt-

chen gab es hinter dem Kramladen, in dem Heringe aus der Tonne und Grüne Seife verkauft wurden, ein Stübchen, verräuchert und behaglich, mit Regalen über dem Plüschsofa, in denen verheißungsvoll Batterien von verstaubten Flaschen ruhten. Sie waren daher stets wohltemperiert. In alten Zeiten war es ein Château Pontet-Canet, der bei häufigem Zuspruch die blaurot leuchtende »Pontac-Nase« erzeugte, als man noch Zeit und Muße auf den Dämmer- oder Abendschoppen verwenden konnte. In späteren Jahren war es ein anderer, jedenfalls immer vorzüglicher Bordeaux. Dazu gab es an Delikatessen, was die Jahreszeit bot: dicke Oder-Krebse oder frische Austern, Kiebitz- oder Möweneier und dergleichen mehr. Leben und Lebenlassen, so hielt es der gemüt- und humorvolle Mecklenburger, dessen Land so reich gewesen war, daß es sich bis 1918 sogar zwei Großherzöge hatte leisten können!

Im Faulenroster Keller lag außer den üblichen Weinflaschen verschiedenster Sorten und Jahrgänge auch ein Oxhoft Rotwein mit Zapfhahn zum täglichen Gebrauch. Als Diener waltete würdig seines Amtes ein alter, wohlproportionierter Zwerg, der kaum über den Tisch sehen konnte: Heinrich.

›Heiner, du büst ja allwedder duhn. Wat sall dat?« stellte eines Tages Matthias wie leider häufig fest.

»Nee, Herr Graf, ick bün ganz nüchtern.«

»Heiner, ick sech di, du büst vullduhn. Woans häst du dat moakt, Heiner, du häst doch kein Schlötel?«

»Nee, Herr Graf, Schlötel häw ick kein.«

»Heiner, du sechst mi dat, woans du dat moakst häst, süss krichst du weck hinner de Uhren.«

»Jo, dohr wier so'n Schlauch.«

»Wat wier dohr? Ein Schlauch? Heiner, du vertellst mi nu de vulle Woarheit, süss gift ein an't Muhl.«

Heiner wurde noch kleiner und bekam einen Tatterich, Matthias aber »höchte« sich schon, denn er ahnte, daß nun eine interessante und höchst spaßige Geschichte kommen würde. Und sie kam.

»Also los, Heiner, lett mi nich so lang töwen. Wo güng dat tau?«

»Je, Herr Graf, ass Sei mit mi in den Keller goan deiden, üm ein pohr Boddeln rut tau hoalen, dunn böhrte ick in dat Rotwinfatt n'en Schlauch, un de güng dörch den Lattenverschlag.«

»Na, un nu wieder, Heiner, wat wier dunn?« ermunterte ihn

Matthias, der sich nur noch mit Mühe das Lachen verkneifen konnte.
»Jo, un denn lechte ick mi dahl un zulpte, bet dat käm.«
»So'n verflixten Kierl! Heiner, dat mötst du uns fuhrts vörmoaken.«
Matthias rief seinen Bruder Walter, und zu dritt begaben sie sich in den Weinkeller. Dies wird ja ein köstlicher Spaß!
»Nu los, Heiner, nu wies uns moal, woans du dat moakt häst.«
Heiner fummelte das Schlauchende hervor, das er außerhalb des Lattenverschlages versteckt hatte, legte sich auf den Bauch, steckte sich das Schlauchende in den Mund und begann zu saugen. Die Brüder schrien vor Lachen.
»Nu kümmt dat all«, stellte Matthias fest, als Heiner den ersten Schluck tat, und: »Holt! Nu is't äwer nauch!« riefen beide Hähne zugleich und packten Heiner am Kragen.
Wie Moses, als er das Gelobte Land sah und doch nicht mehr hineinkam, war dem armen Heiner zu Mut. Aus war's mit dem herrlichen Sichvollaufenlassen, die guten Zeiten des Rotspons waren vorüber. Nun mußte es wieder der gemeine Schnaps aus dem Krug (Gastwirtschaft) tun, bis man sich eine andere Quelle erschlossen hatte. Diese sollte sich aus dem Inhalt der Spiritusglühlicht-Lampen ergeben, die damals vor der Zeit des elektrischen Lichtes in Faulenrost zur Beleuchtung dienten. Spiritus war schließlich auch Alkohol, er kratzte zwar ein bißchen, erfüllte aber dennoch seinen Zweck auch der inneren Erleuchtung.
Walter war einmal verreist, was selten vorkam, und Matthias war allein zu Hause. Georg und Vera wußten das und wollten ihn eines Abends in seiner Einsamkeit besuchen. War es doch immer besonders gemütlich und unterhaltend bei ihm, der voller mecklenburgischer Geschichten steckte. Vera rief ihn daher an, bekam aber zur Antwort:
»Seid mir nicht böse, aber heute abend geht es unmöglich. – Nein, wirklich nicht.«
»Was ist denn los?«
»Lenka, die Terrierhündin, bekommt Junge.«
»Nun, das schadet doch nicht. Was hat denn das mit unserem Kommen zu tun?«
»Ja, weißt du, sie bekommt sie in meinem Zimmer, in dem wir immer sitzen. Da könnt ihr doch nicht kommen.«

»Oh, wenn's weiter nichts ist«, meinte Vera lachend, »uns stört's nicht.«
»Na schön, dann kommt zum Abendessen.«
Georg und Vera fuhren hin, es wurde urgemütlich und urkomisch. Unter einem Tischchen, umgeben von einem »Paravent« – das Zimmer war so altmodisch eingerichtet wie das ganze Schloß, daß man nur von einem »Paravent« und nicht von einem »Wandschirm« sprechen konnte –, befand sich ein Körbchen und in diesem die Wöchnerin Lenka. Ab und an ließ sie ein leichtes Jaulen ertönen, ein Zeichen, daß die Wehen bereits eingesetzt hatten. Jedesmal sprang Matthias dann auf und leuchtete mit seiner Taschenlampe hinter den Schirm ins Körbchen, ob es nun soweit wäre. Als die Zetteminer gegen dreiundzwanzig Uhr heimfuhren, war das freudige Ereignis noch immer nicht eingetreten. Sie verabschiedeten sich mit den herzlichsten Wünschen.
Am folgenden Morgen klingelte das Telephon: Sechs Junge waren zur Welt gekommen, morgens gegen vier Uhr – in Matthias' Bett! Etwas übermüdet, aber doch glücklich klang seine Stimme: Mutter und Kindern gehe es prächtig.
Wie man sah: Die Terrier spielten in Faulenrost eine große Rolle. Sie hatten im Park ihren besonderen kleinen Friedhof, und jedes verendete Tierchen bekam seinen Marterlspruch auf einem Holztäfelchen über seinem Grab. Siebenundzwanzig Hunde – und ein Katergrab konnte man zählen. »Katermänne« hatte als einziger sogar einen Stein gesetzt bekommen, auf welchem zu lesen stand:

Hier ruht der gute Meiner.
So einer wie Meiner war keiner.

Zwei andere Marterl lauteten:

Räude, Seuche und fünf Jungen
haben Daisy umgebrungen.
Außerdem die Sucht der Bleiche
machte sie zu einer Leiche.

Und:

Hier ruht der gute Fox
in seiner letzten Box.
Einst war er warm
mit soviel Charme,
er wurde alt,
nun ist er kalt.

Eine alberne Kugel im »Kapp-Putsch« 1920 setzte dem herzensguten Matthias, der keinem Tier, geschweige denn einem Menschen ein Härchen krümmen konnte, ein Ende. Etwa ein Jahr wanderte die Kugel in seinem Körper umher, doch aus Aberglauben wollte er sie selbst dann nicht herausoperieren lassen, als sie gut greifbar war. Sein Grab im Gemüsegarten umblühen seine Blumen und umsummen seine Bienen.
Als Faulenrost – der Name soll durch Verballhornung aus »Villa Roste« entstanden sein – nach endlich erfolgter Erbteilung an Septimus Hahn in Schwirsen gefallen war, siedelte der dicke Walter in das gewaltige Schloß nach Basedow über. Dort wurde er weiter betreut von seinem winzigen Heinrich und bewacht von einem riesenhaften Bernhardiner, der sich bei einem Jagddiner mit dem Großherzog – die Basedower Saujagden waren berühmt ergiebig – zur Erheiterung der Tafelrunde just meldete, als die Gänseleberpastete von Borchardt-Berlin aufgetragen wurde. Er wußte Bescheid!

Walter und »Onkel Matierarzt«, wie die kleine Benita ihn nannte, denn darunter konnte sie sich etwas vorstellen, waren schlichte und herzensgute Menschen; Matthias dazu noch klug und witzig. Sie wollten nichts anderes darstellen, als was sie waren.
Ihr Vetter Eckhard Hahn auf dem unweit gelegenen Gut Liepen war anders geartet. Ein guter und liebenswerter Nachbar war auch er mit seiner deutsch-amerikanischen Frau »Mamie«, die noch in ihren älteren Jahren stattlich und hübsch aussah. Doch er war kein Original, dafür aber elegant, charmant und ein Mann von Welt, wie es sich für den früheren Hofmarschall des Großherzogs in Schwerin geziemte.
Die Hahns hatten sich ihr Haus im Stil einer vornehmen Grunewald-Villa erst selber erbaut, da es Liepen, vormals ein Nebengut von Basedow, eines Herrenhauses ermangelte. Anheimelnd lag es hart am Rand des hohen Tannen- und Kiefernwaldes und war geschmackvoll und behaglich eingerichtet.
Zu Jagden, Geburtstagen oder intim gehaltenen Diners waren die Zetteminer häufig Gast. Stets war die Tafel mit dem erlesenen Porzellan, den geschliffenen Gläsern, dem schweren Silber, den schönen Blumen und dem alles überstrahlenden Kerzenlicht eine Augenweide. Hier tranchierte der Hausherr noch höchstselbst am

Tisch den Braten nach allen Regeln der Kunst mit dem schmalen, langen und haarscharfen Tranchiermesser, nachdem er es vorsorglich nochmals kurz gewetzt hatte. Auf daß er dem Gast ein heißes und vollsaftiges Stück vorlegen konnte, sei es von dem gespickten Rehrücken oder von der zarten Fasanenbrust. Schon beim Anblick dieser feierlichen Handlung mußte dem Gast das Wasser im Mund zusammenlaufen, so daß er rasch zu dem Glas mit Château d'Yquem griff, der zu dem Vorgericht eingeschenkt worden war. Es hieß, daß zu Urgroßvaters Zeiten das Tranchieren auf der Universität sogar gelehrt worden sei, denn es gehörte zum guten Lebensstil. Heute traf man diese Kunst nur noch ganz, ganz selten an und nur bei ausgesprochenen Feinschmeckern »Gourmets«. Daher huldigten ihr auch alle »Hähne« mit Recht: Es war kein leerer Wahn.

Glück, Zufriedenheit und beschauliches Leben waren in Liepen zu Hause; nur einmal wurde alles über den Haufen geworfen:

»Unser alter Diener ist eine Perle«, hieß es beglückend und klang so zuverlässig nach jahrzehntelanger Verbundenheit. Dabei war die Perle erst ein knappes Jahr im Dienst, hatte allerdings leicht angegrautes Haar.

»Man kann ihm alles anvertrauen: sogar die Schlüssel zum Weinkeller.« Daß er verlorene Schlüssel ersetzen und im Notfall sämtliche Schlösser zu öffnen verstand, fiel weiter nicht auf. Nicht einmal, daß er trotz seiner graumelierten Haare soviel Akrobatik besaß, an der Fassade klettern zu können, wie er es den Hausmädchen vorgeführt hatte. Er war eben eine Perle. Wurde Gästen das neu erbaute Haus gezeigt, mußte unser treuer, alter Diener alle Türen öffnen, sogar das raffiniert eingebaute Safe. Wozu hatte man sonst einen so vertrauenswürdigen alten Diener.

Die Herrschaft verreiste, der treue Bedienstete durfte ebenfalls auf wohlverdienten Urlaub fahren. Die Herrschaft kehrte heim, der alte Diener aber nicht. Friedlich hingen seine Anzüge im Schrank und lagen seine Sachen in seiner Stube. Telephonischer Anruf in seinem Urlaubsort ergab, daß er pünktlich abgereist war. Man geriet in Sorge, die sich mit jedem Tag steigerte, trieb doch der Massenmörder Haarmann sein Unwesen: Menschen verschwanden spurlos auf Nimmerwiedersehen. Wenn nur unserem guten, alten Diener nicht derart Gräßliches zugestoßen war, gar nicht zu fassen war dieser furchtbare Gedanke.

Die Perle blieb fort, und das Leben ging weiter in bangen Befürchtungen; auch die Geselligkeit. Die Liepener wurden zu einem Diner in der Nachbarschaft eingeladen: die Herren im Frack, die Damen im großen Abendkleid. Das »Hundehalsband« und die lange, doppelreihige Perlenrivière wurden benötigt, eigenhändig mußte man das Safe aufschließen, die Etuis herausnehmen und öffnen. O Schreck: Alle waren leer und restlos ausgeräumt! Verflucht noch mal!
Gleiches hatte sich zu Gleichem gefunden, obwohl es unfaßbar war: die Perle zu den Perlen.
Anzeige bei der Polizei war fruchtlos: »Roß und Reiter sah man nicht wieder.« Eine Hellseherin guten Rufes sagte: »Ich sehe ihn heil und gesund mit einem hübschen Mädchen in einem Restaurant in Süddeutschland sitzen.« So war er Haarmann nicht in die Hände gefallen, und das war wenigstens ein schwacher Trost.
Fortan mußte man sich in Sachen Schmuck an den klassischen Ausspruch des Mildenitzer Onkels halten, der gern mit seiner einfachen Lebenshaltung kokettierte und doch immer der Grandseigneur blieb: »Wir schaffen es mit dem Gesicht!«

Mäcki Hahn, von den Leuten allgemein »uns Max« genannt, ein Bruder von Eckhard und Vetter von Walter und Matthias, kann nur mit liebevollster Feder gezeichnet werden. Mäcki war einfach reizend und bei den Zetteminer Kindern glühend beliebt wie bei allen, die ihn kannten.
Der Geburtstag des alten, immer fidelen Junggesellen blieb für jeden, der ihn mitfeiern durfte, unvergeßlich. Vormittags kutschierten die Zetteminer Kinder in ihrem Ponywagen nach Demzin, dem Grenznachbargut, zum Gratulieren. Mäcki machte »Kieks« mit der kleinen Benita, und alle bekamen richtigen Rotwein und kehrten dementsprechend veralbert und verlacht heim. Und abends fuhren die Eltern hinüber. Nur nächste Verwandtschaft, lauter »Hähne«, ein kleiner Kreis, zu dem auch Georg und Vera gezählt wurden, pflegte sich an diesem Festtage in Demzin zu versammeln. Man war unter sich, und das war das besonders Schöne. Mehr Platz wäre in dem schlichten, aber urgemütlichen Inspektorhaus – Demzin hatte vormals auch als Nebengut zu Basedow gehört – gar nicht vorhanden gewesen.
Das Haus, in dem es zu jeder Tageszeit lieblich nach Kaffee

duftete, lag auf dem höchsten Punkt, allen Winden, gleich aus welcher Richtung sie wehten, preisgegeben, und war kilometerweit zu sehen. Auch hatte man von ihm aus einen unendlichen Blick weit, weit ins Land. An der Vorderseite lag ein winziges Gärtchen, viel zu klein, um den Winden wehren zu können, und an der Rückseite der große Gutshof. Die Arbeiterhäuser umsäumten, etwas niedriger und abseits gelegen, den weiten, runden Dorfteich, ein Zeichen, daß Demzin alten wendischen Ursprung war.

Das Haus war schuld, daß Mäcki Junggeselle geblieben war, denn jahrzehntelang hatte er seine Mutter bis zu ihrem Tod und seine Schwester »Datchen« bei sich gehabt, die dann zu Vetter Seppi nach Schwirsen gezogen war. Für eine weitere Familie hätte der Raum nicht gereicht. So hatte er den Anschluß verpaßt, als er dann allein war, wohlbetreut von seiner ältlichen Haushälterin, Frau Wörbel.

Entzückend im Wesen und im Aussehen war seine Mutter, die alte Tante Nandine, gewesen. Folgende Geschichte mag das am besten zeigen:

Nach einem Jagddiner in Demzin, bei dem der Alkohol reichlich geflossen war, wollte sich unter anderen der ältere Herr v. K... verabschieden. Er war sonst völlig auf der Höhe, nur die Beine wollten nicht so, wie sie sollten. Es gelang dem Herrn Kammerherrn um alles in der Welt nicht, der alten Gräfin, der Hausherrin, seine Reverenz mit einem Handkuß zu machen. Mal schoß er rechts, mal schoß er links an ihr vorbei.

»Ich werde mich in die Tür stellen«, schlug Tante Nandine vor, »dann wird es vielleicht besser gehen.«

Aber sie war schlank und die Tür mit ihren beiden offen stehenden Flügeln breit. Mit ausgestreckter Hand sauste der Herr Kammerherr doch wieder an ihr vorbei. Da zeigte sich so recht die Güte und das Verstehen der guten, alten Tante Nandine, als sie freundlich lächelnd meinte:

»Mein lieber Herr v. K..., wir wollen die Verabschiedung lieber auf das nächste Mal verschieben.«

Ja, getrunken wurde beim guten Mäcki scharf, aber nur das Beste vom Besten, und niemals Verschiedenartiges durcheinander. Bei seinen kleinen Diners – Frau Wörbel kochte in Vollendung – standen Champagner und Burgunder in offenen, geschliffenen

Kristallkaraffen auf der Tafel, und jeder konnte sich nach Belieben selber einschenken. Genötigt wurde nicht, nur öfter ermunterte Mäcki neckisch und mit listigem Augenzwinkern: »Na, denn prost, geliebte Gemeinde!«
Wurde die Tafel aufgehoben, dann verfügte sich die kleine Gesellschaft in den niedrigen Salon der achtziger Jahre, der nach Tante Nandines Tode nur zweimal im Jahr geöffnet und benutzt wurde: zum Geburtstag und zur Jagd. Petroleumlampen-Duft erfüllte ihn bei matter Beleuchtung, und altmodische, unbequem kurze und enge Sesselchen mit gitterartig geflochtenen Troddelbehängen nahmen die Gäste auf. Außerdem gab es, abgesehen von dem kleinen Sofa, noch eine Sitzgelegenheit zu zweit: S-artig geschwungen, in der man sich seitlich gegenüber saß. Ein Instrument unserer Groß- und Urgroßeltern zum besseren Flirten, leider aber schon altersschwach, so daß es eines Abends zusammenbrach. Der Chronist glaubt sich zu erinnern, daß dies Mißgeschick Valeska Bredow traf, die wie häufig zum Jagen in Zettemin zu Besuch weilte. Ihren zwei Zentnern Liebreiz war das alte Möbel nicht mehr gewachsen.
In diesem Salon gab es Importen und einen Kaffee, in dem der Löffel stehen blieb, und der alle Nebel im Gehirn verflüchtigte. Dieser Mocca triple verlangte natürlich wiederum ein Gegengift, und so gelangte man zum »Chasse-café«, dem Cognac, bei dem man blieb, auch die Damen. Das war bekömmlich, der Kopf blieb klar, die Stimmung war ausgezeichnet, und niemals kannte man am nächsten Morgen einen Kater. Viele Jahre wurde Mäckis sechzigster Geburtstag gebührend gefeiert, aus Versehen bereits mit seinem neunundfünfzigsten beginnend.
Auch ohne besonderen festlichen Anlaß bekam man bei Mäcki stets einen guten Trunk, wenn man ihn in seinem altmodischen, immer behaglich pottenwarmen und nach Zigarettenrauch duftenden Arbeitszimmer besuchte. Wo er dort arbeitete, konnte Georg nie feststellen, denn der für solche Zwecke bestimmte Schreibtisch war ständig dermaßen mit Büchern, Akten und Papieren vollgepflastert, daß nicht das geringste Plätzchen zum Schreiben vorhanden war. Georg hatte auch niemals den Eindruck, ihn bei plötzlichem, unerwartetem Besuch im geringsten zu stören oder ihn von irgendwelchem Tun abzuhalten.
Nur zweimal kam er sehr ungelegen.

»Herr Graf sind im Keller«, sagte der Diener. Georg hatte nur eine kurze Frage, wollte keine Zeit verlieren und stieg in den Keller hinunter. Da stand Mäcki inmitten seiner Weinflaschen-Regale im Dunkeln. In der einen Hand hielt er einen kleinen Leuchter mit einer brennenden Kerze und in der anderen eine Flasche, deren Etikett er studierte. Um sich nicht in der Kühle des Kellers zu erkälten, hatte er sich auf seinen blankpolierten Schädel eine Sportmütze gesetzt. Mäcki, sonst immer vergnügt und über jeden Besuch erfreut, grunzte nur. In seinem Allerheiligsten und bei solchem Tun wollte er nicht ertappt und gestört werden. Sein Anblick wäre ein köstlicher Vorwurf für den seligen Maler Spitzweg gewesen.

Das andere Mal kam Georg noch viel unerwünschter. Er hätte sich aber auch sagen müssen, daß die dritte Nachmittagsstunde die »müde« Stunde ist, besonders im warmen Sommer. Ein törichtes Hausmädchen hatte ihn ohne Anmeldung hereingelassen, und nichtsahnend platzte er in Mäckis Arbeitszimmer. Die Tür öffnen und mit Schrecken rasch behutsam wieder schließen, war eins. Dieser Augenblick hatte jedoch genügt, folgendes Idyll zu erblikken: Auf dem einen über Eck stehenden Sofa in dem halbverdunkelten Zimmer schnarchte Mäcki, auf dem anderen hielt seine nicht minder korpulente Wirtschafterin, Frau Wörbel, ihr gesegnetes Mittagsschläfchen. Ein Bild des Friedens und der Eintracht!

»Wer schläft, sündigt nicht.« In wachem Zustand versündigte sich Frau Wörbel aber grob gegen das Gebot: »Liebe deinen Nächsten wie dich selbst.« Sie war ein Drache, wie es die Mehrzahl der Köchinnen und Wirtschafterinnen durch das ständige Stehen und Hantieren am heißen Herd wurden. Für Mäcki jedoch sorgte sie wie eine Mutter, und darauf kam es an.

»Wenn Herr Graf tot ist, dann komme ich zu Ihnen«, gab sie ungebeten Vera kund, ohne damit auf Gegenliebe zu stoßen. Im Gegenteil, Vera bekreuzigte sich!

War Mäcki ein reizender Gastgeber, so war er stets auch ein hochwillkommener Gast. Immer brachte er gute Stimmung mit, und immer regte er zum Lachen an, lachte er selber doch zu gern. Er brauchte gar nichts zu sagen, ihn mit seinem ausdrucksvollen Mienenspiel anzusehen genügte. Klein war er und kugelrund mit zierlichen Füßchen und eigenartig lila verschrumpelten Händen. Sein Gesicht war gut geschnitten, hochrot und mit unzähligen blauroten Äderchen durchsetzt. Aus ihm blickten zwei große, etwas hervorquellende, hellblaue Augen, deren Weiß vergilbtem, altem Elfenbein glich. Unter der feingebogenen Nase zuckten schalkhaft zwei mit den Jahren immer hellblonder werdende kleine Bartspitzen. Und immer war er, wie aus dem Ei gepellt, gepflegt und sorgsam gekleidet. Der Typ, den man sich als den »ostelbischen Junker« in der Karikatur vorstellt, mußte Georg oft denken.

Vom Autofahren hielt er, wie alle »Hähne«, nichts, obwohl er viel unterwegs war und Demzin bequem an einer Chaussee lag. Pferde waren seine Passion, Pferde, die wie die Feuerwehr liefen. Er handelte sie stets persönlich und besonders gern von herumziehenden Zigeunern ein, denen es aber nie glückte, ihm einen »Verbrecher« anzuhängen. Fuhr er, dann saß er ständig links im Fond, eingehüllt in einen dicken, hellgelben Flauschmantel und mit einer schwarzen Melone auf dem Kopf. Sein Kutscher, der rechts vorn auf dem Kutschbock thronte, nahm ihm auf diese Weise nicht die Sicht auf die Pferde und hielt, was ausschlaggebend war, den leichten Kutschwagen im Gleichgewicht, da er von gleicher Körperfülle war wie sein Herr.

An seinem Lebensabend plagte die Gicht den armen Mäcki arg im Bein. Mehr Mosel und weniger Rotwein und Cognac wäre doch wohl richtiger gewesen.

Eine aus dem Rahmen fallende, originelle und wohl einmalige Erscheinung war »Hansbaron«, wie er im Leutemund hieß.

Auch er war Junggeselle, untersetzt, wohlbeleibt und hatte Sinn für Humor. Seine kurzen Wurstfinger untermalten lebhaft seine Worte, am Ringfinger funkelte ein unwahrscheinlich dicker Brillant. Er war Geschäftsmann durch und durch und hatte sich seine beiden wertvollen, anfangs gepachteten Güter erarbeitet und erworben. In jungen Jahren hatte er hochintensiv gewirtschaftet, in der zweiten Hälfte seines Lebens tat er dies nur noch extensiv und altmodisch, denn er hatte sich durch einen ekligen Sturz mit dem Pferd ein Bein erheblich verletzt und konnte sich nie wieder ganz erholen.

Bis 1914 bot ihm sein Beinleiden guten Grund, jeden Winter in den wärmeren Süden zu reisen. Allein, als Junggeselle, damals noch ohne Auto, war ein Winter auf dem Lande nicht zum

Totlachen. Einige zwanzigmal war er in Neapel gewesen, war nur zum Weihnachtsfest und über Neujahr nach Hause gekommen, um seine Kornverkäufe abzuwickeln und nach dem Rechten zu sehen. Dann war er wieder gen Süden gereist bis zum Frühjahr, dem Beginn der Bestellungsarbeiten.

Seit dem Kriegsausbruch 1914 war es mit dem Reisen vorbei. Kein Wunder, daß er, körperlich behindert und kommerziell lebhaft interessiert, sich mehr und mehr dem Handel an der Börse zuwandte. Man sollte meinen, ohne Telephon auf dem Schreibtisch oder wenigstens im Büro oder sonstwo im Haus, wie es auf dem Land anders undenkbar war, wären derartige Geschäfte nicht zu tätigen gewesen. Hansbaron dachte anders. Diese ruhestörenden, neumodischen und belästigenden Einrichtungen duldete er nicht im Haus. Ihm genügte es vollauf, seine Aktienkäufe und Verkäufe einmal in der Woche abzuwickeln, wenn er zu seinem Kornhändler in das Städtchen fuhr. Dort konnte er telephonieren. Und er telephonierte mit besten Erfolgen!

Elektrisches Licht? Wozu? Spiritusglühlicht-Lampen leuchteten hell und viel billiger.

Elektrisch dreschen? Warum? Die Lokomobilen liefen vorzüglich, der ganze elektrische Kram kostete nur viel Geld.

Als seinem Nachbarn Georg eine volle Getreidescheune durch Kurzschluß abgebrannt war, erklärte ihm der alte Praktikus sein Prinzip: Wenn er ein altes Gebäude niedergebrannt wissen wolle – selbstverständlich war er gut versichert –, dann nehme er sich einen Blitz. Das sei viel einfacher und bedeutend billiger.

In der Theorie war es richtig, die Praxis sah aber zumeist anders aus. Der Schafstall sollte nicht abbrennen, und hätte er es sollen, dann wäre mitten im Winter auch kein Blitz greifbar gewesen. Ursache war, wie häufig, die Lötlampe, mit welcher der Schmiedemeister versucht hatte, die eingefrorene Wasserleitung aufzutauen, obwohl dies wegen der Spinnweben, des Kaffs und der Strohhalme in den dunklen Ecken und Winkeln streng untersagt war. Es war so oft gutgegangen, diesmal mißglückte es.

Reitende Boten wurden in die Nachbarschaft gejagt, denn es gab ja kein Telephon auf dem Gut. Die Feuerspritzen kamen über die hartgefrorenen, holperigen Landwege angerasselt, die Löschmannschaften mußten sich anklammern wie die Kanoniere auf

ihren Geschützen und Protzen, um nicht herunterzufliegen. Der Schafstall war natürlich nicht mehr zu retten, er war inzwischen fast heruntergebrannt, nur die umliegenden Gebäude galt es zu schützen.
Aufstellen der Spritzen, Organisieren der Wasserwagen und Aufschlagen einer Wasserentnahmestelle im halbmeterdick zugefrorenen Dorfteich waren das Werk weniger Minuten. Alles funktionierte großartig – nur die Spritzen nicht, nicht einmal die funkelnagelneue, rotlackierte und von Messing blitzende Seiner Exzellenz aus Rottmannshagen. Auf diese war alle Hoffnung gesetzt worden, war sie doch technisch das Allerneueste. Aber auch sie war bei der bitteren Kälte eingefroren, und alles in sie gegossene kochende Wasser brachte sie nicht in Gang.
Aufgeregt kommandierte Hansbaron herum, in seinem dicken Gehpelz anzuschauen wie eine schwarze Kugel. Plötzlich roulierte er im Schnee wie ein angeschossener Hase: Die alte Zetteminer Spritze hatte sich als einzige »besonnen« und einen dicken, kräftigen Wasserstrahl herausgeschleudert. Allerdings nur drei Sekunden lang, dann war wieder alles aus. Es hatte aber genügt, denn dieser Wasserstrahl hatte Hansbaron getroffen: mitten aufs Kreuz! Ob gewollt oder aus Versehen, war nicht festzustellen. Ganz abwegig dürfte die Annahme kaum sein, daß einer der Mannen ein wenig Vorsehung gespielt hatte, »üm Hansbaron eins uttauwischen«.
Ein andermal brannte der umfangreiche winterliche Holzvorrat im Keller seines Hauses lichterloh. Diesmal im Sommer und wieder ohne Blitz. Georg eilte mit seiner Feuerspritze zu Hilfe und glaubte nicht richtig zu sehen: Da saß Hansbaron mitten auf dem Rasen vor seinem Haus in einem tiefen Sessel, den er sich hatte herausstellen lassen, und leitete heftig gestikulierend das Löschmanöver. Gottlob mit befriedigendem Ergebnis.
Jammerschade wäre die Vernichtung seiner wertvollen und zum Teil schönen Einrichtung gewesen, die er sich mit Liebe zusammengetragen hatte, soweit er sie nicht ererbt hatte. Georg und Vera kannten genau die Anschaffungspreise der einzelnen Möbel, der kostbaren Teppiche, der Seidentapeten, des Mosaiks über dem Kamin. Wie oft hatte Hansbaron sie ihnen voller Stolz genannt!
Er war nun einmal ein vorzüglicher Rechner, hatte es damit auch

zu etwas gebracht. Unter anderem hatte er sich mit der eigenartigen Berechnung befaßt, wieviel ihn für seine beiden Güter jeder sonn- und festtägliche Gottesdienst kostete. Bei marktgängiger Bewertung auch der an die Pfarrstelle abzuliefernden Naturalien und sonstigen Abgaben war er auf dreihundert Mark gekommen, damals noch gute und vollwertige Reichsmark beziehungsweise Rentenmark. Der stets klägliche Kirchenbesuch stand dazu in keinem Verhältnis. Hätte Georg eine solche schnurrige Berechnung aufgestellt, er wäre auf eine erheblich höhere Summe für seine Güter gekommen, so unglaubwürdig und verblüffend das auch erscheinen mochte.

Es gab in diesen alten Pfarrdotationen in Mecklenburg spaßig anmutende Abmachungen. Da hieß es zum Beispiel: »drei Ellen Mettwurst«, wobei aber der Durchmesser nicht festgesetzt worden war. Die schlauen Bauern benutzten daher für diesen Zweck den dünnsten Darm des Schweines, der infolgedessen offiziell »de Pasterdarm« hieß. Oder es war »Wurst dreimal um den Leib« zu liefern, wobei an den Leib des Herrn »Pastohrs« gedacht war. Die Abgabe regulierte sich gerecht: Ein starker geistlicher Herr brauchte zu seines Leibes Nahrung mehr als ein schlanker und umgekehrt.

Auch die Jagd bewertete Hansbaron folgerichtig nur vom kommerziellen Standpunkt, da er infolge seiner Gehbehinderung kein Jäger war. Er betrachtete die Strecken der einzelnen Triebe, die er vom Wagen aus voller Interesse in Augenschein nahm, aus einem anderen Gesichtswinkel wie üblich: Er machte sich gleich einen Überschlag, was die Jagd nach Abzug der Unkosten wohl einbringen würde.

Sein Haushalt war, wie häufig bei Junggesellen, tipptopp aufgezogen. Hansbaron war eine vorzügliche Hausfrau und besprach täglich mit seiner Mamsell das Menü. Bei ihm aß man nicht, man »speiste«. Fressen taten nur die dicken Ratten im Kellergeschoß, die sich eines Nachts sogar am Ohr der Mamsell vergriffen.

Der Alkohol spielte eine untergeordnete, wenn auch eine gepflegte Rolle, desto mehr das Zigarrenrauchen. Fünfzehn bis zwanzig Stück pro Tag! Die letzte Zigarre vor dem Schlafengehen wurde nur angeraucht, um am nächsten Morgen eine recht kräftige anzünden zu können. Als der Arzt Hansbaron Vorhaltungen machte, wie ungesund das Rauchen sei, gab er ihm den wohlmei-

nenden Rat: »Wenn's Ihnen nicht bekommt, Herr Doktor, dann lassen Sie es ja bleiben!«
Lebhaft und witzig war er, unser Hansbaron. Er liebte Menschen und Geselligkeit, sei es in seinem Haus oder in dem des Nachbarn, und niemals war er ein Spielverderber.
Ein gütiges Geschick ließ ihn noch vor Hitlers Machtergreifung mit allen ihren furchtbaren Folgen aus diesem Leben scheiden. Den Verlust seines schwer erarbeiteten und erheblichen irdischen Vermögens würde er nicht überlebt haben.

»Herrschaften, ich bin Millionär!«
Mit diesem Ausruf begrüßte stehend im noch fahrenden Schlitten und seinen Jagdhut schwenkend Henning v. F . . . auf Groß-Helle die Jagdgäste am Rendezvousplatz in Briggow. Die Million Schulden war voll. Alle lachten und winkten ihm Willkommen und Weidmannsheil zu, kannten sie doch seinen liebenswürdigen und gottbegnadeten Leichtsinn.
Das war Ende der zwanziger Jahre, als es der Landwirtschaft kläglich ging. Eine Million Schulden auf einem, wenn auch großen und wertvollen Gut, war stramm, »mein Henning« war aber nicht unterzukriegen, seine immer gute Laune ließ er sich nicht verderben. Genau ebenso vergnügt und zuversichtlich war Ellachen, seine prächtige Frau, Veras weitläufige Kusine. Auch sie ließ den Kopf nie hängen; irgendwie würde es schon werden, war beider Leitmotiv.
Es wurde auch immer »irgendwie«, wenn es auch über Stock und Stein ging. Zum Beispiel bei der Geburt ihres zweiten Kindes.
Ellachen erwartete, und Henning war zu einer Sitzung fortgefahren, da das freudige Ereignis allen Anzeichen und Berechnungen nach noch eine Weile auf sich warten lassen würde. Daher war die Hebammen-Wochenpflegerin noch nicht in Groß-Helle, wo das Kindchen geboren werden sollte.
Plötzlich setzten die Wehen ein und gleich so heftig, daß Ellachen wußte: Nun ist's soweit. Das eigene Auto war mit ihrem Mann fort, zur Klinik nach Neubrandenburg war es weit. Es mußte dennoch versucht werden, sie bestellte ein Auto und erwartete sehnlichst seine Ankunft in Mantel und Hut in der Halle. Es gab aber kein Halten mehr, die Geburt setzte ein.
Was tun?

Da kam die Erleuchtung über sie: Der einzige, rasch noch erreichbare Mann, der mit Geburten am besten Bescheid wußte, war ihr Schäfermeister. Sie ließ ihn rufen, und er kam mit seiner großen Schere.
Als Henning, ebenfalls benachrichtigt, eilends heimkehrte, war er glückseliger Vater eines prächtigen Jungen. Seiner Frau ging es den Umständen nach ausgezeichnet.
Daß Groß-Helle stark verschuldet und ewige Ebbe in der Kasse der Normalzustand war, war allgemein bekannt. Besonders offenbarte es sich nach einer Jagd, als sich die Jagdgesellschaft mit Tee am Kaminfeuer aufwärmte und Henning die drolligsten Geschichten erzählte, worin er Meister war. Er wurde herausgerufen: Ein Herr wollte ihn sprechen. Es währte nur kurz, bis er den Kopf zur Tür wieder hereinsteckte mit den Worten:
»Herrschaften, trinkt schnell euren Tee aus! Es wird gleich dunkel! Der Mann aus der Überlandzentrale mit der Zange ist da.«
Damit verschwand er wieder und verhandelte mit dem »Mann«. Er kratzte den letzten Pfennig Bargeld im Geldschrank zusammen und händigte ihn aus. Natürlich reichte er nicht, doch zeigte er damit seinen guten Willen. Tatsächlich erweichte er den Beamten, daß dieser noch einmal Gnade vor Recht ergehen ließ. Erleichtert kehrte Henning zu seiner Gesellschaft zurück und verkündete strahlend:
»So, Herrschaften, nun könnt ihr euren Tee wieder langsam trinken: Es bleibt hell!«
Wieder war es »irgendwie« gut ausgelaufen.
Als die Überlandzentrale bald danach auf keinen Fall mehr stillhalten wollte und zur Pfändung schritt, ließ sie durch den Gerichtsvollzieher einige Fohlen beschlagnahmen und forttreiben. Mein Henning, nicht faul, legte sich mit einigen Verwegenen seiner Burschen im Hohlweg auf die Lauer und jagte die Fohlen dem Beamten mit Erfolg wieder ab! Um ein Haar hätte es ein böses Nachspiel gegeben wegen Widerstandes gegen die Staatsgewalt und dergleichen, aber »irgendwie« schaffte es Henning auch diesmal, die Geschichte geradezubiegen, denn jeder hatte ihn gern und wollte ihm wohl.
Als die Pleite schließlich übergroß wurde, aber trotzdem eine letzte Anleihe in vager Aussicht stand, sagten sich die Groß-Heller: jetzt oder nie wieder. Im Hinblick auf den Silberstreifen

am fernen Horizont machten sie eine herrliche Mittelmeerreise, die so phantastisch war, daß sie gleich danach im Herbst noch eine Nordlandreise unternahmen mit allen auf solchen Vergnügungsdampfern üblichen Schikanen wie Langusten, Sekt und dergleichen mehr. Es war »ganz groß«!
Hätten sie auf die Anleihe gewartet, wie es jeder solide Mensch getan hätte, dann wäre aus den schönen Reisen nie etwas geworden. Die Anleihe blieb aus, ihre Reisen aber hatten sie genossen und konnten von der herrlichen Erinnerung zehren. Haben sie unbewußt nicht richtiger gehandelt als die Gewissenhaften, wie die Zukunft lehrte?
Es kam so, wie sie es geahnt hatten: Das Gut wurde unter Zwangsverwaltung gestellt, nur die Jagd verblieb dem Herrn »Rittmeister«, und das Herrenhaus wurde vermietet. Sie selber zogen auf ein Nebengut in ein kleines Inspektorhaus und »quollen zum Schornstein heraus«, wie Ellachen lachend sagte. Ihren Humor hatten sie nicht eingebüßt!
Mit dem »Rittmeister« hatte es eine besondere, nicht alltägliche Bewandtnis. Als Henning, wie viele, in den dreißiger Jahren wieder zu militärischen Übungen eingezogen wurde, stellte es sich heraus, daß er gar nicht Rittmeister war, wie er sich anreden ließ, sondern erst Oberleutnant. Seine Erklärung war folgende: Wenn der Krieg noch etwas länger gedauert hätte, dann wäre er Rittmeister geworden. Daß schon 1918 Schluß gemacht wurde, war nicht seine Schuld; von Rechts wegen wäre er jetzt Rittmeister. Das sei eine gute Anrede, denn »Gnädiger Herr« sei unmöglich und »Herr Oberleutnant« nicht genügend würdig. Damit hatte er recht, ein Titel mußte es sein, und da erschien ihm in seiner unbeschwerten und einfallsreichen Phantasie der »Herr Rittmeister« der passendste.
Die Russen erschossen ihn 1945, als er sich schützend vor seine Tochter stellte, und Ellachen nahm daraufhin Gift. Gute, harmlose und lebensfrohe Menschen kamen sinnlos um. Wer sie gekannt und sich an ihnen erfreut hat, wird ihrer immer liebevoll gedenken.

Nachrevolutionszeit und Kapp-Putsch

(Zwar keine Rosine, sondern eine bittere Mandel, denn auch solche waren in dem Kuchen)

Am 9. November 1918 war das Deutsche Kaiserreich durch Krieg und Revolution zusammengebrochen. Zehn Tage später hielten Georg und Vera ihren Einzug in Zettemin, vorsorglich vom treuen, alten Diener Brüncke in Georgs Elternhaus in Wolfshagen in der Uckermark mit roten Bändchen am Mantel versehen, als Schutz vor Belästigungen auf der Bahnfahrt. Etwas geniert lachend hatten sich beide dem Tun des guten Brüncke gefügt. Man konnte nicht wissen, wie die Zustände außerhalb Wolfshagens, wo es ruhig geblieben war, sein würden. Die Maßnahme hatte sich als überflüssig erwiesen: Die Bahnbeamten waren eher noch eine Schattierung höflicher und zuvorkommender, um zu zeigen, daß sie mit der Revolution nichts gemein haben wollten.
Diese war gottlob »stecken«geblieben, und erst recht in Mecklenburg. Neigte der Deutsche nicht zur Revolution, so erst recht nicht der Mecklenburger, der sie als höhere Gewalt und mehr von der humoristischen Seite hinnahm. Nach einem verlorenen Kriege und einer Revolution war es dennoch natürlich, daß die Zustände im Lande zunächst unsicher blieben. Allerhand Gesindel trieb sich umher, und nächtliche Überfälle auf den Straßen waren nicht selten. Trotz häufigen Fahrten spätabends in der Dunkelheit waren Georg und Vera aber niemals belästigt worden. Ersterer besaß zur Verwunderung seiner Nachbarn nicht einmal einen Revolver.
Nur der alte Dorfschullehrer a. D. und Küster Matthäi in Zettemin erlebte einen üblen Schreck. Mit seinen siebzig Jahren radelte er noch wie ein Jüngling und flitzte um die Ecken wie die Feuerwehr. Ein allwöchentlicher Abend im zehn Kilometer entfernten Nachbarstädtchen Stavenhagen am Biertisch bei »Schafskopp« oder Skat war seine Lieblingserholung.
Eines sehr späten Abends kam er wie üblich heimgeradelt. Ausgerechnet an der Stelle, an der sich der Pflasterdamm einengte und sich im finsteren Wald durch einen Hohlweg schlängelte, einer Stelle, die einen Überfall herausforderte, vernahm er Stimmen. Eine von ihnen drohte:

»Hier möten wi fast taupacken!«
Der alte Küster, dem ohnedem bänglich zumute war und der daher ein gutes Tempo fuhr, trat fest zu. Zu sehen war in der Stockdunkelheit nichts, es war Neumond.
»Holt!« wurde ihm zugebrüllt.
Nun trat er, was er an Kräften im Leib hatte. Er raste gegen ein Hindernis, flog aus dem Sattel darüber hinweg und landete auf dem Pflaster. Zwei Männer sprangen hervor und packten den aus Leibeskräften um Hilfe Schreienden. Nun hatten ihn die Banditen! Nun war es mit ihm »Matthäi am letzten!«
»Herrje, dat is ja uns Köster!«
»Mein Gott, Hanne, woans kümmst du denn her?« rappelte sich der alte Herr noch halb benommen, aber gottlob mit heilen Knochen wieder hoch.
Und nun klärte sich alles auf: Georg hatte eine neue Drillmaschine gekauft, die Hannes und der neue Schmiedemeister vom Bahnhof Stavenhagen abgeholt hatten. Die Auslieferung hatte sich arg verzögert, es war Nacht geworden. Viereinhalb Meter war die Maschine breit und beanspruchte fast die Gesamtbreite des Dammes. In der Dunkelheit war sie ein wenig von ihm abgekommen und hatte sich an einem seitlichen Baumstubben festgefahren. Da mußten die Männer »fast taupacken«, um sie wieder flottzubekommen.
Dies war der einzige »Überfall« bei Zettemin, Gott sei's gedankt, dazu ein spaßiger!
Es erschien auch einmal der »Arbeiter- und Soldatenrat« aus Stavenhagen, ein mit Flinten gespickter Haufen von Revolutionsgestalten in einem klapprigen Federwagen. Es wurde auch einige Male auf höheren Befehl gestreikt, doch sorgten die Streikposten selber für die Versorgung des Viehs in den Ställen. Als Landleute fanden sie derartige Anordnungen fehl am Platz, aber »Wat salln wi dohrbi daun?« Sie hatten recht, es blieb ihnen nichts anderes übrig, als gute Miene zum bösen Spiel zu machen. Georg sah das voller Verständnis ein und verargte ihnen ihr erzwungenes Streiken gewiß nicht.
Allmählich beruhigten sich die wenigen, von außerhalb aufgeputschten Gemüter in Mecklenburg; im allgemeinen war die Ordnung in diesem geruhsamen Lande kaum unterbrochen worden.

Nur in Berlin und in Thüringen waren die »Spartakisten« noch am Werk und wollten den radikalen Umsturz. Das war sogar in Zettemin zu spüren. Georg ließ nämlich sehr bald nach der Übernahme des Gutes elektrisches Licht mit eigener Stromerzeugung legen, da es noch keine Überlandzentrale gab. Sonderbarerweise verschwand damals dieser oder jener Monteur mitten in der Arbeit, um nach einigen Tagen wieder zu erscheinen. Es waren ausgesprochen nette, umgängliche und in ihrem Fach tüchtige Leute. Was war der Grund? In Berlin wurden in den Tagen Unruhen von den Spartakisten inszeniert, da mußten sie mitmachen, denn dabei verdienten sie mehr. Es bedeutete für sie eine rein geschäftliche Angelegenheit.

Im Herbst 1920 wurde die Lage kritisch, denn es bildeten sich Nester dieser Spartakisten auch in Mecklenburg und Vorpommern. Trupps von zehn bis zwanzig Mann untadeliger ehemaliger Soldaten, nach ihrer gegenrevolutionären Tätigkeit in den Baltischen Provinzen »Baltikumer« genannt, bemühten sich, die Ordnung aufrechtzuerhalten. Auch in Zettemin quartierte sich ein Trupp mit einem Maschinengewehr auf dem Durchmarsch für eine Nacht ein, ohne daß er in Aktion zu treten brauchte. Das Spartakistennest der ledigen Knechte, ausgerechnet im Rundflügel des Zetteminer Hauses, bildete sich erst einige Zeit später. Da bekanntlich der Vogel sein eigenes Nest nicht beschmutzt, blieben Georg und Vera gottlob unbehelligt: Nur in der Nachbarschaft requirierten diese Halbstarken ihre Gewehre. Ungemütlich war dieser Zustand immerhin.

Um so mehr, da man von einer Aktion des früheren Generallandschaftsdirektors in Ostpreußen Kapp hörte, der einen gewaltsamen Umsturz der republikanischen Regierung in Berlin durchzuführen versuchte. Genaueres war nicht zu erfahren, und Rundfunknachrichten gab es noch nicht, da die Radiotechnik mit ihren Kopfhörern in den Kinderschuhen steckte. In Zettemin mußte wieder, diesmal ernstlich, gestreikt werden, und aus der Nachbarschaft drangen Nachrichten von Unruhen und Gewalttätigkeiten. Eine unerträgliche Spannung lag in der Luft.

Eines Nachmittags bei Einbruch der Dunkelheit wurde die Telephonverbindung mit dem Postamt Stavenhagen unterbrochen, ein unheimliches Zeichen drohenden Unheils. Georg und Vera hatten mit dem beratenden Forstmeister Tee getrunken, und die

Herren waren zur Besprechung in das im Erdgeschoß gelegene Gästezimmer gegangen. Als Georg zurückkam, hörte er Stimmengewirr im oberen Stockwerk. Rasch lief er einige Stufen der Treppe empor und sah sich unvermutet einer Horde finsterer Gestalten gegenüber. Von oben drängten sie die Treppe herunter, während andere ihm von unten nachliefen. Immer mehr quollen aus dem Flur zu ebener Erde in die Halle und füllten den ganzen Raum.

»Hände hoch!« brüllte man ihm entgegen.

Auf halber Treppe blieb er stehen und kam verwundert dieser nicht alltäglichen Forderung nach. Was sollte er angesichts dieser drohend blickenden Menge wildfremder Männer anderes tun?

»Was ist denn los?«

»Sind Sie Graf Schwerin?«

»Jawohl, das bin ich.«

»Dann kommen Sie gleich mit nach Malchin!«

»Warum?«

»Das werden Sie dort erfahren.«

»Erlauben Sie mir wenigstens, mich erst etwas wärmer anzuziehen, denn es ist heute abend kalt, um null Grad.«

Die Bitte wurde Georg gewährt, und zwei unbekannte Dunkelmänner begleiteten ihn in sein Ankleidezimmer und wichen nicht, während er sich einen warmen Anzug und derbe Stiefel anzog.

Auf der Suche nach Georg, der ahnungslos beim Forstmeister gesessen hatte, waren Matrosen aus Kiel, die Anführer der Bande, und landfremdes Volk in das Wohnzimmer im oberen Stock gedrungen, wo sie Vera allein vorgefunden hatten. Mit vorgehaltenem Revolver hatten sie nach ihrem Mann gefragt. Da war die Wut in ihr aufgestiegen, und in dem Gefühl: Hier kann nur der Geist die rohe Materie besiegen, hatte sie an den Revolverhelden die Gegenfrage gerichtet:

»Sie haben doch wohl gesichert?«

Verdutzt hatte der Kerl die Mordwaffe sinken lassen, er war aus dem Konzept gebracht worden, und die Situation war gerettet. Nun hatte Vera mit den Männern verhandeln können, und es hatte sich herausgestellt, daß es sich darum handelte, in Malchin von Georg eine Unterschrift zu erhalten.

»Lassen Sie mich unterschreiben, ich fahre anstelle meines Man-

nes mit nach Malchin«, hatte Vera verlangt. Aber das war nicht zugelassen worden.
Da war ein älterer Dachdeckergeselle aus Malchin, der öfter in Zettemin gearbeitet hatte, an Vera herangetreten und hatte ihr versichert, Georg werde in Malchin nichts Böses geschehen. Er verbürge sich dafür und werde ihn heil zurückbringen. Mit einem »Danke, ich glaube Ihnen« seitens Veras und einem Händedruck, dem sich die ganze Bande angeschlossen hatte, war die Unterredung beendet worden. Die Eindringlinge hatten von Vera abgelassen und sich zurückgezogen.
In dem Augenblick war Georg zu Veras Schrecken auf der Treppe erschienen.
Zufällig war der alte Sanitätsarzt Dr. Ahlers aus Stavenhagen mit seinem Auto vorgefahren, um im Dorf einen Krankheitsfall zu behandeln. Er wurde von den Banditen vereidigt, bei seiner Rückkehr nach Stavenhagen in den nächsten Stunden kein Wörtchen über den Vorfall verlauten zu lassen, den er miterlebt hatte. In Stavenhagen war nämlich Reichswehr eingetroffen, um Ruhe und Ordnung wiederherzustellen, die Banditen aber wollten Georg ungehindert nach Malchin bringen, das sich in den Händen der Aufrührer befand.
Mittlerweile hatte sich Georg fertiggemacht, ein ungefederter kleiner Kastenwagen mit zwei Gäulen hielt vor der Tür. Als er aufgefordert wurde, einzusteigen, tauchte sein treuer Kutscher Tanger auf und bat, mit dem Jagdwagen nachkommen zu dürfen. Die finsteren Gesellen, die inzwischen leidlich manierlich geworden waren, hatten nichts dagegen, Georg erst recht nicht. Er bestieg den Kastenwagen, ein Fremdling setzte sich korrekt links neben ihn, und der Dachdeckergeselle schwang sich auf die vordere Bank neben den Fahrer. Mit harten Stößen und Geratter ging es im Zuckeltrab der beiden Ackergäule in die dunkle, sternklare und kalte Nacht.
Die drei Männer waren friedlich, Georg unterhielt sich ungezwungen mit ihnen. Wenn man den Menschen menschlich nimmt, zähmt man ihn am ehesten, auch wenn er ein Halunke ist. Das waren diese Männer keinesfalls, sie waren nur irregeführt und aufgewiegelt. Auf halbem Wege holte Tanger die Gesellschaft ein. Georg ließ halten und bat seine beiden Begleiter mit den Worten »In meinem Wagen fährt es sich bequemer«, umzustei-

gen. Gern wurde diese Wohltat nach dem Geratter und Gestucker angenommen.
Sie durchfuhren die von den Spartakisten um Malchin aufgestellte Postenkette, dann ging es in die Stadt hinein. Alles war in tiefes Dunkel gehüllt: keine Straßenbeleuchtung, kein Licht in den Häusern, die Fenster verrammelt, kein Mensch auf den Straßen. Es war unheimlich.
Der Wagen fuhr auf den dunklen Marktplatz, zum Rathaus. Hier wimmelte es von Menschen wie Bienen vor dem Schlupfloch ihres Stockes. Mit Mühe zwängte sich Georg mit seinen beiden Begleitern, oder richtiger gesagt, diese mit ihm in das unbeleuchtete Rathaus hinein und die finstere, mit Männern vollgepfropfte Treppe hinauf. In dem großen Saal, nur von wenigen Kerzen auf Flaschen beleuchtet, herrschte das gleiche Gedränge. Georg wurde an einen langen Tisch geführt, auf dem Haufen von Jagdgewehren lagen, unter ihnen auch seine Büchsen und Flinten, wie er mit Überraschung feststellte. Sie waren hier »sichergestellt« – auf Nimmerwiedersehen. Hinter dem Tisch hockten einige Spartakisten, deren Anführer Georg erklärte, warum er hergeholt worden war: Er sollte eine Erklärung unterschreiben, daß er seine Arbeiter den Streik nicht entgelten lassen werde.
Dafür alle Aufregung und die unbequeme Nachtfahrt nach Malchin! Georg mußte lachen: »Wenn's weiter nichts ist, gern.« Auf den Gedanken wäre er nie verfallen, was konnten denn seine Leute dafür? Sie waren gezwungen worden zu streiken. Er unterschrieb den vorbereiteten Zettel und war damit entlassen.
Als er im Begriff war, sich wieder durch die dichtgedrängte Menschenmenge die finstere Treppe hinunterzuzwängen, ertönte plötzlich der Ruf: »Platz für Graf Schwerin!« Siehe da: Eine Gasse öffnete sich, und Georg konnte, sogar bei Kerzenbeleuchtung, wie ein Ehrengast durch die spalierbildende Menge hinabschreiten. So machte man Revolution in Mecklenburg: immer nobel auf beiden Seiten!
Leider war es nicht überall so harmlos verlaufen. In Faulenrost hatten sie den guten Matthias Hahn mir nichts, dir nichts über den Haufen geknallt.
Tanger, die treue Seele, wartete noch vor dem Rathaus. Der Dachdecker, zu seinem Versprechen an Vera stehend, schwang sich wieder auf den Wagen und geleitete Georg durch die Posten-

kette zurück. Nach etwa vier Stunden konnten Georg und Vera sich wieder glücklich in die Arme schließen.
Am nächsten Morgen entdeckte Tanger im Jagdwagen eine Handgranate. Er versenkte sie im Teich.
Der »Kapp-Putsch« brach rasch zusammen, desgleichen die Spartakisten-Unruhen. Ungestört und normal lief in Zettemin das Leben wieder weiter, dem Aufbau und der Verbesserung der Wirtschaft gewidmet.

Treibjagd

Dick vermummt in ihren Pelzen und mit über den Kopf gezogenen Schlauchmützen trafen bei Tagesgrauen die Jagdgäste einer nach dem anderen im Schlitten ein. Jedem hingen Tropfen an der Nase und Eiszapfen am Schnurrbart, so er einen trug, denn es war bitterkalt. In tiefer Dunkelheit waren sie aufgebrochen zu einer Anfahrt von einer bis anderthalb Stunden auf mehr oder weniger schlechten Landwegen. Nur diejenigen, deren Besitz an einer festen Straße lag, waren mit dem Auto gekommen.

Nun saßen alle – es waren sechzehn Herren, Nachbarn und Hausgäste – an der Frühstückstafel, wärmten sich mit dem Kaffee auf, und auch die Nachbarn nahmen gern noch einen Imbiß, obwohl sie daheim schon kräftig gefrühstückt hatten. Besonders sympathisch wurde die Karaffe mit Cognac auf silbernem Tablett, umgeben von vielen Gläschen nicht zu kleinen Formates, empfunden, die jedem nach Belieben zur Verfügung stand. »Zielwasser« nannte man das Getränk, das angeblich dem Schützen zu besserem Treffen verhelfen sollte.

Als einzige Dame war die Hausfrau erschienen, um die Gäste zu bewillkommnen und zu bewirten. Die Frauen der Hausgäste schliefen noch, denn es war am Vorabend reichlich spät geworden. Die Stimmung war glänzend: Man sah sich einmal wieder und hatte einen sorglosen Tag vor sich, der prächtig zu werden versprach.

Georg hatte nicht schlecht »kalendert«, »Mond und Wetter« und den »Hundertjährigen« im mecklenburgischen »Voss-und-Has-Kalender« seit Wochen zu Rate gezogen. Diesmal mit bestem Erfolg, auch das Wetterglas war weiter im Steigen begriffen.

Bereits am frühen Morgen wurden die neuesten Witze verzapft.

»Da wir schon einmal beim Lachen sind, will ich euch eine spaßige Geschichte erzählen, die sich hier vor meiner Zeit zugetragen hat«, mischte sich Georg in die vergnügte Unterhaltung:

»Eines Nachts bei klarem Sternenhimmel war auf dem nur kaum drei Kilometer entfernten Nachbargut Rottmannshagen der Schweinestall abgebrannt. Der dortige Administrator überschüt-

tete am nächsten Morgen den Zetteminer Inspektor mit herben Vorwürfen, weil keine Spritze und kein Mensch von hier zum Löschen und Helfen gekommen war. Das war in der Tat ein starkes Stück! Erbost knöpfte sich der Inspektor sofort den Nachtwächter, den ollen Suhr, vor:
›Suhr, worüm hebben Sei de Füerklock nich lüd, keinen Alarm slagen un mich nich upweckt, as sick dat hürt? Sei hebben woll wedder in't Stroh up de Deel slöppt, Sei olle Suhs?‹
Oll Suhr war fix mit der Antwort zur Hand:
›Je, Herr Enspekter, dat wir in de Nacht tau düster, dohr wi nix tau seihn.‹
Mit dem Kerl war wirklich nichts anzufangen, nicht einmal zum Nachtwächter war er zu gebrauchen.«
Prächtig in Form wie immer war Mäcki Hahn. Der Schalk zuckte in seinen Bartspitzen, sein Lachen war hinreißend und anstekkend. In seinem alten Jagdanzug und seinen hellbraunen, blitzblanken Schaftstiefeln sah er stets wie aus dem Ei gepellt aus.
Ein Gegenstück zu dem vergnügten Dicken war Seine Exzellenz der Herr Unterstaatssekretär a. D. Wahnschaffe, der Nachbar aus Rottmannshagen: würdig, groß und stattlich mit schönen Zügen, leicht gewelltem, weißem Haupthaar und Spitzbart, sonorer Stimme und kordial-jovialem Wesen. Er begrüßte jeden mit Handschlag, war beliebt bei allen und ein häufiger Gast in Zettemin.
Reizend war ein weiterer Nachbar, Graf Plessen-Ivenack: klein und zierlich, immer elegant, ohne Monokel nicht denkbar. Seine Herrschaft umfaßte sieben Güter, die er mit unendlichem Fleiß und in treuester Pflichterfüllung mustergültig bewirtschaftete. Auf Reisen »speiste« er mit seiner entzückenden Frau, einer Gräfin Waldersee, privat in seinem Hotelappartement – sie waren etwas exklusiv. Nach Rio reisten beide zur Erholung ohne Aufenthalt hin und zurück – sie waren nicht für Entdeckungsreisen. Kein Derby lief in Hamburg ohne ihn.
Anwesend als Grenznachbar war selbstverständlich Albrecht Maltzahn-Pinnow, der immer obenauf und bei dem immer alles »brillant« war. Da die Jagd ihm alles bedeutete und er ihr lebte, war es kein Wunder, daß man fünfzig Prozent von seinen Erzählungen stets abstreichen mußte.
Eine besondere Freude hatte Wichard Bredow-Landin, Veras Lieblingsvetter, ihr und Georg durch sein Kommen mit seiner

Alice bereitet. Keine Jagd ließ er sich entgehen, wenn er es auf irgendeine Weise ermöglichen konnte. Gegensätzlicheres als dieses Ehepaar gab es nicht: er mit zweieinhalb Zentnern erblich belastet, sein Vater hatte zwischen vier und fünf Zentnern gewogen, und auf dem Hausboden in Landin befand sich noch ein Tisch aus Urgroßvaterszeiten, in dem der Platz des Hausherrn im Halbkreis ausgeschnitten war – und sie dünn und fein wie ein Strich. Wichard behauptete, er habe Alice nur geheiratet, um die Rasse zu verbessern.

Nun saß er am Frühstückstisch in seinen »Knobelbechern« – in der Tat unförmige Gebilde von Jagdstiefeln – und huldigte seiner Lieblingsbeschäftigung nächst dem Jagen: Er frühstückte. Und da er sich sauwohl fühlte und wie die meisten dicken Menschen voller Humor steckte, wetteiferte er im Lachen mit Mäcki. Das ist das Geheimnis gelungener Geselligkeit, nur gut miteinander harmonierende Gäste zusammenzuladen. Georg und Vera waren darauf stets besonders bedacht.

An auffälligen Gästen wäre noch der alte Forstmeister Geist aus Waren zu nennen, eine in Mecklenburg bekannte, forstliche Autorität und ein Original. Er führte eine uralte, reichziselierte Doppelflinte, ein Museumsstück von anno dazumal, aus der nur mit Schwarzpulver zu schießen war. Rauchlose Patronen hätten sie ihm um die Ohren fliegen lassen. Mit jedem Schuß hüllte er sich zur allgemeinen Erheiterung in eine Wolke dicken Pulverdampfes, und jedermann staunte, daß es heutigen Tages noch derartiges gab und daß er sogar damit traf. Seine Hasen brachte er brav zur Strecke.

Georg sah auf seine Armbanduhr, es fehlte wie üblich nur noch der Briggower; er konnte nicht pünktlich sein.

Um neun Uhr sollte zur Jagd aufgebrochen werden, alles war zwischen ihm, dem Inspektor und dem Förster auf die Minute festgelegt worden. Seine Jagden waren für gutes und pünktliches Funktionieren des ganzen Ablaufs bekannt, es war demnach an der Zeit.

»Bitte, alle herhören«, unterbrach er die sich lebhaft unterhaltende Gesellschaft.

»Es ist neun Uhr und wird nun ernst. Geschossen werden Hasen, Kaninchen, Fasanen – aber bitte genau hinzusehen: nur Hähne! – und selbstverständlich der Fuchs, der bestimmt vorkommen wird.

Besonders die jungen Herren mache ich nochmals darauf aufmerksam, daß auf weite Hasen außerhalb des Kessels nicht geschossen werden darf, es sei denn, sie sind schon krank. Ebenso darf keinesfalls nach dem Blasen ›Treiber herein‹ in den Kessel geschossen werden, sondern nur noch nach außen, um nicht Schützen und Treiber zu gefährden. Nach jedem Trieb bitte ich die Flinte zu entladen und während der Triebe darauf zu achten, daß sich keine Säcke bilden und die Kessel möglichst rund bleiben. Ich danke Ihnen, meine Herren, Weidmannsheil und auf die Wagen!«
In diesem Augenblick preschte der Schlitten mit dem Briggower um die Ecke und bog zum Herrenhaus ein.
»Gottlob, daß du da bist«, empfing ihn Georg, »wir wollen gerade abfahren.«
Hastige Begrüßung, der Briggower war immer in Fahrt. Während er dem einen die Hand reichte, spähte er schon nach dem nächsten aus. Stellte er eine Frage, dann pflegte er die Antwort kaum abzuwarten, hatte längst einen anderen Gedanken im Kopf. Er war überall dabei, in jedem Eisenbahnzug zu treffen, wußte immer alles. Sein Gut hatte er tadellos in Schwung, schießen tat er gut, traf auch.
Anhand einer Liste verteilte Georg die Schützen auf die Wagen, mit denen leider gefahren werden mußte: Der Wind hatte den Schnee arg vom Acker geweht, so daß die Schlitten zu sehr »geschrapt« hätten. Zwei Parteien mit je acht Herren waren zu bilden. Die eine führte der Jagdherr selber, die andere der Förster. Jede Partei hatte einen gefederten Jagdwagen für die älteren und würdigen Herren und einen großen Ackerkastenwagen, ungefedert und dick gefüllt mit Stroh und prallen Strohsäcken zum Sitzen. Man saß in ihm bequem und warm an den Füßen und hatte bestens Platz für die Flinten, Patronenbeutel, den Jagdhund und die Decken und Fahrpelze, die man sich auf längeren Fahrten von einem Kessel zum anderen oder beim Warten gern über die leichte Pelzjoppe anzog. Aber die Plomben in den Zähnen mußten fest sitzen, wenn es über den gefrorenen Sturzacker ging! Als die dicken Luftgummireifen für Kutsch- und Ackerwagen später aufkamen, war das Fahren wesentlich angenehmer. Gefahren wurden alle Wagen, auch der Wildwagen, mit leichteren Ackerpferden vom Sattel aus.

Die Fahrer der Wagen, die zur Försterpartei stoßen sollten, waren genau instruiert, wo sie diese zu treffen hatten.
»Man tau!« rief Georg seinem Sattelfahrer zu, als ihm gemeldet worden war, daß alle Herren verstaut waren. Fröhlich grüßten sie Vera, die von der Eingangsterrasse, dem »Tritt«, wie man in Mecklenburg sagte, den vier Wagen winkend nachblickte. Brümmer, der Diener, hatte ihr noch rasch einen Pelz umgehängt, auf daß sie sich nicht erkältete.
Im Frostdunst ging die Sonne auf, und leichter Rauhreif hatte an allen Zweigen und Zweiglein der Bäume ein Filigranwerk gezaubert, das zu flimmern und zu glitzern begann. Die Lichtfülle auf den weiten, blauweiß verschneiten Flächen schmerzte fast in den Augen. Bald bedeckte sich auch das Winterhaar der Pferde ein wenig mit dem Rauhreif, da sie durch die schnelle Gangart warm wurden und ihr Dampf bei dem starken Frost gefror.
Bauz! Ein Schuß und gleich noch einer, so daß die Pferde anruckten. Albrecht Maltzahn konnte es nicht unterlassen, seiner Jagdpassion Luft zu machen. Ein paar Krähen hinter einer Strohmiete waren nicht rechtzeitig aufgeflogen, nun machte Albrecht ihnen Dampf. Man sah, wie zwei, die es fast erwischt hätte, zusammenfuhren und ihren Flügelschlag für einen Augenblick vervielfachten. Weiter war nichts geschehen, die Schüsse waren viel zu weit.
Zur festgesetzten Zeit waren beide Parteien an ihren Ablaufstellen, wo die Treiber bereits warteten. Aufgeboten war alles, was Beine hatte, Männlein und Weiblein, auch die großen Schuljungen. Auf dem Hof waren nur so viele Arbeitskräfte zurückgeblieben, wie zum Versorgen des Viehs benötigt wurden.
Da standen die vermummten Gestalten, einige fünfzig für jede Partei, Gutsleute und polnische Wanderarbeiter, soweit diese auch nach der Zuckerrübenernte nicht in ihre Heimat zurückgekehrt waren. Sie traten von einem Fuß auf den anderen und schlugen sich die Arme um den Leib, um sich zu erwärmen.
»Morjen, morjen«, begrüßten sich Schützen und Treiber, die auch alle vergnügt waren: Winkte ihnen doch eine Art arbeitsfreier Tag, ein gutes, warmes Mittagessen und genügend »Köhm«. Jagdpassioniert war außerdem jeder, auch wenn er selber keine Flinte führte.
Die eine Partei ließ der Förster, die andere des Jagdherrn der erfahrene Statthalter ablaufen. Nur die Einteilung der Schützen

behielt sich der Jagdherr selber vor nach dem Grundsatz: die jüngeren Herren, die weit zu laufen hatten, zuerst, die älteren und würdigeren mit kürzeren Strecken zuletzt. Behaglich in ihren dicken Pelzen, durften diese noch eine Weile im Wagen sitzen bleiben und miteinander plaudern.

Ein Kessel umfaßte in der Regel im Durchschnitt fünfundsiebzig Hektar, die beiden Parteien standen sich gegenüber. Abgelaufen wurde von jeder Partei nach zwei Seiten, so daß die beiden Spitzenmänner jeweils nur ein Viertel des gesamten Kesselumfanges zu gehen hatten, bis sie ihre Gegenspitzenmänner trafen, womit der Kessel geschlossen war. Diese verantwortungsvolle Aufgabe wurde nur ganz zuverlässigen, genau mit dem Gelände vertrauten, alteingesessenen »Deputatisten« anvertraut, die in der Orientierung todsicher waren, sich auch im dichtesten Nebel oder Schneetreiben nicht zu verfehlen (was schon vorgekommen war). Auch die Gutsgrenzen mußten sie in jedem Winkel kennen, um nicht womöglich ein Stück des Nachbargutes einzubeziehen.

Georgs Armbanduhr zeigte zehn Uhr, vom Förster drüben, der mit seiner Mannschaft nicht zu sehen war, mußte jeden Augenblick angeblasen werden. Richtig: Leise, leise in weiter Ferne war das Hornsignal zu vernehmen, und kurz darauf stieg die Leuchtkugel auf für den Fall, daß das Signal wegen Gegenwindes oder zu großer Entfernung nicht zu hören wäre.

»Los!« befahl Georg dem Statthalter, und die beiden Spitzenmänner, froh, sich warmlaufen zu können, trennten sich von dem Treiberhaufen und stapften nach rechts und nach links ab. Je nach der Größe des Kessels und der Anzahl der zur Verfügung stehenden Treiber folgten im Abstand von dreißig bis fünfzig oder noch mehr Schritten jeweils die einzelnen Treiber. Als drei nach jeder Seite abgelaufen waren, meldete der Statthalter: »Herr Graf, ein Schütze rechts und links.« Die beiden von Georg gebetenen Herren hatten sich bereits die Taschen mit Patronen gefüllt und des schweren Fahrpelzes entledigt. Sie ergriffen ihre Flinten und kletterten auf der kleinen Holzleiter herunter, die am offenen hinteren Ende des Kastenwagens herabhing.

Immer kleiner wurde der Haufen der Treiber, bis er sich schließlich auflöste, als der letzte Schütze entschwunden war. Waren die Spitzenmänner ihr vorschriftsmäßiges Tempo gegangen, dann mußte nunmehr der Kessel geschlossen sein.

Es klappte wie am Schnürchen: Das Anblasen der Jagd seitens des Försters ertönte kaum hörbar, und wiederum stieg eine Leuchtkugel auf. Alle Schützen und Treiber machten eine Wendung von neunzig Grad und begannen langsam in den Kessel dem vermeintlichen Mittelpunkt entgegenzugehen.
In der Ferne fiel der erste Schuß, man hörte ihn dumpf. Es blieb bei dem einen. Der liegt, freute sich Georg, allmählich könnte es aber mehr knallen. Kaum gedacht, fielen Doppelschüsse; langsam lief die Jagd an.
Da! Vor dem Treiber ging ein Hase hoch, beinahe hätte er sich überlaufen lassen. Donnerwetter, die scheinen heute fest zu liegen, stellte Georg fest, riß die Flinte an die Backe und drückte ab. Der Hase, der ihm günstig ein wenig quer kam, stand kopf und überschlug sich ein-, zweimal: Der war mausetot. Georg freute sich über den guten Schuß, der Treiber, der den Hasen aufnahm, nicht minder. Jeder Treiber war stolzer als »sein« Schütze, wenn er recht viele Hasen zu schleppen hatte.
»Dohr is all wedder ein!« rief er: Der Hase war jedoch für einen sicheren Schuß zu weit.
»Haas, Haas«, hörte man die Treiber von allen Seiten rufen, um die Hasen aus ihren Sassen hochzumachen. In Georgs Kindheit hatten sie noch Holzklappern gehabt, die aber waren trotz ihrer praktischen Eigenschaft außer Mode gekommen.
Der Hase lag in der Tat besonders fest. Ist das nun ein Hase oder ein Stein? überlegte Georg. Da man in der Sasse keinen Hasen schießt, denn eine Chance muß man ihm geben, ging er ruhig weiter. Plötzlich ging der Hase hoch, doch nur für Sekunden: Wohl oder übel mußte er roulieren, um nicht wieder aufzustehen.
Der Kessel wurde kleiner. Auf der gegenüberliegenden Anhöhe tauchte die Kette der Treiber und Schützen hier und dort auf, und bald konnte man den immer enger werdenden Kreis, der mehr einem Ei glich, überblicken. Die Schützen an der Eispitze drängten die Linie nach vorn, die anderen verhielten, um die Rundung herbeizuführen.
»Da bildet der Halunke, der Heini, doch wieder einen Sack. Dem werd' ich's nachher aber geben!« schimpfte Georg vor sich hin. Tatsächlich bleib Heini zurück und mit ihm die Kette der Treiber, um kein Loch entstehen zu lassen. Die Hasen, die in dieser Ausbeulung eine Chance zum Entkommen sahen, liefen ihm direkt in

die Flinte. Wenigstens treffen tut der Kerl, eine Schweinerei den anderen Schützen gegenüber bleibt es trotzdem, dachte Georg, winkte ihm, vorzurücken, und ließ ihm durch der Treiber lange Kette eine unsanfte Aufforderung zugehen.
»Nett Hase« war jetzt zu sehen, ein Bild, das den Fliegen glich, die über ein weißes Tischtuch laufen.
»Hund los!« rief der Schütze dem Förster zu, als er einen Hasen krankgeschossen hatte, der aus dem Kessel ausgebrochen war und das Weite suchte. Der Förster hatte es gesehen und bereits seinen Hund losgekoppelt: Ab ging die Post. Bevor der Hase in einem Bültenloch verschwinden konnte, nachdem er mehrere Haken geschlagen hatte, faßte ihn Diana – »die Anna« sagten die Leute – und apportierte ihn ihrem Herrn. Dieser ergriff den armen Lampe an den Hinterläufen, hob ihn hoch und schlug ihm mit dem Krückstock ins Genick: Sein Lebenslicht war ausgeblasen. Diese Art, Hasen zu »schießen«, war ein Hauptspaß der Treiber. Ab und an gelang es einem, einen Hasen, der fest lag und sich überlaufen lassen wollte, mit dem Krückstock als Wurfgeschoß zu erlegen. Das erhöhte die Passion am Treiben.
Mit einmal erhob sich lautes Hallo: »de Voss, de Voss, dohr, dohr!« Solch ein Filou: Hatte er sich doch bis zum Schluß in den kleinen Bruch gedrückt. Nun ging's nicht mehr länger, und er mußte sein Heil in der Flucht suchen, als die Treiber die Büsche und das Rohr in dem Wasserloch mit ihren Stöcken abklopften. Alles spielte sich auf offener Szene ab; wer wird der glückliche Erleger sein? Alle verfolgten gespannt den Lauf des Fuchses, den die Treiber mit Rennen und wildem Geschrei nicht durchbrechen ließen. Gut so, freute sich Georg, er nimmt Wahnschaffe an, gleich wird er liegen. In aller Ruhe legten Exzellenz an, der Schuß verließ die Flinte – man sah den leichten Rückstoß vor Hörbarwerden des Knalles –, und der Fuchs roulierte. Weidmannsheil, Exzellenz!
Da ertönte das Signal »Treiber herein«. Die Schützen blieben stehen, die Hasen flitzten in dem immer enger werdenden Raum kreuz und quer, und jeder der Hasen mußte nun vor aller Augen zeigen, was er konnte – oder sich blamieren. Geschossen wurde nur noch nach außen; in wenigen Minuten, dafür waren es die aufregendsten, war alles vorbei. Die Treiber brachten ihre Hasen angeschleppt und legten sie sauber in eine lange Reihe, alle auf die

gleiche Seite. Jeden zehnten Hasen zog der Forstgehilfe ein wenig heraus, um das Zählen zu erleichtern, während der Förster die Strecke der einzelnen Schützen nach deren eigener Angabe notierte. Diese Kontrolle war nötig, damit kein Hase verschwand.
Vierunddreißig Hasen, ein Fuchs und zwei Krähen waren für den ersten Kessel ein durchaus befriedigendes Ergebnis; mehr hatten Georg und sein Förster nicht erwartet. Es fehlte auch keinem Hasen die Blume, die die Polen zu gern ausrissen, um sich mit dem weichem Flaum ihre Stiefel auszupolstern: Das hielt schön warm, war aber streng verboten.
Man zündete sich eine Zigarette an, man tauschte spaßige Erlebnisse aus, man stieg auf die Wagen und zog sich die dicken Pelze wieder an, um sich nicht zu erkälten. Von dem Laufen war man warm geworden, besonders die Herren, die das Vergnügen gehabt hatten, über den Sturzacker zu stapfen. Gottlob war er hart gefroren, denn bei warmem Wetter wäre bei dem guten Zuckerrüben- und Weizenboden das halbe Rittergut an den Stiefeln hängengeblieben und man wäre anständig aus der Puste gekommen.
Der nächste Trieb war wieder ein Kessel, dann kam eine drei Kilometer lange Streife (es gab auch solche bis zu fünf Kilometer!), glücklicherweise über Klee und Winterung. Das Ergebnis war dürftig: Außer einem Dutzend Hasen nur drei Kaninchen, die sich vor einem mit dichtem Dorn bestandenen Grenzrain gesonnt hatten.
An der Waldkante hatte die Streife geendet, wo sich eine Schonung mit jungen Kiefern auf leichtem Boden befand, ein Dorado für Kaninchen. Gelaufen waren die Herren genug, zur Abwechslung durften sie nun einmal stillstehen oder sich auf ihren Jagdstock setzen. Der Jagdherr wies auf drei Seiten der Schonung jedem Schützen persönlich seinen Posten an, den er aus langjähriger Erfahrung als gut oder minderwertiger kannte. Wer bereits eine gute Strecke für sich buchen konnte, bekam einen letzterer Art zu »verteidigen«. So nahe wie möglich mußten sich die Herren an den Bestand stellen, um Weg und Schneise zum Schießen freizuhalten. In der Hauptsache würden Kaninchen vorkommen, auch einige Fasanen, sehr wahrscheinlich wieder ein Fuchs.
Möglichst leise stellte der Förster die Treiber auf der vierten Seite auf, dann blies er das Treiben an, rein und klar hallte das Signal durch den Wald. In langer Kette begannen die Treiber die Scho-

nung zu durchstreifen, wobei sie mit ihren Stöcken gegen die Bäumchen schlugen und klapperten, und wieder erschollen die Rufe: »Haas, Haas«.

Piff paff, puff puff, knallte es lustig, und die Kaninchen flitzten über den Weg und die Schneise. Verdammt schnell mußte man schießen, von Zielen war keine Rede, man konnte nur hinhauen. Das war bester Sport; hier war die Browning der Doppelflinte überlegen.

»Tiro!« rief jemand, eine Verballhornung von »tirez haut«, und wollte damit anzeigen, daß der aufsteigende Fasan ein Hahn und keine Henne war. Letztere zu schießen war streng untersagt und verpönt im Hinblick auf die Nachzucht. Keine zehn Meter war der Hahn gestiegen, da krachte der Schuß, und er plumpste wie ein Stein zum Boden. Und dort noch einer! Der erste Schuß ging fehl, der zweite saß: Buff, schlug er auf die Erde auf.

Eine Ricke mit ihrem Kitz wurde aufgescheucht und suchte in langen Fluchten das schützende Dickicht der angrenzenden älteren Fichtenschonung zu erreichen.

Plötzlich gab es wieder Aufregung und Geschrei unter den Treibern, als sie die Schonung beinahe durchgetrieben hatten: »de Voss, de Voss!« Der schlaue Bursche hatte sich wieder bis zuletzt gedrückt und versuchte nun, die Treiberkette zu durchbrechen. Diesmal glückte es Meister Reinecke, er hatte nur übersehen, daß er gerade beim besten Schützen durchflitzte: beim Förster. Der schoß nach außen ihm nach: Pardauz, da lag er.

Bunt war die Strecke und erfreulich das Ergebnis der drei Dutzend erlegten Kaninchen, dieser unerwünschten, sich sprichwörtlich vermehrenden Nager und Wühler.

Der Förster blies zum Frühstück; ein gern gehörtes Signal! In Gruppen folgten die Herren und die Treiber Georg, bis sie nach wenigen Minuten zu einem idyllischen, windgeschützten Platz kamen, einer kleinen Lichtung in einer Fichtenschonung, in die warm hereinzuscheinen die Sonne vorspiegelte. Wie auf einer Weihnachtspostkarte sahen die kleinen Fichtenbäumchen aus: Dick lag der Schnee auf ihnen, so daß sich ihre Zweige unter der schweren Last bogen. Das war hierzulande leider ein Anblick von kurzer Dauer, denn Mecklenburg liegt im Gegensatz zu Veras Heimat Ostpreußen nicht im kontinentalen, sondern im ausgeglicheneren Meeresklima: Milde, nebelreich und schneearm waren die Winter und die Sommer niemals anhaltend heiß. Der Mildenitzer Onkel Lutz, der oftzitierte, hatte mit seiner Antwort auf die Frage, wie das Klima in seinem Land sei, nicht Unrecht: »Klima? Das fängt erst in Mitteldeutschland an, wir haben nur Schweinewetter«, lautete sie. So schlimm war es zwar nicht, aber ein Körnchen Wahrheit war darin.

Aus langen Tischplatten auf Böcken war eine Tafel aufgebaut, an beiden Längsseiten je eine lange Bank. Auf weißen Tischtüchern, die dem Schnee Konkurrenz machten, standen verheißungsvoll einige fünfundzwanzig Suppenteller und Henkelgläser. Mehrere große Schüsseln voller belegter Brote mit Wurst, Schinken, Spickgans und Käse gaben leckere Farbflecke. Zwei lodernde Feuer prasselten nahe der Tafel, daß die Wärme wohlig zu spüren war, ohne zu rösten. Abseits standen die Wagen und Schlitten mit den Pferden, die sorglich zugedeckt waren und ihr Scharren und Pusten sowie das Rasseln des Geschirrs hören ließen. Diener und Kutscher liefen eifrig herum, um als letztes die rotbackigen Äpfel aus den Körben herauszuholen und aufzubauen.

Mittelpunkt dieser lieblichen Szenerie war Vera, die mit einigen Damen zu diesem »Schüsseltreiben« im Schlitten herausgefahren war. Damen beleben immer das Bild und die Unterhaltung, erfreuen Auge und Herz. Wie gut stand ihnen die natürliche Farbe, die von der Fahrt in der kalten Winterluft geröteten Wangen, dachte Georg. Wie schön, daß keine von ihnen Rouge aufgelegt, den scheußlichen Lippenstift gebraucht oder sich gar die Fingernägel à la Vampir kirschrot gefärbt hatte. Das konnte er durchaus nicht leiden, nur zugestehen, ein wenig korrigierend einzugreifen, wenn die Gesichtsfarbe elend, blaß und jammervoll ausschaute.

Man nahm Platz und setzte sich in bunter Reihe, wie es sich traf: auch die Förster aus der Nachbarschaft, die von ihrem Peenwerder Berufskollegen im Namen seines Herrn stets zu den Jagden eingeladen wurden, teils aus freundnachbarlichem Verhältnis, teils als gute Schützen.

Aus bauchigem Kessel wurden die Teller mit dampfender, dicker Erbsensuppe mit Lungwurst – nicht zu knapp hineingeschnitten – gefüllt, desgleichen die Gläser mit kräftigem, heißem Punsch. Die Treiber, die um die Feuer herumstanden oder -saßen, bekamen ihre Blechteller oder Näpfe, die sie sich mit einem Löffel hatten mitbringen müssen, mit derselben Suppe zwei-, dreimal, soviel sie mochten, gefüllt. Nur kreiste unter ihnen statt des Punsches die Köhmbuddel von Hand zu Hand und von Mund zu Mund. Ah, das wärmte den inneren Menschen! Zum Schluß wurden Zigarren und Zigaretten herumgereicht, und die Unterhaltung wurde an der Tafel wie bei den Treibern lebhaft und heiter, da der Mund nicht mehr zum Essen gebraucht wurde und der Punsch die Gedanken beschwingte.

»Habt ihr hier auch Birkwild oder Haselhühner?« wollte Kurt Wiedebach-Nostitz, Georgs alter Freund, wissen, der als Berliner den Tag in freier Natur besonders genoß.

»Leider nein«, erwiderte Georg, »dafür aber desto mehr Wildgänse in derartigen Mengen, daß ich meine Saaten im Herbst gegen Schaden hüten muß. Sie liegen nachts auf dem Varchentiner See und ziehen beim Morgengrauen auf meine Winterungsschläge. Der Ansitz am Rand eines Feldloches macht viel Spaß.«

»Apropos Haselhühner«, mischte sich der dicke Wichard Bredow in das Gespräch, »da ereignete sich im vorigen Jahr bei mir in Landin eine kostbare Geschichte. Die muß ich euch erzählen:

Ein alter Balte, früherer Brauereibesitzer, ist bei uns hängengeblieben, nachdem die Revolution ihn vertrieben hatte. Ein armer alter Kerl, der nichts gerettet hatte und damals nicht wußte, wo er bleiben sollte. Er ißt mit an unserem Tisch und pusselt herum, soweit er sich noch nützlich machen kann.

›Na, Daubertchen, schmeckt das Essen heute abend nicht? Man hört ja nichts?‹ fragte ich ihn, da er kaum eine Speise anrührte.

›Ach, Herr Doktor, mir ist gar nicht gut im Leibe. Entweder habe ich etwas Unbekömmliches gegessen oder mich erkältet.‹

Das war beim Abendessen, und später fragte mich mein Schwiegervater, auch ein alter Nimrod aus dem Baltikum, der mit meiner Schwiegermutter bei uns zu Besuch war:

›Sag mal, Wichard, ich wußte gar nicht, daß ihr hier auch Haselhühner habt. Muttchen und ich gingen heute nachmittag im Wald spazieren, und als wir an die Lichtung im Rehwinkel kamen, hörten wir Haselhühner hochgehen, sahen sie allerdings nicht.‹

›Ja‹, sagte Muttchen, ›es war eine ganze Kette.‹

Nanu, dachte ich , das ist mir neu. Haselhühner, dazu noch ein starkes Volk, haben wir bisher niemals gehabt. Ich muß den alten Daubert fragen, ob er etwas gesehen hat; er hatte nachmit-

tags gerade an der Lichtung den Drahtzaun um die kleine Kultur repariert.
Am nächsten Morgen fragte ich ihn.
›O Gott‹, sagte er, ›haben die Herrschaften es doch bemerkt! Ich saß nämlich nahe am Weg hinter einem dichten Busch, ich konnte nicht anders, Herr Doktor wissen ja, mein Unwohlsein gestern im Leibe. Ich bitte vielmals um Entschuldigung.‹«
Das war wieder eine des Dicken würdige Geschichte, mit der er durchschlagenden Erfolg hatte.
»Mit derartigem kann ich leider nicht aufwarten«, meinte Georg, nachdem sich das Gelächter gelegt hatte, »doch eigenartig und einmalig bleibt ein Erlebnis, das wir im vorigen Jahr auf einer Autofahrt nach Rom hatten. Es ist die lautere Wahrheit, auch wenn wir hier an einer Jagdtafel sitzen; Vera kann's bezeugen:
Wir fuhren am ersten Reisetag durch die Priegnitz; Vera saß neben mir, unsere Kinder im Fond. Die Nebenchaussee, mit Birken bestanden, schlängelte sich durch Wiesen und kleine Waldstücke. Rechts voraus auf einer Wiese nahe der Chaussee erblickten wir einen Storch, der auch unser gewahr wurde. Das war ihm unheimlich, er pumpte mit den Flügeln, stieß sich mit seinen Ständern vom Boden ab und stieg gegen den leichten Wind auf, um die Chaussee mit ihren hohen Birken zu überqueren. Um rascher Höhe zu gewinnen, gab der Storch kurz vor unserem Schnittpunkt nach Vogelart Ballast ab. Er hatte märchenhaft gezielt und in richtigem Maße vorgehalten: Es prasselte und klatschte auf unser Auto herunter, und im Augenblick war die Windschutzscheibe in eine Milchglasscheibe verwandelt. Gottlob fuhr ich nicht schnell und konnte sofort anhalten: Am Kühler fing die Bescherung an, erstreckte sich über das Verdeck bis über den Kofferraum. Es war ein Segen, daß wir das Kabriolett geschlossen fuhren, denn ein Storch hat es ›in sich‹! Dementsprechend brachte es uns Glück: Es wurde eine unserer schönsten Reisen.«
»Na, dann prost, mein lieber Georg«, war alles, was Mäcki mit listigem Augenzwinkern trocken sagte, während die anderen lachten. Er hielt die Geschichte für »lögenhaft Vertellen.«
Nach einer Stunde war das »Schüsseltreiben« beendet, und mit frischen Kräften ging es wieder an die »Arbeit«. Georg ließ seinen Förster, der schon wie auf Kohlen gesessen hatte, das Signal zum Aufbruch blasen. Das Frühstück hatte diesem viel zu lange gedau-

ert: Zwei umfangreiche Kessel sollten noch gelaufen werden, es wurde frühzeitig dunkel, und er trug die Verantwortung. Die Herren verabschiedeten sich von Vera, die heimfuhr, um im Haus die nötigen Anordnungen zu treffen, und mühten sich wieder in ihre schweren Fahrpelze. Zwei junge Damen schlossen sich ihnen an, um unternehmungslustig die beiden Kessel mitzulaufen. Sie hielten sich hart hinter ihren Schützen, um sie nicht in ihrem Schußfeld zu behindern.

Kurt Wiedebach, der nur selten Gelegenheit hatte, auf Jagden zu gehen, daher wenig Übung besaß und vor dem Frühstück die Mehrzahl der Hasen gefehlt hatte, schoß nunmehr wie ein junger Gott. Sieh an, der Punsch, freute sich Georg.

Ein Sprung Rehe, der Bock sein Gehörn schon schiebend, kam in dem einen Kessel und ein starkes Rudel von etwa fünfundzwanzig Stück Rotwild in dem letzten vor. Die armen Tiere wußten in ihrer Angst nicht, wohin sie flüchten sollten. Immer wieder blieben sie stehen, äugten und verhofften, und überall war die lückenlose Kette der unheimlichen Menschen. Schützen und Treiber blieben stehen und verhielten sich still an der Stelle, an der das Leittier den Durchbruch wagen wollte. In wilden Fluchten, keinen anderen Ausweg findend, preschte das Rudel schließlich durch. In nächster Nähe des Menschen vermeinend, sich in höchster Lebensgefahr zu befinden, setzte jedes Tier seine letzte Kraft ein. Man hörte das Keuchen der Lungen und das Schlagen der Läufe. Dann hatten sie es geschafft, verlangsamten ihr Tempo und entschwanden den Blicken.

Es dunkelte gegen sechzehn Uhr bedenklich, die Hasen waren nur noch dank dem hellen Schnee zu sehen, dafür desto lustiger das Mündungsfeuer der Schüsse, dem der Knall merkwürdig spät folgte.

Im rechten Zeitpunkt war die Jagd beendet; schön und wie jedesmal wieder ergreifend klang das »Jagd vorbei«, das der Förster mit seinem Gehilfen sauber blies. Die ersten Sterne begannen zu funkeln, und ein kalter Halbmond lag am Himmel auf dem Rücken. Die Ferne schwand im abendlichen Frostdunst; es wurde wieder bitterkalt.

Schweigsamer als am Morgen fuhren die Herren heim, nachdem sie den Treibern einen guten Abend gewünscht hatten, die auf ihre schwerfälligen, vierspännig vom Sattel gefahrenen Kastenwagen

kletterten und dem Gutshof zustrebten. Man war müde geworden und hing seinen Gedanken nach. Die weite Stille der einfallenden Winternacht, der immer leuchtender werdende Sternendom stimmten jeden andächtig.
Am Eingang des Herrenhauses, dessen erhellte Fenster anheimelnd einluden, empfingen die Bediensteten die Herren und die beiden Damen, die so wacker mitgemacht hatten. Pelze und Pelzjoppen, Hüte und Mützen, Flinten, Patronenbeutel, Jagdstöcke, Schals und Handschuhe wurden feinsäuberlich abgelegt, damit nichts durcheinanderkam. In brauner Leder- oder jagdgrüner Tuchweste, beide mit seidenen Ärmeln, traten die Herren, sich die Hände reibend, in die Halle. Im Kamin brannte lichterloh und prasselnd ein köstlich erwärmendes Feuer, ein langer Tisch stand voll mit Teetassen, einem Stapel Teller und Mengen von Brötchen, Kuchen und kleinem Gebäck. Alles überragte ein dickbauchiger, messingner Samowar, der leise summte.
Wiederum war Vera, die Hausherrin, der Mittelpunkt. Sie begrüßte die eintretenden Herren und forderte zum Platznehmen auf. Ah, wie gut tat es, sich in der Wärme und angenehmen Helligkeit im tiefen Ledersessel auszuruhen und die Lebensgeister durch eine Tasse Tee – ein Schuß Rum hinein war nicht zu verachten – aufzumuntern.
Kurt Wiedebach, neben den sich Georg gesetzt hatte, äußerte seine Verwunderung, daß der Landjäger nicht erschienen war, um die Jagdscheine zu kontrollieren. Er hatte in Berlin Mühe gehabt, seinen Tagesjagdschein noch rechtzeitig zu erhalten; nun hätte er ihn gar nicht gebraucht. Georg klärte ihn auf:
»Erstens ist der Mann bei uns anständig und taktvoll, denn er weiß, daß hier alles stets in Ordnung ist, und zweitens heißt das bei uns nicht kontrollieren, sondern ›kondolieren‹, mein Lieber.«
»Wieso?«
»Man muß sich den Landessitten anpassen«, fuhr Georg lachend fort. »Mein guter Schafför – auch ein Wort, unter dem sich die Leute mehr vorstellen können als unter Chauffeur: Der Mann hat viel zu schaffen – berichtet mir immer, wenn er unterwegs ›kondoliert‹ worden ist. Diese spaßige Bezeichnung haben wir übernommen; auch das ›Trottelang‹ statt Trottoir. Treffend ist auch das ›stankierende‹ Gewässer an Stelle des stagnierenden. Alle diese Verdrehungen haben ihren Sinn. Verborgen blieb mir ein solcher

nur bei dem ›siebenarmigen Kadaver‹, den ein Senator in Woldegk in meiner Kindheit auf dem Marktplatz aufgestellt wissen wollte, als die neue Gasbeleuchtung eingerichtet wurde. Er lebte mit den Fremdwörtern wohl nur auf Kriegsfuß.
Noch eine Tasse Tee? Eine Zigarette?«
In der Zwischenzeit hatte der Förster vor dem Herrenhaus die Strecke gelegt, die von drei Feuern beleuchtet wurde: hundertfünfundsechzig Hasen, zweiundvierzig Kaninchen, zwölf Fasanhähne und, o pfui, eine Henne. Das war natürlich mein lieber Heini gewesen; klar. Weiter: zwei Füchse und sieben »Diverses«. Die Herren und Damen traten auf die Terrasse, nicht ohne sich rasch etwas Wärmendes über die Schultern geworfen zu haben. Der Förster meldete dem Jagdherrn die Strecke und verblies sie dann feierlich und stimmungsvoll.
Nun wollte Georg vom Förster eine Auskunft haben, die nur der erst kürzlich eingetretene Forstlehrling geben konnte. Der Förster rief ihn herbei. Der Lehrling, in der Furcht des Herrn, urteilte richtig, daß zwischen zwei Punkten, ihm und dem Herrn Förster, die gerade Linie der kürzeste Weg sei. Der Unglücksmensch übersah nur, daß zwischen diesen beiden Punkten die Strecke lag. Mit einem Sprung setzte er über sie hinweg. »Schockschwerenot, Kreuzdonnerwetter, du Himmelhund! Komm du mir heute abend nach Hause!« fluchte der Förster halblaut und war drauf und dran, dem Pechvogel »eine zu langen«. Überspringen oder Übertreten einer Strecke galt dem Jägersmann als Todsünde!
Georg ließ sich insgeheim lachend den gewünschten Bericht erstatten und entließ dann den Jungen, nicht ohne den Förster zu bitten, mit ihm nicht zu streng ins Gericht zu gehen. »Wir waren alle einmal Anfänger, und dies ist nur im Diensteifer geschehen.« Mit seinem Dank für die gut durchgeführte Jagd, mit »Weidmannsheil« und mit einem kräftigen Händedruck verabschiedete er seinen Förster. Daß am nächsten Tag die gesamte Feldmark nach kranken oder verendeten Hasen nachzusuchen war, bedurfte keiner besonderen Erwähnung.
Georg war mit dem Jagdergebnis zufrieden, für mecklenburgische Verhältnisse war es gut, mehr hatte er nicht erwartet. Die vielen Weihnachtshasen zum Verschenken an den Pastor, Lehrer, Arzt, Kaufmann und so weiter und an Verwandte und Bekannte in Berlin waren vorhanden, und das war die Hauptsache.

Der allgemeine Aufbruch wurde benutzt, sich zurückzuziehen. Jeder Hausgast hatte sein Zimmer mit einem durch eine Wärmflasche aufnahmebereit gemachten, molligen Bett. Bis zum Jagddiner, das um zwanzig Uhr angesetzt war, standen noch zwei Stunden zur Verfügung, die man nicht besser als mit einem Schläfchen nutzen konnte. Wohlig streckte man sich im Bett; es war köstlich!

Kurz vor zwanzig Uhr trafen die Damen aus der Nachbarschaft ein, deren Männer mitgejagt hatten; Georg, im Frack, empfing sie in der Halle. Auch Vera erschien und geleitete sie in ihr Ankleidezimmer, wo sie ihre Pelzmäntel ablegten und die Jungfer bereit war, ihnen beim Richten der Haare, dem Glätten einer verknautschten Schleife und dergleichen zur Hand zu gehen.

Alle Gäste versammelten sich im Salon, die Herren im Frack – wer besonders fein war, im grünen zur schwarzen Hose –, die Damen »ausgeschnitten« in großem Abendkleid. Die lästige Vorstellerei entfiel, kannten sich alle doch seit langen Jahren, man war ganz »unter sich«. Nur der Großindustrielle aus Berlin, Herr Burgmöller, mit seiner hübschen Frau, der die Jagd eines Nachbargutes gepachtet hatte und als Jagdnachbar eingeladen war, bildete eine Neuerscheinung. Ebenso eine Kusine Veras, die gerade zur Erholung in Zettemin weilte, als Tischdame hochwillkommen, da die Herren in der Überzahl waren.

Brümmer meldete: »Frau Gräfin, es ist angerichtet« und öffnete die Flügeltüren. Georg, als Hausherr, bot Frau Burgmöller seinen Arm, die zum erstenmal Gast im Hause war und daher besonders geehrt werden sollte. Er eröffnete mit ihr den Gang zum Speisesaal, die anderen Paare folgten, und den Schluß bildete Vera als Hausfrau am Arm von Exzellenz Wahnschaffe. Diese alte Sitte der Gehordnung hatte ihren tiefen Sinn: Die Hausfrau geht als letzte, um sicher zu sein, daß alle Schäflein an die Futterkrippe getrieben werden und keines zurückbleibt. Dagegen eröffnet sie den Zug beim Verlassen des Speisesaales, um zu sehen, daß im Salon alles in Ordnung ist.

»Festlich und hübsch sieht solch ein Zug aus«, wandte sich Georg an Frau Burgmöller an seinem Arm und wies mit einer Bewegung seines Kopfes auf ihn, der hinter den beiden wie eine bunte Schlange die Treppe in der Halle herunterkam. Weit offen standen die hohen Flügeltüren des Speisesaales, an der Wand flankiert

von zwei großen antiken Messingblakern, an denen je fünf Kerzen brannten. Farbenprächtig war das Bild, das sich ihnen bot: die lange Tafel belegt mit kleinen roten Primeln zwischen Asparagus-Ranken. In der Mitte ein schalenförmiger, silberner großer Tafelaufsatz mit denselben Topfpflanzen, die einzige Blumenart, die das Gewächshaus im Winter in größeren Mengen zu bieten vermochte. Auf zwei hohen silbernen Barockkandelabern – sie werden auch einmal an meinem Sarg brennen, ging es Georg durch den Sinn – flackerten sanft je zwölf Kerzen und gaben zu dem Licht des großen elektrischen Kristallkronleuchters, einer Nachbildung aus Schloß Schönbrunn, einen milden, rötlichen Schein, der für den Teint der Damen so vorteilhaft ist. Dazu das rote Meißener Porzellan mit Goldrand, das nur bei festlichen Gelegenheiten benutzt wurde, das viele blitzende Silber und die verheißungsvollen kleinen Gläserbatterien an jedem Gedeck.
Die in sich gemusterte Tapete war von einem warmen Gelb, die geschlossenen Fenstervorhänge sowie die Reihen der Stühle mit ledergepolstertem Sitz und Rückenlehne waren von sattem Rot. Die Einfassung der Flügeltür und ein großer Kamin bestanden aus schwarzem Marmor mit aufgesetzten weißen Stuckranken. Ahnenbilder blickten ernst oder lächelnd, lieblich oder ein wenig spöttisch von den Wänden. Georg liebte sie wie alte, vertraute Spielgefährten aus seiner Kindheit, denn sie hatten ihm im großen, nur alle Jubeljahre einmal benutzten Festsaal in seinem Heimathaus Wolfshagen beim Eisenbahnspiel ausdauernd zugeschaut und an seiner Freude teilgenommen. Er wollte sie in seiner neuen Heimat nicht missen und hatte sie alle kopieren lassen.
»Das ist aber allerhand!« staunte einmal ein Ingenieur Georg gegenüber, als dieser in den Eßsaal trat und den Ingenieur dort wartend und in den Anblick der Bilder vertieft vorfand. Der Ur-Urgroßvater lächelte väterlich und die Ur-Ur-Urgroßmutter blickte noch ein wenig spöttischer drein, Georg aber vergnügte sich köstlich über diesen spontanen Ausruf.
Das Essen war einfach: eine pikante kleine »Schweinerei«, Suppe, Fisch, Braten, Süßspeise und Käseplatten; alles Eigenerzeugnisse, vorzüglich zubereitet und lecker angerichtet, denn das Auge speist mit. Gereicht wurde von zwei Seiten, damit es rascher ging. Die Weine waren Georgs Spezialität und seine besonderen Lieblinge. Der gute Brümmer, als langjähriger Mundschenk, kannte

seine Pappenheimer: Wer wenig vertrug (ein seltener Fall), bekam nur wenig eingeschenkt. Er wachte über die Ehre des Hauses und das Wohl seiner Gäste.
Georg erhob sich, klopfte an sein Glas und ließ mit launigen Worten den Jagdkönig leben. Der Briggower war es geworden, auch wenn man das Wild, das er sich zugerechnet hatte, das aber von seinen beiden Nachbarschützen erlegt worden war, wieder abbuchte. Blendenden Anlauf hatte er gehabt und mit seiner Browningflinte wie mit einem Maschinengewehr um sich geschossen – aber auch getroffen! Ehre, wem Ehre gebührt. Kaum war das Hoch auf ihn verklungen, schnellte er prompt hoch und antwortete mit Witz. Seine Rede schloß mit dem Dank aller an den Jagdherrn und die Hausfrau. »Hei het dat in de Wührt, as de Kateiker in den Start«, amüsierte sich Georg.
»Sieh mal meine Alte an, wie die sich unterhält«, machte Wichard Bredow Georg aufmerksam, dem er schräg gegenübersaß. »Hab' ich's nicht immer gesagt: Sie ist aus Versehen mit einer Grammophonnadel geimpft worden!«
Die Unterhaltung war in der Tat lebhaft und vergnügt; nicht nur seitens der guten Alice. Die Tischordnung war fein ausgeklügelt worden, nicht nur nach Rang und Würden, sondern auch nach Wohlgefallen aneinander und nach Redseligkeit. Ehepaare waren möglichst weit getrennt gesetzt worden, so daß sie sich nicht sehen konnten, nur Georg und Vera als Gastgeber saßen einander gegenüber. Der berüchtigte Engel hatte jedenfalls keine Gelegenheit, durch den Raum zu fliegen.
Nur ein einziges Mal war ihm dies in Zettemin gelungen, bei einem Tee mit Familienbesuch. Das war furchtbar! In der plötzlich eingetretenen allgemeinen Stille hatte sich der kleine Sohn Botho an seine Nachbarin, eine junge Miss, die ihm Englisch beibringen sollte und die seine Vertraute war, gewandt mit der Frage: »Missa, would you like to marry *that* man?« Laut und deutlich, eine Frage, die alle bewegte und die allen unverständlich war. Der alte Vetter hatte seinen Spitznamen weg: »that man«.
Missa war im übrigen eine gelehrige Schülerin. In einer ähnlichen Lage wollte sie stolz ihre Kenntnisse im Deutschen an den Mann bringen und wartete mit der alten Wetterregel auf, die die Kinder ihr mit Wonne beigebracht hatten: »Schnee auf Eis gibt Scheiß«. Das wirkte in größerer Gesellschaft wunderbar!

Frau Burgmöller bewunderte den großen silbernen, mit Primeln gefüllten Tafelaufsatz.
»Er hat seine Geschichte, gnädigste Frau«, erklärte ihr Georg. »Alle diese eingelassenen alten Taler, auch die in den Füßen der beiden Kandelaber, stammen aus dem Dreißigjährigen Krieg. Beim Ausschachten der Fundamente eines Arbeiterhauses in Zwiedorf wurden sie gefunden; wer weiß, wer sie damals dort vergraben hat. Meine Eltern ließen daraus diese drei schönen Stücke arbeiten.«
Frau Burgmöller stellte sich den Eigentümer vor, der in seiner Angst und Not sein Geld auf diese Weise hatte retten wollen und darüber umgekommen war. Ob er noch als Geist unstet nach seinem Schatz suchte? Sie gab ihren Gedanken Ausdruck mit der Frage:
»Spukt es wohl hier? In einem alten Landschloß muß es spuken, das gehört sich doch so.«
Georg mußte leider verneinen. »Aber lange vor seiner Zeit hatte der leibhaftige Teufel auf der Zetteminer Feldmark am ›Scheitbarg‹ – bitte auf hochdeutsch ›Schießberg‹, *dem* Feldherrnhügel in hiesiger Gegend – sein Unwesen getrieben.« (Daß unweit dieses Berges, von dem aus man einen herrlichen, unendlich weiten Rundblick hatte, das »Piss-Soll« lag, ein von Krüppelweiden umstandenes, kleines Wasserloch in der Feldmark, und daß die Wiesenschlenke in der Nähe seit alters die Bezeichnung »de Arschkarv« trug, verkniff sich Georg taktvoll zu erzählen.)
»Eines Sonntags nun, als der Zetteminer Pastor zum Gottesdienst in Gielow am Scheitbarg vorüberfuhr, erblickte er den Teufel höchstselbst. Die Bibel ergriffen und nichts wie runter vom Wagen war eins. Mit fliegendem Talar hatte er ihn dreimal um den Berg herum verfolgt. Das war dem Teufel zuviel geworden, das hatte er nicht aushalten können und sich aus dem Staub gemacht.
Viele Jahre später vermeinte man, ihn am Fuße des Scheitbarges wieder gesehen zu haben, als er im Schummern auf dem Weg von Pinnow kommend rasselnd mit fliegendem Mäntelchen dahingesaust sei. Es war dies aber ein Irrtum gewesen, wie sich nachher herausgestellt hatte: Der erste Radfahrer, der nach Zettemin gekommen war, hatte Anlaß zu diesem teuflischen Verdacht gegeben. Der treffliche Pastor hatte seinerzeit ganze Arbeit geleistet.

Der Glaube an Spuk ist aber auch heute im mecklenburgischen Volk noch keinesfalls erloschen, trotz elektrischem Licht, Telephon, Radio, Auto und so weiter.«

Frau Burgmöller spitzte die Ohren, das interessierte sie ausnehmend: »O bitte, erzählen Sie.«

Zunächst mußte Georg Mäcki Bescheid tun, der ihm zwinkernd zutrank, in Anerkennung der 1921er Johannisberger Spätlese, die er zu schätzen wußte. Die Röte seines Gesichts zog sich bereits bis zu seiner polierten Glatze hinauf, die im Schein der Kerzen funkelte, und um seine Mundwinkel zuckte es genießerisch. Dem etwas Gutes vorzusetzen, macht wirklich Freude, da ist keine Perle vor die Sau geworfen, dachte Georg.

Danach wandte er sich wieder seiner Tischdame zu und fuhr fort: »Im vorigen Frühling kamen, man sollte es nicht für möglich halten, zwei meiner Forstarbeiter aus Peenwerder zum hiesigen Landjäger und baten ihn ernsthaft, rasch mit ihnen zum Forsthof zu kommen, um die Hexe zu suchen. Was war geschehen? In der Forstkoppel im Wald und in den Koppeln der weiteren Umgegend hatten morgens einige hundert Kühe, Jungvieh, Pferde und Fohlen tot dagelegen, ein unerklärlicher, einmaliger Vorfall. Das konnte nur eine Hexe zuwege gebracht haben: Sie mußte von Amts wegen ausfindig gemacht und umgebracht werden. Der Landjäger konnte natürlich keine Hexe finden, wohl aber ein Professor der Universität Rostock die Kriebelfliege, ein winziges Tierchen, das sich in die Schleimhäute der Mäuler, Nasen und Augen der Tiere gesetzt und sie mit ihrem Gift so infiltriert hatte, daß sie am Herzschlag eingegangen waren. Durch außergewöhnliche, in hiesiger Gegend noch nie eingetretene Witterungsbedingungen war die Kriebelfliege, sonst nur an der Leine bekannt, auch hier an der Peene, die die Forst Peenwerder umfließt, zu Millionen und aber Millionen ausgekommen. Das war des Rätsels Lösung; die Leute hatten jedoch fest an das verruchte Wirken einer Hexe geglaubt.

Ja, in Zettemin selbst war man sich nicht im klaren, ob nicht eine der alten Dorffrauen eine verkappte Hexe wäre. Ihr Aussehen sprach jedenfalls dafür. Als gar einmal hier ein Schwein krepierte und dort eine Kuh verkalbte, stand es fest, daß dies nicht mit rechten Dingen zugegangen war. Die Leute verschrieben sich von außerhalb eine Expertin, und diese erklärte, sie würde die Hexe

ausfindig machen: In wessen Bett sie ein Einpfennigstück entdecken würde, die wär's. Mit Fingerfertigkeit fand sie auch das Pfennigstück im Bett einer harmlosen alten Witwe, die darob einen derartigen Schock erlitt, daß sie ein leichter Schlag rührte. Ja, die Hexen tarnen sich raffiniert, es ist nur gut, daß es alte Weiber gibt, denen sie nichts vormachen können.«
»Was halten Sie vom Bepusten?« wollte Frau Burgmöller nun wissen. »Ist das auch Aberglaube?«
»Das ist eine ganz andere Sache«, mischte sich Vera in das Gespräch. »Da ist wirklich etwas dran; sogar unser alter Sanitätsrat Dr. Ahlers empfahl es mir. Er meinte, er dürfte es nicht laut sagen oder gar verordnen, aber unter vier Augen rate er durchaus zum ›Püstern‹. Es sei zwar völlig ungeklärt, helfe aber todsicher.
Eigentlich ist es kein Tischgespräch«, fuhr Vera fort, »aber betrachten wir es einmal rein wissenschaftlich. Ich habe es am eigenen Leibe ausprobiert, als ich an einer schweren Furunkulose litt, die nicht weichen wollte. Es war zum Verzweifeln. Da fragte mich eines meiner Hausmädchen:
›Darf meine Mutter – sie war die Witwe eines unserer Tagelöhner im Dorf – nicht herkommen und Frau Gräfin bepusten?‹
›Ja, Liesbeth, ich glaube aber nicht daran.‹
›Das macht nichts, Frau Gräfin brauchen gar nicht daran zu glauben, Frau Gräfin dürfen sich nur nicht bedanken. Meine Mutter wird gegen Abend kommen zum Bepusten und am nächsten Vormittag noch einmal zum Wiederholen. Die Sonne muß dazwischen einmal unter- und wieder aufgegangen sein, dann kommt alles in Ordnung.‹
›Schön. Liesbeth, sag deiner Mutter, ich ließe sie bitten, zu kommen. Aber ich glaube nicht, daß sie mir helfen wird.‹
Zweimal kam die alte, freundliche Frau Schütt mit ihren eigenartig klaren, leuchtenden, hellblauen Augen und bepustete meine Furunkel. Ich sagte kein Wort des Dankes und fand den Vorgang albern. Dann aber kam das Merkwürdige und Eigenartige: Die reifsten Geschwüre öffneten sich und heilten, die anderen bildeten sich zurück, und neue erschienen nicht mehr. Nach wenigen Tagen war ich von der Furunkulose restlos befreit und glaubte nunmehr an das ›Püstern‹, wahrscheinlich eine tierisch-magnetische Heilkraft, jedenfalls nichts ›Übersinnliches‹. Es gibt hierzu-

lande verschiedene Frauen, die ›die Suchten brechen‹ können. Eigenartigerweise ist jede spezialisiert: Die eine kann nur die Furunkulose heilen, die andere nur die Gürtelrose, die dritte wieder nur die Kopfrose.«
»Ich kann bestätigen, was meine Frau eben erzählte«, sagte Georg. »Auch mir half die alte Frau Schütt überraschend, als ich einen bösen Furunkel auf meiner Sitzfläche hatte. Ich glaubte nicht nur nicht an meine Heilung, sondern ich hatte größte Mühe, dabei ernst zu bleiben in der Vorstellung, ein Dritter würde diese Situation mitansehen!«
Das Käsegebäck, der letzte Gang, das die volle Reife des alten Burgunders wundervoll zur Geltung kommen ließ, war aufgeknabbert. Georg hatte seiner Nachbarin zur Linken gegenüber ein schlechtes Gewissen, denn er hatte zu ihrer Aufheiterung nur wenig beitragen können. Vorsorglich hatte er ihr aber einen gesprächigen und netten Tischherrn gegeben, der sie bestens unterhalten hatte. Man kann nicht zwei Damen zu gleicher Zeit dienen und dazu noch essen. Nun ermunterte er sie, indem er ihr sein geöffnetes Zigarettenetui anbot:
»Nehmen Sie eine Zigarette, Baronin?«
Diese allgemein mit großem Anklang begrüßte Sitte hatten Georg und Vera eingeführt: Noch an der Tafel reichte ein Diener Zigaretten und eine brennende Kerze herum. Die Weine waren zu gut, als daß die Gläser zum Schluß hastig geleert werden durften, und wiederum wäre es ein Jammer gewesen, sie stehenzulassen. Wer wollte, bekam sogar nachgeschenkt.
Ein verständnisvoller Blick von Georg zu Vera, und sie hob die Tafel auf. Oben im Salon gab es Mokka, Cognac, Liköre und Importen. Zunächst standen alle noch ein Weilchen herum, dann setzten sich die Damen, und die Gruppen verteilten sich in den Räumen und in den tiefen Sesseln. Nach geraumer Zeit räumten die Diener den Kaffee ab und brachten Bier für die Herren und Wasser und Saft für die Damen.
Auf eines achteten Georg und Vera streng, daß sich die Geschlechter nicht trennten, die Herren sich womöglich in ein Zimmer zurückzogen, um sich Jagdgeschichten und Witze zu erzählen, während die Damen allein sitzen mußten. Die Herren blieben die »Kavaliere«, und die Damen brauchten nicht zwangsläufig auf ihre Hühner und Dienstboten zu sprechen zu kommen. Selbst das

sonst so beliebte Bridgespiel kam nie zustande: Die Unterhaltung war zu gut.
Georg wollte Versäumtes nachholen und setzte sich neben die Baronin Rehna, die seine Tischdame zur Linken gewesen war. Er wußte, daß sie passioniert Auto fuhr wie er selber, und daher lenkte er das Gespräch auf dieses Thema.
»Wie lange fahren Sie schon?« wollte die Baronin wissen. Georg sann nach und meinte, es seien nun einige dreißig Jahre. Mit achtzehn Jahren habe er seine Eltern überredet, ein Auto anzuschaffen, das erste weit und breit in der Gegend, es müsse um 1904 gewesen sein.
»Es war ein NAG – Neue Automobil-Gesellschaft«, fuhr er fort, da die Baronin ihn gebeten hatte, etwas über die ersten Zeiten des Automobilismus zu erzählen. »Die Karosserie war von Hofschulte angefertigt, damals die erstklassige Kutschwagenfabrik in Berlin, System ›Tonneau‹, das bedeutete, daß man von hinten einstieg und je zwei Fahrgäste einander gegenübersaßen wie in einem Break. Mein Platz befand sich selbstverständlich vorn am Lenkrad auf einem erhöhten Lederkissen neben dem Chauffeur. Dieser Hochsitz war eine Erinnerung an den alten Kutschbock, um die Straße besser übersehen zu können, eine völlig überflüssige Angelegenheit, da man infolge der großen Räder und des hohen Aufbaus an und für sich schon unverhältnismäßig hoch saß. Nichts behinderte die Sicht, denn die Motorhaube war niedrig, und das ›Spritzbrett‹ vorn, der Vorläufer des heutigen Armaturenbrettes, mit Zeituhr, Tachometer und Tropfölkontrolle, reichte höchstens bis an die Knie. Darüber erhob sich senkrecht die hohe, umlegbare Windschutzscheibe. Wenn man es wünschte, konnte man an dieser und an vier Einsteckstangen ein riesenhohes Ungetüm von Regen-, beziehungsweise Sonnendach aufsetzen, das allen aerodynamischen Gesetzen spottete. Man fuhr daher lieber und sportlicher ohne dieses Monstrum und ohne Windschutzscheibe, setzte sich eine dicke Autobrille auf und band sich, falls nötig, einen ›Respirator‹ aus Zelluloid vor die Nase. Schneller als fünfzig oder gar sechzig Kilometer in der Stunde ging's ja doch nicht.
Der Motor besaß, wie alle damaligen Autos, nur zwei Zylinder, was dem Auto den spöttischen Kosenamen Töff-töff eintrug, und der Antrieb der Räder erfolgte durch zwei Ketten. Die Lenksäule stand, wie es bei Säulen üblich ist, fast senkrecht, war aber nach

heutigen Begriffen modern mit einer Viergangschaltung ausgerüstet. Der ganze Wagen war wunderschön bordeauxrot lackiert, mit rotem Leder gepolstert (keine Vorspiegelung von Tatsachen durch Kunstleder) und duftete daher herrlich nach Leder, Lack und Benzin. Bisweilen auch ein wenig nach Karbid infolge des dicken, vorn in der Mitte befindlichen Azetylengas-Scheinwerfers, der uns einmal – gottlob am Tage – auf der Chaussee zwischen Doberan und Heiligendamm mit Gepolter abflog.«

»Machten Sie auch größere Touren mit dem Wagen?« erkundigte sich die Baronin.

»Nach heutigen Begriffen nein, nach damaligen ja, denn jede Fahrt war ein Unterfangen besonderer Art.« Georg mußte lachen in der Erinnerung an damals selbstverständlich, heute nur drollig wirkende Umstände.

»Eine Fahrt von Wolfshagen nach Heringsdorf, immerhin rund einhundertfünfundzwanzig Kilometer, steht mir besonders vor Augen«, erzählte er weiter. »Ich sehe noch meine liebe Mutter in einem eleganten Schneiderkostüm, hellem Staubmantel und riesengroßer, flacher Tellermütze, die sie mit einem großen Seidentuch fest um den Kopf gebunden hatte. Staubdicht mit Mänteln, Mützen und Decken mußte man sich schützen, denn es gab noch keine geteerten Chausseen, und der Luftwirbel des Autos erzeugte eine ungeheure Staubwolke, die zum Teil auf die Insassen zurückschlug und die bei Windstille kilometerlang wie eine Schlange hinter dem Wagen stehen blieb. Dieser Übelstand war nicht geeignet, das Auto sonderlich beliebt zu machen.

Der erste Aufenthalt ergab sich bereits nach vier Kilometern am Chausseewärterhaus vor Woldegk. Hier mußte eine krumme Zahl von Pfennigen, sagen wir dreiundzwanzig, Chausseegeld entrichtet werden, wie es von jedem Fuhrwerk verlangt wurde. Ein Messingtellerchen an einer langen Stange in der Art des Klingelbeutels in der Kirche wurde durch eine Klappe im Fenster aus dem Haus herausgereicht. Ohne aussteigen zu müssen warf man seinen Obolus hinein, und dies wiederholte sich des öfteren.

Diese Zwangsaufenthalte erwiesen sich im Sommer als nützlich, denn die Reifen erhitzten sich bei rascher Fahrt gewaltig. Der Chauffeur erbat sich einen Eimer, pumpte ihn voll kalten Wassers und übergoß damit die heißen Reifen. Damit war für eine Weile die Gefahr gebannt, daß ein Reifen mit lautem Knall platzte. Die

Reifen bildeten damals die heikelsten Punkte am Auto, zumal die Chausseen von Pferdehufnägeln wimmelten; kaum eine Fahrt verlief ohne Reifenpanne. Unser Chauffeur sammelte sie und schlug sie zur Erinnerung an manchen Schweißtropfen an die Garagentür, wie man später ein Eisernes Kreuz oder einen Hindenburg benagelte. Reservereifen oder gar Reserverad gab es noch nicht, nur ein bis zwei heile Schläuche wurden mitgeführt. Jedesmal mußte die Decke abmontiert, auf längeren Touren ein Schlauch geflickt, alles wieder aufmontiert und der Reifen neu aufgepumpt werden, bei Staub und Hitze im Sommer, bei Regen, in der Dunkelheit. Der ›Schafför‹ hatte arg zu schaffen, und ohne einen solchen zu fahren war unmöglich, wollte man nicht verschmutzt und erledigt am Ziel anlangen. Daher war der Mann im vorschriftsmäßigen Chauffeuranzug von Kopf bis Fuß dreck- und wetterfest in schwarzes Leder gekleidet, angefangen bei der schweren Mütze mit der dicken Autobrille daran bis hin zu den Ledergamaschen.
Ein Kapitel für sich bildeten die Pferde; schon von weitem mußte man schätzen, wie sie sich verhalten würden. Die Zeit, wo sie vor jedem Radfahrer durchgingen oder im Chausseegraben landeten, war gottlob eben vorüber, kam ihnen aber ein Auto entgegen, dann war der Teufel los. Da half nichts anderes, als anzuhalten, den Motor abzustellen, auszusteigen, die Pferde beim Kopf zu fassen und sie dann mit ›Olala, Olala‹ beschwichtigend vorbeizuführen, wobei der Rosselenker meistens noch größere Angst hatte als die Pferde. Mit der Hand und mittels einer Kurbel mußte der Motor wieder angeworfen werden, und weiter ging es bis zur Begegnung mit dem nächsten Pferdefuhrwerk.
Und wie war es mit dem Tanken? Von Tankstellen und Kundendienst träumte man noch nicht einmal, Benzin gab es nur in der Apotheke oder in der Drogerie.
Dennoch war es eine Lust, damals zu ›auteln‹; es gab Schwierigkeiten zu überwinden und galt Risiken einzugehen, aber man erlebte mehr als heute. Es gab keinen ›Schilderwald‹ und gesetzliche Vorschriften zu beachten, man fuhr selber mit Rücksicht und gesundem Menschenverstand. Als einziges Gebot gab es nur die Eisenbahnschranken, sonst nichts. Das Schönste aber war, man befand sich allein auf weiter Flur und war Herr der Straße. Es war wirklich noch guter Sport.«

Die Baronin hatte interessiert und oftmals erstaunt zugehört; manches war ihr doch zu schnurrig erschienen. Nun setzte sich Vera zu ihr, und Georg wurde dadurch frei.
Auf diesen Augenblick hatten seine jüngeren Freunde gewartet, und sie äußerten die Bitte, er möge aus seinem reichen Plattenschatz den *Atlas* von Schubert auflegen. Sehr ungern kam Georg der Bitte nach, denn es ist immer verfehlt, in großer Gesellschaft einen musikalischen Genuß, dazu noch ernster Art, zu bieten. Das muß einem intimen, kleinen Kreis Gleichgesinnter vorbehalten bleiben, sonst wirkt es nur störend.
Der Erfolg war dementsprechend: Andächtig hatten mehrere Gäste im Nebenraum dem herrlichen Gesang gelauscht, und als er beendet war, bemerkte der lange Georg Maltzahn aus Leuschentin als Schlußwirkung tiefsinnig und trocken: »Dem armen Mann ist aber übel mitgespielt worden!« Verpufft war der Kunstgenuß und die heitere Stimmung wiederhergestellt.
Georg wurde gewahr, daß Herr Burgmöller nichts mehr zu trinken und zu rauchen hatte und daß der Sessel neben ihm gerade frei wurde. Er setzte sich zu ihm, nachdem er ihn mit allem Nötigen versorgt hatte.
Als Berliner und Nichtmecklenburger wollte Herr Burgmöller gern wissen, wie es bis 1918 um die mecklenburgische Regierung und Verfassung bestellt gewesen war. Er habe so viel Eigenartiges und Widerspruchsvolles darüber gehört, auch daß sie überaus rückständig gewesen sei, so daß er nun einmal hier im Lande gern erfahren möchte, wie es in Wirklichkeit gewesen sei. Wenn es Georg nicht langweile?
»Im Gegenteil, mein verehrter Herr Burgmöller, es macht mir Freude, mich früherer Zeiten zu erinnern. Ich habe Ihren Fragenkomplex nur als Junge erlebt, bevor ich aus meinem Elternhaus fortkam, kann daher nicht aus eigener Erfahrung sprechen und nur das wiedergeben, was ich von meinem Vater und meinem Mildenitzer Onkel hörte.
Mein Vater war als Repräsentant der Familie Schwerin im preussischen Herrenhaus, gehörte aber als ›Landstand‹ auch dem mecklenburgischen Landtag an, da die Grenze zwischen beiden Ländern mitten durch seine Begüterung ging. Er hatte somit Einblick in beide Regierungen und lobte oftmals die mecklenburgische wegen ihrer Einfachheit, Sachlichkeit und Sparsamkeit.

Die alte Regierung Mecklenburgs, eines fast ausschließlichen Agrarlandes, setzte sich zusammen aus dem Großherzog als dem Landesherrn und Vertreter der staatlichen Domänen und Domanialbauern, weiter den ›Landständen‹, das heißt den ländlichen Großgrundbesitzern, die auch Vertreter der ritterschaftlichen Erbpacht-Bauern waren, und schließlich den Städten mit ihrer Kaufmannschaft, ihren Handwerkern , geringer Industrie und ihren Ackerbürgern, vertreten durch ihre Bürgermeister.
Der Landtag, das gesetzgebende Organ, wurde nicht gewählt, sondern die Stände und Bürgermeister gehörten ihm kraft ihres Berufes, beziehungsweise Amtes an.
Die Vorbereitung der einzubringenden Gesetze und Verordnungen oblag dem ›Engeren Ausschuß‹, der in Rostock tagte und dem auch mein Mildenitzer Onkel angehörte. Alle diese Funktionen waren ehrenamtlich, Tagegelder und Aufwandskosten wurden nicht oder nur in bescheidenem Maße gezahlt.
Der ›Erblandmarschall‹ und der ›Landrat‹, von denen es nur wenige gab, und zu denen ebenfalls mein Mildenitzer Onkel zählte, waren rein ehrenamtliche Grade ohne Verwaltungsbefugnisse, also dem preußischen Landrat nicht vergleichbar. Dessen Obliegenheiten übte der ›Drost‹ aus.
Der Landtag, für Mecklenburg-Schwerin und Mecklenburg-Strelitz gemeinsam, trat zweimal im Jahr zusammen, etwa Mitte Oktober bis kurz vor Weihnachten und im Januar und Februar, Zeiten, in denen der Landmann am ehesten abkömmlich war. Originell und zweckmäßig war es eingerichtet, daß der Landtag nicht in den Haupt- und Residenzstädten Schwerin oder Neustrelitz, auch nicht in der größten Handelsstadt Rostock tagte, sondern umschichtig ein Jahr in Malchin und das andere Jahr in Sternberg, beides kleine Landstädtchen. Die Herren sollten arbeiten, nicht auseinanderlaufen und sich nicht durch Vergnügen abhalten lassen. Dafür waren Malchin und Sternberg trefflich geeignet, denn dort war wirklich ›nichts los‹, nicht einmal ein Kino gab es dazumal. Außerhalb der Sitzungen blieb den Herren nichts anderes übrig, als zusammenzuhocken und naturgemäß von den Dingen zu reden, die in den Sitzungen zur Debatte standen. Nur über Sonnabend/Sonntag fuhren sie nach Hause zu ihren Familien, um nach dem Rechten zu sehen, nicht, um wieder einmal im eigenen Bett zu schlafen, soweit es jedenfalls meinen Vater und meinen

Onkel anbelangte: Wohlweislich hatten sie ihre eigenen Betten für die Landtagszeit rechtzeitig vorausgeschickt. Denn man war einquartiert beim Bäcker, Schneider, Schuster und Tischlermeister; so viele Hotelbetten gab es in den Landstädtchen nicht.
An zwei oder drei Abenden in der Woche waren sämtliche Herren Gäste des Großherzogs, der vom Staatsminister vertreten wurde. Zu diesem Zweck war ein Teil der großherzoglichen Hofhaltung mit Köchen, Lakaien, Tafelgeschirr und Tafelsilber und guten Weinen hinbeordert worden. Auch ein Leutnant mit einem Zug des Infanterie-Regimentes war abkommandiert, um die Wachen zu stellen. Vorbedingung für den Leutnant war, daß er gut Skat spielen konnte, denn nach dem Diner, sei es beim Großherzog, sei es im Landtagsklub, wurde zu Mengen guten Rotweins eifrig Karten gespielt: Skat, Whist, L'hombre und Ecarté. Bridge war damals noch nicht in Mode. Auch hierbei ergab es sich von selber, daß in der Hauptsache von den Staatsgeschäften gesprochen wurde.
Zu den Sitzungen und zum abendlichen Diner erschienen die Herren stets im Frack. Da diese Sitte am hellichten Tage, gar schon am Vormittag, ungemütlich und die Hemdbrust für alte Herren reichlich kühl war, wurde unter dem Frack eine geschlossene, hohe, schwarze Weste getragen. So saß man wenigstens warm, wenn auch zumeist ein wenig beengt, denn bekanntlich ist es eine bedauerliche Eigenschaft des Fracks, mit dem Anschwellen des Umfangs seines Trägers nicht Schritt zu halten. Das führte zu der possierlichen Namensgebung eines Klubs der Landstände in Rostock: ›Der enge Frack‹.
Trennten sich abends die Herren und wanderten in ihre Bürgerquartiere zurück, schien häufig der Mond still über den Dächern der längst in tiefem Schlafe liegenden kleinen Ackerbürgerstadt, in der der Nachtwächter zur mitternächtlichen Stunde noch auf seinem Horn blies. ›Lütt Mönding vun Stiernbarg‹ war zum geflügelten Wort in meinem Elternhaus und in Mildenitz geworden.
Erschienen die Landstände bei Hof in Schwerin oder in Neustrelitz, dann trugen sie eine stattliche und kleidsame Uniform: roten Frack mit schwarzem Samtkragen, ebensolchen Ärmelaufschlägen und goldenen Knöpfen, lange weiße Beinkleider mit breiten Goldstreifen, dazu einen Stichdegen und einen schwarzen, feder-

geschmückten Zweispitz unter dem Arm. Denn ohne Uniform durfte niemand bei Hof erscheinen. Ein Hofball war ein schönes, buntes Bild, der alljährliche Landtagsball in den Rathaussälen in Malchin oder Sternberg, auf dem sich ganz Mecklenburg traf, im Januar oder Februar, ein großes gesellschaftliches Ereignis.
Das war das gute, alte Mecklenburg. Keine kostspieligen Wahlkämpfe erschütterten das Land mit ihren Parteiprogrammen; es besaß eine stetige, gut eingearbeitete, berufsständische und äußerst billige und saubere Regierung und Verwaltung, und jeder Bürger kam zu seinem Recht. Gesunder Wohlstand, Zufriedenheit und behagliches Leben mit prächtigem Humor gediehen in diesem von der Natur mit Wäldern, Hügeln, Seen und fruchtbarem Boden gesegneten Land.
Moderner ist zweifellos die jetzige Regierungsform, ob sie aber besser ist, wage ich sehr zu bezweifeln. Jedenfalls kostet sie das Land unendlich mehr Geld, das der Bürger durch seine Steuern aufzubringen hat, denn sie verlangt einen unverhältnismäßig umfangreichen Beamten- und Angestelltenapparat.«
»Mir scheint, man darf nach Ihren Erzählungen in der Tat von den ›guten alten Zeiten‹ sprechen«, meinte Herr Burgmöller, als Georg geendet hatte. »Ich hatte mir entschieden ein falsches Bild gemacht.«
Gegen ein Uhr fuhren die Gäste aus der Nachbarschaft heim, vergnügt und befriedigt von dem gelungenen Tag und Abend. Auch die Hausgäste gingen zu Bett, nur Georg und Vera blieben noch eine Zigarettenlänge beisammen sitzen und freuten sich, daß der Tag für alle genußreich verlaufen war.

Bockauktion

Basedow, Sorgenlos und Vietgest waren die berühmten Stammzuchtherden des Merino-Fleisch-Wollschafs in Mecklenburg. Käufer anderer Stammschäfereien im Reich kamen regelmäßig zu den einmal jährlich im Mai/Juni stattfindenden Auktionen. Je nach Qualität brachte einer der durchschnittlich dreißig bis vierzig zur Versteigerung kommenden Schafböcke zwischen zwei- und zehntausend Mark.

»Morrn is Buckaukschon in Basedow«, sagte Klempnermeister Röhrdanz in Malchin zu seinem Nachbarn, dem Kaufmann Pagel. »Kümmst du ook hen?«.

»Dat is klohr«, gab Pagel zur Antwort. »Schauster Timm un Snieder Schütt sünd ook von de Partie; dohr köhn wi uns all den Liew eis wedder oddentlich vullslagen un bannig supen.«

Mit diesem Gespräch ist die Situation bereits klargestellt: Mit Schafen und Zuchtböcken hatten diese braven Bürger Malchins nicht das geringste zu tun. Bockauktion in Basedow war eines der größten Volksfeste der kleinen Kreisstadt, zu dem die halbe Bevölkerung hinpilgerte.

Morgens früh zwischen sieben und acht Uhr begann sie mit einem deftigen, mecklenburgischen Frühstück, gedacht für die von auswärts frühzeitig eingetroffenen Schäfermeister. So viele Schäfermeister gab es aber gar nicht, wie Frühstückslustige sich an den langen Tafeln am duftenden Kaffee, dem frischgebackenen, noch lockeren Brot, an Butter, Schinken, Wurst und Käse ein Gütchen taten. Zigarren und Köhm standen zur freien Verfügung, ein Griff in die Zigarrenkiste, um sich zu verproviantieren, gehörte auch dazu.

Walter Hahn, der inzwischen von Faulenrost nach Basedow übergesiedelt war, war nunmehr Herr der Begüterung und der berühmten Stammschäferei von einigen achthundert Mutterschafen, nachdem sich die restlichen Brüder über die Besitzverhältnisse geeinigt hatten. Er ließ es sich heute etwas kosten; das war Tradition und Ehrensache und ihm eine Freude. Leben und leben lassen war seine Devise, aß und trank er doch für sein Leben gern.

Zwischen zehn und zwölf Uhr trafen die ernsthaften Käufer ein. Die Herren aus größerer Entfernung Mecklenburgs, aus Pommern, der Mark Brandenburg und von den großen Stammschäfereien der Provinz Sachsen kamen in ihren Autos. Die Nachbarn mit ihren Frauen, das Nützliche mit dem Vergnüglichen verbindend, in Kutschwagen mit oftmals eleganten Pferden, denn es war verlockender und genußreicher, mit flottem Gespann quer durch das Land zu fahren. Der Frühling entfaltete sich in voller Pracht, die Saaten grünten, und die Bäume und Wälder standen noch im zarten, hellgrünen Laub, durchschienen von der blanken vormittäglichen Sonne.
Man begrüßte sich, freute sich des Wiedersehens und begab sich in die weiträumigen Schafställe. Der Ernst des Tages begann, auch für Georg und Vera, die sich mit dem gedruckten Auktionsverzeichnis versehen hatten und ihre Oberbeamten und Schafmeister in den Ställen antrafen. Die von diesen bereits vorsortierten Böcke wurden kritisch begutachtet: ob sie ein für die Fleischerzeugung gutes Gebäude hatten, ob das »Rendement« der Wolle befriedigte, ob sie davon genügend auch unter dem Bauch hatten und so weiter. Die teuren und besten Böcke schieden von vornherein aus; derartige Summen konnten nur die großen Stammschäfereien anlegen. Für gute, durchschnittliche Gebrauchs-Merino-Herden wie in Zettemin und Wolde genügten preiswertere. Auf diese spekulierten die meisten Kauflustigen; es würde einen harten Kampf geben.
Als Georg sich nach langem Hin und Her in seinem Verzeichnis ein halbes Dutzend Böcke, die in Frage kamen, angekreuzt hatte, war es Zeit zum Mittagessen geworden. Alle begaben sich in das geräumige Wirtschaftshaus, in dessen verschiedenen Stuben lange Tafeln aufgestellt und vielversprechend gedeckt waren.
Walter Hahn, der alte Junggeselle, war mittlerweile aus dem Schloß herübergekommen und nahm am Kopfende der Honoratiorentafel Platz. Als Tischdame hatte er sich Vera erwählt, Georg mußte zu seiner Linken sitzen. Teils aus freundschaftlicher und entfernt verwandtschaftlicher Regung hatte er diese Tischordnung vorgenommen, teils aber auch aus praktischen Gründen: Einmal saß er geborgen und abgesondert von dem ihn in keiner Weise interessierenden Menschengewimmel, und zum anderen konnte er sich ungeniert den Freuden der Tafel hingeben.

»Weißt du, liebe Vera, es ist zu schön, dich neben mir sitzen zu haben. Da brauche ich mich nicht zu unterhalten, denn ich weiß, daß du es mir nicht übelnimmst.«
Nein, das taten weder sie noch Georg gewißlich nicht; kannten sie doch den alten, dicken Walter und seine Freuden. Trotzdem unterhielten sie sich gut miteinander, wie es sich bei gegenseitiger Zuneigung, Zwanglosigkeit und häufigem Sehen von selbst ergab. Zum Essen und Trinken blieb immer noch reichlich Zeit übrig.
Dies spielte auf einer Bockauktion eine gewichtige Rolle. Mit vollem Magen sieht man alles freundlicher, ist in sich gefestigter und den Aufregungen der bevorstehenden Auktion besser gewachsen. Auch war man aufnahmefähiger für die Mengen des Alkohols, der der Motor der Veranstaltung war.
»Wir Norddeutschen brauchen erst einmal eine Flasche Sekt, um munter zu werden«, behauptete der alte Vanselower Maltzahn als Kirchenpatron auf einer Synodalsitzung in Demmin. Es steckte ein Körnchen Wahrheit in dem Ausspruch, nur mochten die geistlichen Herren das nicht hören und nahmen an ihm voller Entrüstung argen Anstoß.
Sekt gab es allerdings auf einer Bockauktion niemals, dafür aber stets eine vorzügliche, nicht leichte Bowle. Wollte man ein übriges tun, um die Geister und den Mut der Bieter anzufeuern, dann kippte man mancherorts noch einen tüchtigen Schuß Weinbrand hinein. Das zog und rentierte sich! Doch es war unfair und geschah nicht in Basedow.
Als die Suppenteller mit zusammengekochtem Fleisch, Gemüse und Kartoffeln zweimal geleert waren und den Schüsseln mit belegten Broten und dem Nachtisch aus physischem Unvermögen nicht mehr zugesprochen werden konnte, blieb man noch bei einer Tasse starken Kaffees und einer Zigarre gemütlich beieinander sitzen.
Nun erzählte der Gastgeber von den Mengen, die er hatte schlachten und auffahren lassen; man staune:
zwei Zentner Spickaal (der delikat war!),
drei fette Mastschweine (demnach etwa zehn bis zwölf Zentner),
zwei Kühe, einige Kälber und eine erhebliche Anzahl ausgemerzter Schafe.
»Und das Reizende dabei ist«, sagte er, »daß *alles* aufgegessen wird und *nichts* übrig bleibt!«

Wie ahnungslos war der Gute! Denn als er die Tafel aufhob und zum Beginn der Auktion hinausging, bemerkten Georg und Vera erstaunt und höchst belustigt, wie sich ein Schwarm von Menschen mit Körben und Tüchern auf die Reste der Tafel stürzte und alles abräumte und verschwinden ließ, was noch vorhanden war. Das war auf einer Basedower Bockauktion Sitte.

In gehobener Stimmung strömte die Schar der Käufer und der Schaulustigen zu den aufgestellten, rohen Tribünenbänken und suchte sich ihre Plätze. Bock Nummer eins wurde am »Hammelbein« herausgegriffen aus dem wartenden Haufen seiner Schicksalsgenossen und allen gut sichtbar vor die Tribüne bugsiert. Auf erhöhtem Podium daneben stand der Auktionator, der meistens ebenso wichtig war wie der Alkohol. Voll blühender Phantasie und mit köstlichem Humor pries er halb auf hoch- und halb auf plattdeutsch die außergewöhnlichen Vorzüge eines jeden vorgeführten Bockes, was dieser mit einem »Mähäää« mit fetter Stimme quittierte. Gewandt, fix, alles sehend und rasch aufgreifend und schlagfertig hatte er die Lacher immer auf seiner Seite und stachelte die Bieter zu immer höherem Angebot an. Es hatte den Reiz einer guten Kabarettvorstellung.

Drei für seine Herden passende und gute Böcke konnte Georg ersteigern; ihre drei- bis viertausend Mark waren sie wert. Er atmete erleichtert auf; die Böcke, die er noch brauchte, würde er auf anderen Auktionen bekommen. Es war auch nicht ratsam, sämtliche Böcke aus einer und derselben Stammzucht zu beziehen.

Nach den Aufregungen der Auktion stärkte man sich nochmals mit Kaffee und Kuchen, bestieg die Wagen und fuhr im Schein der sinkenden Sonne durch die nach dem Menschengewühl doppelt erquickende Frühlingslandschaft heim.

Das Abendessen durfte ausfallen, beziehungsweise nur frugal gestaltet werden.

Die lieben Hausgäste

Der Hausbesuch auf dem Lande war in drei Kategorien einzuteilen: in pflichtmäßige, in sich selbst ansagende und in herzlich eingeladene Gäste.

Unter die ersten fielen die für den Betrieb benötigten, beratenden Herren die anregend waren und mit denen Georg und Vera nach den am Tage vorgenommenen örtlichen Besichtigungen und Besprechungen die Probleme oftmals bis in den späten Abend von allen Seiten beleuchteten und berieten. In einem zeitlichen Turnus erschienen sie, der eine öfter, der andere seltener. Sie alle waren liebenswürdige und normale Durchschnittsgäste, von denen der Chronist nichts Besonderes zu berichten wüßte.

Nur einer fiel aus dem üblichen Rahmen, schon daraus ersichtlich, daß er der einzige war, der sich eines Spitznamens rühmen konnte: der »Kalk-Rasputin«. Groß und stattlich, mit einem langen, in zwei Spitzen geteilten, blondgrauen Bart, wie ihn der selige Großadmiral v. Tirpitz getragen hatte, und mit blitzenden, goldumrandeten Brillengläsern. Er war der Typ des gelehrten Professors, doch ohne diesen Titel zu besitzen, und ein teutscher Mann. Wenn er einen »Guten Morgen« wünschte, dann war dies ein hochwissenschaftlicher Vortrag.

Er war ein in Zettemin menschlich und wissenschaftlich gerngesehener Gast, erforschte als Biologe die optimalen Wachstumsbedingungen der Feldfrüchte und verschrieb die wirksamsten Düngungsrezepte unter Berücksichtigung der Alkalität oder Säure im Boden. Die gesamte Feldmark in Zettemin war von ihm untersucht und registriert worden, mit dem Erfolg guter Erntesteigerungen, eine Maßnahme, die erst Jahre später von den landwirtschaftlichen Instituten aufgegriffen, propagiert und ausgeführt wurde. Wie oft hatte Georg gemeinsam mit dem »Kalk-Rasputin« auf den Äckern und Weiden in peinlicher Genauigkeit Bodenproben entnommen oder kranke Stellen auf den Feldern untersucht und photographiert. Stundenlang.

Bei einer solchen Gelegenheit wollte Herr G... Georg eine Freude bereiten mit einer Aufnahme der Gesamtansicht von

Zettemin, das mit seinem gedrungenen, alten Feldsteinkirchturm, seinen langgestreckten Dorf- und Hofgebäuden im Grün vieler Bäume friedlich im Glanze der Sonne lag. Immer und immer nicht wurde er damit fertig. Voller Verzweiflung fuhr der Kutscher mit dem Jagdwagen Kreise und Volten auf dem Feld, denn die Pferde bekamen einen kalten Buckel und wurden noch ungeduldiger als Georg. Schließlich war die Aufnahme geschafft, aber alle Mühe war vergeblich gewesen: Kranke Zuckerrüben und die Gesamtansicht von Zettemin waren auf die gleiche Platte gekommen! Man kann auch zu »pütscherig« sein.

Anläßlich eines beratenden Besuches in der Nachbarschaft war unser Pseudo-Tirpitz einmal von der Hausfrau scherzend gefragt worden, wie er eigentlich mit seinem Barte schlafe: über oder unter der Steppdecke? Diese Frage kostete ihn die erquickende Ruhe der ganzen nächsten Nacht, da er sich selber darüber nicht klarwerden konnte. Mal war es so, mal war es anders, ein feststehendes System war nicht auszumachen. Beschämend und quälend war es für den Wissenschaftler, der allen Dingen auf den Grund ging und sie in ein Schema einordnen konnte.

Hochinteressant und lehrreich waren Herrn G . . .s Besuche jedesmal. Bis tief in die Nacht hinein bei einer Flasche guten Weines berichtete der liebenswerte und von seiner Berufung, der deutschen Landwirtschaft und damit dem deutschen Volk zu helfen, tief durchdrungene Mann von seinen neuesten Forschungsergebnissen. Wenn er wieder abreiste, waren Georg und Vera jedesmal erschlagen, »er allein ist frisch wie eine junge Rüde«, wie es im »Palmström« heißt.

Im Winter war man auf dem Lande weniger beliebt als im Sommer. Hausgäste, außer den pflichtmäßigen, erschienen immer nur für wenige Tage, sei es über Neujahr, zu Jagden oder zu Familienfeiern. Aber mit der ersten Schwalbe kamen sie an und blieben, sich ablösend, bis zum Fallen der Blätter. Zumeist aus Berlin, lechzend nach der frischen, reinen Luft, der köstlichen Ruhe und dem ländlichen Frieden, und in den Zeiten der Not nach den Freuden und Genüssen der auch dann noch immer relativ gut besetzten Tafel. Denn auf dem Lande hungerte niemand, weder während der schlimmsten Inflation anfangs der zwanziger Jahre, noch in den Zeiten der Rationierung, wenngleich sich Vera streng an die Vorschriften hielt. Herrschte wirklich einmal Not, dann brach sich ein Hammel ein Bein oder wurde drehig, oder ein Reh verfing sich im Gatter und mußte abgeschossen werden. Die Wildgänse waren sowieso frei und fielen nicht unter die Bewirtschaftung.

Georg und Vera liebten es, häufig und viele Gäste zu haben: Es war schön, anderen Menschen eine Freude zu bereiten und sie an all dem vielen Guten und Schönen teilnehmen zu lassen, über das sie selber in so reichem Maße verfügten. Es beglückte, Verwandte und Freunde durch den Aufenthalt im »Sanatorium Zettemin« seelisch und körperlich wieder auf die Beine zu stellen, ja, es war geradezu eine Verpflichtung als »beati possidentes«. Wenn dann nach drei bis vier Wochen die Röcke und Jacken der Damen zu eng wurden, herrschte bei den Gastgebern eitel Freude, bei den Betroffenen allerdings nur gedämpfte. Es war ein schönes Zeichen: Jeder hatte seine Pflicht getan.

Je mehr Gäste, desto einfacher war auch die Unterhaltung: Sie besorgten das untereinander; Georg und Vera hatten selber dazu keine Zeit, sie mußten ihrer Arbeit nachgehen. Bestand diese jedoch aus einem Besichtigungsgang durch die Viehställe und Fahrten zu dem gleichen Zweck über die Felder oder durch den Wald, dann konnte sich der Gast gern anschließen. Besonders dem Großstädter bereitete dies einen Genuß eigener Art, denn mit Wagen und Kutschpferden zu fahren war nicht mehr alltäglich. Im übrigen war der Gast sich selbst überlassen, er konnte tun und lassen, was er wollte. Nur auf diese Art war es auf dem Land möglich, Hausbesuch zu haben, denn nichts ist anstrengender und für alle Teile unbequemer als krampfhafte Unternehmungen.

In Zettemin stand das erste Frühstück bis elf Uhr im Eßzimmer bereit, jeder konnte schlafen, solange er wollte. Bedurfte der Gast besonderer Erholung, dann wurde ihm das Frühstück ans Bett gebracht. Georg und Vera frühstückten sowieso allein in ihren Gemächern, denn es verlangte sie, wenigstens einmal am Tage unter sich zu sein. Beim ersten Frühstück, einer der besten Mahlzeiten, will der Mensch seine Ruhe und Behaglichkeit haben. Aber zu den übrigen Mahlzeiten mußten die Gäste pünktlich erscheinen, wollten sie nicht darben. Der Auflauf oder der Braten »juste à point« lassen nicht auf sich warten; Vera und der gute Brümmer mit seinem Gong achteten streng darauf. Pünktlichkeit bedeutet nicht nur eine Zeitersparnis, sondern auch eine erhebli-

che Arbeitserleichterung für das Hauspersonal. Der Abend vereinte dann alle am Kaminfeuer oder auf der Gartenterrasse um eine Flasche Wein.
War diese zwanglose Ungebundenheit für alle ein Labsal, so war es auch die komfortable Einrichtung der Gästezimmer. In ihnen waren nicht, wie es häufig anzutreffen war, unschöne Möbelstücke abgestellt und Bilder weggehängt, die man in seinen eigenen Räumen nicht mehr sehen mochte. Alles war harmonisch und das Auge erfreuend aufeinander abgestimmt, antik und modern, und in jedem Zimmer floß kaltes und heißes Wasser in den Marmorwaschtisch. Für warme Behaglichkeit, auch in den Fluren, sorgte die Zentralheizung. In Zettemin ließ es sich auch für längere Zeit aushalten.
Viel unfreiwillige Komik brachten manche Gäste ins Haus, immer wieder gab es Anlässe, herzhaft zu lachen; wer Sinn für Humor hatte, kam auf seine Kosten.
Nur eine Kostprobe zu bringen sei gestattet, unter taktvoller Verschweigung der Namen:
Zwei unzertrennliche alte Freundinnen aus Berlin waren wieder einmal zu Besuch in Zettemin; gut zu essen und zu trinken liebten beide. Leider konnte Ihro Exzellenz aber nicht so, wie sie es gemocht hätte, denn ihr Magen streikte seit einigen Tagen, wahrscheinlich infolge der veränderten Kost.
Daher kam die andere zu Vera und klagte ihr das Leid ihrer Freundin: Deren Verdauung sei gar nicht in Ordnung, sie »liefe« schon seit drei Tagen. Backpflaumen müßte sie bekommen; das wäre ihrer Meinung nach das beste und richtigste.
Vera war in diesem Falle anderer Ansicht: Strenge Diät sei das einzig Wahre. Alles, was gut schmecke, müsse unterlassen werden, Haferschleimsüppchen würden den üblen Zustand schnell kurieren.
Vera galt als Autorität; es wurde dementsprechend verfahren. Wieder vergingen ein Tag und eine Nacht, Ihro Exzellenz liefen aber trotz Diät und Wassersüppchen immer weiter. Der Ruf nach den Backpflaumen wurde immer dringlicher.
Man wollte ja seinen Gästen jeden Wunsch nach Möglichkeit erfüllen, war man doch bestrebt, ihnen ihren Aufenthalt in Zettemin so angenehm wie möglich zu gestalten. Aber unsinnige Wünsche zu erfüllen ging zu weit, auch lag der Fall hier allmählich

bedenklich. Vera begann daher nach den näheren Umständen zu forschen, um der Sache auf den Grund zu gehen.
Siehe da, was kam heraus? Gar nichts, in des Wortes wahrster Bedeutung: Exzellenz »liefen« andauernd nur, um zu probieren, ob nicht endlich doch etwas herauskäme! Exzellenz waren total vernagelt, Backpflaumen wären unter diesen Umständen doch das richtige gewesen.
Nach Klärung der Lage war der Schaden in kürzester Frist behoben: Die nunmehr verabreichten Backpflaumen taten ihre Schuldigkeit, und Exzellenz konnten wieder mit bestem Appetit am Zetteminer Familienleben teilnehmen.

Manöver

Die Kriegskunst ist veränderlich«, ein treffendes Zitat. Wer dies nicht als Soldat selber erlebte, bemerkte es am deutlichsten auf dem Lande anläßlich der Manöver.

Manöver bedeutete bis 1914 stets eine fröhliche, festliche Zeit; für Quartiergeber wie für Einquartierte und besonders für die Schuljugend, die selbstverständlich für diese Woche schulfrei bekam, um sich die Truppenbewegungen und Kavallerieattacken ansehen zu können. Damals gab es noch etwas zu sehen, besonders wenn der in der Nähe des Dorfes gelegene »Feldherrnhügel« unbesetzt blieb: Von ihm aus konnte man das ganze Schlachtfeld übersehen und die wechselvollen Kämpfe zwischen Blau und Rot beobachten. War gar Kaisermanöver, dann war alle Welt auf den Beinen, glückte es vielleicht, »S. M.« selber zu sehen.

Anläßlich dessen Anwesenheit zum Manöver in Mecklenburg trug sich folgende heitere Begebenheit zu: Unter den Spitzen der Behörden und den Würdenträgern im Lande, die dem Kaiser vorgestellt wurden, befand sich auch einer der wenigen Landräte – in Mecklenburg ein reiner Ehrentitel –, dessen Name dem vorstellenden Adjutanten im Augenblick bei der Vielzahl der Herren entfallen war. Es entstand eine kleine Kunstpause. Um die peinliche Situation rasch zu beenden, nannte der Baron seinen Namen, sich damit selber vorstellend, worauf der Kaiser, der außerordentlichen Sinn für Humor und drollige Lagen besaß, seinerseits belustigt erwiderte: »Wilhelm.« Der Baron quittierte mit heftigem Kopfschütteln, ein nervöses Leiden, das sich infolge der besonderen Situation bemerkbar machte, und es sah aus, als ob er S. M. nicht glaube. »Doch, doch, es stimmt; ich bin es wirklich. Die umstehenden Herren werden es Ihnen bestätigen«, erwiderte lachend der Kaiser, der die Komik der Lage sofort erfaßt hatte.

Wie herrlich waren in seiner Kindheit die Wagenfahrten mit den Eltern in das Manövergelände gewesen, erinnerte sich Georg lebhaft; man folgte den kämpfenden Truppen weitab in neue, unbekannte Gegenden. Belegte Brote in Mengen, Zigarren und Zigaretten, Portwein und Sherry wurden mitgeführt, und es bilde-

ten sich immer wieder neue Kreise von Offizieren um den Wagen, die die Eltern kannten, oder die bei ihnen kürzlich einquartiert gewesen waren, diniert und getanzt hatten.
Da die Manöver stets im Herbst stattfanden, also nach dem Einbringen der Ernte, wodurch Flurschäden so gut wie ganz vermieden wurden, taten sie der ländlichen Bevölkerung, weder dem Groß- noch dem Kleinbesitz, in keiner Weise weh. Und da jeder Landmann selber einmal Soldat gewesen war und an diesen Abschnitt seiner Jugendzeit mit Freude und Stolz zurückdachte oder jetzt einen Jungen in der Armee hatte, fühlte sich die gesamte Bevölkerung »ihren« Soldaten eng verbunden. Wer Einquartierung bekam, um die sich die meisten geradezu rissen, freute sich und gab seine beste Stube, sein bestes Bett, sein bestes Essen und verwöhnte seinen Gast, wie er nur konnte, als ob's der eigene Sohn wäre. Auch wenn es mit gebratenem Huhn, übergossen mit Schokoladensauce, war, ein Mahl, das einmal einem von Georgs Regimentskameraden bei einem Bauern in der Uckermark als besonders lecker vorgesetzt worden war. Teuflisch, aber von Herzen gut gemeint, so daß der Bedachte nicht schlecht daran gewürgt hatte, da sich leider kein Hund oder unbeobachteter Augenblick eingestellt hatte.
Die Strapazen damals waren denen der späteren Jahre nicht annähernd gleich. Zum Tanz abends im Dorfkrug, im Herrenhaus oder Schloß, waren immer noch Zeit und Kräfte übriggeblieben, besonders an den häufig eingeschobenen Ruhetagen. Die jungen Mädels und die jungen Damen mußten doch auf ihre Kosten kommen und bewegt werden.
Wie anders spielten sich die Manöver in den zwanziger und dreißiger Jahren ab, die Georg und Vera in Zettemin erlebten! Zu sehen war so gut wie nichts, nicht einmal vom Feldherrnhügel, dem »Schießberg«. Nur einmal erschienen dort ein General in einem »Fieseler-Storch« zu kurzem Aufenthalt und ein Autobus voller Presseleute, die aber auch nicht auf ihre Kosten kamen.
Kavallerie gab's kaum mehr, alles war motorisiert. Nur ein einziges Mal hatte der leere Kuhstall – die Kühe befanden sich auf der Weide in den Koppeln – gute Unterkunft für eine Schwadron geboten.
An Diners und Tanzereien wie in früheren Zeiten war nicht mehr zu denken. Todmüde kamen die Panzer- oder Infanterietruppen

in ihre Quartiere, soweit sie nicht biwakierten. Die in Zettemin einquartierten Offiziere, nach und nach eintreffend, stillten nur rasch ihren Hunger und Durst an der ständig mit bereitgehaltenen Speisen gedeckten Tafel im Speisezimmer und sanken dann erschöpft in ihre Betten. Nur selten ergab sich abends ein behagliches Beisammensein bei einigen Flaschen Wein und einer guten Zigarre. Sie waren gezwungen, ihre Zeit zum Schlafen zu nutzen, denn immer mußten sie gewärtigen, den alarmierenden Befehl zum plötzlichen Abmarsch zu erhalten, der sie roh aus den Betten aufscheuchte.

Ins Manövergelände zu fahren war sinnlos geworden, desgleichen den Schulkindern freizugeben, denn alles spielte sich verteilt über ein großes Gebiet ab und alles war nach Möglichkeit getarnt. Manöver war keine festliche und fröhliche Zeit mehr wie früher, sondern nur noch eine ernste. Hinzu kamen noch die traurigen Erinnerungen und die schrecklichen Erfahrungen des Krieges 1914/18.

Zum Aufhellen dieses düsteren Bildes mag folgende kleine Begebenheit dienen:

Im Schloß des Nachbargutes lag ein hoher Stab mit seinem General; jedes Zimmer, jedes verfügbare Bett war belegt. Nur die Schloßherrin war anwesend, ihr Mann war als Reserveoffizier zur Übung eingezogen und nahm an dem Manöver bei seiner Truppe teil.

Der Zufall wollte es, daß diese nahe seinem Gut biwakieren mußte. Es war ein unfreundlicher Tag mit Regen und Wind, und die Nacht versprach nicht besser zu werden.

Da bin ich nun meinem guten Bett so nahe, naß, hungrig und hundsmüde. Ich werde den Deubel tun und im Biwak nächtigen, sondern in meinem eigenen Bett; zum Dienst bin ich morgen früh bequem und rechtzeitig wieder hier. So überlegte der Schloßherr logisch und durchaus verständlich. Er meldete sich ab, schwang sich auf sein Roß und erschien noch vor Einbruch der Dunkelheit daheim.

Vor dem Schloß stand zufällig der General, rauchte seine Zigarre und schaute nach dem Wetter. Bester Laune war er nicht.

Der Reitersmann hatte sein Pferd abgegeben und machte Anstalten, grüßend an dem General vorbei ins Schloß zu gehen.

»Was wollen Sie hier?« herrschte dieser ihn an.

»Ich will mich hier einquartieren, Herr General«, lautete die Antwort.
»Das Schloß ist voll belegt, Herr Rittmeister. Keine Möglichkeit, noch unterzukommen.«
»Für mich wird schon noch ein Plätzchen vorhanden sein, Herr General.«
»Zum Donnerwetter, Herr Rittmeister, wenn ich Ihnen sage, es ist kein Platz vorhanden, dann ist dem so. Damit basta, und nun entfernen Sie sich bitte.«
Der General lief rot an.
»Verzeihen Herr General, es wird doch noch Platz für mich da sein; notfalls im Bett der Hausherrin.«
Dem General blieb die Luft weg. Krebsrot fuhr er den so bodenlos unverschämten Rittmeister an:
»Herr, wer sind Sie überhaupt?«
»Der Hausherr, Herr General!«

Hirschbrunft

»Das ist des Jägers Ehrenschild:
daß er bewahrt und hegt sein Wild,
weidmännisch jagt, wie sich's gehört,
den Schöpfer im Geschöpfe ehrt.«

Ende September hatte die Hirschbrunft ihren Höhepunkt erreicht. Das Laub begann sich zu färben, die Nächte waren häufig schon kalt, am Tag schien noch warm die Sonne. Der Altweibersommer spann seine silbrigen, hauchzarten Fäden und schwebte in dem linden Luftstrom über die Felder dahin. Wie klar und rein war die Luft, wie duftete die Erde mit den hier und dort schon abgefallenen, feuchten Blättern und dem welken Gras! Wieder fragte man sich: Ist dies nicht eigentlich die schönste Jahreszeit?
Hirschbrunft. Diese bedeutete für Georg und Vera eine besondere Zeit, gehörte doch zu Zettemin die Forst Peenwerder, ein Rotwildrevier, wie es ein zweites nur selten gab: auf dreihundert Hektar das ganze Jahr hindurch ständig einhundertfünfzig Stück Standwild. Der Schaden, den diese Rudel in der Forst – es mußte jede Kultur hoch eingedrahtet werden – und auf den Feldern anrichteten, war groß, wurde aber wieder wettgemacht durch die Freuden, die dem Weidmann in der Brunft zuteil wurden. Auch diese war in ideellem Sinne eine Erntezeit.
Kein Abend verging, an dem Georg und Vera nicht auf einer der zahlreichen Kanzeln saßen, für die jeweils der Förster festgestellt hatte, daß hier »etwas los« und der Wind günstig war. Der gute Kutscher Tanger, der mit dem Jagdwagen stundenlang warten und von dem man annehmen mußte, daß er diese allabendlichen Unternehmungen zwangsläufig verfluchen werde, war fast am passioniertesten. Es verdarb ihm die Laune, wenn an einem Abend nicht in den Wald gefahren werden konnte. Er hatte aber auch einen Anlauf, daß die Pferde beinahe scheuten.
Vera und Georg saßen wieder einmal auf der Kanzel und der Förster hinter ihnen. Die beiden Männer bückten sich und zünde-

ten sich ihre Zigaretten im Schutze der hohlen Hände und der Kanzelwände an. Auf diese Weise konnte etwa im Wald nahe am Rand stehendes Wild das Aufleuchten des Streichholzes nicht eräugen. Beide rauchten wie die Schornsteine, sie hatten endlich einen triftigen Grund für dies löbliche Tun: Die Richtung des Luftzuges, der an den Waldrändern häufig »küselte«, mußte dauernd festgestellt werden, damit das Wild keinen Wind bekam. Dies war jedenfalls ihre Meinung. Gegen die unzähligen Mücken half auch nur das Rauchen.

Vor ihnen dehnte sich eine waldumsäumte Wiese aus, noch lag die Sonne auf deren einer Hälfte. Langsam rückte der Schatten des Waldes jedoch vor und bedeckte sie schließlich ganz, und die letzten Strahlen der untergehenden Sonne vergoldeten nur noch die Wipfel der Bäume. Die Vögel, die anfangs noch auf der nahen hohen Erle herumgeflattert waren, hatten ihre Nester aufgesucht. Man hörte den Ruf des zur Nachtruhe aufbaumenden Fasans klar in der Stille des Abends, auch einmal in der Ferne den Schwengel einer Pumpe und das Brüllen einer Kuh auf einer Koppel. Wie ungeschlacht klang das, wie edel dagegen das Röhren der Hirsche! Einzelne Wildentenpaare begannen zur Nacht vom Feld auf den See zu ziehen: Fi fi fi fi machte ihr Flügelschlag. Und zuletzt ließ eine Eule geheimnisvoll im immer dunkler werdenden Wald ihren Ruf erschallen: Uuu, hu hu huuu.

Ein unbeschreiblich köstlicher Friede breitete sich allenthalben aus, die Natur ging zur nächtlichen Ruhe über. »Nun ruhen alle Wälder, Vieh, Menschen, Städt' und Felder«, ging es Georg an diesem Abend wie so häufig immer wieder durch den Sinn. Sogar der Förster war still geworden, der bisher aus nie versiegender Quelle flüsternd die drolligsten Erlebnisse und Jagdgeschichten erzählt hatte. Begann er mit den Worten: »Herr Graf können es mir glauben oder nicht«, dann wußte Georg, daß nun eine ganz tolle Räubergeschichte losgelassen würde.

Der erste Hirsch hatte in der Ferne schon geschrien, als die drei die Kanzel bestiegen hatten. Ein zweiter meldete sich bald, doch auch noch in einem entfernten Revierteil; ebenso ein dritter und vierter. Der Förster sagte die Uhrzeiten an, wann und wo dieser oder jener Hirsch mit dem Schreien beginnen mußte; es stimmte genau.

Nun wurde es ernst, mucksmäuschenstill saßen die drei und

nahmen die Gläser an die Augen: Man hörte leises Knacken. Da erschien das erste Tier am Waldrand und sicherte, bevor es auf die Wiese hinaustrat. Durch eine Lücke im Unterholz des Erlenbruchs konnte man andere Tiere sehen, ein starkes Rudel. Wie leise und vorsichtig schoben sie sich vor! Das Leittier, die alte Tante, die für das gesamte Rudel verantwortlich war, trat heraus, andere folgten: ein Spießer, noch drei Tiere, ein Achter. Nach weiteren Tieren auch ein junger, gerader Zehner mit guter Anlage. Ein Dutzend Stücke waren nun schon auf der Wiese; es folgten immer noch mehr, und dann kam – der Hirsch! Donnerwetter! Ein kapitaler, ungerader Vierzehnender!
Die drei auf der Kanzel hatten ihn vordem schon einmal gesehen, allerdings nur als Schemen in der Dunkelheit; jetzt konnten sie ihn genau ausmachen: Das war der gute Zwölfer vom vorigen Jahr, ein alter Bekannter. Es hatte sich gelohnt, ihn leben zu lassen.
Zweihundertfünfzig Meter? Nur ruhig Blut, er wird näher kommen; wenn nicht heute, dann morgen. Georg drückte nur ab, wenn er sich seiner Sache todsicher war. Nicht das Schießen, sondern das Betrachten des herrlichen Bildes und die große Spannung waren der wahre Genuß; der Schuß bedeutete nur die Krönung.
Als das Rudel vollzählig herausgetreten war, waren es achtundzwanzig Stücke. Ein fabelhafter Anblick! Nach dem ersten Verhoffen begannen die Tiere, langsam weiterziehend, zu äsen; der Hirsch war vollauf beschäftigt, die naseweisen Spießer auf den Trab zu bringen und die Beihirsche im Zaum zu halten.
Nun hob er den Kopf und schrie. Eine gute Stimme! Man sah, wie der Dampf aus seinem Geäse dabei herausgestoßen wurde und sein mächtiger dunkler Kragen zur Geltung kam.
Aus dem gegenüberliegenden Erlenbruch antwortete ein anderer Hirsch auch mit guter Stimme, und mittlerweile schrien näher und weiter zwölf Hirsche. Es war ein prachtvolles Konzert von jungen, hellen und alten, guten Stimmen.
»Jetzt haben sich alle gemeldet«, stellte der Förster fest.
Leichte Nebelschwaden begannen auf der Wiese bald hierhin und bald dorthin zu ziehen, störten aber noch nicht. Durch die Erlenzweige neben der Kanzel schien ein runder, großer Mond.
Wenn doch der andere gute Hirsch auch heraustreten wollte,

hofften die drei, und siehe da: ein leises Knacken, und er erschien, ein kapitaler, gerader Zwölfer, ohne Wild.
Nun kam Leben in die Gesellschaft! Ein Kampf der beiden Rivalen setzte ein, daß allen der Atem stockte. Beide Hirsche prasselten mit ihren Geweihen zusammen, daß es klang, als ob Kleinholz aus dem oberen Stockwerk eines Hauses heruntergeschüttet würde. Ein Wunder, daß die Stangen das aushielten und nicht sämtliche Enden abbrachen.
Der Vierzehnender war dem Zwölfer überlegen, er schob ihn vor sich her, daß er nach rückwärts immer nachgeben mußte. Im Halbbogen ging so die Reise über die Wiese, bis schließlich beide Hirsche dermaßen erschöpft waren, daß sie »fertig« waren. Sie setzten sich hin, jeder in eine dicke Dampfwolke gehüllt, während die Tiere, die zunächst geäugt hatten, in aller Ruhe weiterästen. Nach einer Weile erhoben sich beide Hirsche, der brave Zwölfer zog ab, und der Vierzehnender gesellte sich als Sieger wieder zum Rudel.
»Wenn man sich jetzt nur eine Zigarette anzünden könnte,« flüsterte Georg Vera zu, »ich bin von der Aufregung ganz benommen.« Aber das ging keinesfalls, denn es war schon zu schummerig.
Nun bekam das Rudel, immer äsend, den Dreh gerade auf die Kanzel zu. Herrgott, war das aufregend!
Georg faßte behutsam die bereitstehende und geladene 9,3-mm-Doppelbüchse und legte an, nur zur Probe. Dann nahm er nochmal das Glas an die Augen, das Vera und der Förster schon lange nicht mehr abgesetzt hatten. Der Hirsch stellte sich immer spitz von vorn; was nützte die gute Entfernung von achtzig Metern. Verdammt noch mal! Der Nebel wurde dichter und höher, auch das Licht würde trotz dem dicken, lichtstarken Zielfernrohr bald entschwunden sein. Wenn sich der Hirsch nicht bald breit stellte, war nichts mehr zu machen. Da machte er eine Wendung und schrie. Georg, der entsichert und den Hirsch dauernd im Zielfernrohr hatte, mußte den Atem anhalten, um nicht zu wackeln; das Herz schlug ihm wild bis an den Hals. Nun hatte er das Blatt im Fadenkreuz und drückte ab; vor Aufregung und infolge des in der Dunkelheit grellen Mündungsfeuerblitzes konnte er kaum das Zeichnen des Hirsches sehen, der zusammenruckte und in Riesenfluchten abging.

»Die Kugel hat er«, entfuhr es Vera und dem Förster gleichzeitig, und Georg konnte bestätigen, daß er mitten aufs Blatt gut abgekommen war.
Einige zweihundert Meter kam der Hirsch, dann brach er zusammen. Die Wiese war reingefegt von dem in den Wald abgesprungenen Wild, das Konzert aber der weiter ab stehenden Hirsche ging ungestört weiter.
»So, nun zünden wir uns die langersehnte Zigarette an, das verkürzt uns die Wartezeit, beruhigt die Nerven und gibt dem Hirsch Zeit, zu verenden«, sagte Georg. Wären sie gleich herangegangen, hätten sie ihn wieder hochgemacht und an dem Abend nicht mehr gefunden.
Georg strahlte, Vera und der Förster, der seinen Herrn gut zum Schuß gebracht hatte, nicht minder. Der Förster hatte überdies noch die Schadenfreude: Nun werden sich meine Kollegen aber giften!
Es dunkelte rasch, der Mond stand bedeutend höher am Himmel, war heller und kleiner geworden und goß sein silbriges Licht auf die Nebelschwaden über der Wiese. Die Sterne entzündeten sich, und ein Kauz ließ seinen »Kiewitt, Kiewitt« in der Dunkelheit des Waldes hören.
Immer wieder nahmen die drei auf der Kanzel ihre Gläser an die Augen und den Hirsch aufs Korn, dessen eine Stange man nur noch ahnen konnte, wenn man die Stelle kannte, auf der er zusammengebrochen war. Er regte sich nicht mehr.
»Ich meine, wir können nun unbeschadet an ihn herangehen; gute fünf Minuten sind herum«, schlug Georg vor, den es nicht mehr länger hielt. Als erster stieg er von der Kanzel, Vera folgte ihm und als letzter der Förster, der die Stelle, an der der Hirsch lag, im Glas behalten hatte. Mit entsicherter Büchse, um nötigenfalls den Fangschuß zu geben, ging Georg langsam vor.
Da lag er und rührte sich nicht mehr; ein tadelloser Blattschuß hatte ihn gestreckt. Alle Achtung, *die* Stangen! Der Hirsch hatte nicht geprahlt: Sie waren noch stärker als vermutet; die Stärke der Stangen ist viel wichtiger als die Anzahl der Enden. Immer wieder mußte die elektrische Taschenlampe leuchten; seine fünfzehn Pfund durfte das Geweih gewiß wiegen.
Der Förster hatte nach dem Abstieg von der Kanzel rasch einige Eichenblätter abgebrochen, nun benetzte er sie mit dem Schweiß

des Hirsches, der aus dem Ausschuß sickerte, und überreichte Georg den Bruch auf seinem Hut mit herzhaftem Weidmannsheil und einem kräftigen Händedruck. Stolz und froh mit »Weidmannsdank«, steckte sich Georg den Bruch an seinen alten Hut, an dem schon mancher geprangt hatte. Der bejahrte, formlose und speckige Hut »schoß gut«!

Nun setzte der Förster sein Jagdhorn an und blies den Hirsch tot, jeder Ton sauber und innig. Ergreifend hallten die Töne durch die Stille und Dunkelheit der einfallenden Nacht, droben standen der Mond und die Sterne, und auf der Wiese wogte das flache, silberne Nebelmeer. Das war innigere Anbetung des Schöpfers als in dem erhebendsten Gottesdienst.

Dann entledigte sich der Förster seines Mantels – zum Ansitz auf der Kanzel war er schon geboten gewesen – und brach den Hirsch auf. Georg und Vera begaben sich derweilen auf den Weg zur Försterei, die unweit mitten im Revier lag. Hier war das Blasen des Försters schon sehnlichst erwartet und gehört worden, rasch war der Wildwagen angespannt und kam beiden entgegen. Von weitem vernahm man bereits sein Klappern.

Die prächtige Förstersfrau hatte einen Korn bereitgestellt, und im Schein der guten alten Petroleumlampe – die Försterei lag zu weit abseits im Wald, um elektrisches Licht zu besitzen – in der wohlig durchwärmten Stube mit den alten, behaglichen Plüschmöbeln wurde das Weidmannsheil begossen. Endlich lag der Hirsch, auf den Georg schon mehrere Male frühmorgens gepirscht hatte, ohne ihn vor die Büchse zu bekommen. Vera mußte mitkommen, dann klappte es, wie es sich so oft erwiesen hatte.

Der Wildwagen brachte den Hirsch, und die langjährigen Forstarbeiter freuten sich: »Dat is äwer ein bannigen Kierl!« Kunstgerecht brach der Förster für Georg die kleinen, schön dunkelbraun gefärbten Haken aus und sägte im Schein zweier Stallaternen die Schädeldecke ab. Dann wanderte das Geweih in den Kessel, in dem das Wasser über hellem Feuer schon wallte. Bis zum nächsten Morgen würde die Schädeldecke feinsäuberlich abgekocht, blank und schneeweiß sein.

Der Hirsch aber wurde zum Lüften an einem Haken an einer der beiden dicken, alten Eichen vor dem Forsthaus hochgewunden.

Heim ging die Fahrt nach Zettemin durch den stockdunklen

Wald, in dem der Mond nur kleine, helle Lichttupfen auf Weg und Boden sprenkeln konnte.

Die Hirsche schrien, das Käuzchen rief, und die Pferde drängten nach dem Stall.

Erntefest

In der Ferne hörte man Musik; zunächst zwar nur ein dumpfes Wuht, Wuht, Wuht und Bum, Bum, Bum, allmählich aber auch Trompetentöne, die sich zu einem schwungvollen Marsch kristallisierten. Aha, nun bringen sie die Erntekrone, stellte Georg fest, der um die dritte Nachmittagsstunde schon darauf gewartet hatte.
Die Ernte war eingebracht, das letzte halbe Fuder, bekränzt und mit den Aufladern besetzt, war schon vor einigen Wochen nach altem Brauch in die Auffahrt zum Herrenhaus eingebogen und an der Gutsherrschaft vorbeigefahren. Nun war auch die Zuckerrübenernte geschafft, und die polnischen Wanderarbeiter waren in ihre Heimat zurückgekehrt; die Zetteminer waren unter sich.
Heute wurde Erntefest gefeiert, das größte profane Fest der Landbevölkerung, auf das sich alt und jung schon das ganze Jahr hindurch gefreut hatten.
In Georgs Kindheit war es Sitte gewesen, vor dem Erntefest noch ein kleineres, bescheideneres »Striegelbier« zu feiern, mit Freibier und Tanz, wenn die Ernte reif war und »angehauen« wurde. Benannt war es nach dem Striegeln, das heißt nach dem Schärfen oder Dengeln der Sensen. Lang, lang war's her; heute besorgten die Zapfwellen-Bindemähmaschinen das Mähen, meist je zwei hinter einem Motorschlepper, oder der Mähdrescher, der um 1940 auch in Zettemin seinen Einzug gehalten hatte. Nur allzu arge Lagerstellen im Getreide wurden noch mit der Sense gemäht.
Die Musik kam näher, man vernahm die unfreiwilligen Dissonanzen der Stavenhagener Kleinstadtkapelle. Besonders der Baß wuhtete, wie es ihm gerade paßte, oder wie er den Ton herausbekam. Hauptsache waren der Marschtakt und das Bumbum der Pauke. Die Kapelle bog von der Dorfstraße in die Auffahrt zum Herrenhaus ein, die Trompeten schmetterten echteste Blechmusik, die Querpfeifen schrillten, und zwei Klarinetten quäkten auch noch dazwischen. Der Bassist tat sein Bestes: Es war schlimm, doch nicht zu ändern.
Georg und Vera traten vor die Haupttür heraus auf den »Tritt«, das Hauspersonal folgte ihnen.

Jetzt konnte man die lange Schlange des Zuges gut übersehen: voran die Musikkapelle von acht uniformierten Männern, dahinter die kunstvoll aus allen vier Getreidearten geflochtene, lustig schaukelnde Erntekrone. Von ihrer Spitze hingen leuchtendbunte, breite Glanzpapierstreifen herab und flatterten im Luftzug. Getragen wurde sie von zwei Deputatarbeitern mit zwei aufrecht gehaltenen Mistforken, in deren beiden Zinken eine Stange lag, die durch die Erntekrone gesteckt war. Auf die vier Zinken der beiden Forken waren in Gold- und Silberpapier gewikkelte Äpfel aufgespießt. Hinter der Krone folgten alle Gutsarbeiter mit ihren Frauen, die ledigen Knechte und Mädchen und am Schluß die fröhliche, überaus zahlreiche Kinderschar. Festlich, bunt und heiter sah der Zug aus.
Eigentlich hätte die Erntekrone wie in früheren Zeiten von den Dorfleuten selber gewunden werden müssen, doch diese Sitte war eingeschlafen. Es war einfacher und bequemer, wenn der Gutsgärtner sie anfertigte. So geschah das Eigenartige, daß die Gutsleute ihrer Herrschaft deren eigene Krone überbrachten. Doch auf die symbolische Handlung kam es an; das übrige nahm man nicht so genau.
Vor dem Gutsherrn und der Gutsherrin pflanzten sich die beiden Träger mit der Erntekrone auf, seitlich die Musikkapelle, der übrige Zug dahinter. Ein weißgekleidetes Mädchen mit einem kleinen Blumenkranz auf dem Haar trat vor und sprach ein seit alters übliches Gedicht, in dem von seiten der Gutsleute ihrer Herrschaft die möglichsten und unmöglichsten Herrlichkeiten, Glück und Gesundheit und ein langes Leben gewünscht wurden. Unter anderem auch »ein goldener Tisch und auf allen vier Ecken ein gebratener Fisch«.
Nach diesem wunsch- und blumenreichen Sprüchlein trat der »Statthalter« in Tätigkeit, der erste Mann nach dem Inspektor, und brachte ein dreifaches Vivat-Hoch auf den Gutsherrn aus, wobei alle Männer ihre Hüte und die Frauen und Mädchen ihre Arme schwangen und zur schmetternden Musik kräftig sangen: »Hoch soll er leben, hoch soll er leben (böse Zungen behaupteten, beim zweiten Hoch hätten sie gesungen »Schnaps soll er geben«), drei-mal-hoch!« Das gleiche Hoch wiederholte sich auf die Gutsherrin und ein drittes auf die Kinder beider.
Georg dankte seinen Leuten für das Überbringen der Erntekrone

und ihre treue Arbeit und wies darauf hin, daß ihnen auch der Dank des Vaterlandes gebühre, da die Ernährung Deutschlands durch ihre Arbeit wieder für ein Jahr sichergestellt sei. Besonders hob er hervor, daß dies nur durch die gnädige Hilfe des Herrgottes möglich gewesen sei, der den Frieden erhalten und die rechte Witterung beschert habe. Wobei er eine kleine Nutzanwendung einflocht: doch etwas häufiger am Sonntag in die Kirche zu gehen, nicht nur an den hohen Feiertagen. Daß am letzten Sonntag außer ihm und Vera nur *eine* Kirchgängerin erschienen war, dünkte ihm denn doch zu dürftig. Vor drei Anwesenden hätte der Pastor zwar predigen müssen, das hatten sie ihm aber nicht antun wollen und sich taktvoll wieder zurückgezogen. Unkirchlich, geschweige denn unchristlich war kein einziger, doch allenthalben auf dem Lande war es mit dem Kirchenbesuch an den gewöhnlichen Sonntagen schlecht bestellt; Zettemin bildete darin leider keine Ausnahme.

Georg kam zum Schluß und ließ seine Gutsleute ebenfalls dreimal hochleben. Zum Glück sangen alle kräftig mit, obwohl es sie selber betraf, so daß Georg und Vera kein Solo-Duett zu singen brauchten. Das Deutschlandlied beendete die feierliche Handlung, und die Erntekrone wurde ins Herrenhaus getragen und in der Halle aufgehängt. Hier verblieb sie, bis sie im nächsten Jahr durch eine neue ersetzt wurde.

Der Zug ordnete sich wieder, die Musici stießen in ihre Trompeten, und mit einem flotten Marsch und viel Gejuchze ging es zum Kaffee und Kuchen in den Saal der Gastwirtschaft, die auch zum Gut gehörte, jedoch verpachtet war.

Kein einziges Haus in Zettemin machte darin eine Ausnahme. Sie alle gehörten zum Gutsbetrieb, außer der Pfarre mit Kirche und Schule und dem kleinen Landjägerhaus. Die Bauern, die früher im Dorf verstreut gewohnt hatten, waren in den Jahren um 1860 von dem damaligen Besitzer Zettemins in ein von diesem neu erbautes Dorf auf rund zweihundert Hektar abgetrenntem, gutem Boden umgesiedelt worden. Carl v. Heyden-Linden wollte endlich keinen Ärger mehr mit ihnen und seine Ruhe haben. So war das Bauerndorf »Carlsruhe« entstanden; schlecht waren die Bauern dabei nicht gefahren.

Erst nach dem Abendessen begaben sich Georg und Vera in die Gastwirtschaft, denn nun begann der Tanz erst richtig; bis dahin

hatten sich nur die Kinder gedreht. »Mudding harr ierst Abendäten kaken un Vadding siene Swien faudern müßt.«
Zettemin besaß als einziges Gut weit und breit einen richtigen großen Saal; sogar mit einer kleinen Bühne, auf welcher im Winter prächtig Liebhabertheater gespielt wurde. Georgs Vater hatte ihn nach der Gründung des Zetteminer Kriegervereins für diesen bauen lassen. Es brauchte das Erntefest demnach nicht auf dem noch leeren Kornboden gefeiert zu werden, wie es auf den anderen Gütern allgemein üblich war.
Wie schön sah der Saal aus! Bunte Papiergirlanden spannten sich von der Mitte des kleinen Kronleuchters nach allen Seiten: Man tanzte wie unter einem lustigen Baldachin. Nur der Kunstästhet hätte Anlaß zur Bemängelung gefunden.
Die Musik auf der kleinen Bühne hatte sich von den Blech- auf die Streichinstrumente umgestellt, auf »Vigelinen«, tirilierende Flöten und Klarinetten, und der Baßbläser auf eine dicke Baßgeige. Statt Wuht, Wuht machte er nun Wumm, Wumm, wie's gerade traf.
Allgemeine Freude herrschte über das Erscheinen der Gutsherrschaft. Ein Tisch war für sie freigehalten worden, in nächster Nähe der Musikkapelle, wie das bei Honoratiorentischen auch heute noch schreckliche Übung ist: Wollte man sich unterhalten, dann mußte man brüllen. »Pastors«, »Lehrers«, »Inspektors« und »Rentmeisters« wurden an denselben Tisch gebeten, wie es sich geziemte. Nun konnte es losgehen.
Georg forderte die junge Inspektorsfrau zum ersten Tanz auf, der Inspektor wiederum Vera. Es folgte der zweite Tanz mit der Familie des Rentmeisters und der dritte mit der des Statthalters; alles nach Rang und Würden.
Die Försterfamilie traf erst später ein, denn sie hatte mit ihrem Wagen eine mühevolle Anfahrt, meistens Schritt vor Schritt. Die Niederschläge trockneten in dieser späten Jahreszeit nicht mehr, konnten in den guten, schweren Boden auch nicht versickern. Und da außerdem Holzfuhren aus der Forst in größeren Mengen durch den Weg gedreht worden waren, bildete er entweder eine dicke, braune Suppe oder wies erbarmungswürdige Löcher auf. Je besser der Boden, desto schlechter die Wege; und Zettemin hatte besten Boden.
Nach den alles andere als beschwerlichen Pflichttänzen gab es

keine Etikette mehr zu beachten. Man tanzte, unterhielt sich, trank Bier, tanzte wieder und schwitzte. Es wurde warm im Saal von den vielen Menschen, die sich im Tanz erhitzten, und trotz offener Tür wurde die Luft dick und blau von dem vielen Rauch. Denn außer dem Bier gab es auch Zigarren und Zigaretten frei auf Gutskosten. Zigaretten sogar, die man sich aus dem Busenausschnitt der alten »Huserasch« – »nah Huse rasch« rief sie allabendlich ihren Gänsen und Enten am Dorfteich zu – eigenhändig herausangeln konnte! Ein Lockmittel für junge Tänzer, denn die Alte tanzte für ihr Leben gern, sah aber leider aus wie eine Hexe. Aber tanzen konnte sie leicht wie eine Feder, wie Georg selber festgestellt hatte – doch ohne Zigarettenentnahme.
Allmählich beschwingten das Bier und der Schnaps die Gemüter, und mancher begann schon mehr zu stampfen als zu tanzen. Georg hatte am Beobachten solcher Brueghelschen Figuren seinen hellen Spaß. Aber nie fiel einer aus der Rolle, und wer zuviel genossen hatte, wurde ohne viel Aufhebens hinauskomplimentiert. Der Mecklenburger und gerade der einfache Mann besitzt ein außerordentlich feines Taktgefühl; daher bereitete es immer Freude, mit ihm vergnügt zu sein und Feste zu feiern.
Während für die Damen die Likörflasche mit einer Anzahl Gläschen kreiste, ging der Statthalter mit einer Buddel Köhm herum und einem einzigen Glas, aus dem einer nach dem anderen trank nach dem Motto: Wir haben ja alle keine giftigen Schnauzen.
Es verstand sich von selber, daß Georg keine Ausnahme machte. Da er aber beim Trunk auf das Wohl seiner Leute mit ihnen gern auch anstoßen wollte, begab er sich ab und an zu dem großen Schanktisch mit den zahlreichen Biergläsern, hinter dem das angestochene Faß seinen Segen spendete. Dabei geschah es, daß er plötzlich den Boden unter seinen Füßen verlor und sich auf den Schultern einiger stämmiger Burschen hoch über den Köpfen aller schaukeln sah. Doch nie kam er zu Fall; dazu waren sie viel zu behutsam.
Die alten Mecklenburger Tänze, Schott'scher und Quadrille, die noch zu Georgs Jugendzeit getanzt wurden, waren außer dem »Kegel« leider aus der Mode gekommen; die Jugend kannte sie nicht mehr. Man tanzte nur Walzer, One- oder Twostep, die aber bis zum Morgengrauen des Sonntags mit ungeheurem Fleiß.
Als es zwischen ein und zwei Uhr begann, lärmiger und ausgelas-

sener zu werden, zogen sich Georg und Vera zurück, verschwitzt, dreckig vom Staub und verräuchert. Ein Bad vor dem Zubettgehen war dringend erwünscht und ein Labsal.
Harmonisch und schön war dies gemeinsame Fest wieder verlaufen, wie jedesmal in der langen Reihe der Jahre, und die Stimmung hätte nicht fröhlicher sein können. Arbeitgeber und Arbeitnehmer zogen an einem Strick; jeder wußte, daß er auf den anderen angewiesen war und sich auf ihn verlassen konnte. Ging es dem Herrn gut, ging es seinen Leuten desgleichen; das wußten alle, jedenfalls in Zettemin.

ZWEITER TEIL

Der Störenfried

Keimen des Nationalsozialismus

Politisch Lied, ein garstig Lied.« Georg mochte es nicht hören, hatte auch keine Zeit dafür übrig, denn das Hemd saß ihm näher als der Rock und war anfangs so zerschlissen, daß er seine ganze Kraft und Zeit zunächst zum Flicken und dann zum Erneuern einsetzen mußte. Politik mochten andere betreiben, die dazu Muße, Lust und Begabung besaßen und denen keine verantwortungsvolle Aufgabe zugefallen war wie ihm: den Besitz der Familie zu erhalten, für die ihm anvertrauten Menschen zu sorgen und dem deutschen Volk Nahrung zu schaffen. Nach dem Zusammenbruch 1918 gab es nur zu viele, die keine neue Betätigung finden konnten und sich mehr schlecht als recht durchschlagen mußten. Oberste und Generale, gebildete Männer, klapperten die Landgüter und Bauerndörfer ab, um kümmerlich Seife und Schmieröle zu verhökern.

Georg war zwar Mitglied der »Deutschnationalen Volkspartei«, der Nachfolgerin der früheren »Konservativen Partei«, betätigte sich aber nicht in ihr. Abgesehen von dem erwähnten Zeitmangel war ihm der ewige Streit der Parteien untereinander zuwider, der zunehmend unparlamentarischere Formen annahm und positive Arbeit hemmte.

Desgleichen gehörte er dem »Stahlhelm, Bund der Frontsoldaten« an, wie es sich für jeden »ordnungsliebenden Mann« geziemte. Doch auch ohne aktive Teilnahme an den kleinen Felddienstübungen, da er infolge einer Kriegsdienstbeschädigung 1914/18 am längeren Gehen und Stehen behindert war.

Ferner führte er den Vorsitz im Zetteminer Kriegerverein im Kyffhäuserbund und bekleidete das Amt des preußischen Amtsvorstehers in der Enklave, solange sie noch zum Kreis Demmin in Vorpommern gehörte. Das Amt des Bürgermeisters hatte er nach der Zusammenlegung des Gutsbezirkes Zettemin mit dem Bauerndorf Carlsruhe zu einer Gemeinde abgeben müssen, da beide Ämter nicht in einer Hand vereinigt sein durften.

Schließlich war er Patron der im Ort gelegenen evangelisch-lutherischen Kirche und Pfarre.

Georg war somit ein typischer Vertreter des ostelbischen Großgrundbesitzes, und Vera entstammte den gleichen Kreisen Ostpreußens. Er war auch ein typisches Beispiel seines Standes in der Politik nach der Revolution von 1918: ein Spielball und kein Schläger. Aber verantwortlich fühlte er sich dem, wenn auch kleinen, Kreis, in den ihn der Herrgott gestellt hatte, und er war bemüht, ihn nach besten Kräften zu verwalten.
Die politische Lage Anfang der zwanziger Jahre ist zu bekannt, als daß sie nochmals dargestellt werden müßte. Einige Stichworte genügen:
Zusammenbruch und Revolution im November 1918;
Versailler Friedensvertrag, in Wahrheit Friedensdiktat, die Wurzel allen Übels, ohne das es niemals einen Hitler gegeben haben würde;
zweijährige Hungerblockade;
Kapp-Putsch;
Besetzung des Rheinlandes durch die Engländer und des Ruhrgebietes durch die Franzosen;
Inflation mit ihren Billionenzahlen und Deflation;
schwere Krise in der Landwirtschaft;
große Korruptionsskandale;
sieben Millionen Arbeitslose und weiteres mehr.
Dazu über dreißig Parteien im Parlament, die die Verwirrung erhöhten, statt sie zu mildern, und Unzufriedenheit mit dem »System« in immer größerem Maße hervorriefen.
Das Saatbett für den Nationalsozialismus war bestens vorbereitet, das Samenkorn brauchte nur hineingelegt zu werden.
Im November 1923 befanden sich Georg und Vera auf der Bahnreise nach Berlin und erfuhren unterwegs von einem Putsch in München, bei dem es eine Schießerei und Tote gegeben haben sollte. Näheres war nicht zu ergründen. Da sie im Kapp-Putsch Erfahrungen in solchen Unternehmungen gesammelt hatten und Spannung in der Luft lag, hielten sie es für richtiger, daheim auf ihrem Posten zu sein. Sie kehrten in Neu-Strelitz um und fuhren nach Zettemin zurück.
Das war die erste Kunde, die vom Nationalsozialismus nach Zettemin drang. Es war der »Marsch zur Feldherrnhalle« in München gewesen, eines Mannes namens Hitler, eines Österreichers aus Braunau am Inn, mit seinem Anhang. Dieser Hitler

wurde dann auf der Festung Landsberg am Lech festgesetzt und seine Organisation verboten. Wieder solch ein kleiner Putsch, nahm man zur Kenntnis; diesmal im Süden des Reiches und gottlob ohne Folgen. Niemand in Norddeutschland regte sich darüber auf, und bald war er wieder vergessen. Nach wenigen Tagen holten Georg und Vera ihre unterbrochene Reise nach Berlin unbedenklich nach.
Allmählich aber mehrten sich die Nachrichten in den Zeitungen über diese trotz ihrem Verbot immer mehr Anhänger gewinnende Organisation, die sich »Nationalsozialistische Deutsche Arbeiterpartei«, im modernen Abkürzungsstil NSDAP, nannte. Wieder eine neue Partei zu all den anderen, seufzte man, schenkte ihr aber in Mecklenburg und Vorpommern kaum Beachtung.
Zufällig fiel Georg das Programm dieser neuen Partei in die Hände. In seinen Zielsetzungen erschien es ihm zwar übertrieben, doch im ganzen annehmbar, abgesehen von den gegen die Juden gerichteten Paragraphen.
Dem Georg beratenden Architekten und begeisterten Anhänger der »Deutschvölkischen« schwoll die Zornesader auf der Stirne: Das sei *ihr* Patentgedanke, den die Nationalsozialisten ihnen entwendet hätten und sich nun zu eigen machten. Unerhörte Frechheit! Georg und Vera lachten ob dieses Streites über das Urheberrecht. Bedingt durch Herkunft und Milieu, waren beide nicht ausgesprochen philosemitisch. Als aber die Juden im Laufe der Jahre immer grausamer unterdrückt und schließlich unmenschlich verfolgt wurden, stellten sie sich aus Gerechtigkeit und tiefem Mitgefühl völlig auf ihre Seite.
Heimlichen Zulauf erhielt die NSDAP zunächst nur in den Städten aus den Arbeiterkreisen und dem kleinen Mittelstand; auf dem Lande höchstens von einem Idealisten, einem ewig Unzufriedenen, einem Dorfschullehrer. Die ländliche Bevölkerung kümmerte sich wenig um Politik, insonderheit nicht die Zetteminer, von der Georg die schlimme Geißel der Inflation abgewendet hatte. Als diese derartige Ausmaße annahm, daß die Geldentwertung von heute auf morgen spürbar wurde, und die Lohntüte bereits am folgenden Tag keine vollwertige Kaufkraft mehr besaß, richtete er jedem seiner Leute ein Roggenkonto ein, das wertbeständig blieb, mochten die Preise noch so astronomische Zahlen annehmen: Der Wert des Roggens stieg immer mit. Die Zettemi-

ner, die daher materiell keine Not zu leiden hatten, waren umstürzlerischen Anschauungen unzugänglich, wie ganz allgemein die ländliche Bevölkerung von den großen Problemen der Zeit kaum berührt wurde. Sie war und blieb zunächst konservativ und wählte deutschnational.

Nur der Schustergeselle in dem benachbarten Bauerndorf Carlsruhe »entgleiste« nach der Meinung der Zetteminer bei einer Wahl: Er hatte die fast ebenso rechts stehende »Deutsche Volkspartei« gewählt! (Trotz aller Geheimhaltung wußte in den kleinen, ländlichen Gemeinden jeder vom anderen, wie er wählte, kannte doch einer den anderen genau.)

Die Unzufriedenheit mit den bestehenden Verhältnissen, das Schiebertum, das Bonzentum und die Postenjägerei in den Parteien und in der Verwaltung nahmen mehr und mehr überhand. Es stank vieles gen Himmel im Deutschland der zwanziger Jahre, und jeder sehnte sich nach Ordnung und Sauberkeit. Jeder Schritt weiter auf dem nunmehrigen Weg führte dem Kommunismus unweigerlich immer näher. Vielleicht schaffte es diese neue Partei der NSDAP, dem Einhalt zu gebieten? Im Laufe der Zeit traten zunehmend auch Angehörige der bessergestellten und gebildeteren Schichten in der Hoffnung auf eine Wende zum Besseren der neuen Partei bei.

Daß in den Jahren 1946 bis 1948 bei der sich lange hinziehenden und nicht endenwollenden »Entnazifizierung« die Siegermächte einen Unterschied machten zwischen den frühzeitig in die NSDAP Eingetretenen und den erst später Hinzugekommenen, war berechtigt. Es zeigte aber ein völliges Verkennen und Nichtbegreifen, daß sie die später Eingetretenen generell milder beurteilten als die Früheren, die sie für die Belasteteren hielten. Vielfach verhielt es sich gerade umgekehrt: Unter den frühen Mitgliedern waren viele, die sich im besten Glauben an das Gute der Sache einsetzen wollten, während die später Eingetretenen sehen mußten, was gespielt wurde.

Beim Tanken im Nachbarstädtchen Stavenhagen hörte Georg die erste Äußerung über die Partei. Ein schöner, schwerer Personenwagen, in der damaligen notleidenden Zeit keine alltägliche Erscheinung, brauste vorüber. Mit einer Genugtuung, die aus einer Mischung von Drohung und Freude bestand, äußerte der Tankwart, auf den Wagen deutend: Es werde nun bald keine höheren

Gehälter und Einkommen als zwölftausend Mark im Jahr mehr geben; das sei auch einer der Programmpunkte der neuen Partei. War schon etwas Rechtes an der Sache, Eindämmung des Schiebertumes, so gefiel Georg der mitschwingende, revolutionäre Unterton nicht sonderlich, doch er erinnerte sich des Sprichwortes: »Nichts wird so heiß gegessen, wie es gekocht wird.« Er mußte über den hoffnungsfrohen Mann lächeln.
Bald danach sah er zum ersten Mal auch das Parteiabzeichen, das schwarze Hakenkreuz auf weißem Grund, rot umrandet, das als Knopf oder mit einer Anstecknadel auf dem Rockaufschlag zu tragen war. Vorerst lag es aber noch gut verborgen in einem Zigarettenetui, und es war ein Zeichen höchsten Vertrauens, daß der Inspektor, ein ehemaliger aktiver Hauptmann mit dem EK I von 1914/18, es bei einer der täglichen Wirtschaftsbesprechungen heimlich Georg zeigte. Parteizugehörigkeit und Abzeichen waren zu der Zeit noch verboten, und Georg war der einzige, dem sich der Inspektor offenbarte. Wie glücklich und verschämt-stolz war er, als sein Chef sich nicht ablehnend verhielt und ihm seine Parteizugehörigkeit nicht verübelte. Warum hätte er es auch tun sollen? Georg erschien die neue Partei nicht schlecht; vielleicht würde sie wirklich Gutes bringen zum Segen aller. Noch trostloser und niederdrückender schien die Lage Deutschlands nicht werden zu können. Neues von vornherein abzulehnen war nicht seine Art.
Dieser ersten persönlichen Berührung mit dem Nationalsozialismus und seiner toleranten Haltung ihm gegenüber hatte Georg es wahrscheinlich zu verdanken, daß er später von ihm unbehelligt blieb. Bei seinen nachbarlichen Freunden und Bekannten galt er in der damaligen ersten Zeit als »Nazi«, ohne es zu sein. Alle anderen lehnten die neue Partei zunächst ab.
Warum trat Georg dieser neuen, scheinbar hoffnungsvollen Bewegung nicht bei? Er hatte keinen Anlaß, der Deutschnationalen Volkspartei untreu zu werden, die ihn zwar nicht durchaus befriedigte, die er aber für die vernünftigste und sauber hielt. Es mußte sich auch erst erweisen, wie sich die NSDAP entwickeln würde. Wer waren die Führer der Partei, wer die Mitglieder? Georg unterzog sie einer näheren Betrachtung und mußte feststellen, daß erstere völlig unbekannte Männer waren, beginnend mit dem Fragezeichen Hitler, und die Mitglieder teils Idealisten oder auch Leute, die nichts zu verlieren hatten, nur gewinnen konnten und

solche, die irgendeinen kleinen Stich hatten. Das sah wenig vertrauenerweckend aus.
Als das über die NSDAP verhängte Verbot aufgehoben und Hitler aus seiner Festungshaft entlassen worden war, setzte in Stadt und Land eine starke Propagandatätigkeit ein. Energiegeladen jagte Hitler im Auto hierhin und dorthin, und seine zündenden Reden, der revolutionäre Ton und die vielen Versprechungen verfehlten nicht ihre Wirkung auf die große, urteilslose Masse, die unter der darniederliegenden Wirtschaft schwer litt und begeistert alles glaubte und erhoffte, was ihr eingeredet wurde. Die Partei wuchs von Wahl zu Wahl und zog in die Länderparlamente und in den Reichstag ein, völlig legal auf Grund des demokratischen Prinzips.
Auch in Zettemin fanden im Saal des kleinen Gasthofs Versammlungen der NSDAP mit den üblichen demagogischen Reden statt, an die man seit 1918 zur Genüge gewöhnt war. Sie machten daher nur geringen Eindruck; man hatte all dies zu oft gehört.
Auf der ersten derartigen Versammlung hatte Georg, der wie üblich in der Mitte der ersten Reihe vor dem Rednertisch saß, keinen Grund, Unvernünftiges richtigzustellen oder dagegenzureden, denn vieles hatte Hand und Fuß: die scharfe, klare Stellungnahme gegen den Marxismus und Kommunismus, die betonte Liebe zum Vaterland und zum Deutschtum, der Kampf um die Lockerung der Fesseln des Versailler Vertrages, das Eintreten für Sauberkeit im öffentlichen Leben, der Einsatz für uneingeschränkte Legalität gegenüber Regierung und Verfassung und dergleichen mehr. Diese Grundsätze und Forderungen ließen über die ungehobelte und marktschreierisch anmutende äußere Form mit ihrer Unzahl angelernter Schlagworte und über die erhebliche Lautstärke hinwegsehen. Waren doch die Redner einfache, ungebildete Leute, anfangs zumeist Arbeiter, die sich nach des Tages Last und Hitze, statt auszuruhen, der vermeintlich guten Sache zur Verfügung stellten. Sie waren größtenteils guten Willens und Glaubens, und darauf kam es mehr an als auf ein gutes Deutsch. Georg achtete diese Männer, und sie achteten ihn; so kamen beide Teile gut miteinander aus.
Nur mit der Kreisparteileitung kam es frühzeitig zu einer Differenz. Die Verfügung über den Gasthofsaal hatte sich Georg in dem Verpachtungskontrakt ausdrücklich vorbehalten. Wollte eine Partei oder ein Verein in ihm eine Versammlung abhalten,

dann war vorher seine Genehmigung einzuholen, da er stets orientiert sein wollte. In den bisherigen zehn Jahren seiner Verwaltung des Gutes hatte er sie kein einziges Mal versagt, nicht einmal der kommunistischen Partei, da er gerecht sein wollte. Da es aber zwischen dem »Stahlhelm« und der NSDAP in der Nachbarschaft zu einer Schlägerei gekommen war, bei welcher das Recht auf seiten des Stahlhelms lag, hielt Georg es für in der Ordnung, sich auf die Seite seiner Stahlhelm-Kameraden zu stellen und den Nationalsozialisten die Benutzung des Saales diesmal zu verweigern, zumal sie ihn nicht einmal darum gebeten hatten. Der telephonische Anruf der Parteileitung aus Malchin berührte ihn in seinem groben, drohenden Ton äußerst unsympathisch und bestärkte ihn im Aufrechterhalten seiner Ablehnung. Dieser Vorfall gab Georg zu denken und hinterließ ihm einen bitteren Nachgeschmack, von dem er sich nicht wieder befreien konnte. Diese Burschen waren ihm über Gebühr zu grobschlächtig.

Ende der zwanziger Jahre kam Hitlers Buch *Mein Kampf* heraus, das er während seiner Festungshaft in Landsberg am Lech geschrieben hatte. Georg und Vera kauften und lasen es auch, im Gegensatz zu den meisten Gebildeten, die es sonderbarerweise nur überflogen oder, einmal angefangen, bald wieder aus der Hand legten. Das war sehr zu bedauern, denn es hätte vielen zur Warnung dienen können. Georg und Vera hatte es hellhörig gemacht, gab es doch Aufschluß über den Verfasser, seine Ziele und die Methoden, die er anzuwenden gedachte. Der Stil war schlecht, und von dem Inhalt genügte *ein* Satz, das Vertrauen zu diesem Mann zu erschüttern und wenig Gutes zu erhoffen: Man solle dem Volke alles versprechen; sei man aber an die Macht gekommen, dann brauche man nichts mehr zu halten! Ersteres tat Hitler bereits nach Kräften; ob er, einmal zur Macht gelangt, auch nach dem weiteren unglaublichen Grundsatz handeln würde? Wer konnte es wissen?

Das Leben auf dem Lande ging seinen üblichen Gang; jeder hatte zu arbeiten und seine Sorgen, und die Politik machte sich nur am Rande bemerkbar und trat zumeist lediglich bei den Wahlen in Erscheinung. Bei einer solchen verlor die NSDAP unvermutet eine derartig große Stimmenzahl, daß ihr Schicksal als kleine Partei unter den vielen anderen besiegelt zu sein schien. Bei der nächsten Wahl erfolgte jedoch wieder ein beachtlicher Auf-

schwung; was sich hinter den Kulissen abspielte, blieb verborgen. Georg und Vera hatten andere Sorgen im Ringen um ihre Existenz.
Sie erkannten es dankbar an, daß der Reichskanzler Brüning in der »Osthilfe« endlich eine Möglichkeit schuf, die ländlichen Betriebe vor dem Zusammenbruch zu retten. Durch Landabgabe zur Siedelung und niedrig verzinsliche Realkredite der Industrie wurden die viel zu hoch verzinsbaren, in der Luft hängenden und nicht mehr tragbaren Personalkredite heruntergeschraubt, beziehungsweise abgelöst. Es war dies zwar keine Beseitigung des Übels an seiner Wurzel, denn die Preisschere blieb auch weiterhin offen, es stellte die Landgüter aber wieder auf einen festen Grund und gab dem Besitzer die Möglichkeit, wieder zu kalkulieren und zu hoffen, diese für die Landwirtschaft schweren Zeiten zu überstehen, bis bessere kommen würden.
Der plötzliche Rücktritt Brünings im Mai 1932, die kurzen Reichskanzlerschaften des Industriellen und Diplomaten v. Papen und des Generals v. Schleicher waren Zeichen fortschreitenden Verfalls der Regierung. Der greise Reichspräsident und Generalfeldmarschall v. Hindenburg als alleiniger ruhender Pol war die einzige Hoffnung, daß nicht gänzlicher Zusammenbruch erfolgen werde. Der Wunsch aller, daß der alte Herr Deutschland noch lange erhalten bleiben möge, und die Sehnsucht nach dem starken Mann, der die am Boden schleifenden Zügel wieder aufgreifen und den Staatswagen auf sichere Bahn zurücklenken würde, waren nur zu verständlich.
Würde das Hitler sein? Georg und Vera wußten es nicht und bezweifelten es. Nach dem Anschauungsunterricht in fünfzehn Jahren Republik konnte ihrer Meinung nach nur eine konstitutionelle Monarchie Rettung bringen, nur eine solche Ruhe, Ordnung, Sauberkeit und sachliche Arbeit gewährleisten.

Der Geburtstag des »Dritten Reiches« am 30. Januar 1933 und sein Wachstum

Georg hatte in Berlin zu tun und wohnte wie üblich im Adlon. Es war der 30. Januar 1933. Als er am frühen Abend – es war schon dunkel – aus dem Hotel trat, waren die Linden dicht gefüllt mit Menschen, die sich langsam in die Wilhelmstraße schoben. Ohne bestimmte Absicht, hineingeraten in den Strom, ließ er sich mittreiben und war neugierig, was es in der Wilhelmstraße zu sehen geben würde. Ein Ausbrechen war unmöglich, da die Polizei alle Seitenstraßen streng absperrte. So ließ er sich auf der gegenüberliegenden Straßenseite bis zum Alten Reichskanzlerpalais, dem Wohnsitz Hindenburgs, vorschieben. Ihm und Hitler wollte die NSDAP einen Fackelzug bringen, denn der Reichspräsident hatte an diesem Tag Hitler, dem Führer der nunmehr stärksten Partei im Reichstag, das Reichskanzleramt übertragen.
Daß sich der greise Feldmarschall vor der Betrauung mit diesem hohen Amt von Hitler das Versprechen habe geben lassen, Deutschland wieder der Monarchie zuzuführen, war ein unkontrollierbares Gerücht. Tatsache jedoch war, daß er kurze Zeit danach Veras Schwester Ruth gegenüber äußerte:
»Kindchen, laß es nur gut sein: Wir sind auf dem rechten Wege.«
Ja, solange der alte Herr noch lebte, war hierfür eine Garantie gegeben, doch was würde werden, wenn er die Augen schloß, womit in seinem hohen Alter jederzeit zu rechnen war? Wie bewahrheitete sich Georgs und Veras Befürchtung!
Es nahte der Fackelzug: Mehrere Glieder breit, quoll ein endloses Band aus dem Brandenburger Tor, zog die Linden entlang, wurde durch ein weiteres breites Band aus der Neuen Wilhelmstraße noch verstärkt und bog in die Wilhelmstraße ein. Fackeln und Fackeln, mehr und immer mehr, vorbei an dem Alten Reichskanzlerpalais und weiter am Wilhelmsplatz, an dem Sitz des Reichskanzlers Hitler. Die Inszenierung war verblüffend, alles klappte wie am Schnürchen. Jegliches Organisieren von Massenaufgeboten war eine besondere Kunst der NSDAP und funktionierte stets mustergültig.

Eindrucksvoll war dieser schweigsame, nicht endenwollende Fakkelzug im Gleichschritt der »Schutzstaffeln« (SS) in ihren schwarzen Uniformen mit dem kleinen silbernen Totenkopf an der Mütze. Sie erinnerten damals noch sympathisch an die früheren Leibhusaren in Danzig-Langfuhr und kleideten jeden gutgewachsenen, schlanken jungen Mann ausnehmend gut.
Eindrucksvoll waren die nicht abreißenden marschierenden Sturmabteilungen (SA) trotz ihren scheußlichen hellbraunen Uniformen und den fremd erscheinenden, ebenfalls braunen Käppis nach österreichischem Vorbild.
Eingekeilt in der Menge der Zuschauer, daß ihm die Mantelknöpfe abgerissen zu werden drohten, stand Georg dem Fenster gegenüber, durch welches Hindenburg den Fackelzug tiefernsten Gesichtes betrachtete. Kein Winken oder Zeichen von ihm, keine Hochrufe oder Beifallskundgebungen aus der Menschenmenge, nur Schaulust in tiefem, beklemmendem Schweigen. Über allen schwebte die bange Frage: Wie wird das ausgehen? Alle waren sich der Tragweite des heutigen Tages bewußt.
Es war der Geburtstag des sogenannten »Dritten Reiches«.
Sämtliche ausländische Staaten erkannten die neue Regierung an, die auf Grund der Spielregeln der Demokratie legal an das Ruder gelangt war. So mußten es Georg und Vera sowie das ganze deutsche Volk annehmen. Ob und welche verborgenen Machenschaften sich dabei abgespielt haben mochten, entzog sich der allgemeinen Kenntnis; es lag auch keine Veranlassung vor, solches anzunehmen. Gerade der Umstand der einmütigen Regierungsanerkennung und Unterhaltung freundschaftlicher Beziehungen seitens aller anderen Regierungen wiegte das deutsche Volk in Sicherheit und ließ es nicht an der Ordnungsmäßigkeit des Geschehens zweifeln. Haben dennoch die anderen Völker und ihre Regierungen klarer gesehen? Warum haben sie sich dann nicht anders verhalten?
Aufschlußreich war der Ausspruch einer englischen Delegierten, Miss Josephy, in ihrer offiziellen Rede am »Tag der Europäischen Föderation« im Mai 1948 in der wiedererstandenen Paulskirche in Frankfurt am Main. Vera und Georg wohnten ihr bei als Delegierte der Europäischen Einigungsbewegung in Hamburg, der späteren »Europa-Union«, die Georg im Herbst 1946 dort als erste in Deutschland mitgegründet hatte. M. Josephy bekannte

freimütig: »Daß Hitler *unser* Kind ist, haben wir endlich erkannt. Wären wir damals einsichtiger gewesen, dann wäre es nie zu einem Hitler und zu der Katastrophe gekommen. Nun müssen wir alle zusammenstehen und Ihnen helfen, aus dem Unglück wieder herauszukommen.«

Nachdem die NSDAP ihr Ziel erreicht hatte, als größte Partei im Reichstag und mit ihrem Führer an der Spitze der Regierung die Macht zu übernehmen, entwickelte sie emsige Tätigkeit, diese Macht zu festigen und auszubauen. Auch in Zettemin wurde dies spürbar.

Es bildete sich dort wie allerorts eine SA-Gruppe, in die allerdings nur die ortsfremden jungen Knechte und einige erst in letzter Zeit zugezogene Arbeiter eintraten. Die alteingesessenen Leute hielten sich fern, waren sie doch in dem zum Kyffhäuserbund gehörenden alten Kriegerverein und seit einigen Jahren außerdem im Stahlhelm vereint. Zu den schlichten Windjacken des Stahlhelms und des (in Zettemin nicht bestehenden) »Reichsbanners Schwarz-Rot-Gold« war eine neue Uniform hinzugekommen, die der »Politischen Leiter«. Zur Einigkeit des Volkes trug dies nicht bei – im Gegenteil. Für die junge NSDAP jedoch bedeutete dies ein gewaltiges Propagandamittel: Eine Uniform zieht immer. Nur bei Georg zog sie nicht; er empfand sie als ein »Kakokolorit«: auf hellbraunem Grund die knalligen Farben der Spiegel und Streifen, je nach den Ländern in Rot, Grün, Blau und so weiter. Je höher im Rang der Träger stand, desto reichhaltiger schmückten ihn goldene Litzen und Tressen. »Goldfasanen« benannte sie späterhin der Volkswitz. Mit besorgten Gefühlen betrachtete Georg die SA-Gruppen, wenn sie in Reih und Glied marschierend neuartige, sonderbar abgehackte Lieder sangen, aus denen bedenklich Revolutionäres herausklang.

Nach dem Motto »Wer die Jugend hat, hat die Zukunft« war für die Jungen die »Hitlerjugend«, die HJ, und für die Mädels der »Bund deutscher Mädchen«, der BdM, von der NSDAP ins Leben gerufen worden. Beide waren ebenfalls uniformiert, doch nicht annähernd so geschmackvoll wie in Italien, von dessen Faschismus das meiste übernommen wurde. Scheußlich sahen die Mädels in ihren hellbraunen Jacken aus.

Auch Zettemin blieb von der Organisation der HJ und des BdM nicht verschont; ein Zwang zum Eintritt bestand zunächst noch

nicht, er wurde erst später angeordnet. Was die Kinder in diesen Gruppen eigentlich beginnen sollten, wußte niemand. Sie zogen sich nur jeden Sonnabendnachmittag ihre Uniformen an, und die Jungen, die »Pimpfe«, strolchten herum und hatten »Unnützigkeiten« im Sinn. Die Mädels benahmen sich gesitteter und mußten gemeinsam Strümpfe stricken oder dergleichen weibliche Tugenden üben. Bevor sich diese Gruppen jedoch zu schöner Blüte entwickelten, verwelkten sie in Zettemin wieder, denn es fehlte an der Führung und Anleitung. Anders verhielt es sich in den Städten, in denen die Jugend immer schärfer herangenommen wurde.
Als die dreizehnjährige Benita aufgefordert wurde, im BdM mitzumachen, sah sie sich die Sache erst einmal an, kam dann aber arg enttäuscht zurück: ihr hatte eine Art Amazonencorps mit Reiten und dergleichen vorgeschwebt, statt dessen hatte sie strikken sollen! Brrr!
Und der elfjährige Botho hatte klug und weise sofort abgelehnt mit der Begründung: »Da hätte man nur Scherereí davon.« Wie recht er damit gehabt hatte, konnte sich damals niemand selbst in seiner blühendsten Phantasie vorstellen! Es gelang ihm auch später auf dem Gymnasium in Rostock mit Geschick und Glück, sich aus der HJ herauszuhalten trotz Zwang und Androhung, sein Abiturientenexamen nicht zu bestehen. Gut, dann würde er es ehrenvoll nicht bestehen, bestärkten ihn seine Eltern, denn es wäre schlimmer, gegen seine Anschauungen zu handeln und seinen Charakter zu verderben. Er bestand aber dennoch.
Christian, der Älteste, damals Primaner im Arndt-Gymnasium in Berlin-Dahlem, hatte sich aus Kameradschaft dem Eintritt in die HJ nicht entziehen wollen, da alle Schüler ihr beigetreten waren. Es war dies aufschlußreich für seine Eltern, da er sie über alle Vorgänge unterrichten konnte. Es währte auch nicht lange, bis er berichtete, daß die dortige HJ von dem führenden jungen Lehrer eigenmächtig in eine reguläre SA-Gruppe umgewandelt worden war, da er sich dadurch einen gehobeneren Führerposten verschaffen wollte. Schon setzten die eigennützigen Handlungen ehrgeiziger kleiner Unterführer ein. Bereits nach einem Jahr trat Christian 1934 aus der SA wieder aus mit der Begründung, seine ganze Zeit zur Vorbereitung auf das Abiturientenexamen verwenden zu müssen; in Wahrheit aber gingen ihm die Zustände und die Sinnesrichtung in der SA zu sehr gegen den Strich.

Nach der »Machtergreifung« setzte ein gewaltiger Zustrom in die »Partei« ein, wie die NSDAP von nun an kurz genannt wurde. Es gab auch bald keine andere mehr, da die bestehenden langsam aber stetig an die Wand gedrückt und zum Absterben gebracht wurden. Am einfachsten wurde mit der Kommunistischen Partei verfahren: Sie wurde kurzerhand aufgelöst und verboten, und ihre Führer wurden festgesetzt.
Der Höhepunkt des Wettlaufes, Parteigenosse, »Pg«, zu werden, lag im März 1933, weshalb man von den »Märzgefallenen« oder »Märzhasen« sprach. Alle diese Tüchtigen wollten den Anschluß nicht verpassen, der einmal zur Futterkrippe führen oder sonstige Vorteile verschaffen konnte. Von Idealismus war wenig die Rede, wenn auch Dr. Goebbels, der überaus gewandte Propagandachef, ständig die These verbreitete: »Gemeinnutz geht vor Eigennutz«. Darum kümmerte sich niemand, Hauptsache war, daß es einem selber frommte.
Die alten Zetteminer Arbeiter, durch ihre gesicherte Existenz und ihre eigenen kleinen Wirtschaften krisenfest, waren nach wie vor gegen revolutionäre Gedanken gefeit. Ihnen sagte es nichts, daß der bisher »unterdrückte« Arbeiter nunmehr zu seinem ihm »vorenthaltenen« Recht kommen und das Heft in die Hand bekommen sollte. Sie dachten nicht daran, Pg zu werden.
Aber so mancher, der bisher Kommunist oder Sozialdemokrat gewesen war in den kleinen und großen Städten, eilte zur roten Fahne mit dem schwarzen Hakenkreuz auf weißem Grund und wurde mit einmal begeisterter Pg. Verkündeten und betonten Hitler und Goebbels doch unentwegt das Revolutionäre der neuen Partei. Das zog bei den Massen ebenso wie die vielen Versprechungen. War es einerseits erwünscht, daß diese Leute aufgefangen wurden, so war es andererseits klar, daß sie ihre Gesinnung nicht ohne weiteres wechseln würden. Frei von Hemmungen und Bindungen, witterten viele dieser sozial Unzufriedenen Morgenluft. Von ihrer Zugehörigkeit zur machtvollen Partei versprachen sie sich Vorteile aller Art: Befriedigung ihres Ehrgeizes, eine bessere Lebensstellung durch einen guten Posten in der Partei oder Verwaltung, raschere Beförderung und Aufstieg in sonst nie erreichbare Stellungen. Denn gewertet wurde nur die gute NS-Gesinnung, wie man bereits erkennen konnte; auf Kenntnisse kam es weniger an. Mit dem Amt würde die »Vorsehung«

schon den nötigen Verstand geben. Aus diesen Leuten rekrutierte sich der große und der kleine Führerklüngel der NSDAP, diese trifft die volle Verantwortung, nur mit ihrer Hilfe konnten die Machthaber das unheimliche Parteisystem aufrichten. Diese von persönlichem Vorteil getriebenen Aktivisten waren diejenigen, die man sah und hörte, die sich laut und vernehmlich vordrängten und hervortaten. Das waren die »hundertfünfzigprozentigen Nazis«.

Die große Menge der Beamten und Angestellten war infolge ihres Abhängigkeitsverhältnisses gezwungen, in die Partei einzutreten, wollte sie nicht ihr Fortkommen aufs Spiel setzen oder gar ihre Anstellung und damit ihre und ihrer Familie Existenz verlieren. Nur wenige aufrechte Männer konnten es wagen, gegen den Strom zu schwimmen. Sie rückten dann aber bestenfalls nicht weiter auf, waren ständigen Schikanen ausgesetzt und dauernd ihrer Entlassung gewärtig, der sie über kurz oder lang nicht entgehen konnten. Finanziell waren nur die wenigsten in der Lage, ihren Dienst quittieren zu können. Ihre Handlungsweise war durchaus verständlich, und kein Vorwurf konnte sie treffen.

Doch nicht zu entschuldigen war der Eintritt in die Partei bei den Selbständigen, die in keinem Abhängigkeitsverhältnis standen, den Gedankenlosen und Spießbürgern, die es nicht nötig hatten. Handelte einer von ihnen tatsächlich aus der Überzeugung, sich für eine gute Sache einzusetzen, dann wurde er, enttäuscht, häufig zu einem erbitterten Gegner des Nationalsozialismus. Die große Menge aber stolperte in die Partei hinein aus dem bekannten Herdentrieb: Weil ihre Umwelt mitmachte, konnte sie sich nicht ausschließen; es würde wohl richtig und gut sein, wie der anfängliche Scheinerfolg zu bestätigen schien. Man wollte auch seine Ruhe haben, Ärger, Anfeindungen und Scherereien aus dem Wege gehen; schaden konnte es keinesfalls, eher nützlich sein. Das war das Gros der »Mitläufer«, die dann später nach dem Zusammenbruch als harmlos wieder laufengelassen wurden.

Als Georg und Vera dieses Zustromes gewahr wurden, erschien es ihnen mehr als zweifelhaft, daß Hitler mit dieser Gefolgschaft Gutes würde erreichen können. Auf dem Lande lebend, hatte man mehr Abstand, die Dinge klar zu sehen, als in der großen Stadt. So viel stand bei ihnen beiden fest, daß in dieser Gesellschaft kein Platz für sie war und daß sie dort nicht hingehörten.

Je mehr Georg von dem Treiben der unteren, kleinen »Führer« und »Amtsträger« abgestoßen wurde, desto mehr seiner Gutsnachbarn traten der Partei bei. Nicht aus Überzeugung, sondern aus Zweckmäßigkeitsgründen, denn sie glaubten, weiteres Unheil dadurch verhüten zu können, daß sie sich einschalteten. Sie wollten die Dinge nicht sich selbst überlassen, auf daß sie nicht allzusehr in das falsche Fahrwasser trieben. Infolge ihrer Parteizugehörigkeit konnten sie in der Verwaltung und in vielerlei Stellungen bleiben: in der eines ländlichen Bürgermeisters, eines Kreisdeputierten oder in den Vorständen der Genossenschaften, Zukkerfabriken und dergleichen. Sie hofften, dadurch »der Sache den richtigen Dreh« zu geben. Auch wollten sie in ihrem Bereich das Heft in der Hand behalten und nicht irgendeinen unfähigen, überheblichen und durch die plötzliche, ungewohnte Machtfülle zumeist bösartig gewordenen kleinen Parteigenossen aus ihrem Dorf als Bürgermeister und kleinen Hitler sich vor die Nase gesetzt sehen. Unendliche Schwierigkeiten und Ärger würde ein solcher bereiten und manchen Schaden zufügen. Das waren durchaus stichhaltige Gründe; dennoch war ihre Handlungsweise zu bedauern, denn auch sie trugen dazu bei, die Partei zu stärken, ohne ihr den »richtigen Dreh« geben zu können. »Wie der Herr, so's Gescherr«: Ihr Verhalten veranlaßte ihren Inspektor, Förster, Rentmeister und manchen ihrer Gutsarbeiter, auch Pg zu werden.

Daß es auch ohnedem ging, bewies Georg, der, ursprünglich als »Nazi« hingestellt, allmählich als einer der wenigen Nicht-Pgs übrigblieb. Das Glück war ihm aber auch hold, denn wie durch ein Wunder wurde er nie aufgefordert, in die Partei einzutreten und damit der peinlichen und nicht harmlosen Lage enthoben, ablehnen zu müssen. Wie solches mutig sein Administrator, Herr Hoffmeister in Wolde, sein Vetter Albrecht v. Heyden-Linden auf Tützpatz und Hans-Ulrich v. Oertzen auf Strehlow, beide im Kreise Demmin, taten, ohne daß ihnen Abträgliches geschah.

Um möglichst wenig Berührungsflächen mit jeglichen Gliederungen der Partei zu haben, trat Georg aus dem Stahlhelm aus, als dieser in die SA überführt wurde. Ebenso legte er den Vorsitz im Zetteminer Kriegerverein bei der ersten, sich passend ergebenden Gelegenheit nieder, als der gesamte Kyffhäuserbund zur SA-Res. II gestempelt und dem Reichsführer SS Himmler unterstellt wurde. Da nach geraumen Jahren auch der Amtsbezirk Zettemin infolge Eingliederung der Enklave in Mecklenburg aufgelöst wurde, behielt Georg außer dem Kirchenpatronat nur noch als Verwalter seines Besitzes die Würde eines »Betriebsführers«, wie es neuerdings sachlich und nüchtern hieß.

Auch Vera hielt sich von allem fern, was von der Partei »erfaßt« oder neu aufgezogen wurde. Dreimal war sie gebeten worden, die Führung der örtlichen »NS-Frauenschaft« zu übernehmen, obwohl sie nicht in der Partei war, da niemand diesen Posten antreten wollte. Dreimal lehnte sie mit Erfolg ab; das letzte Mal sogar offen mit der Begründung: Die ganze Sache passe ihr nicht, wenn man es durchaus wissen wolle. Selbst infolge dieser schroffen und gefährlichen Antwort erlitt sie keine Nackenschläge, woraus zu ersehen war, daß vielfach nur Rückgrat dazu gehörte, um nicht in die Mühle der NSDAP zu geraten. Die verständige Dame, der gegenüber Vera diese Äußerung getan hatte, hatte darauf freundlicherweise erwidert, sie werde diese Ablehnung in abgeänderter, milderer Form nach oben weitergeben.

Kam man leicht in die Partei hinein, so war ein Ausscheiden fast unmöglich. »Aussteigen während der Fahrt ist mit Lebensgefahr verbunden« galt hier ebenso wie bei der Trambahn. Nur wenigen ist es gelungen, sich ausschließen zu lassen, ohne Schaden zu nehmen. Das einzige sichere Mittel bestand später darin, sich in die Wehrmacht aufnehmen zu lassen, deren Angehörige keiner Partei zugehören durften. Viele Bekannte von Georg und Vera bedienten sich dieser Fluchtmöglichkeit aus der Partei und aus der SA.

Die Partei, die das Volk einigen sollte, erreichte das Gegenteil: Sie spaltete es. Der Riß ging oft mitten durch die Familie, mitten durch die Ehe. Dagegen verband »Antigesinnung« einander fremde Menschen und machte sie miteinander vertraut.

Trotz größten Anstrengungen waren 1938 kaum zehn Prozent des deutschen Volkes eingetragene Parteimitglieder und von diesen zehn Prozent höchstens die Hälfte oder gar nur ein Drittel Aktivisten. Doch diese Minderheit terrorisierte die restlichen neunzig Prozent, wie es in einer Diktatur üblich ist; sie sah und hörte man. Die Stillen im Lande bleiben stets unbemerkt.

Der Freundschaftsdienst

Als Nachbarn von Zettemin lebten zwei Freunde, Franz und Fritz, jugendliche Besitzer auf ihren großen, schönen und einander angrenzenden Gütern. Franz, witzig und voll schnurriger Einfälle, war Mitglied der NSDAP und Führer der Reiter-SA des östlichen Mecklenburg, einer sportlichen Vereinigung der Bauern- und ländlichen Arbeitersöhne. Da sie sonntäglich gemeinsames Tummeln auf den Pferden und sogenannte Reitstunden bot, war sie bei den Jungen beliebt, jedoch weniger bei den Gutsbesitzern, die ihren alltags schwer arbeitenden Pferden am Sonntag lieber die wohlverdiente Ruhe gegönnt hätten.

Fritz dagegen, elegant, korrekt und international dank seiner amerikanischen Mutter und desgleichen Frau, lehnte die Partei ab. Das wurmte seinen Freund arg, zumal die Gutsleute von Fritz eigenartigerweise und gegen die Regel der Partei angehörten.

Das geht so nicht weiter, sagte sich der Reitersmann: Dem werde ich ein Schnippchen schlagen und ihn doch noch in die Partei hineinbekommen.

Gesagt, getan: Freund Fritz, der feine und mit irdischen, amerikanischen Gütern reich gesegnete Mann, erhielt eine Reihe Drohbriefe, nichts außergewöhnlich Auffallendes in den damals noch unruhigen Zeiten in Mecklenburg. Als die Briefe immer unangenehmere Formen annahmen und schließlich in einem ein bestimmter Abend genannt wurde, an welchem ihm das Schloß über dem Kopf und der ganze Gutshof niedergebrannt werden sollten, wandte er sich in seiner Bedrängnis an seinen Freund und Nachbarn mit der Bitte, mit seinem SA-Reitersturm anzurücken und ihn zu schützen. Die Bitte wurde ihm gewährt, doch nur unter der Bedingung, daß der SA-Reitersturm satt zu essen und zu trinken erhielte. Das war selbstverständlich. So rückten denn Franz und sein Reitersturm an dem fraglichen Abend frühzeitig auf dem nachbarlichen Gut ein, übernahmen den Schutz und fraßen und soffen einmal so recht nach Herzenslust.

Die Uhr ging auf einundzwanzig; es war stockfinster, nichts rührte sich.

Es wurde zweiundzwanzig; das Gelage nahm fröhlich und ungestört seinen Fortgang.
Auch um dreiundzwanzig hatte sich noch immer nichts ereignet.
Als die Stimmung um Mitternacht ihren Höhepunkt erreicht hatte und ebenso die Spannung des unfreiwilligen Gastgebers, eröffnete ihm sein Freund, die anonymen Briefe seien von ihm selbst geschrieben worden! Er habe ihn einmal gehörig aufrütteln und ihm vor Augen führen wollen, wie nötig es für seine Sicherheit sei, in die Partei einzutreten. Nebenbei habe er seinen braven SA-Jungen zu einem guten Abendessen verhelfen wollen!
Ein Stein fiel Fritz vom Herzen. Er atmete auf, trat mit seiner Frau in die NSDAP ein und – wurde Landesbauernführer von Mecklenburg. Wenn schon, denn schon.
»Wenn ich geahnt hätte, daß der so losgehen würde, dann hätte ich mich schwer gehütet, ihn in die Partei zu lotsen«, äußerte Franz später, als ihm selber die Augen aufgegangen waren, wohin der Kurs führte, und auch er in scharfe Gegnerschaft zum Dritten Reich geriet.
Das war auch eine Spielart, in die Partei zu kommen, eine ulkige und absonderliche. Beide Freunde retteten sich später in die Wehrmacht, und Fritz fiel bei seinem ersten Einsatz.

Abbau und Umstellungen

Revolution bedeutet Umwälzung: Das Alte, Bestehende soll beseitigt werden, um Neuem, vermeintlich Besserem, Platz zu machen; sofort, ohne organisches Wachstum. Für Hitler bedeutete die Machtergreifung die Revolution, wie er selber verkündete. Er erstrebte den inneren Wiederaufbau und die heimliche Aufrüstung, von der lange Zeit niemand erfuhr, um durch wirtschaftliche und militärische Macht das am Boden liegende Deutschland von den Fesseln des Versailler Diktats zu befreien. War diese Zielsetzung begrüßenswert, so waren Mittel und Wege, sie zu erreichen, verwerflich, denn eine Revolution birgt stets die Gefahr in sich, daß sich die freiwerdenden Kräfte der Kontrolle entziehen. Altes und Überliefertes über den Haufen zu werfen gleicht dem Unterfangen, einen jungen Baum ohne Wurzeln einzupflanzen.

Um diktatorisch rasch und von keiner Seite gestört beginnen zu können, gingen Hitler und die von ihm gebildete Regierung daran, alle bestehenden Organisationen, Verbände, Vereinigungen und so weiter zu zerschlagen. Sie hätten Sammelbecken für etwaigen Widerstand werden können; das neue System sollte fest verankert und »totalitär« gestaltet werden. Die Auflösungen, beziehungsweise Umwandlungen, Überführungen und Eingliederungen in bereits bestehende oder neu zu schaffende NS-Gliederungen boten gleichzeitig eine willkommene Gelegenheit, eine Unzahl neuer Posten für zuverlässige und verdiente Pgs zu schaffen oder freizumachen.

Georg gehörte den meisten dieser Organisationen, Vereinigungen und Verbände an, so daß er persönlich von all den Maßnahmen betroffen wurde und einen guten Einblick in den Ablauf der Dinge gewann.

Der landwirtschaftliche Sektor, nunmehr »Reichsnährstand« genannt, wurde dem »Reichsernährungsminister« R. Walter Darré unterstellt. Wenn auch für die Landwirtschaft viel getan wurde, so wurde – ob mit Recht oder Unrecht, mag dahingestellt bleiben – von ihm behauptet, er sei ein Wunderkind gewesen, denn im Alter

von drei Jahren habe er von der Landwirtschaft schon soviel verstanden wie jetzt als Reichsminister. Er war jedoch Diplomlandwirt und wurde 1942 wegen Meinungsverschiedenheiten mit Hitler über dessen Kriegspolitik aus allen Ämtern entfernt.
Zunächst wurde der Reichsnährstand gründlich durchorganisiert, und die bewährten Landwirtschaftskammern, deren jede Provinz und jedes Land eine besaß, wurden in »Landesbauernschaften« unter einem »Landesbauernführer« umgewandelt. Neugründungen waren die diesen unterstellten »Kreisbauernschaften« mit einem »Kreisbauernführer« an der Spitze und mit einem umfangreichen Bürobetrieb. Diesem wiederum unterstanden die »Ortsbauernführer« in den Dörfern. Hatte man bisher mit einer einzigen Instanz, der Landwirtschaftskammer, zu tun gehabt, so nunmehr mit dreien. Das ergab eine Menge neu zu besetzender unnötiger Posten und Pöstchen.
Bezeichnend für die Tendenz dieser drei landwirtschaftlichen Einrichtungen war die besondere Betonung des Bauernstandes, wie die Namen schon dartaten. Im neuen »Dritten Reich« nahm nunmehr der Bauer den ersten Rang ein, der größere oder kleinere Grundbesitzer war nur »Landwirt« wie jeder landwirtschaftliche Beamte oder Angestellte, wurde stets nach dem Bauern genannt und war zweitrangig. Noch wurden die Gutsbesitzer geduldet, denn sie wurden gebraucht; lieferten doch nachgewiesenermaßen die großen Güter die Hauptermährung für die großen Städte und die Industriebezirke. Später jedoch sollte der Großgrundbesitz aus innerpolitischen Gründen zerschlagen werden, nachdem der Mohr seine Schuldigkeit getan hatte. Dies war auf einer nationalsozialistischen Versammlung in einem unweit Zettemins gelegenen Bauerndorf von einem nicht übermäßig begabten Redner ausgeplaudert worden, in der Absicht, gegen den Großgrundbesitz zu hetzen. Genau dasselbe wurde in der »gleichgeschalteten« deutschen Schule in Rom verkündet, wie eine Kusine Georgs, die dort als Lehrerin angestellt war, diesem erzählte.
Der Prozeß ging weiter mit der Auflösung des »Landbundes», einer hervorragend bewährten Berufsorganisation, die viel Segen gestiftet hatte. In ihm waren alle ländlichen Arbeitgeber und Arbeitnehmer zusammengefaßt und alle Lohn-, Gehalts- und einschlägigen Arbeitsfragen immer reibungslos geregelt und geschlichtet worden. Die Auflösungs- und Eingliederungssitzung in

die »Deutsche Arbeitsfront« (DAF) in Demmin, damals noch Zettemins Kreisstadt, vergaß Georg nie. Sang- und klanglos in nüchternster Form wurden alle Geschäfte den bisherigen Herren abgenommen, die die erhebliche Arbeit ehrenamtlich – außer dem hauptamtlich angestellten Geschäftsführer – unter Opferung ihrer Zeit und Bequemlichkeit geleistet hatten. Kein Wort der Anerkennung, kein Wort des Dankes fiel wie sonst üblich und wie es hier besonders am Platze gewesen wäre. Für den bisherigen Vorsitzenden, den Freiherrn v. Maltzahn-Schorssow, tat es Georg besonders leid. Ekelhaft war das Benehmen der jungen, unerzogenen und sachlich unerfahrenen Burschen, die sich in ihren braunen SA-Uniformen, die alle »Amtsträger« hinfort trugen, aufbliesen und wer weiß wie wichtig vorkamen. Es war der erste persönliche Augenschein, den Georg von den neuen »Herren« empfing; er genügte ihm. Nachdem Arbeitgeber und Arbeitnehmer in die DAF eingereiht worden waren, hatte jeder Zusammenschluß der ländlichen Bevölkerung außerhalb der straffen Kontrolle der NSDAP aufgehört und war unmöglich geworden.
Land- und Forstwirtschaft gehören zusammen, und von letzterer ist wiederum die Jagd nicht zu trennen. Auch diese wurde »erfaßt« und mit der »Reichsjägerschaft« eine starke Organisation aufgestellt. An ihrer Spitze stand der »Reichsjägermeister« Hermann Göring, der alte Pour-le-mérite-Flieger von 1914/18, Hermann der Prächtige. Die Berliner Kabarettistin Claire Waldoff hatte ein ursprünglich »harmloses« Lied von 1914 in ihrem Repertoire, das dann im Volksmund, deutlich auf Göring anspielend, so lautete:

»Rechts Lametta, links Lametta,
und der Bauch wird immer fetta.
In den Lüften is er Meester:
Hermann heeßt er.«

Mit seinem Leibesumfang, seiner Bonhomie und seinem Hang zu Orden und theatralischem Prunk sah ihm das deutsche Volk vieles nach, lächelte über ihn und machte ihn zur Zielscheibe unendlich vieler gutmütiger Witze. Er erfreute sich sogar einer gewissen Beliebtheit, denn er war nicht so tierisch ernst wie alle seine Kollegen, unter denen er einer der wenigen »Herren« war. Man nahm ihn nicht weiter tragisch.
Als Reichsjägermeister war er der rechte Mann: Viele gute und

vernünftige Maßnahmen hat er getroffen. Ihm unterstanden die Gau- und Kreisjägermeister und diesen wiederum die Hegeringleiter. Zum Glück waren alle diese Posten ehrenamtlich und wurden mit Fachleuten und Jagdeigentümern besetzt, so daß das Regiment innerhalb der Jägerschaft bis zum Zusammenbruch sachlich und sauber blieb.

Georg hielt sich aber auch hier von jedem Amt fern, denn er besaß das beste Rotwildrevier der Gegend und wollte sich nicht dem Vorwurf aussetzen, für sich zu sorgen. Daß er sich auch keine Reichsjagduniform zulegte, wie auch keiner seiner Nachbarn weit und breit, verstand sich von selbst: Der älteste Hut schoß am besten, und der Frack war für das Jagddiner das passendste Kleidungsstück.

Die Jagd- und Hegegesetze zum Erzielen eines kräftigen Wildstandes und guter Geweih- und Gehörnbildung waren zwar außerordentlich streng und bevormundeten sogar den vornehmsten Weidmann so sehr, daß ihm oftmals Lust und Liebe zum Weidwerk vergingen. Doch sie zwangen auch den Nachbarn, der oftmals des nötigen Verständnisses in bezug auf die Hege ermangelte, den Finger nicht vorzeitig krumm zu machen, und sie verlangten von jedem Schützen Ablegung einer Prüfung und jährliche Übung im sauberen Schießen. Kapitale Hirsche und gute Böcke wuchsen daher in beträchtlicher Stärke heran und entschädigten den glücklichen Erleger für manchen Ärger. Auch die Versorgung des Volkes mit Wildbret kam dabei nicht zu kurz.

Die Reichsjägerschaft, für die ebenso wie für den Reichsnährstand Parteizugehörigkeit nicht erforderlich war, war durchaus positiv zu bewerten. Sie hielt sich bis zuletzt der Parteipolitik fern und ließ ihren Mitgliedern in dieser Beziehung volle Freiheit. Das war nur »Hermann« zu verdanken.

Der Auflösung beziehungsweise Umorganisation unterlagen ferner der Stahlhelm, Bund der Frontsoldaten, sowie das Reichsbanner Schwarz-Rot-Gold. Beide wurden in die SA überführt, ihren Mitgliedern wurde mehr als nahegelegt, Pgs zu werden. Mancher kam dem lediglich nach, um seiner alten Organisation und seinen Kameraden die Treue zu halten.

Auch der Kyffhäuserbund mit seinen vielen hundert Kriegervereinen blieb nicht verschont. Diese wurden in »Kriegerkameradschaften« umbenannt, in die SA-Reserve II übernommen und

erhielten die knallrote Hakenkreuzfahne und ebensolche Armbinden. Die alte, vor vielen Jahren von den Dorffrauen kunst- und liebevoll gestickte Fahne durfte eine Zeitlang noch als zweite Fahne mitgeführt werden, mußte dann aber endgültig im Schrank verschwinden.
Das war der Zeitpunkt, zu welchem auch die Offiziervereine der alten Regimenter aus königlicher und kaiserlicher Zeit sich freiwillig aufzulösen begannen, da sie sich einer SA-Führung nicht unterstellen wollten.
Selbstverständlich fielen auch die alten, traditionsreichen studentischen Corps, Burschenschaften und Verbindungen dem Nationalsozialismus zum Opfer, wurden aufgelöst und verboten. An ihre Stelle trat die NS-Studentenschaft mit dem »Reichsstudentenführer« an ihrer Spitze. Wer studieren wollte, mußte eintreten. Vorbei war es mit der alten Burschenherrlichkeit, dem Zauber und der Poesie Heidelbergs und aller anderen alten Universitätsstädte; sie mußten nüchterner Büffelei und nationalsozialistischer Gleichmacherei Platz machen.
Sogar der aus dem alten Kaiserlichen Automobilclub hervorgegangene »Automobilclub von Deutschland« (AvD) wurde verboten, nachdem er die zwangsweise Integration in den neugeschaffenen »Deutschen Automobilclub« (DDAC), in dem sämtliche deutschen Automobilclubs aufgehen sollten, verweigert hatte. Der AvD rettete sich, seine Mitglieder und sein schönes Clubhaus in Berlin am Leipziger Platz durch die Gewandtheit seines Präsidenten, des Herzogs Adolf-Friedrich zu Mecklenburg, indem er sich als »Deutscher Auslandsclub« umstellte. Fortan betreute er nicht mehr Automobilisten, sondern machte sich die Pflege guter Beziehungen mit den Ausländern zur Aufgabe. Georg und Vera verloren daher ihr liebgewordenes Frühstückslokal nicht, das sie regelmäßig aufsuchten, wenn sie in Berlin nicht im Adlon aßen. Man traf dort immer Bekannte, die Räume waren ausnehmend behaglich – im Winter brannten in den großen Kaminen anheimelnde Feuer –, und das Essen war preiswert und vorzüglich. Leider kamen im Laufe der Jahre auch die Herren des nahe gelegenen Propagandaministeriums dahinter und erschienen in immer größerer Zahl. Das war ungemütlich und verdarb Georg und Vera den Appetit. Man konnte sich nicht mehr ungezwungen unterhalten und mußte dauernd die »deutsche Bewegung« ausfüh-

ren: den Kopf nach rechts und nach links drehen, um zu erkunden, ob auch niemand zuhörte. Es blieb ihnen schließlich nichts anderes übrig, als den Club zu meiden; im Adlon aß es sich auch nett. Im Krieg fiel das gute, alte und vornehme Clubhaus den Fliegerbomben ebenso zum Opfer wie so vieles andere.

Unangetastet blieb dagegen der Union-Club, die vornehmste alte Rennsport-Vereinigung, denn die regierenden Herren ergingen sich selber gern dort. Reiten und Pferdesport gehören nun einmal zu den noblen Passionen, ebenso wie die Jagd. Kein Wunder, daß diese beiden Sportarten – falls man die Jagd überhaupt als solche bezeichnen darf – je nach körperlichem Vermögen von ihnen mit Freuden aufgegriffen wurden. Auch die Johanniterorden-Genossenschaft als rein karitative Organisation, der Georg als Rechtsritter angehörte, und die Deutsche Adelsgenossenschaft blieben bestehen, weil man ihre Mitglieder nicht vor den Kopf stoßen wollte. Man brauchte sie, sei es als Offiziere, sei es einstweilen noch als Nahrung produzierende Grundbesitzer.

Sonst waren alle Kristallisationspunkte beseitigt, denen sich Gleichgesinnte, mit dem neuen Regime Unzufriedene hätten anschließen können. Der einzelne war auf sich allein gestellt und schwach, denn nur Zusammenschluß macht stark; jeder mußte allein zusehen, wie er mit dieser Zeit und ihren Problemen fertig wurde. Nicht einfach war es für den, der nicht den bequemen Weg des Mitmachens wählte, und besonders schwierig für jeden, der auf exponiertem Posten stand wie zum Beispiel der Gutsbesitzer. Um die Lage richtig zu beurteilen, muß man sich immer vor Augen halten, daß sich das Hitler-Regime dauernd und mit Nachdruck als revolutionär ausgab, die umstürzlerischen und minderwertigen Elemente nach oben brachte und jeden als »reaktionär« hinstelle, der sich ihm nicht vorbehaltlos fügte und anschloß. Es war ein glattes Parkett, auf dem man leicht ausrutschen konnte, und mancher flüchtete daher lieber gleich in den ruhigen Hafen der Partei.

Alle diese Maßnahmen vollzogen sich natürlich nicht gleichzeitig, sondern nach und nach im Laufe der ersten Jahre. Langsam, langsam wurde den Deutschen die Schlinge um den Hals gelegt und zugezogen, so daß sie es kaum oder erst im nachhinein gewahr wurden. Daher fielen viele, geblendet durch manche gute Maßnahme, denn auch solche gab es, auf die Partei herein.

Die Hierarchie der kleinen Hitlers und die Organisationen

Wenn nicht alles so traurig gewesen wäre, dann wäre dies Kapitel eher ein spaßiges: So viel Unsinn, so viel Aufgeblasenheit, sollte man meinen, wären unmöglich gewesen.

Eine Diktatur, zu der sich der Nationalsozialismus entwickelte, gliedert sich zwar von oben nach unten, im Gegensatz zur Demokratie, die sich von unten nach oben aufbaut. Beginnen wir dennoch unten mit den sicht- und spürbaren kleinen Geistern der Machthaberscala, denen die Herrschaft in den Dörfern und auf den Gütern anvertraut worden war; wie in Zettemin, so in allen ländlichen Ortschaften. In Zettemin entwickelten sie sich in Reinkultur.

Da war zunächst der Ortsgruppenleiter mit seinem Stab der »Politischen Leiter« und der SA-Ortsgruppe. Für Zettemin und Rottmannshagen gemeinsam wurde es der rundliche und infolgedessen gemütliche Dorfschullehrer in Rottmannshagen. Die Dorfschullehrer hatten ein feines Gefühl für die politische Orientierung: 1918 hatte sich das Gros rasch nach links gewandt, nun schwenkte es mit fliegenden Fahnen zum Nationalsozialismus über. Bisher war der Rottmannshäger Lehrer gut zu leiden gewesen und ein vertrauenswürdiger Mann: Er war Bürgermeister in seinem Ort, Mitglied des Gemeindekirchenrates und ein guter Kamerad und Kassenwart im Zetteminer Kriegerverein. Die Macht, die ihm unvermutet über seine Mitmenschen gegeben wurde, die stolze, hellbraune SA- und Amtsträgeruniform und der Geist des Nationalsozialismus verwandelten ihn leider von Grund auf. Als Amtsträger mußte er aus dem Gemeindekirchenrat ausscheiden; es wäre aber nicht notwendig gewesen, daß der bislang eifrige Kirchgänger hinfort das Gotteshaus mied. Er schaffte sich Spitzel an, die ihm alles bereitwillig zutrugen, was an Haltung oder Äußerung gegen den Nationalsozialismus gerichtet war. Er wurde ein gefährlicher Denunziant, vor dem sich jedermann in acht nehmen mußte. Da Georgs Förster seit Jahren mit ihm befreundet war und seinem Herrn vieles und noch mehr erzählte, gewann

Georg guten Einblick in die kleinen lokalen Streitigkeiten, Stänkereien und Gemeinheiten.
Nächst dem Ortsgruppenleiter war der Propagandaleiter der wichtigste Mann der Partei im Ort. In Zettemin war es der Obermelker, ein in seinem Fach tüchtiger Mann, der aus dem üblichen Rahmen auch geistig herausragte. Staunenswert war es, eine wie ungeheuere Redegewandtheit der Mann sich selber und durch Schulungskurse, zu denen er dauernd weggeholt wurde, angeeignet hatte. Zwei Stunden lang konnte er ohne Pause ein Schlagwort an das andere und einen Gemeinplatz an den anderen reihen. Da die Kreisleitung einen solchen Mann brauchen konnte, wurde er mit seinem Motorrad (auf Abzahlung, wegen Nichtweiterzahlung von der Firma wieder zurückgenommen und von einer anderen Firma neu geliefert und so fort) als Hauptredner in Versammlungen hierhin und dorthin geschickt. Dem Kuhstall gereichte dies sehr zum Nachteil, da er für ihn kaum noch Zeit erübrigen konnte, aber Georg war dagegen machtlos. Er konnte ihn schließlich nur fortloben, um einen seßhafteren Mann anstellen zu können, als er zum Kreispropagandaleiter aufrücken sollte. Den Posten erhielt er auch, und Georg war seinen Obermelker los.
Woher hatte der Mann diese fabelhafte Redegewandtheit? Das Rätsel löste sich, als er, wie alle Deutschen, seinen Ahnenpaß für den arischen Nachweis aufstellen mußte. Auf Grund seiner Nachforschungen fand er zu seinem größten Erstaunen heraus, daß er der uneheliche Sohn eines Professors und einer Krankenschwester war, ein ihm bis dahin völlig unbekannter Umstand.
Dem Ortsgruppenleiter standen ferner noch einige »Amtswalter« zur Seite, als Helfer bei dem wichtigen Einkassieren der Parteibeiträge, Durchführen von Versammlungen und Wahlen und Inszenieren von Feiern und Festen.
Georg war froh, mit den Wahlen, deren Ergebnisse von vornherein feststanden, nichts mehr zu tun zu haben. Da er kein Pg war, brauchte er nicht mehr wie früher den Wahlleiter abzugeben oder im Wahlvorstand zu sitzen. Immerhin war es für ihn ein Kreuz, den Wahlversammlungen im Gasthof in Zettemin, den die Partei überreichlich mit roten Hakenkreuzfahnen in allen Größen und einem umkränzten Hitlerbild geschmückt hatte, beizuwohnen. Ein Fernbleiben wäre ihm als »Reaktion« ausgelegt worden. Jeweils zwei Stunden lang mußte er in der ersten Reihe

ausharren und sich die aneinandergereihten Schlagworte der kleinen Hitler-Imitatoren geduldig anhören, ohne Schiefes richtigstellen zu dürfen. Diskussionen wie früher waren in allen Parteiversammlungen nicht mehr zugelassen; es mußte alles widerspruchslos geschluckt werden. Wehe dem, der es gewagt hätte, eine verfängliche Frage zu stellen oder eine gegenteilige Meinung zu äußern: Er wäre einem Verräter gleichgestellt worden. Mit dem Deutschland- und dem Horst-Wessel-Lied – es gab nunmehr zwei Nationalhymnen –, die stehend mit in Augenhöhe ausgestrecktem rechtem Arm gesungen wurden, schlossen alle diese Versammlungen.

Die Organisation der NSDAP war so bis in das Einzelgehende durchgegliedert, daß sie in den Dörfern und auf den Gütern sogar die possierliche Blüte eines »Kulturwarts« hervorbrachte. In Zettemin trat er mangels eigener Kultur nie in Erscheinung, denn es war ein junger, versoffener Schuster in Rottmannshagen, vormals Kommunist, dann aber voller Eifer Pg und Hauptspitzel des Ortsgruppenleiters. Unter der Russenherrschaft ab 1945 wurde er stracks wieder braver Kommunist. Er war ein typisches Beispiel so vieler Parteigenossen, die sich äußerlich als Nationalsozialisten ausgaben, in ihrer Gesinnung aber an ihren alten parteilichen Anschauungen unabänderlich festhielten.

Dieses örtliche Gremium sollte die Herzen aller für den Nationalsozialismus entflammen. Trotz größten Anstrengungen gelang ihm dies in Zettemin und Rottmannshagen nur in wenigen Einzelfällen; es war für die ihm gestellte Aufgabe durchaus nicht geeignet.

Über diese untergeordneten kleinen Hitlers herrschte der Kreisleiter mit seinem Stabsleiter und dem umfangreichen Büroapparat der Kreisleitung in Malchin. Er war dem Landrat gleichgestellt und eine Neuschöpfung. Während dem Landrat wie bisher die Verwaltung des Kreises oblag, hatte der Kreisleiter für die politische »Ausrichtung« und »Gleichschaltung« der Kreiseinwohner zu sorgen. Das hieß alle und alles über den nationalsozialistischen Leisten zu schlagen.

Diese Kreisleitungen waren das Sammelbecken aller wahren Nationalsozialisten, lauter kleine, ungebildete Leute, die nun zu einer gesicherten, guten Stellung gekommen waren, die keinerlei Vorkenntnisse und nur wenig Arbeit erforderte. Sie hatten nur

echten, nationalsozialistischen Geist mitzubringen und diesen immerfort zu bekunden. Und wie wurde er herausgestellt! Jeder fühlte sich als ein kleiner Hitler und trat dementsprechend anmaßend und dünkelhaft auf; sogar das charakteritische winzige Nasentropfenfänger-Schnurrbärtchen des »Führers« ahmten diese braunen Burschen mit Vorliebe nach und brachten es in große Mode. Sie fühlten sich in ihrer schneidigen, wenn auch scheußlichen Uniform als die alleinigen, wahren Patrioten, und sie waren die echten Nutznießer des Nationalsozialismus, denn sie hatten einen wirklichen Vorteil von ihm. Sie waren gefährlich.
Unmöglich war der Umgangston dieser kleinen, aufgeblähten Helden, die jeden in der Hand hatten. Kamen welche von ihnen »dienstlich« – sie erschienen immer zu zweit – im Auto der Kreisleitung nach Zettemin, dann drückte sich Georg und überließ seinem Inspektor die Verhandlung, da er jeglichen Verkehr mit der Kreisleitung nach Möglichkeit vermied. Er mochte mit diesen Menschen nichts zu tun haben. Besonders ärgerte ihn das fatale Prinzip, dessen sie sich bedienten: Hatten sie den Gutsleuten eine angenehme Botschaft auszurichten, dann überbrachten sie sie selber; war sie jedoch unangenehm, dann überließen sie die Bekanntgabe der Gutsverwaltung. Das war für sie vorteilhaft, für letztere jedoch nachteilig, denn der Überbringer unangenehmer Dinge wird nie gern gesehen. Es lag darin eine bestimmte Absicht.
Den Malchiner Kreisleiter, angeblich ein kleiner Hofbesitzer aus Holstein, sah man selten in Zettemin. Das war ein großer Pluspunkt für ihn; und kam er einmal, dann war er höflich und sachlich. Allzu charakterfest war aber auch er nicht, denn Georg erfuhr, daß er sich in den schlimmen Zeiten der Rationierung durch üppige Gastmahle und Gelage bei Inspektoren in der weiteren Nachbarschaft willfährig machen ließ für Sonderzuteilungen jeglicher Art, sei es an Betriebsstoff für die Traktoren, sei es an Kohlen und Briketts, an künstlichem Dünger und so weiter. Daß dergleichen Ärgernis erregte, war klar; immerhin war es menschlich. Unmenschlich und empörend aber war sein Verhalten kurz vor dem Einbruch der Russen, wovon später die Rede sein wird.
Zwischen der Kreisleitung und dem Landratsamt herrschten dauernd Rivalität und ein gespanntes Verhältnis, da sich die Mehrzahl der alten, eingearbeiteten Beamten des Landratsamtes nicht vom

nationalsozialistischen Geist durchdringen lassen und Eingriffe in ihren Kompetenzbereich nicht dulden wollten. Insbesondere nicht der mit den Zetteminern befreundete Kreisoberinspektor Hovemann, der Rückgrat und Nerven besaß, nicht in die Partei einzutreten. Trotzdem hielt sich dieser famose Mann eine Reihe von Jahren auf seinem Posten infolge seiner Tüchtigkeit und allgemein geachteten Untadeligkeit, bis auch er auf einem untergeordneten Posten kaltgestellt wurde.
Der mecklenburgische Landrat in Malchin war ein alter Sozialdemokrat, der seine Gesinnung äußerlich rechtzeitig gewechselt hatte, um in Amt und Würden zu bleiben. Seinen Kreis verwaltete er gut. Dennoch konnte sich Georg öfter den Spaß nicht verkneifen, ihn mit einem ostentativen »Heil Hitler!« zu begrüßen, womit er ihn regelmäßig in große Verlegenheit setzte. Wußte der Landrat doch genau, daß Georg über ihn im Bilde war.
An der Spitze Mecklenburgs stand der »Reichsstatthalter« Friedrich Hildebrand, welchen Titel die Gauleiter in den Ländern des Reichs im Gegensatz zu den preußischen Provinzen führten. Friedrich Hildebrand war einer der wenigen Reichsstatthalter, beziehungsweise Gauleiter, die aus dem Arbeiterstand hervorgegangen waren. Er war »Nachtschutzbeamter«, auf gut deutsch Nachtwächter, auf einem mecklenburgischen Gut gewesen. Desto erstaunlicher war es, wie es dieser einfache Mann gelernt hatte, stundenlange Reden frei zu halten, die auch der Kritik einer gebildeten Zuhörerschaft standhalten konnten. Georg hatte selber einmal einer solchen in Rostock vor den Spitzen der Verwaltung und der Universität beigewohnt. Er konnte ihm seine Achtung dieserhalb nicht versagen. Dennoch hat sich Hildebrand nie von einem Minderwertigkeitskomplex freimachen können, von dem seine Gegnerschaft gegen alle Gebildeten herrührte.
In nähere Berührung mit ihm kam Georg nicht; er vermied sie. Daher lehnte er auch eine Einladung zu einem großen, festlichen Empfang in Schwerin ab, zu dem alle Prominenten des Landes geladen waren. Wieso ausgerechnet er, der nicht Pg war, mit einer Einladung bedacht worden war, blieb ihm unerfindlich.
Der Mecklenburger nahm gern alles humorvoll, auch seinen Reichsstatthalter »Fiete«. In den ersten Jahren bezeichnete er ihn mit »Uns Großherzog E« entsprechend den E (Ersatz)-Offizieren in der Wehrmacht, und später gab er ihm den Spitznamen »Fiete

Blinddarm«: stets leicht gereizt, und niemand weiß, wofür er da ist. Als ein Herr in Schwerin diesen Scherz leichtsinnigerweise vor falschen Ohren zum besten gab, wurde er inhaftiert. Humorlosigkeit kennzeichnete die Partei, deren Ursprung wohl in der Unsicherheit zu suchen war, deren sich alle nicht erwehren konnten, denn die »Führer« bis hinauf zu den Gauleitern und Reichsstatthaltern waren fast durchweg ungebildete Leute aus kleinen Kreisen. Nicht der Lächerlichkeit zu verfallen war dringende Notwendigkeit.

Gerechtigkeit muß walten: »Fiete« hat auch manches ordentlich gehandhabt und war im Vergleich zu seinen anderen Kollegen nicht der schlechteste – was allerdings nicht zuviel besagen will. Jedenfalls lebte er nicht so prunkvoll und verschwenderisch und bereicherte sich nicht so unverschämt wie seine Kollegen. Immerhin: Zu zwei schönen, großen Landgütern in Mecklenburg hatte auch er es gebracht.

Er muß aber gespürt haben, um was es ging, und was die Sache bedeutete, in deren Dienst er sich gestellt hatte: Daher die Furcht, die ihn von Anbeginn an beherrscht haben soll. Mit dieser ist es wohl zu erklären, daß er nach dem zwanzigsten Juli 1944, dem Tag des beinahe geglückten Attentats auf Hitler durch den Grafen Stauffenberg, seine schützende Hand über den mecklenburgischen Adel gehalten hat, indem er erklärte, dieser habe mit dem Attentat nichts zu tun und sei loyal. Das Attentat hatte gezeigt, daß ein Umschwung der Verhältnisse immerhin im Bereich der Möglichkeit lag. Der kluge Mann baut vor: Es war eine Art Rückversicherung. Diesem Umstand hatte es der mecklenburgische Adel zu verdanken, daß er von den damals einsetzenden Verfolgungen unangefochten blieb, denen der Adel in anderen Landesteilen mehr oder weniger ausgesetzt war.

Das Schicksal hat auch vor Friedrich Hildebrand nicht haltgemacht: 1945 von den Amerikanern interniert, wurde er 1947 in Dachau zum Tod verurteilt und 1948 hingerichtet.

Neben diesen die Bevölkerung regierenden Machthabern gab es noch drei Organisationen, mit denen das Landvolk ständig in Berührung kam: die bereits erwähnte DAF, die NSV (Nationalsozialistische Volkswohlfahrt) und die NS-Frauenschaft.

Da die DAF alle Arbeitgeber und Arbeitnehmer in Stadt und Land in sich vereinte, mußte Georg ihr als Betriebsführer angehö-

ren. Bemerkt hat er jedoch nichts von der DAF außer den monatlichen Zahlungen eines geringfügigen Beitrages, denn Differenzen irgendwelcher Art waren in Zettemin gottlob nie vorgekommen. Zu keiner Versammlung wurde er hinzugezogen, sogar das kleine runde Abzeichen, ein gezahntes Rad mit einem Hakenkreuz in der Mitte, brauchte er nie anzustecken.
Die NSV machte sich dagegen desto mehr bemerkbar. Wie ihr Name besagte, war ihr ursprünglicher Zweck ein caritativer und guter. Erst in späteren Jahren, als zwangsweiser Beitritt erfolgen mußte, wurde sie von der Partei als ausgiebige Einnahmequelle mißbraucht. Da es jedoch zunächst hieß, der monatliche Beitrag von nur fünfzig Pfennigen schütze jedes Mitglied vor allen künftigen Geldsammlungen und Anzapfungen, war Georg ihr beigetreten, um das Gute mit dem Zweckmäßigen zu verbinden. Diese Zusage wurde aber bald nicht mehr gehalten; es folgten mit jedem Jahr in immer zunehmender Häufigkeit Sammlungen mit Listen und Namensunterschrift, so daß man sich ihnen nicht entziehen konnte. Schließlich wurde das Verfahren noch ausgedehnt, indem allen Landgütern wie auch der Industrie, den Handelsfirmen und Banken jährliche Umlagen auferlegt wurden. Dies war eine Sondersteuer der Partei, mit der das Finanzamt nichts zu tun hatte und die bei der Besteuerung des Einkommens nicht abzugsfähig war. Bei der Macht der Partei waren Einwendungen hiergegen unmöglich; wehe dem, der es gewagt hätte, weniger oder gar nichts zu zahlen.
So sah die »Finanzierung« des Hitler-Regimes aus, die dem Großgrundbesitz zur Last gelegt wurde, eine bewußte Entstellung der Tatsachen, um ihn zu diskriminieren. Georg kannte keinen einzigen Gutsbesitzer, der freiwillig, selbst wenn er Pg war, auch nur einen Pfennig mehr der Partei gegeben hätte, als er gezwungen war. Soweit ging die Liebe nicht, so vermögend war auch keiner.
Listig schlug Goebbels aus diesen und allen anderen erpreßten Riesensummen noch weiteres Kapital: Sie zeugten, verkündete er, beredter als jede Volksbefragung für das Einverständnis des werktätigen Volkes mit Hitler und seiner Führung. Die alljährliche Befragung, die Hitler anfangs in Aussicht gestellt hatte und bei deren negativem Ausgang er abtreten wollte, sei somit überflüssig.
Bewunderswert war die Organisation der NSDAP auch in der

NSV: In jedem Dorf, auf jedem Gut hatte sie ihre ein bis zwei Beauftragten. Doch eigenartig war es, mit welcher Treffsicherheit die Partei meist den ungeeignetsten Mann oder die unbrauchbarste Frau mit ihren Ämtern betraute. Dies Pech mag daran gelegen haben, daß die ordentlichen Leute nicht mitmachen wollten, jedenfalls nicht in Zettemin.

NSV-Amtswalter wurde dort ein erst kürzlich zugezogener Arbeiter, der sich von Anfang an keines guten Rufes erfreute. Er hatte die Liebesgabenpakete in Empfang zu nehmen, die im Ort verteilt oder weitergeleitet werden sollten an »Unbekannt«, sei es an einen alleinstehenden alten Mann, eine arme Witwe oder während des Krieges an bedürftige Ausgebombte in den Städten. Pakete mit entbehrlicher Kleidung, Wäsche oder Lebensmitteln, auch lose Kartoffeln. Jeder gab gern, wie auch unser Amtswalter mit Vergnügen seines Amtes waltete, dieweil er die Paketinhalte einer eingehenden Prüfung unterzog. Was ihm gut und nützlich erschien, entnahm er für sich und seine Familie und ersetzte das Fehlende durch eigene, unbrauchbare Lumpen. Bei den Kartoffeln wandte er ein einfaches Verfahren an: Er mästete mit ihnen zwei kleine Schweine, die Georg ihm überlassen hatte, um ihm zu helfen. Seine eigennützige Geschäftigkeit wurde schließlich ruchbar, und es gelang der Partei nicht länger, ihre schützende Hand über ihn zu halten, wie sie es bisher getan hatte. Der Landjäger kehrte sich nicht mehr an das Verbot der Kreisleitung, den Mann zur Anzeige zu bringen; er erklärte mutig, er unterstehe nicht ihr, sondern dem Landrat, und griff ein. Da ergab es sich, daß dieser saubere Amtswalter nicht weniger als viermal wegen Diebstahls und das fünfte Mal wegen Fahnenflucht vorbestraft worden war. Derartige Vorkommnisse trugen begreiflicherweise nicht zur Stärkung des Ansehens der Partei in Zettemin bei; die Fanatiker riefen aber desto lauter »Heil Hitler!«. Wie in Zettemin, stiegen allerorts solche giftigen Blasen aus dem Sumpf auf und zerplatzten mit mehr oder weniger Gestank.

Die dritte Organisation waren die »NS-Frauenschaft« und das »NS-Frauenwerk«, an deren Spitze die »Reichsfrauenschaftsführerin« stand. Sie waren die Nachfolgerinnen der bisherigen Frauenvereine, die eng mit dem Roten Kreuz zusammengearbeitet hatten, völlig unpolitisch, lediglich caritativ und besonders auf dem Lande verbreitet. Es war in ihnen für Bedürftige genäht, geflickt und gestrickt worden, Kranke und Hilfbedürftige waren ausfindig gemacht und betreut, Weihnachtsfeiern, Bescherungen und Basare veranstaltet worden. Von selbst hatte es sich ergeben, daß in den kleinen Landstädtchen die Frauen der umliegenden Gutsbesitzer im Vorsitz und Vorstand waren, da ihnen die nötigen Mittel und besten Möglichkeiten zur Verfügung standen. Sie hatten auch die beste Kenntnis der Hilfsbedürftigen in ihren kleinen Bezirken. So war es erklärlich, daß manche Gutsbesitzersfrau zunächst Frauenschaftsführerin wurde, denn sie wollte ihre ihr liebgewordene caritative Betätigung und ihre Frauen und Mädchen nicht im Stich lassen. Ihnen war es zu verdanken, daß in den Frauenschaften, solange sie sie weiterführten, Ordnung und Sauberkeit erhalten blieben.

Doch es währte nicht lange, dann wurden auch sie als zu wenig verläßlich von der Partei abgesetzt und durch »würdigere« Parteigenossinnen ersetzt. Man hörte nun nicht selten von »Nervenzusammenbrüchen« dieser neuen Frauenschaftsführerinnen, deren Kassen nicht stimmten, falls diese überhaupt noch vorhanden waren. »So wat kümmt, wenn Schiet wat ward«, sagt der Mecklenburger.

Die rechte Betätigungsfreude aber wurde allen genommen, da, ebenso wie in der NSV, jede private Hilfe, jede persönliche Freude am Geben und Schenken unterbunden worden war. Die Partei beanspruchte für sich und ihre Amtswalter das alleinige Recht, die Empfänger zu bestimmen und die Hilfe und Gaben zu verteilen, die dadurch nur zu oft an Unwürdige gelangten. Nur sie allein wollten den Dank ernten, indem sie sich mit fremden Federn schmückten. Vera dachte natürlich nicht daran, sich dem zu fügen; wer in Zettemin der Hilfe bedürftig war, erhielt sie auch weiterhin von ihr persönlich.

Im übrigen verhielten sie und Georg sich passiv; es war das einzige, was sie tun konnten, jedes Schwimmen gegen den Strom hätte nichts genützt und ihnen nur Unannehmlichkeiten bereitet. Wußte Georg doch, daß er genau beobachtet wurde und daß der Ortsgruppenleiter jeden Monat über ihn an die Kreisleitung berichten mußte.

Ihre nach allem, was sie sahen und hörten, stetig zunehmende Anti-Einstellung blieb ihren Leuten nicht verborgen, die über jegliches Tun und Lassen ihrer Herrschaft viel besser, als man es glauben sollte, im Bilde waren. Als Vera, die ihre Pappenheimer kannte, einmal gegenüber einem älteren Maurer, der im Bauerndorf Pribbenow wohnte, aber ständig in Zettemin beschäftigt wurde, eine kritische Bemerkung machte, sagte der: »Wir dürfen schon so was sagen, denn uns alle können sie ja doch nicht einsperren; aber Frau Gräfin dürfen es nicht tun, das wissen wir alle.«

Die Kenntnis der Einstellung ihrer Herrschaft wird auch ein Grund gewesen sein, weshalb fast alle Arbeiter in Zettemin der Partei fernblieben. Ebenso passiv verhielten sich die meisten Bauernfamilien im benachbarten Carlsruhe.

Röhm-Putsch

Prost – prost!« Mit Augenzwinkern tranken sich die Geschwister Vera und ihr Bruder Otto aus Wildenhoff sowie Georg zu. Es saßen noch einige Bekannte mit am runden Tisch im Restaurant des Hotels Esplanade in Berlin, die nicht zu wissen brauchten, ein wie tiefer Sinn in diesem Prost lag. Es war der 29. Juni 1934, der Vorabend des sogenannten Röhm-Putsches.

Was war das überhaupt für ein Mann, dieser Röhm? Und was bezweckte er mit einem Putsch, auf den die Lage zutrieb? Wollte er, der Stabschef der SA und einer der führenden Männer, den vom ursprünglichen Weg abschwenkenden Nationalsozialismus wieder in die richtige Bahn zurücklenken? Oder wollte er die Macht an sich reißen? Wes Geistes Kind war er? Gehörte er tatsächlich zu den Homosexuellen, oder war dies Gerücht nur eine Verleumdung ebenso wie die, den Gastronomen Horcher als Chef seiner Küche angestellt zu haben?

Georg und Vera vermochten alle diese Fragen nicht zu durchschauen. Sie wußten nur, daß Röhm die SA, damals schon eine Organisation von eineinhalb Millionen Mann, hinter sich hatte und daß die Reichswehr mit ihren hunderttausend Mann, eine erstklassige Truppe mit untadeliger Führung noch aus kaiserlicher Zeit, gegen die SA und damit gegen Röhm eingestellt war.

Der Reichswehr war ebenso wie vielen unbehaglich zumute: Die führenden Männer flößten ihr kein Vertrauen ein, zu viele Gerüchte über deren Lebensführung und Gebaren waren mittlerweile durchgesickert. Wohin das alles führen würde, war nicht zu überblicken.

Der Wildenhöfer war stets gut orientiert durch seinen Schwager Reichenau, den späteren Generalfeldmarschall, damals aktiver Oberst oder junger General. Daher wußten auch Georg und Vera, daß die Reichswehr die Gelegenheit des Röhm-Putsches benutzen wollte, um Ordnung zu schaffen durch Absetzen der unfähigen oder zur Führung unqualifizierten Leute und durch Einsetzen einiger weniger tüchtiger und anständiger Männer. Hitler sollte wegen seines zugkräftigen Namens noch bleiben, im übrigen aber

nach Möglichkeit ausgeschaltet werden. Auf das Gelingen dieses Planes ging das vielsagende »Prost!«
Am nächsten Vormittag fuhren Georg und Vera mit dem Auto wieder nach Zettemin zurück, um für alle Fälle daheim auf ihren Posten zu sein. Die Straßen in Berlin waren voller Reichswehrkolonnen, die Gesichter der Soldaten ernst; noch schien sich nichts Erfreuliches ereignet zu haben.
Dazu kam es unglücklicherweise auch nicht mehr; alles kam anders, als es geplant war. Hitler überrumpelte, persönlich von Godesberg am Rhein nach Bayern fliegend, seinen Freund Röhm, der nach verweigertem Selbstmord vom Rollkommando erschossen wurde. Der Putsch brach vor seinem Beginn zusammen, wurde nun aber von dem dreimal gesiebten Propagandaminister Goebbels nutzbringend für die fortan noch fester im Sattel sitzende Regierung und Partei weidlich ausgeschlachtet.
Hindenburg starb am 1. August 1934, und Hitler, der Reichskanzler, wurde zudem auch noch Reichspräsident. Vom Reichstag ließ er sich ein Ermächtigungsgesetz geben, das ihm unumschränkte Macht einräumte. Auf legalem Wege war er der Diktator, der »Führer« geworden.
»Herrgott, das kann doch so nicht weitergehen«, äußerte Vera bald darauf in Rostock gegenüber Dietrich Oertzen, einem guten Freund und klar und nüchtern denkenden Rechtsanwalt, der in der »Systemzeit« der zwanziger Jahre als Finanzminister im mecklenburgischen Parlament die Nationalsozialisten gründlich kennengelernt hatte. Zur Antwort erhielt sie:
»Es wird noch viel schlimmer werden. Es wird Krieg und großes Unglück geben, denn so etwas kommt immer, wenn Leute regieren, die es nicht verstehen.«
Wie recht hat er behalten und es selber mit zehnjähriger Kriegsgefangenschaft in Rußland und mit dem Verlust aller seiner Habe spüren müssen. Unauslöschlich prägten sich seine prophetischen Worte in Georgs und Veras Gedächtnis ein, quälten sie und wollten nicht von ihnen weichen.

Tempo-Tempo

Es kann nicht bestritten werden, daß die Diktatur in einem Punkt der Demokratie überlegen ist: Rasch und schlagartig kann sie ihre Entscheidungen treffen und handeln, während es im parlamentarischen System langatmiger Debatten bedarf, wobei viel Zeit und bisweilen auch der günstige Augenblick ungenutzt vorübergehen. Der rasche Weg ist aber nicht immer auch der sichere oder richtige.

In atemberaubendem Tempo wurde fortan regiert, und die Masse des Volkes, angefeuert durch die Propaganda, kniete sich in die Arbeit, die der Deutsche allein um ihrer selbst willen liebt. Sieht er dazu noch Erfolg, dann ist der Ansporn noch größer; und Erfolge waren zu sehen, wohin man blickte. Die Gerechtigkeit, dies anzuerkennen, muß man der Hitler-Regierung der dreißiger Jahre widerfahren lassen.

Die Osthilfe des Reichskanzlers Brüning wurde übernommen, dazu der Zinssatz, der bis zu vierundzwanzig Prozent geklettert war, auf drei bis vier Prozent gesenkt. Die Landwirtschaft gesundete, ihre Produktion stieg und entlastete die Einfuhr von Nahrungsmitteln, sie trat wieder als Käufer auf und belebte Handel und Industrie. Diese arbeitete wieder auf vollen Touren, die Millionen Arbeitslosen wurden wieder in den Arbeitsprozeß eingeschaltet, Autobahnen und prächtige Regierungs- und Verwaltungsgebäude wurden geplant und gebaut, und der Lebensstandard des Arbeiters hob sich sichtlich. Es war eine Zeit der Hochkonjunktur.

So war es kein Wunder, daß das anfängliche Mißtrauen gegenüber der Hitler-Regierung im Volke mehr und mehr schwand, über ihre diktatorischen Maßnahmen leichter hinweggesehen und das Gebaren der kleinen Führer als nicht vermeidbares Übel hingenommen wurde.

Als gar noch am 7. März 1936 der unvermutete, plötzliche Einmarsch deutscher Truppen in das entmilitarisierte Rheinland erfolgte, das damit Deutschland wieder angegliedert wurde, und dieses Vabanquespiel gut ablief, ließ sich sogar Georg täuschen,

nicht ahnend, daß hiermit der Grund für zukünftige weitere Gewalttaten gelegt wurde. Noch niemals hatte er wie am folgenden Sonntag in der Kirche zum Brausen der Orgel mit solcher Inbrunst »Nun danket alle Gott« gesungen.
Doch besorgniserregend war die geldliche Abgeschlossenheit vom Ausland, in dem die Reichsmark an Kurswert mehr und mehr verlor, je mehr Noten die Presse druckte. Nur im Inland blieb die Kaufkraft erhalten. Reisen ins Ausland waren nur noch mit knapper Devisenzuteilung einmal im Jahr möglich. Dafür wurden bei den jährlichen Reichsparteitagen in Nürnberg den zahlreichen Gästen der ausländischen Regierungen Macht und Glanz der nationalsozialistischen Regierung in immer steigendem Maße zur Schau gestellt.
Wie rasch Regierungsmaßnahmen getroffen wurden, erfuhr Georg 1937 einschneidend selber: Als alter Preuße war er am Abend eingeschlafen, als guter Mecklenburger wachte er am folgenden Morgen auf. Mit einem Federstrich war die preußische, zum Kreise Demmin gehörende Enklave Zettemin mit ihren fünf Gütern und dem Bauerndorf Carlsruhe zu Mecklenburg geschlagen worden. Sogar der langjährige Landrat v. Gilsa in Demmin war überrascht worden: Als er morgens nichtsahnend in sein Büro kam, lag das Dekret auf seinem Schreibtisch. Viele Jahre lang hatten sich die Regierungen von Preußen und von Mecklenburg über den Austausch der beiden Enklaven Zettemin an Mecklenburg und Netzeband, im Süden Mecklenburgs gelegen, an die Mark Brandenburg nicht einigen können, denn der Tausch bedeutete für Preußen ein schlechtes Geschäft. Die Enklave Zettemin war wertvoll und eine Quelle guter Steuereinnahmen, während die von Netzeband der märkischen »Streusandbüchse« bedenklich nahe lag.
Georg sollte es recht sein, denn er war ein ebenso guter Mecklenburger wie Preuße. Seine Wiege in Wolfshagen hatte nur fünfhundert Meter von der mecklenburgischen Grenze entfernt gestanden, die mitten durch den Park und die Begüterung lief, und sein eigenes Gut Wolde lag je zur Hälfte in Preußen und in Mecklenburg. Erst 1860 war Wolde zwischen den beiden Ländern am Grünen Tisch so eigenartig aufgeteilt worden, daß die Grenze zum Teil in der Mitte der Dorfstraße verlief. Im Westfälischen Frieden 1648 war Wolde nämlich bei der Aufteilung vergessen worden und

seitdem selbständig geblieben, da kein Land es dem anderen gönnte. Georg besaß noch das Original des Freibriefes der Königin Christine von Schweden mit deren eigenhändiger Unterschrift und dem großen Siegel in einer anhängenden, dicken Holzkapsel. Bedauerlicherweise waren bei der Aufteilung alle die angenehmen Rechte verlorengegangen, Steuerfreiheit, eigener Gerichtsstand – man konnte das Amtsgericht in Stavenhagen in Mecklenburg oder das in Altentreptow in Vorpommern wählen –, Befreiung vom Militärdienst, eigene Reisepaßhoheit (!) und dergleichen mehr. Nur die Abdeckereigerechtigkeit war vergessen worden und bei Wolde verblieben: Man hätte sich seine eigene Seife kochen können.
Die mecklenburgischen Verhältnisse und Behörden waren Georg daher in gleicher Weise bekannt, und wenn es auch in Mecklenburg nicht mehr so gemütlich zuging wie in seiner Kindheit, so war doch noch ein geringer Hauch davon zu spüren; und das machte ihm das Land lieb. Oft mußte er an ein bedauernswertes Ereignis in seiner Kindheit denken, das charakteristisch für die Verhältnisse war: Als ein alter Mann in dem durch den Wolfshäger Park fließenden Grenzgraben ertrunken war – er mußte einen Schwindelanfall bekommen haben oder blau gewesen sein, denn es war nur ein seichtes Gewässer –, lautete die erste Anordnung seines Vaters als preußischer Amtsvorsteher, den Leichnam auf das mecklenburgische Ufer herauszuziehen. Das ergab bedeutend weniger Schwierigkeiten und Papierkrieg, als wenn es auf die preußische Seite erfolgt wäre!
Ein erheiterndes Nachspiel hatte die Eingliederung der Enklave in Mecklenburg: Georg, bisher preußischer Amtsvorsteher, wollte die Akten, Anweisungen, Dienststempel und vor allen Dingen die Amtskasse ordnungsmäßig abgeben, doch niemand wollte diese Dinge in Empfang nehmen. Das preußische Landratsamt in Demmin erklärte sich, verschnupft, schnöde übergangen worden zu sein, für nicht mehr zuständig, und das mecklenburgische Landratsamt in Malchin wiederum wußte mit den Obliegenheiten eines Amtsvorstehers nichts zu beginnen. Diese praktische und den Landrat entlastende untere Behörde war nämlich bei der Einführung der Landkreise in Mecklenburg in der Systemzeit nicht mit übernommen worden. Den Amtsvorsteher gab es in Mecklenburg nicht; er war dort »nicht existent in bürgerlichem Sinne«, um mit

Christian Morgenstern zu sprechen. Daher konnte ihm nichts abgenommen und er nicht entlastet werden. Georg erhielt auch niemals eine amtliche Mitteilung und Entbindung von seinem Amt. Den Inhalt der Amtskasse von einigen wenigen Reichsmark führte er schließlich der örtlichen KdF (Kraft durch Freude)-Organisation zu, da er ihn nicht selber behalten konnte.
Das Tempo, in dem nun regiert wurde, hatte den Behörden den Atem verschlagen.

»Heil Hitler!«

Wir alle erinnern uns dieses ominösen Grußes. Ein Segen war es immerhin, daß sich der »Führer« Hitler nannte und nicht Schicklgruber, wie sein unehelich geborener Vater bis zur späten Legitimation geheißen hatte. Sonst wäre der Gruß noch absurder gewesen.
Ursprünglich war er für den Dienstgebrauch bei den Formationen der SS, SA, HJ und des BdM bestimmt, mit in Augenhöhe steif ausgestrecktem rechtem Arm in Nachahmung des italienischen Faschistengrußes. Aber Übereifrige hatten nichts Eiligeres zu tun, als ihn auch im bürgerlichen Leben einzuführen.
Gegen diesen Gruß war nichts zu machen. Wer ihn anwandte, hatte sogleich Oberwasser, wer ihn nicht erwiderte, gab sich dem anderen in die Hand. Wer gar noch den Hut zog – ein sinniges Symbol der Ehrung des zu Begrüßenden –, wer noch »Guten Morgen«, »Guten Abend« wünschte oder »Auf Wiedersehen« sagte, machte sich verdächtig und konnte in späteren Jahren einer Denunziation gewärtig sein. Es hieß auch im geschäftlichen und behördlichen Schriftwechsel bald nicht mehr »hochachtungsvoll« oder dergleichen, sondern »Heil Hitler!« mit Ausrufungszeichen, was Georg immer dann gern anwandte, wenn er dem Empfänger etwas Unliebsames schreiben mußte oder wollte. Das knallte richtig: Da hast du's, nun kannst du mir sonstwas! Wenn aber im privaten Briefverkehr ein Vater seine Tochter am Schluß mit »Heil Hitler« begrüßte, wie solches Georg bekannt wurde, dann konnte man nur den Kopf schütteln oder sich an die Stirn fassen. Da stimmte etwas nicht im Schaltwerk der Gedanken.
Ein Ausweg ergab sich, ein Schreiben »Mit deutschem Gruß« zu schließen. Sonderbar klang auch das, man vermied aber den ominösen Namen. Die Lächerlichkeit auch dieser abschließenden Redewendung wurde in einem Theaterstück in Berlin, das Georg und Vera sahen, köstlich herausgestellt: Eine der handelnden Personen brachte ein Telegramm zur Verlesung, welches schloß »Mit holländischem Gruß!« Das Publikum, dankbar für die kleinste Anspielung, die einmal der Zensur durchgerutscht war, lachte schallend und klatschte Beifall!

Entzückend löste die Schwierigkeit, korrekt und doch verbindlich zu erscheinen, ein Hausmädchen, das bezüglich ihres Antritts an Vera schrieb und »Mit freundlichem Heil Hitler!« unterzeichnete. Noch köstlicher zog sich eine ostpreußische Kammerjungfer aus der Affäre, die ihre Herrin morgens mit »Untertänigst Heil Hitler, Frau Gräfin« begrüßte!
Den persönlichen Gruß mit ausgestrecktem Arm auszuführen, wurde als zu weitgehend nicht verlangt; es genügte ein Aufheben des rechten Armes, die Handfläche dem Begrüßten zugewandt. Nachlässig ausgeführt, »wedelte« man.
Radfahrenderweise hätte man das lieber bleiben lassen sollen, noch dazu auf glitschiger Straße. Schwester Liesel, die den kranken Onkel Lutz in Mildenitz pflegte, eine immer vergnügte, temperamentvolle kleine Bayerin mit goldenem Herzen und lokkerem Mundwerk, bedachte das nicht, als sie einem Hundertfünfzigprozentigen auf dem regennassen Kopfsteinplaster des Gutshofes begegnete. Sicher ist sicher, meinte sie und wedelte. Pardauz, da lag sie im Dreck. »Herrgottsakra, das kommt von dem verfluchten Gruß«, entfuhr es ihr unwillkürlich. Sie hatte überhaupt köstliche Einfälle: Als ihr Zahnarzt in Woldegk, dem Nachbarstädtchen von Mildenitz, ihr Vorhaltungen machte, warum sie ihn nicht mit »Heil Hitler« begrüßte, warf sie ihm die Frage an den Kopf: »Sagen Sie mal, begrüßen Sie Ihre Frau morgens beim Aufwachen auch mit ›Heil Hitler‹?« Der Mann war geschlagen und sagte nichts weiter.
Besonders schnurrig sah der Gruß bei dem alten Zetteminer Pastor Bartels aus, der als Hauslehrer in Wolfshagen Georg als kleinem Jungen das Lesen und Schreiben beigebracht hatte und der Vorgänger des jungen Pastors Witt gewesen war. Der alte Herr pflegte stets mit einem derben Krückstock in der rechten Hand zu gehen. Mußte er diese nun zum Gruß erheben, dann schwang er drohend seinen dicken Eichenstock.
Georg enthielt sich dieses Pseudo-Grußes, soweit es anging, da er ihm albern und heuchlerisch erschien; nur die verdächtigen Amtswalter daheim bedachte er mit einem »Heil hm hm« und Handwedeln. Alle seine übrigen Leute grüßte er weiterhin mit »Guten Tag« und Hutabnehmen, wenn er sich unbeobachtet fühlte, oder mit Antippen der Hand an den Hutrand. Nach Belieben konnte sich der Begrüßte aussuchen, ob er darin einen salopp ausgeführ-

ten militärischen oder einen Hitlergruß sehen wollte. Da die polnischen Wanderarbeiter und später die Kriegsgefangenen als unwürdig nicht mit dem edlen Namen des Führers begrüßt werden durften, hatte er immer die gute Ausrede, es sei ein solcher unter den Begrüßten gewesen oder er habe es angenommen.
Vera, deren Tun und Lassen von der Partei nicht so scharf aufs Korn genommen wurde, grüßte grundsätzlich nur auf alte, vernünftige Weise. »Heil Hitler« von ihren Lippen wäre undenkbar gewesen.
Der Mecklenburger in Stadt und Land war von Natur durch sein geruhsames, bedächtiges Temperament vor Übertreibungen geschützt und der blinden Annahme von Neuerungen abgeneigt. Der »Deutsche Gruß« wurde daher zumeist nur offiziell oder sonst lau angewandt, Geschäfte, deren Inhaber als hundertfünfzigprozentige Nazis bekannt waren, wurden häufig gemieden, oder wiederum Kunden, die mit lautem »Heil Hitler« eintraten, oftmals nicht oder nur schlecht bedient. Viele Landarbeiter, alte und junge, zeigten ihre Abneigung offen; ihnen konnte ja nichts geschehen, gefährdet waren nur die »Herrschaften«. So war Georg gezwungen, zu lavieren, um nicht einerseits unter die Räder der »Revolution« zu geraten, oder andererseits die Achtung vor sich selbst zu verlieren, denn die oft notgedrungene Heuchelei machte unfrei und erniedrigte.

Panem et Circenses

Dieser Spruch gilt heute in gleichem Maße wie zu den Zeiten der alten Römer. Goebbels hatte von seinen klugen jesuitischen Lehrern nicht ohne Nutzen gelernt: Mit Festen mußte das Volk unterhalten werden, nachdem ihm Brot und Arbeit gegeben worden waren. Hiergegen war nichts einzuwenden, nur die Art des Feierns und die Verdrehung der alten Feste mißfielen Georg und Vera.

Der erste Mai, bis zur Revolution 1918 ein Feiertag nur der Linksparteien, war als »Fest der Arbeit« von Hitler übernommen worden. Auf dem Lande war dieser Tag nie volkstümlich geworden; wohl ruhte die Arbeit, aber er wurde nicht gefeiert. Das änderte sich nun: Ländliche festliche Umzüge wurden anbefohlen und durchgeführt, es mochte regnen oder gar schneien, denn der alte Petrus nahm auf den ersten Mai selten Rücksicht. Es war ein Segen, daß die Pelze noch nicht eingemottet waren, da der Schwarzdorn noch nicht abgeblüht hatte, denn drei Stunden Fahrt im Jagdwagen Schritt vor Schritt durch die drei Hauptgüter der Enklave hatten es in sich. Mit schüchternem Birkengrün war der Wagen geschmückt, in dem Georg mit seinem Inspektor an der Spitze eines Zuges ebenso aufgeputzter und mit Hakenkreuzfähnchen verzierter Ackerwagen, auf denen die »Gefolgschaft« saß, vorneweg fuhr. Die Wagen der anderen Begüterungen schlossen sich an, Spaß daran hatte niemand, frieren taten alle, und das Ganze war ein Krampf. Mit Zwang lassen sich Feste niemals freudig feiern.

Georg verwünschte den Unsinn und richtete sich auf an dem Gedanken an das behaglich wärmende Kaminfeuer, das ihn daheim erwartete, und an das Glas Cinzano nach erfüllter Pflicht.

Der gleiche Umzug ohne Schwung und Freudigkeit, nur mit dem Unterschiede, daß es wärmer war, spielte sich am neu eingesetzten staatlichen Erntedankfesttag ab. Während auf dem Lande die Umzüge stattfanden, lief alljährlich auf dem Bückeberg bei Hameln das offizielle Erntedankfest ab. Wenn dieser Name auch dem alten kirchlichen Fest entlehnt war, so wurde dennoch an ihm

aller anderen, nur nicht des lieben Gottes gedacht. Weder Georg noch einer seiner Nachbarn haben jemals diesen pompösen Erntedankfesten beigewohnt; es genügte, unter Übernahme der Kosten einen seiner Arbeiter hinzukommandieren, freiwillig fuhr keiner.
Da war doch das frohe, alte ländliche Erntefest, wie Georg es von seiner frühesten Kindheit an kannte und auf dem er seine ersten, kümmerlichen Tanzversuche unternommen hatte, etwas ganz, ganz anderes! Bis zum Ausbruch des Krieges, zum letztenmal 1938, wurde es im alten Stil gefeiert. Die Partei war zum Glück vernünftig genug, sich in dieses traditionelle und größte ländliche Fest nicht einzumischen; sie hätte sich sonst zu unbeliebt gemacht.
Auch in die Sommer- und Wintervergnügen der Kriegerkameradschaft redete sie kluger- und erfreulicherweise nicht hinein. Das waren Volksfeste in wahrster Bedeutung im hohen Buchenwald von Rottmannshagen mit Scheibenschießen, Kaffeetafel, Spickaal- und Würfelbuden und Karussell sowie zündenden Ansprachen von Exzellenz Wahnschaffe als Gastgeber und Georg als Vorsitzendem. Oder im Winter mit Liebhabertheater-Aufführungen, bei denen der glänzend aussehende Brümmer den Bonvivant und Regisseur und die niedliche Herrschaftsköchin Meta die Naive abgaben. Ausgiebiger Tanz beschloß stets diese Vergnügen, die so erfrischend tendenzlos, harmonisch, fröhlich und ungezwungen verliefen.
Besonders ein Abend mit »lebenden Bildern« wurde zu einem durchschlagenden Erfolg, wie ihn kein Lustspiel zu erzielen vermochte, denn eines der »lebenden Bilder« wurde mehr als lebendig. Das kam so. Es saß der Förster behaglich, seine lange Pfeife schmauchend, in seiner Stube am Kaffeetisch; sein Jagdhund lag neben ihm. Die Behaglichkeit wurde aber nur vorgetäuscht, denn dem Förster war alles andere als gemütlich zumute. Da zu einem richtigen Förster ein langer Rauschebart gehört, hatte ihm die Regie einen solchen aus Flachs umgebunden. Unglücklicherweise geriet er ins Rutschen, und im Publikum wurde bereits Kichern vernehmbar. Im »lebenden Bild« durfte sich der Förster nicht bewegen, um seinen Bart wieder den richtigen Sitz zu geben. Er begann verzweifelt nach dem Ausgang zu schielen, seine Augen flackerten, und seine Nervosität stieg von Sekunde zu Sekunde. Schließlich hielt er die vielen auf sich gerichteten Blicke, das

zunehmende Lachen und das teuflische Gefühl, Zielscheibe des Spottes zu werden, nicht mehr aus: Er sprang auf, um von der Bühne fortzustürzen. Das hätte er nicht tun sollen, zumal er nicht bedachte, daß er seinen Hund an die Leine gelegt hatte, damit er sich nicht selbständig machte. Er stolperte über die Leine, mit lautem Aufheulen flog der Hund hoch, der Förster verlor das Gleichgewicht und suchte in seiner Angst Halt an einer Kulissenwand. Das hätte er erst recht nicht tun sollen: Wie ein Kartenhaus klappten sämtliche Kulissen zusammen und die ganze liebliche Szenerie der gemütlichen Kaffeestunde verschwand in einem Trümmerhaufen und einer großen Staubwolke. Alle schrien vor Lachen, denn unfreiwillige Komik ist immer am wirkungsvollsten.

Veranstaltete dagegen die Partei einen Tanzabend, dann konnte man sicher sein, daß zwangsweise Einlagen mit »deutschen« Tänzen das Vergnügen aufhielten und störten. Warum diese Tänze als charakteristisch deutsche hingestellt wurden, blieb unerfindlich; sie waren halb dem Rokoko, halb dem Bayernland entlehnt. Sie waren auch viel zu verwickelt und kunstvoll, um mit Freude und Hingabe getanzt zu werden, zumal wenn dies auf einem großen, aus Sägemehl gestreuten Hakenkreuz zu erfolgen hatte. So war es kein Wunder, daß die Honoratiorendamen aus Zettemin, Rottmannshagen und Carlsruhe diese Reigen mit einer Leichenbittermiene aufführten, die in drolligem Gegensatz zu der sonst üblichen Fröhlichkeit stand.

Zu dem »deutschen« Tanz gehörte naturgemäß auch eine »deutsche« Tracht. Da es aber leider in Mecklenburg eine solche nicht mehr gab, erfand das rührige Kaufhaus Gustav Zeeck in Rostock dankenswerterweise eine echt mecklenburgische Nationaltracht; zum Glück aber nur für die Weiblichkeit. Wer es sich leisten konnte, schaffte sie sich an. Sie war zwar geschmackvoll und kleidsam, aber alles andere als bodenständig.

Weniger Glück hatte der Kriegerverein mit dem regelmäßig von ihm veranstalteten Weihnachtsfeiern mit Kinderbescherung. Nach wenigen Jahren untersagte sie ihm die Partei, denn sie wollte sie selber übernehmen. Der Erfolg war, daß sie nur ein einziges Mal eine mehr als dürftige Weihnachtsfeier durchführte, in deren Mittelpunkt der »deutsche Weihnachtsmann« stand. Dann ließ sie sie unter den Tisch fallen, wußte sie doch mit dem

Weihnachtsfest nichts anzufangen, denn es war nicht germanischen, sondern christlichen Ursprungs.
Da sollte aus einer Sonnenwendfeier mehr zu machen sein! Sie entstammte altüberliefertem Brauchtum und dünkte den Nationalsozialisten ein brauchbarer Ersatz. Doch sie irrten sich: Diese Sonnenwendfeiern wurden niemals volkstümlich, boten auch zu wenig. Sie bestanden lediglich im Abbrennen eines großen Reisighaufens in der einfallenden Dunkelheit des Abends, wobei die Amtswalter, ein paar SA-Männer, einige BdM-Mädchen und HJ-Pimpfe, die ihre Uniformen angezogen hatten, um das Feuer herumstanden und hineinstarrten. Der Dorfschullehrer hielt eine kleine Ansprache, ein unbekanntes, neumodisches Lied wurde in der unschönen, abgehackten Art gesungen, und schließlich wußte niemand, was man noch hätte beginnen können. Die Feier währte eine halbe Stunde, bis das Feuer verlosch, und jeder ging befriedigt, seine Pflicht getan zu haben, nach Hause.
Positiv zu bewerten waren die Betriebsausflüge, eine glückliche Anregung im Dritten Reich, die vielen auf dem Lande und in der Stadt Freude bereiteten. Gottlob ließ die Partei jedem Betriebsführer freie Hand und mischte sich nicht ein; jeder Mißton wurde dadurch vermieden.
Waren dies die nunmehr feststehenden ländlichen Feste, so wurden nach Möglichkeit weitere veranstaltet, wenn sich eine Gelegenheit bot.
Nach Hindenburgs Tode zum Beispiel, als Hitler der alleinige »Führer« des Deutschen Reiches geworden war, wurde das Pflanzen von zwei Eichen in allen Ortschaften befohlen; die eine zum Gedächtnis des alten Hindenburg, die andere zur Verherrlichung Adolf Hitlers. Das ergab prächtigen Anlaß, eine glänzende Feier in Szene zu setzen. Die örtliche SA-Gruppe und die SA-Res. II, der alte Kriegerverein, marschierten auf und nahmen auf einem freien Platz an der Dorfstraße gegenüber der Kirche in einem offenen Viereck Aufstellung. Die Sonne schien, die Uniformen blitzten, besonders die des Fahnenträgers der SA. Das war der hochgewachsene Zetteminer Schweinemeister August Güldenpfennig. In seiner hellbraunen Uniform mit roten Spiegeln und mit tadellosen Breeches, knappsitzenden und blank geputzten braunen Schaftstiefeln, mit umgehängtem goldenem Brustschild und schneeweißen, ledernen Stulpenhandschuhen sah er aus wie

ein junger Gott. »Der göttliche Sauhirt« Homers in moderner Aufmachung, mußte Georg unwillkürlich denken. Der dicke Ortsgruppenleiter hielt eine festliche Ansprache, die beiden Nationalhymnen wurden abgehackt mit der ermüdenden Freiübung des in Augenhöhe vorgestreckten Armes abgesungen. Dann kam das Kernstück der Feier: das Pflanzen der beiden Eichenbäumchen, besonders formschöne, vom Förster ausgesuchte kräftige Exemplare. Es gab sich von selber, daß die Förster der Enklave, Mitglieder des alten Kriegervereins, gewissermaßen die positiven Elemente, die Hindenburg-Eiche pflanzten, die Hitler-Eiche dagegen die Amtswalter und SA-Männer, wenn man so sagen darf: die negativen. Jedenfalls wirkten sich die Pflanzungen so aus: Die Hindenburg-Eiche gedieh prächtig und wurde von Jahr zu Jahr kräftiger und stattlicher, während die Hitler-Eiche von Anfang an quiemte und bereits im folgenden Jahr einging. Man konnte meinen, daß die Pflanzung durch die Förster sachgemäßer ausgeführt worden wäre, doch die nachgepflanzte Ersatz-Hitler-Eiche starb nach kurzer Zeit ebenfalls ab. Ein Raunen und heimliches »Högen« ging durchs Dorf. Nun pflanzte der Zetteminer Förster heimlich bei Nacht ein drittes Eichenbäumchen, denn öffentlich wagte er es wegen der Spötter nicht mehr zu tun. Aber auch dieses kümmerte und ging schließlich 1944 ein.
Eigenartigerweise erging es gleichermaßen vielen Hitler-Eichen in Mecklenburg und Vorpommern, während die Hindenburg-Eichen prächtig gediehen. Geraume Zeit bestand die Haupttätigkeit der SA im Nachpflanzen der Eichen. Bedeutete dies eigenartige Geschehen nicht ein Symbol? Hier waltete eine höhere Macht, die nicht nur Georg und Vera zu verstehen glaubten.
Über die Reisen mit »Kraft durch Freude« – »Mumm durch Fez«, spöttelte der Berliner – konnte man geteilter Meinung sein. Für Städter und Industriearbeiter waren diese Reisen aus der Enge ihrer Wohnungen und Arbeitsplätze in die lichte und luftige Weite der herrlichen Natur fremder Länder eine Erholung und Freude, die ihnen von Herzen zu gönnen war. Für den Landarbeiter, der zwangsweise auch für KdF seine Beiträge entrichten mußte, hatten sie keine Reize, da er ständig in der Natur lebte. Nur mit vielem Zureden und geldlichem Zuschuß konnte Georg einige wenige seiner Arbeiter zur Teilnahme bewegen, denn jeder Betrieb mußte einige Reisende stellen.

Das größte, auch nur einmalige Fest der Hitler-Regierung waren die Olympischen Spiele 1936 in Berlin. Jeder weiß von ihnen, so daß sich eine Beschreibung erübrigt. Sie waren eine pomphafte Zurschaustellung des Dritten Reiches.
Die Frage drängt sich nach der Katastrophe zwingend auf: Warum beteiligten sich damals die Angehörigen aller Staaten der Welt, warum strömten die Ausländer in Scharen herbei, wenn sie vermeintlich klar sahen, wohin der Kurs des Dritten Reiches steuerte? Damals wäre es ein leichtes gewesen, eine Gelegenheit, wie sie sich niemals besser bieten konnte, durch Fernbleiben vom Dritten Reich abzurücken, dem deutschen Volk dadurch die Augen zu öffnen und vielleicht im letzten Augenblick einen Umschwung herbeizuführen. Doch nichts dergleichen geschah, alle kamen zu Gast, zu gutem Sport und Spiel und stärkten dadurch die Hitler-Regierung erheblich.

Die Kirche

In seinem Buch *Mein Kampf* hatte Hitler geschrieben, daß jeder Machthaber, der sich gegen die Kirche stelle, töricht und verblendet handele, denn er werde immer scheitern. Mussolini war dementsprechend vorgegangen und hatte sich mit der Römischen Kirche verständigt, Hitler dagegen schloß nur mit dieser ein Konkordat, während er seinen Grundsatz der Evangelischen Kirche gegenüber verleugnete.

Zunächst allerdings erweckte es den Anschein, als ob er seinen Worten auch die entsprechenden Taten folgen lassen würde. Mit Beruhigung und Genugtuung sah Georg an jedem zweiten Sonntag nach der Machtergreifung 1933 die Zetteminer SA-Gruppe geschlossen zum Gottesdienst in die Kirche marschieren. Das machte einen guten Eindruck, aber leider schliefen diese demonstrativen Kirchenbesuche nur allzubald ein.

Bald erschien auch die »Glaubensbewegung deutscher Christen« auf dem Plan, um den rechtmäßigen Glauben zu umnebeln und zu untergraben. Und als später kraß der Glaube an Jesus Christus abgeschafft worden war, sollten die »Gottgläubigen« das Heft in die Hand bekommen. Von beiden war in Zettemin nichts zu bemerken, denn Georg erblickte seine Aufgabe darin, jeden Kampf und jeden Zwiespalt von seiner Kirchengemeinde fernzuhalten. Das gelang ihm auch, wobei ihm der Umstand zustatten kam, daß das Gebiet der Enklave nach ihrer Einverleibung in Mecklenburg kirchlich bei Pommern blieb, dessen Konsistorium sich behaupten und sein Regiment in alten, geordneten Bahnen weiterführen konnte. In Mecklenburg dagegen kam es schließlich so weit, daß in verschiedenen Gemeinden einfache Handwerker, bar jeglicher theologischer Vorkenntnisse, aber zuverlässige Nationalsozialisten, als Pfarrer eingesetzt wurden! Mecklenburg und Thüringen waren eigenartigerweise in kirchlicher Beziehung die radikalsten Länder.

Als Patron der Kirche in Zettemin, ein gotischer Feld- und Backsteinbau der Zisterziensermönche des Klosters Dargun aus dem vierzehnten Jahrhundert und eine der frühesten Kirchen im

Lande, hatte Georg das Recht der Präsentation eines Pastors, der dann vom Gemeindekirchenrat gewählt oder abgelehnt werden konnte. Anfangs der dreißiger Jahre, als der alte Pastor Bartels emeritiert wurde, sollte die vakante Pfarrstelle neu besetzt werden. Erst den dritten Probevikar präsentierte er, und der wurde auch gewählt. Er war vorher kurze Zeitlang »Deutscher Christ« gewesen, hatte aber zurückgefunden und war ein prächtiger, auf dem rechten Glaubensboden stehender Mann, der seine Erfahrungen selber gesammelt hatte. Georg glaubte, hierauf bauend, einen gegen alle Anfechtungen gefeiten Mann berufen zu haben, und täuschte sich in ihm nicht. Obgleich Pastor Witt Pg und in der SA war in dem Bestreben, als Seelsorger Kamerad unter Kameraden zu sein, tat dies der Freundschaft zwischen den beiden keinen Abbruch. Georg kannte seine Gesinnung; die Partei- und SA-Zugehörigkeit war damals im Anfang noch nicht fatal in seinen Augen. Vollends geöffnet wurden Pastor Witt die Augen auf einer Reise zu einem Parteitag in Nürnberg. Voller Begeisterung war er hingefahren, erschüttert und entmutigt war er heimgekehrt: In den großen Baracken- und Zeltlagern, den Massenquartieren in Nürnberg hatte er zum erstenmal einen erschreckenden Einblick in den moralischen Tiefstand der jungen SA-Männer und der BdM-Mädchen erhalten und während der Bahnfahrt im Abteil in das offenkundige Antichristentum seiner SA-Kameraden.
Ein wenig erfreuliches Bild bot dagegen der Superintendent in Demmin: Er schielte nach »oben« und hängte sein Mäntelchen nach dem Wind. Als er gar einmal die Kanzel in Zettemin in SA-Uniform bestieg, war die Entrüstung groß. Der Mann hielt sich auch nicht mehr lange; sein Nachfolger war wieder ein Getreuer der Kirche.
Eine zuverlässige Stütze hatte Georg in dem Gemeindekirchenrat. Da Amtsträger ihm sehr bald nicht mehr angehören durften, schieden, wie schon erwähnt, der Lehrer des eingepfarrten Rottmannshagen aus, als er Ortsgruppenführer geworden war, und desgleichen der Zetteminer Bürgermeister, ein Bauer aus Carlsruhe. Letzterer war ein Mann durchaus anständiger Gesinnung, doch charakterlich zu schwach, um den gefährlichen persönlichen Anfeindungen des mächtigen Ortsgruppenleiters gewachsen zu sein. Auch er betrat die Kirche nicht mehr, wie jeder sie zu meiden begann, der als ein guter Pg angesehen werden wollte. Sogar der

gewöhnliche »Volksgenosse« ließ sich auf dem Land immer seltener im Gotteshaus blicken aus Furcht, gehänselt zu werden und »oben« unangenehm aufzufallen. Im Gegensatz dazu nahm in den Städten der Kirchenbesuch von Jahr zu Jahr zu. Zu Austritten aus der Kirche kam es aber in Zettemin gottlob nicht.
Bis auf die Abnahme des immer schwachen Kirchenbesuches blieb in Zettemin alles beim alten. Sichtbares Zeichen einer Änderung war das Verschwinden der weißlila Kirchenfahne, die zunächst noch neben der roten Hakenkreuzfahne an hohen Feiertagen gezeigt, schließlich aber nicht mehr gesetzt werden durfte. Des weiteren das Ausbleiben der sonntäglichen Rundfunksendung von Gottesdiensten mit ihren guten Predigten. Gerade auf dem Lande waren diese manchem lieb und wert, der weitab der Kirche wohnte oder durch Krankheit und Gebrechen am Kirchgang verhindert war. Aber dafür brauchte der Rundfunkhörer am Buß- und Bettag, am Totensonntag und an den hohen kirchlichen Feiertagen zu Weihnachten, Ostern und Pfingsten seine muntere Tanzmusik nicht zu entbehren, die alle ernste Musik ersetzte. Dies wirkte wie ein Schlag ins Gesicht.
Es war an einem Volkstrauertag im Krieg, wie er am zwölften März eines jeden Jahres zum Gedächtnis der Gefallenen im Ersten und nun wieder im Zweiten Weltkriege begangen wurde. Die Kirche war voll besetzt wie stets an diesem Tag, denn ein jeder hatte einen Lieben zu betrauern und einen Kranz an der kleinen Gedenktafel oder unter dem hohen, schlichten Birkenkreuz, das im Zweiten Weltkriege provisorisch in der Kirche aufgerichtet worden war, niederzulegen. Vollzählig war auch die Kriegerkameradschaft mit der Fahne in der Kirche angetreten.
»Warum nur steht die SA-Gruppe mit ihrem Ortsgruppenleiter, der Hakenkreuzfahne und einem großen Kranz noch vor dem Gotteshaus und trifft keine Anstalten, ebenfalls hineinzugehen?« fragten sich Georg und Vera, als sie zur Kirche kamen. Kaum glaublich klang die Aufklärung: Hakenkreuzfahne und Kranz mit Hakenkreuzschleife durften nicht mehr in die Kirche hineingebracht werden; neuestes Verbot der Partei! Die SA-Männer wollten nun den Kranz an dem alten Ehrenmal von 1914/18, einer großen Steinplatte an der Wand außerhalb des Gotteshauses, niederlegen. Wohl wird den meisten dabei nicht zumute gewesen sein!

Ebenso kraß wirkte sich dieses Verbot in dem Bauerndorf Pribbenow bei der Beerdigung eines allseitig beliebten Maschinenschlossers, des alten »Lögenmöller«, aus. Möller trug mit vollem Recht seinen verlängerten Namen, der so gang und gäbe war, daß Georg ihn aus Versehen zu seinem Schrecken einmal so angeredet hatte! Noch kürzlich hatte seine Frau zu Vera am Telephon gesagt: »Nein, Frau Gräfin, mein Mann lügt aber auch zu toll«, als eine fest zugesagte Rasenmähmaschine auch dieses Mal nicht abgeliefert worden war. Als sie schließlich kam, mähte sie nicht und entpuppte sich als völlig unbrauchbar. »Ja«, redete sich Lögenmöller mit treuem Aufschlag seiner blauen Augen Vera gegenüber heraus, als sie es rügte, »Frau Gräfin hatten ja extra eine alte bestellt. Daß die auch noch mähen sollte!« Lögenmöller war ein Original, dem man nicht gram sein konnte, und Georg wollte nicht verabsäumen, ihm das letzte Geleit zu geben.
An einem grauen, kalten und diesigen Novembertag fuhr er daher nach Pribbenow. Vor der kleinen Fachwerkkirche – denkbar primitiv wohnte der liebe Herrgott in Pribbenow – erblickte er als erstes eine Abordnung brauner Männer mit Kranz und Hakenkreuzfahne, die von einem Fuß auf den anderen traten und wie die begossenen Pudel aussahen. Georg wußte diesmal Bescheid, jedoch nicht, ob er sich ärgern oder amüsieren sollte. Als er sich aber in die Kirche zwängte, drängte sich ihm der Gedanke auf, daß es ein Glück war, daß diese Abordnung nicht auch noch hineingekommen war, denn die Tür ließ sich infolge der Menge der Trauergäste nur mit Mühe schließen. Dem Trauerzug zum Grab schloß sie die SA-Gruppe, schön durchgefroren, nachher doch noch an, um ihrem alten Pg doch wenigstens auf diese Weise die letzte Ehre zu erweisen.
Hitler ging in späteren Jahren noch einen Schritt weiter: Erschien er persönlich zu einem Begräbnis, dann mußte sich die Geistlichkeit vorher entfernen. Die »Staatsbegräbnisse«, eine neu eingeführte Ehrung der um das Dritte Reich besonders verdienstvollen Männer, fanden ohne Geistlichkeit und kirchliche Handlung statt. Der greise Feldmarschall von Mackensen soll sich aus diesem Grund ein solches verbeten haben.
Die Kirche sollte diskriminiert werden, doch das Gegenteil wurde erreicht: Ihr Ansehen wurde gestärkt, das der Partei gemindert.
1938 kam es zur schamlosesten und gröbsten Gotteslästerung, der

berühmt-berüchtigten »Kristallnacht«: Den Juden in Berlin und im ganzen Land wurden nicht nur die Fensterscheiben eingeworfen, ihre Wohnungs-, Büro- und Ladeneinrichtungen zertrümmert, sondern auch ihre Synagogen systematisch in dieser einen Nacht niedergebrannt. Der Kreisleiter in Rostock tat noch ein übriges, indem er persönlich vor der Synagoge den Talmud zerriß und dessen Blätter voll blanken Hohnes unter die Bevölkerung verteilte.

Doch hiermit nicht genug; es folgte die grenzenlose Gemeinheit von Goebbels, die Schuld für die Vorgänge dem deutschen Volk in die Schuhe zu schieben, um diese von Hitler und seinen Genossen abzuwälzen. Wie peinlich nur, daß Hitler selber vor nicht langer Zeit in einer seiner demagogischen Reden laut und deutlich erklärt hatte – Georg hatte es zufällig mit eigenen Ohren im Rundfunk gehört –, es geschehe nichts ohne sein Wissen. Goebbels verbreitete, diese ganze Zerstörungsaktion sei dem Judenhaß des deutschen Volkes entsprungen, der jetzt zur Explosion gekommen sei. Dabei waren es ausschließlich nur SS-Kommandos und örtliche SA-Gruppen gewesen – in Rostock hatten sie sich Schlips und Kragen abbinden müssen, um den Anschein von Mob zu erwecken –, die befehlsgemäß gewütet hatten. Von Berlin waren diese SS-Kommandos auf Lastkraftwagen herangeschafft worden, wie es aus Stavenhagen und Neubrandenburg bekannt wurde. Verstört und voller Abscheu hatte die Bevölkerung zugesehen, ohne zu wagen, sich dagegen aufzulehnen. Das war die »kochende Volksseele«, die sich Luft gemacht haben sollte!

Von diesem Tag an stand es für Georg fest, daß das »Tausendjährige Reich«, kaum begonnen, bald wieder untergehen würde. »Gott läßt sich nicht spotten: Was der Mensch sät, das wird er ernten.«

Nur von einem einzigen beherzten Manne hörte Georg hernach, daß er sich mutig, selbstlos und mit Erfolg dieser Schandtat entgegengestellt hatte. Es war Wichard Bredow aus Landin im Havelland, damals Landrat des Kreises Schloßberg, vormals Pillkallen in Ostpreußen, Veras Lieblingsvetter, der auf der Jagd in Zettemin die lustige Geschichte von den Haselhühnern erzählt hatte. Persönlich hatte er sich auf die Stufen vor der Synagoge seiner Kreisstadt gestellt und laut und bestimmt erklärt, daß der Zutritt zu ihr nur über seine Leiche gehe. Da er Ernährer einer zahlreichen Familie und mittellos war – sein väterliches Gut Landin war den schweren Zeiten für die Landwirtschaft zum Opfer gefallen –, hatte er durch seine Handlungsweise mindestens sofortige Verabschiedung und Verlust seines Landratspostens, wenn nicht Schlimmeres riskiert. Seine und seiner Familie Existenz wäre damit vernichtet gewesen. Die Synagoge blieb als einzige unangetastet, und Wichard Bredow erhielt sogar überraschender- und völlig unvorhergesehenerweise von seinem Regierungspräsidenten eine Belobigung: Er sei der einzige Landrat gewesen, der sich richtig verhalten habe! Hätte es mehr solcher heldenhafter Männer gegeben, dann wäre manches anders abgelaufen.

Auch er, der früher das Assessorexamen gemacht hatte, hatte Pg werden müssen, um Landrat werden und dadurch sich und seine Familie durchbringen zu können. Wenn er es auch aus materiellem Grund getan hatte, so war es doch entschuldbar und in seiner Lage durchaus verständlich; er hätte nicht anders handeln dürfen. Viel Segen stiftete er in seinem Kreis, verwaltete zuletzt sogar deren drei und leitete am Ende des Krieges mustergültig die Evakuierung vor den Russen. Als letzter fuhr er in seinem Dienstauto ab und warf noch sein letztes Gepäck aus dem Wagen, um Alten und Gebrechlichen Platz zu schaffen. Aller zum Leben notwendigen Dinge entblößt, mußte er als Ostvertriebener noch drei Jahre nach dem Zusammenbruch auf seine »Entnazifizierung« warten, wodurch ihm jede Anstellungsmöglichkeit genommen war. Die Arbeitskraft eines anständigen und tüchtigen Verwaltungsbeamten lag brach und verzettelte sich notgedrungen auf einem kleinen Gutssekretärposten in der britischen Zone. Nach wenigen Jahren starb er, tief betrauert und vermißt von allen, die ihn kannten.

Nach diesem furchtbaren Geschehen in der »Kristallnacht« und in Erinnerung an den Reichstagsbrand 1933 tauchte ein Witz auf, der zu gut war, um der Vergessenheit anheimzufallen: Die Gleichschaltung von SA und Wehrmacht sei schon recht weit fortgeschritten, hieß es. Uneinigkeit herrsche nur noch bezüglich der Kommandos. So heiße es bei der Wehrmacht immer noch »Legt an, gebt Feuer!«, dagegen bei der SA »Gebt an, legt Feuer!«.

Das war einer der letzten harmlosen Witze. Sie wurden dann

immer bissiger, bis sie schließlich vollständig verstummten – das traurigste Zeichen für die seelische Verfassung der Menschen.

Verfallserscheinungen

Wer Augen und Ohren offenhielt, mußte das Kommen der Katastrophe wahrnehmen; zuviel Unbegreifliches, Widersinniges, Überhebliches und Trauriges trat zutage.
Zettemin hatte ein offenes Haus; viele Freunde und Bekannte besonders aus dem Zentrum Berlin waren zu Gast, um sich einmal auszuruhen, sattzuessen oder bisweilen auch aus politischen Gründen für einige Zeit unterzutauchen. Georg und Vera waren daher gut orientiert, vermutlich besser als die Mehrzahl der Menschen.
Das Parteiabzeichen in Zettemin zu tragen war unerwünscht; es wurde dem Träger von Georg gleich bei seiner Ankunft abkomplimentiert, soweit dies angängig war. Je länger das Dritte Reich währte, desto unangenehmer wurde ihm der »Höhenförderer« und desto mehr wurde es ihm zum Warnzeichen vor dem Träger. Mancher harmlose Gast konnte die Bitte nicht begreifen, kam ihr aber dennoch nach. Es gab aber auch vorsichtige Leute, die das Abzeichen unter dem Rockaufschlag oder in der Tasche trugen, um es nur bei zweckdienlicher Gelegenheit anzulegen.
Wer Pg war, unterstand der Parteigerichtsbarkeit, die in der Erkenntnis geschaffen war, daß es besser war, die allzu viele schmutzige Wäsche nicht in aller Öffentlichkeit zu reinigen. Hatte ein kleiner Pg etwas ausgefressen – man erinnere sich des NSV-Amtswalters in Zettemin, den der Landjäger nicht festnehmen sollte –, dann deckte die Partei, soweit es möglich war, den Mantel mütterlicher Liebe und Barmherzigkeit über ihn oder versuchte, seinen Fall vor das Parteigericht zu bringen. Stritten sich zwei Pg, dann schlichtete oder richtete dieses selber.
Zettemin unterstand der parteigerichtlichen Zuständigkeit des Bürgermeisters der Kreisstadt Malchin, bislang Tankstellenwart in Stavenhagen und derselbe, der Georg einige Jahre zuvor von der Einkommenshöchstgrenze von zwölftausend Mark im Jahr gesprochen hatte. Er verfügte demzufolge über ein durch keinerlei Vorkenntnisse getrübes Urteil in seinem neuen, verantwortungsvollen Beruf und in der Rechtsprechung. Statt Benzin ver-

zapfte er nun Recht, was Georg als Zeuge staunend einmal selber erlebte.

Für schwere Fälle hatte die Partei ihre eigene Justiz in dem neugeschaffenen »Volksgerichtshof«, der drakonische Urteile fällte, durch die der Verurteilte nur zu oft im Konzentrationslager endete. Diese »Konzertlager«, wie sie in Abkürzung ironisch genannt wurden, waren 1933 von der nationalsozialistischen Regierung nach englischen Vorbildern eingerichtet worden. Wehe dem, der dort hineingeriet! Wenn auch niemand Genaues wußte, so sickerten doch Gerüchte schlimmster Art über Mißhandlungen und Peinigungen der Insassen durch. Wer das große und verhältnismäßig seltene Glück gehabt hatte, wieder freizukommen, war verschwiegen wie das Grab. Er durfte nicht das geringste erzählen, wie es ihm ergangen war, wollte er nicht sofort wieder inhaftiert werden.

Einen langjährigen Zetteminer Gast, eine ältere Klavierlehrerin, die alle paar Wochen aus Berlin kam, um Vera zu den letzten Feinheiten des Spiels zu verhelfen, hatte dies Schicksal ereilt. Georg und Vera hatten schon immer Schlimmes befürchtet, denn sie hatte ihren Anti-Gefühlen gar zu freien Lauf gelassen und hatte den Mund nicht halten können. In einer Familie in Pommern war sie denunziert worden; sie war verschwunden. Erst nach längerer Zeit erfuhr man, daß sie im Konzentrationslager saß und ihre Fingerfertigkeit im Flicken von Männerunterhosen einsetzen mußte. Als sie nach Jahr und Tag entlassen wurde und wieder erschien, verriet sie kein Sterbenswörtchen, wie es ihr ergangen war.

Denunzieren galt bei den wahren Nazis als vaterländische Pflicht und gute Tat, und es fanden sich – gottlob nur vereinzelt – selbst in hohen Kreisen Leute, die es als solche betrachteten. Dermaßen hatten sich bereits die Begriffe und Werte verdreht. Den Zetteminern waren verschiedene Namen bekannt, vor deren Trägern oder Trägerinnen sie sich in acht zu nehmen hatten.

Wie weit die Begriffsverwirrung fortgeschritten war, ging aus der Erzählung einer Nichte Veras hervor, die zu Besuch aus Berlin gekommen war: In der S-Bahn in Berlin hatte ihr jüngsthin ein SS-Mann gegenübergesessen, mit dem sie in ein Gespräch gekommen war. Im Verlauf desselben hatte er ein Photoalbum mit Bildern seiner Kameraden hervorgeholt und ihr gezeigt mit der Aufforderung, sie solle sich einen von ihnen aussuchen. Nur mit der Lüge, sie sei bereits verlobt, hatte sie sich der peinlichen Notlage entziehen können. Zufriedengestellt, hatte der SS-Mann dies gelten lassen und sie nicht weiter belästigt, denn es erschien ihm nach aller Voraussicht gesichert, daß sie in absehbarer Zeit »dem Führer ein Kind gebären« würde! Die Vermehrung der Bevölkerungszahl um jeden Preis bildete ein dringendes Anliegen der Hitler-Regierung. Diesem Zweck diente auch die Auszeichnung kinderreicher Mütter mit dem »Mutterkreuz«, die nichts anderes bedeutete als eine diskrete Prämierung. Ahnungslos ob seiner tieferen Bedeutung wurde dieses Kreuz von mancher Mutter mit Stolz bei festlichen Gelegenheiten getragen.

Wer Rechte hat, hat auch Pflichten; wer regieren und befehlen will, hat sich selber im Zaum zu halten und mit gutem Beispiel voranzugehen. Daran ließen es die damaligen Herren gewaltig fehlen; mit einer Ausnahme: Hitler selber. Über sein Leben war kaum etwas zu hören, man durfte daher annehmen, daß es normal und einfach verlief, soweit seine Stellung dies zuließ.

Wie anders benahmen sich seine Trabanten, die sich gegenseitig an Verschwendungssucht und Prasserei überboten.

»Wenn du wüßtest, wie die da oben leben, dann würden dir die Augen übergehen«, sagte der Pförtner des Deutschen Auslandclubs in Berlin zu Georgs Chauffeur, dem guten Tanger. Und bald danach explodierte den Zetteminern gegenüber beim Abendessen im Adlon erregt und voller Empörung der servierende, vertraute junge Kellner, der Einsicht in die abendlichen Essen und Gelage hatte, die Nationalsozialisten in hohen Stellungen in den Sonderräumen des Hotels abzuhalten pflegten: »Ich muß es den Herrschaften sagen, ich kann nicht mehr an mich halten: Es ist schamlos. Doch wir haben alle auf unserer Liste stehen. Wehe ihnen wenn es erst soweit sein wird; dann kommt keiner mit dem Leben davon!«

In Görings Prunk- und Verschwendungssucht erhielten Georg und Vera einmal selber einen kleinen Einblick, als sie bei einem Kunstschmiedemeister in Berlin schmiedeeiserne Wandleuchter zur Erinnerung und Ehrung für jeden 1914/18 aus Wolde Gefallenen für die dortige Kirche bestellten. Sie erblickten eine Hintertür aus schwerer Bronze, eine wunderbare Arbeit, die Göring für sein Märchenschloß Karinhall anfertigen ließ, nach dem Vorbild der

Tür eines Palazzo in Venedig, wohin der Meister extra hatte reisen müssen. Das Unrechtmäßige und Ungehörige, das der anständige Handwerksmeister selber schmerzlich und beschämend empfand, lag darin, daß zur Anfertigung ausschließlich eine Metallmischung verwendet werden mußte zu einer Zeit, in der alles Kupfer abmontiert, ausgebaut und abgeliefert werden mußte, da bei der gewaltigen Aufrüstung größter Mangel daran herrschte. Für Göring spielte das keine Rolle; er trieb seinen Prunk so überdimensional, daß alle Welt darüber nur lachte.
Von den großen Landbesitzen, Schlössern und Prachtvillen, die sich jeder Gauleiter zugelegt hatte, soll nicht gesprochen werden. Das ist zu bekannt, aber interessant war die Auswirkung, die auch Georg zu spüren bekam. Damit die Herren gedeckt waren, sollte Hitler nicht nachstehen. Es wurde daher in der Nähe von Feldberg in Mecklenburg-Strelitz ein herrlicher Landbesitz fruchtbarsten Bodens aus Domänen als »Krongut« zusammengelegt und zusammengekauft. Diese Bezeichnung war kein Scherz! Alteingesessene Domänenpächterfamilien wurden bedenkenlos entwurzelt. Wahrscheinlich war dieser Besitz Hitler völlig gleichgültig, denn man hatte niemals vernommen, daß er auch nur ein einziges Mal zur Besichtigung dort gewesen wäre. Siebentausendfünfhundert Hektar waren schon beisammen, zwölftausendfünfhundert Hektar sollten die Größe des »Krongutes« betragen. Die Grundbucheintragungen lauteten auf den Namen von Martin Bormann, der vormals ein kleiner Gutssekretär in Mecklenburg gewesen war und nun zu den Gewaltigen der nächsten Umgebung von Hitler zählte. Der gesamte Komplex nannte sich »Obersalzberg Nord« und gab damit seine Zugehörigkeit zu Hitlers Residenz auf dem Obersalzberg bei Berchtesgaden zu erkennen. Da Zettemin nicht allzuweit entfernt lag, bekam es diese Nachbarschaft in den Kriegsjahren, als alles äußerst knapp wurde, häufig unliebsam zu spüren. Der Betrieb »Obersalzberg Nord« war bevorzugt zu beliefern, und so ging manches in Zettemin dringend benötigte Gerät dorthin, obwohl es von der landwirtschaftlichen Maschinenfabrik Lythall in Neubrandenburg Georg fest zugesagt worden war. So war es auch mit Baumaterial und Handwerkern, als diese infolge der Städteverbombungen und kriegsbedingten Verknappungen kaum mehr zu bekommen waren; zum Teil wurde beides sogar aus München hinbeordert. Eigennutz ging vor Gemeinnutz, wie sich

alle Begriffe verkehrt hatten. Zum Bau eines prunkvollen Schlosses ist es nicht mehr gekommen.
Geld spielte keine Rolle, die Notenpresse erzeugte immerfort neues, und viele Quellen der Partei sprudelten. Auch private, wie zum Beispiel der Eher-Verlag in München, der angeblich Hitler und Darré gehörte und der das Monopol für den Druck und Verlag aller Parteischriften besaß. In ihm war auch Hitlers Buch *Mein Kampf* erschienen, das inzwischen neu redigiert und von vielen verfänglichen und nicht mehr zeitgemäßen Stellen gesäubert worden war, unter anderem von dem ganzen Kapitel über Rußland. Um das Buch noch weiter zu verbreiten und den Absatz zu steigern, wurde es in den letzten Jahren jedem jungen Paar bei der Trauung vom Standesbeamten überreicht. Wer im wirtschaftlichen Leben vorankommen und sich einer Prüfung unterziehen wollte, hatte *Mein Kampf* zu kaufen und zu lesen. Staunend stellten Georg und Vera dies fest, als Valeska v. Kalckstein, bei ihnen zu Gast, eifrig *Mein Kampf* las, um ihre Prüfung nach beendetem photographischem Studium bestehen zu können und ein eigenes Atelier eröffnen zu dürfen!
»Was wollen Sie? Die Zeit tötet den Geist«, bemerkte treffend der langjährig vertraute Buchhändler in Berlin zu Vera, als sie vergebens nach gehaltvollen Büchern forschte. Als »Schmutz und Schund« waren sie vom Büchermarkt verschwunden, da sie nicht dem »Dritten Reich« huldigten, oder von jüdischen Autoren verfaßt worden waren. Gute Bücher konnte man nur noch »unter dem Tisch« erwerben.
Vieles ließe sich noch erzählen, doch dies dürfte genügen, um darzutun, wie bedrückt und sorgenvoll Georg und Vera in die Zukunft blickten. Sie waren gezwungen, alles treiben zu lassen, ohnmächtig, das geringste ändern und eine Katastrophe aufhalten zu können, die unweigerlich eintreten mußte. Trost und ein wenig Hoffnung gab ihnen ein Buch (natürlich auch Schmutz und Schund), *Führer, Schwärmer und Rebellen* von Fülöp-Miller, in welchem dieser den Nachweis führte, daß alle »Tausendjährigen Reiche« in der Geschichte kaum länger als zehn Jahre bestanden hatten und dann stets durch Größenwahn, Verschwendungssucht und Prasserei ihrer Herrscher zugrunde gegangen waren. Deutschlands augenblickliche Beherrscher befanden sich demnach auf dem besten Wege, ihr »Tausendjähriges Reich« schnellstens zu zerstören.

Daß es aber ohne furchtbaren Schock, Krieg oder diesmal blutige Revolution ablaufen würde, war undenkbar.

Wetterleuchten

Die allgemeine Aufrüstung, die ab 1935 in Verbindung mit Görings Parole »Kanonen statt Butter« offen einsetzte, war in hohem Grade besorgniserregend. Hinzu kamen die dauernden Schreckschüsse, die Hitler mit seiner Überraschungs- und Gewaltpolitik (immer an einem Sonnabend) abfeuerte und die die anderen Staaten auf die Dauer nicht ruhig hinnehmen konnten. Den Einsichtigen wurde es immer klarer, daß man dem Krieg zutrieb.

Daher erschreckte es die Zetteminer zutiefst, als ein befreundeter Juwelier sie 1938 in ihrer Wohnung in Berlin aufsuchte und ihnen, noch völlig benommen, von einem Gespräch erzählte, das er am Vorabend mit einem hohen Nationalsozialisten geführt hatte.

»Wir müssen den Krieg beginnen«, hatte dieser zu ihm geäußert, »ganz gleich, ob gegen die Tschechen oder Polen oder sonst jemand, wenn wir nicht kapitulieren wollen.«

»Aber, Herr Staatssekretär, wie können Sie so etwas sagen«, hatte ihm der Juwelier entgeistert entgegnet.

»Doch, es ist so«, war der Nazi fortgefahren, »denn wir sind am Ende unserer Geldmittel, müßten sonst eine große Anleihe im Ausland aufnehmen und dann auf manche unserer Programmpunkte verzichten. Und das wollen wir nicht.«

Nun schien wirklich der Fall des Geldmangels eingetreten zu sein, mit dem England von Anfang an gerechnet und daher nichts gegen den Nationalsozialismus unternommen hatte: Am Mangel an Geld würde er sich von selbst totlaufen. Freund Trinks hatte von dieser Auffassung Englands Georg und Vera Mitte der dreißiger Jahre erzählt, als sie sich in Berlin wiedergetroffen hatten, von wo er über München 1933 nach London übergesiedelt war.

Krieg. Das deckte sich mit dem, was man schon in den Parteiversammlungen auf dem Lande gehört hatte und was sogar in der deutschen Kolonie in Rom verbreitet worden war: Hitler wollte bis zum Ural vordringen!

Ein solcher Plan konnte nur dem Gehirn eines Wahnsinnigen entspringen, und furchtbarerweise war dem auch so. Ein den

Zetteminern befreundeter Arzt – er wanderte noch rechtzeitig nach Amerika aus –, der es von einem Hitler behandelnden Kollegen erfahren hatte, hatte es Vera bereits Mitte der dreißiger Jahre erzählt. Auch die Witze im Volk deuteten darauf hin. Es war leider Gottes ein Grenzfall, so daß die Ärzte nicht einschreiten konnten. Furchtbar war der Gedanke, ja, die Gewißheit, daß Deutschland von einem Geisteskranken, einem unberechenbaren Menschen, und noch dazu diktatorisch regiert wurde. Vera teilte dies erst einige Jahre später ihrem Georg mit, um ihn nicht zu belasten, denn man konnte nie wissen, in welche Lage er einmal kommen könnte. Man konnte nicht vorsichtig genug sein.

Immer unheimlicher wurde auch die SS, die ursprünglichen »Schutzstaffeln«, aus denen sich Hitler eine Prätorianergarde geschaffen und die er stetig vergrößert hatte. Schließlich hatte er sie zu Regimentern zusammengefaßt genau so, wie Mussolini in Italien aus seinen »Schwarzhemden« ein Nebenheer gebildet hatte. Zunächst war aber in Deutschland gottlob noch die Wehrmacht der einzige »Waffenträger«, was beruhigend war. Als aber Hitler und seine Trabanten auch die SS-Regimenter nunmehr mit leichten und schweren Waffen ausrüsten wollten, wurde Georg und Vera bang zumute. Noch wäre es den führenden Generalen der Wehrmacht möglich gewesen, dies zu verhindern und das Heft in der Hand zu behalten, denn sie hatten die tatsächliche Macht. Äußersten Falles durch geschlossenes Abdanken. Unfaßlicherweise taten sie es nicht und luden damit eine schwere Schuld auf sich. Nichts, aber auch nichts geschah, außer daß der eine oder andere General ausschied und daß man von einem Wechsel in dieser oder jener Dienststelle vernahm.

Damit hatte Hitler in der Waffen-SS sein Nebenheer und ein Instrument, das eine ungeheuere Machtbefestigung und Sicherung des Nationalsozialismus bedeutete. Ein gewaltsamer Umsturz hätte von nun an nicht mehr mit Erfolg durchgeführt werden können, ohne einen furchtbaren Bürgerkrieg zu entfesseln.

Zum weiteren Auf- und Ausbau der Waffen-SS gehörten Mannschaften und Offiziere; Freiwillige meldeten sich aber zu wenig, trotz höherer Besoldung als in der Wehrmacht und trotz manchen lockenden Vorteilen. Nach Zetteminer Ansicht ging kein anständiger Mann in die SS, es sei denn, er war ein fanatischer Nationalsozialist. Es wurden daher später im Krieg Offiziere und Mann-

schaften ungefragt einfach aus der Wehrmacht in die Waffen-SS abkommandiert oder versetzt, wogegen diese Unglücklichen nichts unternehmen konnten.
Zunächst wurden jedoch Rekrutierungen offen oder getarnt vorgenommen. Eine solche SS-Rekrutierungskommission erschien eines Tages in Neu-Bauhof bei Stavenhagen und wollte unter anderen einen Untermelker anwerben. Untermelker waren eigenartigerweise zumeist Rowdies, obwohl sie nur mit sanftmütigen Kühen umzugehen hatten; der Auserkorene war ein besonderer.
»Den Mann können Sie nicht nehmen«, warnte der Besitzer, Herr Bennecke, »der ist zu roh.« Worauf ihm erwidert wurde:
»Das ist gerade gut, wir suchen ja solche Menschen, die im Blut waten können!«
In einem anderen Fall erhielt der flinke Zetteminer Bürolehrling einen Stellungsbefehl zur ärztlichen Untersuchung in Güstrow. Das Formular entsprach in allem genau einem der Wehrmacht, lediglich die Reisekosten wurden nicht erstattet, wie es bei der Wehrmacht üblich war. Sie stellten einen regelrechten Bauernfang dar; gesetzliche Gültigkeit hatten diese SS-Stellungsbefehle nicht, konnten daher auch nicht erzwungen werden. Des Interesses halber folgte der Bürolehrling diesem Quasi-Befehl und war der einzige, der sich infolge seines gewandten Verhaltens nicht einfangen ließ. Alle anderen zwanzig bis dreißig Jungen, die sich mit ihm gestellt hatten, waren auf den Leim gekrochen, hatten geglaubt, einem Befehl der Wehrmacht zu folgen, und waren, ohne es zu wollen oder sich darüber klarzuwerden, in die SS eingereiht worden. Abgesehen von diesem persönlichen Unglück der armen Burschen, tat dieses Verfahren der Rekrutierung der Wehrmacht erheblichen Abbruch, in deren Musterungslisten sich die SS auf irgendeine Weise Einblick verschafft hatte.
Durch dieses Rekrutierungsverfahren und Abkommandierungen aus der Wehrmacht wurde die Waffen-SS vom Standpunkt des Nationalsozialismus stark verwässert: Es kamen zu viele gute und ordentliche Elemente hinein. Scharf zu trennen war sie auf jeden Fall von der übrigen SS, der Gestapo (Geheime Staatspolizei) und dem SD (Sicherheitsdienst), um die jeder einen weiten Bogen machte.
Es war klar; dies alles waren Anzeichen und Vorbereitungen zum Krieg. Es war furchtbar.

Georg und Vera, sehr befreundet mit dem Maler Professor Willi Jaeckel in Berlin, befragten diesen in höchster Sorge um das weitere Geschehen. Jaeckel war ihnen gleichgesinnt und haßte das Hitler-Regime und seine Akteure in gleichem Maße.
»Die werden wir unter allen Umständen los«, beruhigte er seine Freunde immer wieder, »da brauchen Sie keine Sorge zu haben«. Herrgott, wäre das schön! Aber wie? Und unter welchen Umständen?
Jaeckel stellte für sich privat mit unendlicher Mühe das Horoskop; er nahm es sehr ernst und sprach zu niemand darüber. Nur als die Zetteminer ihn drängten und inständig baten, in stillen Abendstunden bei einer Flasche besonders guten Weines, ließ er sich herbei, etwas von seinem Forschen zu sagen. Auf diese Weise kam er zu dem tröstlichen Ausspruch, den er öfter wiederholte.
Später sagte er auf den Tag genau den Kriegsausbruch voraus. Darauf bauend, hatten Georg und Vera mit ihren Kindern noch im Frühjahr 1939 eine Autoreise nach Rom unternommen, obwohl es schon brenzlig aussah.
»Den Krieg werden wir verlieren, dann kommt ein Tohuwabohu, alles ist im Nebel und verschleiert, so daß ich nichts ausmachen kann. Deutschland wird aber mit einem blauen Auge (es ist nur allzu blau geworden) davonkommen. Ein zweiter Krieg wird bald darauf kommen, in den Deutschland nach aller Voraussicht nicht hineingezogen wird, sondern Deutschland wird Aufträge erhalten, viel liefern, reich werden und wieder eine Monarchie. Sie werden das gern hören, doch ich finde es nicht schön, denn eine Republik ist mir weitaus lieber. Aber es hilft nichts: Alle Zeichen gehen auf die Monarchie.«
So sagte Jaeckel. Das meiste ist eingetroffen oder zeichnet sich schon ab. Auch seine Todeswoche hatte er richtig gesehen. »Die Technik ist gegen mich.« Zwei Fliegerbomben in Berlin am Kurfürstendamm setzten seinem Leben ein Ende, kurz bevor er nach Zettemin übersiedeln wollte, wo Georg und Vera ihm oben im Haus ein Atelier einrichten wollten. Ein lieber Freund war ihnen genommen, ein begnadeter Künstler und vor allem ein in Güte und Abgeklärtheit vollendeter Mann war dahingegangen.
Schreckliches stand bevor; Gott schütze uns und Deutschland!

Krieg

Haben die Herrschaften eben gehört? Es ist Krieg! Nun ist alles zu Ende.« Bleich kam der gute Brümmer am 1. September 1939 mit diesen Worten in das Wohnzimmer von Georg und Vera. Auch sie hatten es gerade im Radio erfahren und waren nun, wo die schreckliche Nachricht da war, ebenso erschüttert, obwohl sie darauf gefaßt waren.

1914/18 war noch zu gut in Erinnerung. Damals hatte eine Welt von Feinden gegen Deutschland gestanden, diesmal würde es das gleiche sein. Damals mußte Deutschland der gewaltigen Übermacht erliegen, logischerweise mußte es diesmal ebenso geschehen. Und erst recht, denn 1914 war Deutschland unter anderen Bedingungen in den Krieg gegangen: in gerechter Notwehr, unter sauberer Führung, reich und in voller Blüte stehend, während jetzt alles genau gegenteilig war.

Für Georg stand es erschreckend fest: Unabwendbar mußte es zur Katastrophe führen, mochte das arme deutsche Volk noch so heroisch kämpfen. Wenn es doch wenigstens im günstigsten Falle zu einer »partie remise« kommen wollte, denn verlorengehen durfte der Krieg nicht, um nicht in größtes Unglück gestürzt zu werden. Hinwiederum durfte er auch nicht gewonnen werden, denn dann würde die unselige Hitler-Diktatur verbleiben und noch weit schlimmere Auswüchse zeitigen als bisher. Fünfzig zu fünfzig wäre das Ideal. Angesichts eines Krieges bedeuteten derartige Gedanken und Gefühle einen widernatürlichen, furchtbaren Zwiespalt!

Was sind Wünsche! Es kam, wie es schicksalhaft kommen mußte. Niemand wollte den Krieg, niemand wurde von der Begeisterung der Kriegspsychose ergriffen. Jeder ergab sich dem unausweichbaren Schicksal und fühlte mehr oder weniger das Unrecht, das zu begehen Deutschland gezwungen wurde, und das ungeheuere Vabanquespiel, das Hitler eingegangen war. Auch die Zetteminer Leute. Es herrschte keine Hurrastimmung, keine überschäumende Siegeszuversicht, bestenfalls nur »gedämpfter Optimismus«, wie der Ausdruck fein abgetönt lautet. Mit zusammengebis-

senen Zähnen ging jeder an seine Aufgabe. Da man nichts ändern konnte, wollte jeder wenigstens seine Pflicht tun und lieber in Ehren untergehen, als in höchster Gefahr das Vaterland im Stich lassen.
Zweimal im Lauf des Krieges wurde Georg zur militärärztlichen Untersuchung auf Diensttauglichkeit nach Güstrow beordert und infolge seiner Kriegsdienstbeschädigung 1914/18 beide Male untauglich geschrieben. Ihm war es lieb, denn er gehörte nun erst recht auf seinen Posten in Zettemin, wo er dem Vaterland bedeutend mehr nützen konnte als auf einem kleinen militärischen Posten. Auch widerstand es ihm, als Offizier unter Hitler zu dienen.
Das Leben und die Arbeit auf dem Lande gingen weiter ihren Gang, nur wurde von Jahr zu Jahr alles schwieriger. Erst wurden die jungen Männer eingezogen und durch Kriegsgefangene ersetzt, später die älteren. Anständige und ordentliche Leute waren diese Gefangenen, besonders die Franzosen, deren hartes Los zu erleichtern Georg bemüht war, ohne mit der Partei in Konflikt zu geraten. Der Bestand an Pferden verringerte sich ebenfalls durch Aushebungen immer mehr, Rationierungen in allen Betriebs- und schließlich auch in den Lebensmitteln griffen um sich. In den beiden letzten Kriegsjahren wurden auch noch der Inspektor und der Rentmeister – der Bürolehrling war es schon längst – zur Wehrmacht eingezogen, so daß Georg einen Interims-Inspektor einstellen und die gesamte Buchführung selber erledigen mußte. Doch die Arbeit machte ihm viel Freude, denn es gelang ihm mit Hilfe seines trefflichen und treuen Oberbeamten in Wolde, Herrn Hoffmeister, die Betriebe bis zum Ende auf höchster Höhe zu halten und für die wichtige Volksernährung bedeutende Werte zu schaffen und abzuliefern.
Die schönste Erholung für ihn und Vera bedeutete nach wie vor der Ansitz auf der Kanzel im Wald vor und während der Hirschbrunft. Unwahrscheinlich erschien es, daß weit, weit entfernt an vielen Orten der Welt in der gleichen Stunde die schwersten Kämpfe tobten und unaufhörlich Menschen fielen. Und hier herrschten tiefster Frieden und eine wunderbare Stille. Nur die vertrauten Laute der Tierwelt und das Flüstern oder Rauschen des Windes in den Baumwipfeln waren zu hören.
Bist du es wert, in diesen Zeiten solches genießen zu dürfen und

derartig bevorzugt zu sein vor Millionen von Menschen, die hungern, im Dreck liegen, sterben? Verlangt es nicht die Gerechtigkeit, daß auch du einmal darankommst, deinen Tribut dem großen Geschehen der Zeit zahlen zu müssen? Das waren Gedanken, die Georg oft befielen. Er legte alles in Gottes Hand; wie Er ihn, Vera und seine Kinder führte, würde es richtig sein. Voll innigen Dankes genoß er bewußt diese unverdient gute Zeit. Benita war ja auch noch zu Hause, und Botho nach seinem Abitur in der landwirtschaftlichen Lehre; um beide brauchte man sich daher nicht zu sorgen. Auch nicht mehr um den geliebten Christian, den Ältesten, der 1938 als Fahnenjunker einer kurzen, heimtückischen Krankheit zum Opfer gefallen war. Er ruhte im Frieden, allem grauenhaften Geschehen entrückt.

Der Krieg ging weiter von Jahr zu Jahr und nahm immer gewaltigere Ausmaße an. Deutschland siegte an allen Fronten, immer wieder verkündete der Rundfunk, eingeleitet mit Fanfaren, Sondermeldungen. Wenn solche über zigtausend im U-Boot-Krieg versenkte Bruttoregistertonnen durchkamen, mußte Georg stets denken: Das müssen am Ende alles wir bezahlen.

Ein Gleiches war es mit allen anderen, unendlich vielen Werten, die vernichtet wurden. Die Industrien aller Länder einschließlich Deutschlands erzeugten nur Vernichtungswaffen und Munition, um damit Werte zu zerstören. Millionen, Milliarden gingen in die Luft, auf den Grund der Meere oder in Schutt und Asche. Um diese mußten alle kriegführenden Staaten – es waren schließlich fast alle in der Welt – ärmer werden. Die Zeche würde Deutschland zu bezahlen haben; ein Alptraum schlimmster Art. Georg konnte diese Fanfaren schließlich nicht mehr ertragen.

Dauernd wurde befohlen, zu flaggen; längst hatte ein hoher Fahnenmast mitten auf dem Rasen vor dem Haus in Zettemin aufgerichtet werden müssen. Wer hatte früher an Fahnenmaste gedacht? Doch im Dritten Reich mußte eo ipso – e ips, wie der alte Diener von Septimus Hahn in Schwirsen zu sagen pflegte – an den profanen Festtagen die große, rote Hakenkreuzfahne gesetzt werden. Nun wehte sie fast dauernd, falls Brümmer, der dafür verantwortlich war, es nicht verabsäumt hatte, sie anzuknüpfen und hochzuziehen. Er tat es sehr ungern.

Wieder einmal war es angeordnet worden, am Mast war aber keine Fahne zu sehen.

»Brümmer«, sagte Vera, »wir haben schon das letztemal nicht geflaggt, weil der Befehl reichlich spät durchkam. Heute müssen wir es tun, wollen wir uns keinen Unannehmlichkeiten aussetzen.«
»Jawohl, Frau Gräfin«, erwiderte er nicht gerade begeistert und flaggte – halbmast.
»Lieber Brümmer, das geht nicht an, das sieht unmöglich aus. Wie bei einem Trauerfall.«
»Die Fahne will nicht weiter hochgehen, Frau Gräfin; sie bleibt dort haken.«
»Da hilft alles nichts, Brümmer, dann müssen Sie den Fahnenmast umlegen und die Havarie beseitigen. Wir kommen sonst in des Teufels Küche.«
Die Fahne wehte schließlich oben.
Ein andermal, es war im Spätherbst, flatterte die Fahne, wie so oft, wieder am Mast; doch nur in zweidrittel Höhe.
»Warum ist heute wieder geflaggt und weshalb wie bei einem Trauerfall?« fragte wißbegierig die Beschließerin Emma den braven Brümmer.
»Mien Siwen is dod«, erhielt sie lakonisch zur Antwort. Wahrhaftig, tags zuvor hatte Brümmer sein Mastschwein abgestochen.
Durch das häufige Flaggen bei Wind, Regen und Sonnenschein wurde die Fahne erklärlicherweise stark mitgenommen. Nun, für diese Saison, womit Georg das Dritte Reich meinte, würde sie noch durchhalten. Verdunkelte sich der Himmel doch mehr und mehr und hatte ein greller Blitz die Lage beleuchtet. Schon zu Anfang des Krieges hatte der untadelige Generaloberst Freiherr von Fritsch, um nur einen zu nennen, es gewagt, den gefährlichsten und unsinnigsten Befehlen und Anordnungen des »Führers«, der den Oberbefehl führte, Einhalt zu gebieten. Vergeblich; er war in ehrenrührigster Art diffamiert worden und hatte daraufhin den Soldatentod gesucht und gefunden. Nunmehr mußten auf Hitlers Befehle Generale über ihre eigenen Kameraden der Generalität, die sich verhängnisvoll unsinnigen Führerbefehlen widersetzt hatten, zu Gericht sitzen und sie verurteilen. Und sie taten es, statt einmütig und geschlossen dem »Führer« entgegenzutreten. Es war das unwürdigste Schauspiel, das der Welt geboten werden konnte. Georg und Vera waren entsetzt, daß derartiges möglich war; die Generale waren ihre einzige Hoffnung gewesen.

»Hoffe du nicht auf die Generale; sie sehen alle nur auf ihre Beförderung, Dekorationen und Dotationen«, sagte niederschmetternd ein guter alter Freund des Hauses. Sein Urteil hatte besonderen Wert, denn er war ein kluger und objektiv nüchtern denkender Mann. Ohne sich lange zu besinnen, hatte er sich dennoch als Reserveoffizier zur Verfügung gestellt.

Obwohl die Zetteminer es sehen mußten, sträubten sie sich, es zu glauben: Es war zu furchtbar. Sie klammerten sich an Einzelbeispiele, wie ein solches prachtvoller nicht geboten werden konnte als durch General Graf Sponeck, vor dem Krieg Kommandeur des Infanterie-Regiments in Neu-Strelitz. Der war noch ein Edelmann und Offizier! Um seine Divisionen vor völliger und sinnloser Vernichtung in der Gegend der Krim zu bewahren, nahm er sie zurück, entgegen dem ausdrücklichen Befehl von Hitler, der es liebte, derartig widersinnige Befehle des Ausharrens bis zum letzten Mann zu geben. In voller Verantwortung rettete er damit Tausenden das Leben und die Kampfkraft einer Division. Er wurde zum einfachen Soldaten degradiert und aller seiner Ehrenzeichen für verlustig erklärt, und es wurde ihm nahegelegt, sich selber das Leben zu nehmen. Mit dem Bemerken »Solche Männer wie mich wird das Vaterland noch brauchen«, wies er das Ansinnen zurück. Die dann über ihn verhängte Todesstrafe wurde in Festungshaft umgewandelt, bis der 20. Juli 1944 Anlaß bot, auch ihn zu »liquidieren«.

Auf einer Reise zur Kur nach Karlsbad im Herbst 1941 erhielten die Zetteminer in Berlin die Bestätigung, daß der Krieg verlorengehen mußte: Im OKW (Oberkommando Wehrmacht) hatte man keine Hoffnung mehr auf den Sieg, nachdem der russische Winter und der scharfe Widerstand bei Moskau eingesetzt hatten. Dennoch wurde der Krieg weitergeführt. Ein Wahnsinniger, der »genialste Führer aller Zeiten«, terrorisierte die Generale, pfuschte ihnen ins Handwerk, entließ diesen oder jenen, um ihn dann wieder zu holen, brüllte sie an. Kein General wagte gegen den Stachel zu löken, aber auch keiner zog die einzig möglichen Konsequenzen. Es war zum Verzweifeln.

Eine zweite Reise nach Karlsbad im folgenden Jahr war von Berlin bis Dresden nicht minder aufschlußreich. Obwohl sich Georg und Vera bereits eine Stunde vor Abgang des D-Zuges am Anhalter Bahnhof eingefunden hatten, war der Zug schon überbesetzt. Nur

in einem Wagen waren die beiden Abteile erster Klasse noch frei: Das eine war abgeschlossen, in dem andern saß in einsamer Pracht ein SS-Führer. Er blieb allein, denn niemand mochte in seiner Gesellschaft reisen; lieber stand man die ganze Zeit gedrängt auf dem Gang. Man hielt es mit dem Ausspruch eines Polen: »Deutscher Soldat mit Vogel (der stilisierte Reichsadler) auf Brust (Wehrmacht) gut, mit Vogel am Arm (SS) schlecht.«
Georg und Vera stellten sich vor dem abgeschlossenen Abteil auf in der Hoffnung, irgendwie hineinzukommen, und wie sie dachten noch einige andere Reisende. Endlich erschien ein nett aussehender, munterer Zivilist, der aufschließen und beide sowie noch einige andere Reisende eintreten ließ, soweit Platz vorhanden war. Man saß nun bequem und war gleich miteinander bekannt. Der Zivilist entpuppte sich als Offizier »mit Vogel auf Brust« aus dem Stab des Panzerführers Generaloberst Guderian. Er schien augenblicklich in der Abwehr tätig zu sein, wenn man ihm trauen durfte! Einer der Mitreisenden traute ihm jedenfalls in keiner Weise und schwitzte Blut bis Dresden, denn der Herr erzählte Dinge und zog vom Leder, wie es toller nicht denkbar war. War er ein herausfordernder Spitzel, dann hätte er alle ins Konzentrationslager bringen können, da bloßes Anhören ohne Protest genügte. Er war es aber scheinbar nicht, denn alles lief gut ab. In Dresden mußte er leider aussteigen; noch nie war Georg und Vera die Strecke so kurz erschienen. Sie hatten wieder eine Menge Neues gehört und zugelernt.
Auch andere hatten ihre Erfahrungen gesammelt, ihre Schlüsse gezogen und sich ein Urteil gebildet. Dies kam auf eine drollige und unmißverständliche Weise bei der Hochzeit von Benita mit Wilhelm Dohna-Mallmitz 1943 in Zettemin zu Tage.
Georg und Vera hatten den siebenundzwanzigsten Februar, ihren eigenen Hochzeitstag 1915, als glückbringend gewählt und die Tafel über und über mit roten Tulpen geschmückt, wie es damals im Hotel Kaiserhof in Berlin gewesen war. Infolge des Krieges war aber nur ein kleiner Kreis von Gästen geladen worden, und mancher hatte nicht kommen können, da er im Feld oder sonstwo bei der Wehrmacht stand. Leider auch Botho nicht, der als Nachrichten-Infanterist bis vor Moskau marschiert und nunmehr im OKH (Oberkommando des Heeres) als Nachrichtenspezialist unabkömmlich war. Dennoch saßen vierundzwanzig Personen an

der Tafel, und es war nötig gewesen, noch drei Lohndiener aus Berlin kommen zu lassen.
In früheren Zeiten hatte der Hausherr bei festlichem Diner den ersten Toast ausgebracht mit den Worten: »Das erste Glas Seiner Majestät dem Kaiser, unserem obersten Kriegsherrn«, oder nach 1918 wesentlich gedämpfter und abgewandelt »dem Herrn Reichspräsidenten«. Wegen der anwesenden Lohndiener war es daher nicht zu umgehen, das erste Glas auf den »Führer« zu leeren. Es brauchte nur ein Spitzel unter ihnen zu sein, und Georg hätte schwere Unannehmlichkeiten bekommen, wenn er den Toast unterlassen hätte. Brümmer, der alles überwachte und den Mundschenk abgab, hatte vorsorglich die Sektkelche nur knapp zur Hälfte gefüllt; jeden Tropfen mehr mißgönnte er dem »Führer«.
Georg gab sich einen Ruck, klopfte an sein Glas und erhob sich. Er glaubte nicht richtig zu sehen: Keiner folgte ihm, alle blieben eisern sitzen; auch als er die ominösen Worte sprach und sein Glas leerte. Dies taten die Gäste zwar auch, doch die Mehrzahl trank ein Pereat mit dem linken Daumen nach unten gekehrt, nach Art der römischen Cäsaren, wenn sie den Gladiator getötet sehen wollten. Auch ohne Worte war man sich einig und freute sich kindlich über das Schnippchen, das man dem »Führer« geschlagen hatte.
François-Poncet, ein ausgezeichneter Kenner Deutschlands und seiner Verhältnisse, war in der Hitlerzeit Frankreichs Botschafter in Berlin und nach dem Zusammenbruch der französische Hochkommissar in Bonn. Auch er hat in seinen Erinnerungen die Feststellung getroffen, daß der deutsche Großgrundbesitz, mit dem der Adel gemeint war, überwiegend antifaschistisch und gegen den »Fureur«, wie er ihn listig nannte, eingestellt war. In Zettemin jedenfalls war er es.
Auf einer anderen Landhochzeit hatten die Zetteminer leider Gelegenheit, auch gegenteilige Anschauungen wahrzunehmen. Es war im Herbst 1944, als man das Ende klar sehen mußte. Verschiedene junge Majore der Wehrmacht, Freunde des Bräutigams, waren anwesend und noch so voller Begeisterung und Siegeszuversicht, daß Georg und Vera sich an den Kopf faßten, wie derartiges noch möglich war. Diese netten, anständigen jungen Männer aus guten Familien taten Georg in der Seele leid, denn sie waren völlig blind, und furchtbar hart mußte das Sehend-

werden sie treffen. Zu erklären war ihre Einstellung nur damit, daß sie als Frontoffiziere lediglich ihren kleinen Abschnitt draußen übersehen konnten und keine Ahnung von dem Geschehen in der Heimat hatten. Und waren sie für kurze Zeit zurückkommandiert, dann hatte sie der Propagandaminister Goebbels sofort in Behandlung genommen. Noch in der gleichen Nacht nach dem Hochzeitstag mußten sie nach Berlin zurückfahren, um sich bei Goebbels einen Vortrag anzuhören, geschickt inszeniert durch ansprechende Aufmachung bei einer guten Zigarre und einem Glas Bier. Zum eigenen Denken wurde ihnen keine Zeit gelassen. Unverständlich blieb dies dennoch, zumal der 20. Juli 1944 noch nicht fern zurücklag.

Das Attentat auf Hitler war der letzte Versuch gewesen, die Tyrannei zu brechen und Deutschland vor dem Untergang zu bewahren. Es ist zu bekannt, als daß noch Worte darüber zu verlieren wären. Wieder war Hitler am Leben geblieben, nach einigen zwanzig mißglückten Anschlägen; er war vom Schicksal bestimmt, sein Vernichtungswerk an Deutschland zu vollenden. Im Volk verglich man ihn bissig mit einem Blindgänger: Beide wollten nicht krepieren; die Zeiten der Scherze waren vorüber.

Furchtbar war das Blutbad gewesen, das dem 20. Juli folgte; nur der Rachedurst eines Wahnsinnigen konnte sich dermaßen austoben. Georgs Vetter Ulrich-Wilhelm Göhren und Veras Vetter Heini Lehndorff-Steinort waren wegen Beteiligung erschossen und ihre schönen Besitze konfisziert worden.

Für die Zetteminer galt es nun, für die Zeit nach dem verlorenen Krieg vorzusorgen. Geld würde keinen Wert mehr haben, nur Sachwerte: Man hatte aus der Zeit nach 1918 gelernt. Die Wirtschaften in Ordnung und mit lebendem und totem Inventar übervoll zu halten, schien das Gebot der Stunde zu sein. Jeder Pfennig Ausgabe mußte nach dem Zusammenbruch nach Möglichkeit vermieden werden, denn auch die kleinste Ausgabe würde schwer drücken. Sie komplettierten daher, soweit es noch möglich und im Lauf der letzten Jahre nicht schon geschehen war, die Betriebe mit Maschinen und den Haushalt mit Wäsche, Geschirr und Gläsern. Barvermögen hatten sie nicht angesammelt, sondern alle Einkünfte stets in die Betriebe zurückfließen lassen. Sie glaubten vernünftig gehandelt zu haben und es noch zu tun. Auf den Gedanken, daß die Siegermächte bis nach Zettemin vordringen

und alles rauben und vernichten würden, kamen beide nicht. Zumindest nicht die Russen. Das erschien zu absurd.
Kommt man vom Rathaus, dann ist man klüger. Nur zu bald mußten sie begreifen, daß ihr Tun von Grund aus falsch gewesen war. Große Summen Bargeldes auf Kosten des Inventars zu schaffen und diese auf Konten bei verschiedenen Banken in Westdeutschland zu verteilen, oder sich dort ein Haus oder einen kleinen Besitz zu kaufen wäre das Richtige gewesen. Kamen die Zetteminer schon nicht auf diesen Gedanken, so hätten sie auch nicht gewußt, wohin sie wertvolle Dinge verlagern sollten. Wo in Deutschland würden sie sicher sein? In Zettemin, zentral gelegen, noch am ehesten; verlagerten doch auch Museen und Privatleute ihre Kunstschätze und Sachen nach Vorpommern und Mecklenburg.
Eng und enger wurde der Ring der Feinde um Deutschland, immer riesenhafter wurden die Verluste, näher und näher rückte die Katastrophe, und noch immer wurde nicht Schluß gemacht. Längst waren die Radiofanfaren verstummt, und die große Hakenkreuzfahne ruhte unbenutzt in der Truhe. Gebannt waren die Blicke nach Osten und Westen gerichtet – vornehmlich aber nach dem Osten.

DRITTER TEIL

Tohuwabohu

Die letzten Tage des »Dritten Reiches«

Lassen wir Georg selber von diesen aufregenden und wirren Monaten erzählen, da niemand den Ablauf der Geschehnisse besser darzustellen vermag als der, der sie persönlich erlebt hat. Man hing am Radio, vormittags, nachmittags und abends; man kroch geradezu in den Apparat hinein, denn er mußte auf allergeringste Lautstärke eingestellt werden wegen der vielen Hausbewohner, die unversehens in das Zimmer eintreten konnten. »Trau, schau, wem« in diesen Zeiten; durch irgendeine dumme Ausplauderei noch zu guter Letzt in ein Konzentrationslager zu kommen wollte man unter allen Umständen vermeiden. Hörte man doch nur streng verbotene Sender, ausländische und deutsche Geheimsender, um sich zu orientieren, nicht aber, weil verbotene Früchte süß sind. Man mußte sich auf dem laufenden halten. Notwendig war es aber auch, den offiziellen deutschen Sender mit dem Wehrmachtsbericht abzuhören – »Klumpfüßchens Märchenstunde«, wie man die deutschen Nachrichten, gesteuert vom hinkenden Propagandaminister Goebbels, mit beißendem Spott nannte –, um seinen Mitmenschen wenigstens etwas berichten zu können. Es wäre auffallend gewesen, nichts zu wissen, und man mußte im Bilde sein, was und wieviel man erzählen durfte, um sich nicht zu verplappern. Das Verplappern war ein Kapitel für sich, und manches Augenplinken und Räuspern wurde nötig.

Die heimlichen Radionachrichten wurden von Monat zu Monat wichtiger und notwendiger, denn wenn wir auch seit Jahren von der Nazipresse – eine andere gab es nicht – gründlich hinters Licht geführt worden waren, so hatte doch dies Belügen und Verschweigen allmählich derartige Formen angenommen, daß der brave Durchschnittsdeutsche vollkommen im dunkeln saß und alles glauben mußte, was er sollte.

Es hieß auf dem Posten zu sein, denn um so und soviel Uhr sendete England auf Welle X, Amerika auf Welle Y und Frankreich auf Welle Z, wozu noch weitere Sender kamen. Meine lieben Hausgäste damaliger Zeit, wenn ihr zufällig dies lesen solltet, dann wird euch ein Licht aufgehen, warum ich jeden Abend kurz vor einundzwanzigeinhalb Uhr immer so müde wurde, daß ich den Bettzipfel nicht erwarten zu können schien. Warum Vera euch in diesem Glauben bestärkte und zum Aufbruch blies. Warum ich euch durchaus nicht erlaubte, allein auch ohne mich die Zweiundzwanzig-Uhr-Nachrichten zu hören. Ich brauchte meine beiden Radioapparate heimlich und leise dringend selber, denn oftmals hatte ein Sender in dem einen Apparat kaum oder nur sehr schlechten Empfang, während er in dem anderen rein und gut zu hören war. Ihr mußtet wohl oder übel verschwinden, denn um einundzwanzigeinhalb setzte ein Reigen interessanter Sender ein, der bis dreiundzwanzig Uhr anhielt. Nehmt mir daher unser hartherziges Zubettschicken zu früher Stunde nicht mehr allzu übel! Einige von euch habe ich übrigens im Verdacht, sich nach unserer Trennung anderen Radioapparaten zugewandt zu haben, deren es ja mehrere im Hause gab, um auch von der verbotenen Frucht zu naschen.

Trotz dem Winter, der in der Stadt erheblich kurzweiliger zu sein pflegt als auf dem Lande, waren die Gäste in dem des Jahres 1944/45 bereits seit dem Januar in unserem Hause zahlreich. Sie waren namentlich aus Berlin gekommen (und kamen noch), das stärker und stärker und immer häufiger aus der Luft angegriffen wurde, und aus Ostpreußen, das damals schon stark gefährdet war. Auch meine vierundachtzigjährige Mutter lebte seit zwei Jahren bei uns, betreut von ihrer alten Helene. Gerade zum rechten Zeitpunkt hatten wir sie veranlaßt, zu uns zu ziehen – sie hielt es für höchst überflüssig und nur für eine vorübergehende Maßnahme –, bevor ihre trauliche Wohnung in Berlin in der Landgrafenstraße völlig vernichtet wurde. Unten im Haus hatten wir ihr zwei Zimmer eingerichtet, so daß sie bequem im Rollstuhl in den Garten gefahren werden konnte. War sie doch infolge eines Schenkelhalsbruchs mit achtzig Jahren dauernd an ihr Bett und ihren Stuhl daneben gebunden.

Nie werde ich die Ankunft der Gräfin Louisa Finckenstein aus dem prächtigen alten Deutschordensschloß Schönberg in Westpreußen vergessen. Es war ein Bild, als sie in ihrem eleganten Coupé auf Gummirädern, bespannt mit zwei bildschönen Schimmeln, vorfuhr, gefolgt von zwei luftbereiften Jagdwagen, die von zwei edlen Rappen und zwei anständigen Braunen gezogen wurden. Eine Fahrt von etwa drei Wochen unter schwierigen Umständen über die Inseln Wollin und Usedom lag hinter ihr. Mit ihr entstiegen den Wagen ihre Tochter Irmi, ihre Freundin Gräfin Lucie Keyserlingk, genannt Löttchen, ihr Oberinspektor und zwei Kutscher, von denen der eine Frau und Tochter bei sich hatte. Sie blieben zunächst nur in der Absicht, von der langen und anstrengenden Fahrt auszuruhen, dann aber ganz und wurden uns treue Genossinnen, die sich in den kommenden schweren Zeiten voll bewährten. Im Gegensatz zu dem Oberinspektor, der nach wenigen Tagen heimlich, geradewegs im Anschluß an das Mittagessen an unserer Tafel, entgegen dem ausdrücklichen Befehl seiner Herrin, auskniff. Sein mir mit Handschlag gegebenes Versprechen, nicht ohne die Gräfin weiterzufahren, mißachtete er, einen guten Wagen, die zwei zuverlässigen Rappen und einen Kutscher hieß er mitgehen. Damit hatte er die ursprünglich geplante Weiterreise seiner Herrin so behindert, daß sie den Absprung nicht mehr fand. Von dem Ausreißer, dessen Ziel Thüringen war, hörte man nie wieder.

Außer dem humorvollen Bildhauer Martin Müller aus Berlin, dem ich den Auftrag gegeben hatte, einen Springbrunnen für den Rasen hinter unserem Haus zu schaffen, da er mit seinem gesamten Atelier ausgebombt und nun heimat- und arbeitslos war, hielt sich unter anderen das Ehepaar Karl und Anni Lorck, Veras Kusine, bei uns auf. Sie hatten Ostpreußen verlassen müssen, um den Russen nicht in die Hände zu fallen. Tiefstes Mitleid hatten wir mit ihnen, halfen auch mit diesem oder jenem Stück aus, doch was es für sie bedeutet hatte, Heimat und Heim zu verlieren, konnten wir damals nicht annähernd ermessen. Begreifen konnte es erst, wer es selber hatte durchmachen müssen: Es war zu ungeheuerlich.

Für wie sicher unsere Gegend von allen gehalten wurde, erhellt daraus, daß Lorcks sogar elf Kühe und sieben Fohlen mit der Bahn nach Zettemin vorausgeschickt hatten und Berge von Kisten und Koffern, die unter tausenderlei anderem auch eine umfangreiche Bücherei enthielten. Deren wertvollste Exemplare brachte Karl Lorck instinktiv in der Pfarre unter, und sie waren das einzige, was ihnen verbleiben sollte.

In vielen Kisten und Koffern verpackt befand sich auch schon seit längerer Zeit eine überaus wertvolle Sammlung des ehemaligen

Generalkonsuls Freiherrn Max v. Oppenheim-Berlin, des bekannten Archäologen, in unserem Hause untergestellt, um sie vor den Bombenangriffen über Berlin zu sichern: die prächtigsten indischen Gewänder aus Baumwolle und Seide, indischer Schmuck und Silbersachen, achtundzwanzig Rollen zu je vier bis fünf echten orientalischen Teppichen, Läufern und Brücken, einige Gemälde und ein Koffer voll Tafelsilber.
Auch meine Schwester Rose Lühe in Berlin hatte uns einen Koffer voll Silber zur sicheren Aufbewahrung geschickt, nachdem ich sie entgegen ihrem Gefühl heftig beredet hatte, ihr Silber zu uns und ihre hauptsächliche Wäsche zu unserem Bruder nach Wolfshagen in der Uckermark in Sicherheit zu bringen. Wie man es macht, ist es bekanntlich verkehrt. Beides ging ihr restlos verloren, denn der Silberkoffer in Zettemin wurde mit dem Inhalt von den Russen fortgeschleppt, und das Schloß in Wolfshagen brannte mit allem, was sich darin befand, aus, während Haus und gesamte Einrichtung meiner Schwester in Berlin in allen Teilen erhalten blieben.
Allmählich mehrten sich große und kleine Koffer, Kisten, Kartons, Pakete und Bilder von Freunden und Bekannten, die ihre wertvollsten Sachen bei uns unterstellten. Vera registrierte und etikettierte alles, da sonst nicht mehr durchzufinden war, und im Falle ihres Todes der rechtmäßige Besitzer sein Eigentum nie wieder herausgefunden hätte. Sie stöhnte mit Recht, wenn einer oder der andere ihr bittend schrieb, sie möchte ihm aus dem dritten Paket oder aus dem schwarzen Koffer rechts unten das blaue Kleid oder ein bestimmtes Buch herausholen und zusenden. Aus dem kleinen Abstellzimmer war bald ein großes geworden, in dem sich alles übereinander türmte. Und als die große Stube nicht mehr alles fassen konnte, wurde noch einer der Kornböden zu Hilfe genommen. War doch als letztes noch das Reservelager der Apotheke unseres Nachbarstädtchens Stavenhagen auf Anordnung des Landrates aufzunehmen gewesen, das ein zentralbeheiztes Zimmer für sich in Anspruch nahm. Für so sicher und ungefährlich hielten alle Zettemin!
In der Tat, einstweilen bot Zettemin noch ein Bild des Friedens fernab von allem Kriegsgeschrei und allen Kriegsnöten. Vera und ich bemühten uns – schon aus Selbsterhaltungstrieb –, das Leben für uns und unsere Dauer- oder kurze Erholung suchenden Gäste weiter möglichst wie im Frieden zu gestalten und stärkten dadurch

uns und alle anderen nicht nur leiblich, sondern vor allem seelisch. Diesem Umstand ist wesentlich zuzuschreiben, daß wir alle die kommenden, furchtbaren Zeiten durchhalten konnte.
Näher und näher rückten die Fronten des Krieges, und dennoch gingen Krieg, Lüge und ohnmächtiges, großmäuliges Geschrei unserer Machthaber weiter, selbst als die Grenzen Deutschlands im Osten und im Westen von den Feindmächten überschritten waren. Zur Verlängerung ihres eigenen kostbaren Lebens ließen Hitler und Genossen Deutschland sich zu Tode kämpfen und seine Städte durch Bombenhagel »ausradieren«, ein Ausdruck, den Hitler zynisch zu Beginn des Krieges mit England geprägt hatte, als Coventry von der deutschen Luftwaffe erstmalig schwer angegriffen worden war. Völliger Vernichtung sollten wir preisgegeben werden. Das also war es, was Goebbels vor einigen Monaten mit seinem Ausspruch gemeint hatte: »Bevor wir abtreten, werden wir die Tür so zuschlagen, daß Deutschland es noch zehn Jahre lang hören wird.« Die Nummer der Wochenzeitschrift *Das Reich*, in welcher der Goebbelssche Leitartikel mit diesem infamen Ausspruch erschienen war, war zwar sofort eingezogen worden, doch es war zu spät: Die ersten Exemplare waren herausgekommen und genügten, die Drohung zu verbreiten.
Der Krieg wurde zum Schluß für uns ein Wettlauf der Feindmächte im Osten und Westen, wobei wir inständig ersehnten, daß die Engländer und Amerikaner, oder wie man kürzer sagte: die Tommies und die Amis, noch vor den Russen zu uns kommen möchten. Schon wurden in den Auslandssendungen die einzelnen Besatzungsgebiete Deutschlands genannt: Den Norden und den Nordwesten sollten die Engländer, den Westen die Franzosen, den Süden die Amerikaner und den Osten die Russen besetzen. Über Mecklenburg fiel kein Wort, doch welcher Teil Deutschlands kann mehr Norddeutschland sein als Mecklenburg, das man weder zu Ostdeutschland noch zu Westdeutschland rechnen kann. Man glaubte nur zu gern, was man glauben wollte, und wir waren daher der festen Zuversicht, daß Mecklenburg englisches Besatzungsgebiet werden würde.
Täglich mehrten sich auch die feindlichen Flugzeuggeschwader, die zunächst nur bei Dunkelheit über uns hinwegflogen. Unheimlich klang das dumpf dröhnende Gebrumm der bis zu zwei Stunden lang über uns einfliegenden Wellen schwerer Bomber der

Engländer und Amerikaner, von dem die Fensterscheiben leise klirrten. Wenn das elektrische Licht zu flackern begann, wußten wir, daß ein Großangriff auf Berlin im Gange war. Am nächtlichen Himmel konnten wir bei klarem Wetter das Aufblitzen der Abwehrgeschütze des ersten Sperrgürtels um Berlin beobachten, der sich zwischen Neu-Strelitz und Fürstenberg befand. Auf einer abendlichen Rückfahrt aus Basedow sahen wir einmal sogar den roten Glutschein über dem brennenden Berlin, ein schauriger Anblick im Gedanken an die grauenhaften Szenen, die sich dort abspielen mußten.
In den letzten Wochen kamen sie auch am Tage und zogen majestätisch in geordneten Formationen hoch oben am Himmel silbrig glänzend im Sonnenschein über unser Haus dahin. Achthundert Flugzeuge konnten wir einmal mit unbewaffneten Augen zählen! Nur selten zeigten sich einige unserer Jäger, und nur wenige Male kam es zu kleinen Luftkämpfen, bei welchen die weißen Kondensstreifen bizarre Schleifen und Schnörkel am blauen Himmel zeichneten. Beschämend war der Eindruck, daß die Feindgeschwader unbehelligt wie im tiefsten Frieden bis in das Herz Deutschlands einfliegen konnten, aber ein untrügliches Zeichen, daß wir am Ende unserer Kräfte waren.
Am neunten März 1945, an Veras Geburtstag, bekamen wir erstmalig die näher rückende russische Front zu spüren: Ein Transport von dreihundertfünfundfünfzig gefangenen Kanadiern, Engländern und Amerikanern marschierte in Zettemin ein, die vor dem Russen nach dem Westen in Sicherheit gebracht wurden. Es waren lauter nette Kerle, die sich tadellos benahmen, staunten, daß wir englisch mit ihnen sprechen konnten, und sprachlos waren, eine echte, gebürtige Engländerin bei uns anzutreffen, unsere liebe Patricia. Schon zu Beginn des Krieges 1939, damals noch unverheiratet, war sie ein halbes Jahr bei uns untergekommen (eine heikle Angelegenheit) und hielt sich jetzt als Frau des deutschen Majors Busch mit ihren beiden kleinen Kindern wieder bei uns auf, nachdem sie sich von Hinterpommern, wo sie bei ihren Schwiegereltern gewohnt hatte, auf die Flucht nach Holstein begeben hatte. Liebend gern rückten die Kriegsgefangenen vor ihren russischen Bundesgenossen aus, ein durchaus verständlicher und sympathischer Zug. Als Unterkunft für die eine Nacht wies ich ihnen die große Hofscheune zu, die leergedroschen war, und

alsbald entwickelte sich auf dem Gutshof ein reges Lagerleben mit Heranschleppen von Lagerstroh, Kartoffeln, Milch, Wasser zum Kochen und Waschen, Schlachten und so weiter. Überall bildeten sich Gruppen und Grüppchen, die abkochten und den Inhalt ihrer zahlreichen, vom amerikanischen Roten Kreuz stammenden Konservenbüchsen verzehrten. Herrlichkeiten, bei deren Anblick uns das Wasser im Mund zusammenlief.
Vera half mit Zwiebeln aus, um die einige Kanadier sie gebeten hatten, die bis zur Küchenregion vorgedrungen waren. Das gab ein Hallo und eine freudige Balgerei, als sogar ein voller Korb zur Verteilung kam. In besonders guter Erinnerung bleibt mir ein brillant aussehender, großer und schlanker Mann, Typ eines Herrn, der Vera um Erlaubnis bat, sich in der Küche einen Eierkuchen backen zu dürfen. Sie erlaubte es ihm gern, mußte aber lachen, als sich herausstellte, daß er nur Mehl bei sich hatte und sonst nichts, was dem Kuchen den Namen gab. Die ihm geschenkten Eier veranlaßten den Kavalier, Vera als Dank ein Stück duftender Toilettenseife zu überreichen, eine Köstlichkeit, die wir kaum mehr kannten. Selbstverständlich nahm sie dies nicht an und erwiderte ihm, es sei ihr eine Freude, ihm zu einem Eierkuchen verhelfen zu können, einer dankenden Gegenleistung bedürfe es nicht. Kopfschüttelnd mußte er sein Seifenstück wieder einstecken, als Vera die Annahme hartnäckig verweigerte. Derartige, leider allgemein übliche, Tauschgeschäfte mit Kriegsgefangenen verurteilte sie mit Recht als unfair. Dieser wollte sich aber auch nicht lumpen lassen und ließ das Seifenstück durch einen seiner Kameraden Vera nochmals übergeben, die es schließlich nehmen mußte, um ihn nicht zu kränken. Dies kleine Erlebnis von Anstand und Takt in einer alle Gefühle verrohenden Zeit war unendlich wohltuend und hoffnungsvoll für eine bessere Zukunft: Zeigte es doch, daß beide noch nicht völlig ausgestorben waren.
Rührend war die Dankbarkeit aller dieser Kriegsgefangenen für ihre ihnen bei uns gewährte Aufnahme, die nur selbstverständlich und eine Pflicht der Menschlichkeit war. Viele notierten sich den ihnen ungeläufigen Ortsnamen »Zettemin«, um die Stätte ihres, wie sie sagten, besten Quartiers nicht zu vergessen. Erfreulich berührten mich auch das Auftreten und die Einstellung der deutschen Wachmannschaften den Kriegsgefangenen gegenüber. Es waren lauter vernünftige, ältere Reservisten, die mir erklärten,

bestens mit ihren Schutzbefohlenen auszukommen. Sie waren ja nur durch das Schicksal zu unseren Gegnern geworden und hatten ihre Pflicht genauso gut erfüllt wie wir Deutschen.
Allmählich wurde die Lage immer bedrohlicher. Daß auch amtliche Stellen dieser Ansicht waren, erhellte daraus, daß der Professor Gottschalt vom Kaiser-Wilhelm-Institut in Berlin, der seit Jahr und Tag mit seiner Forschungsstelle nach Rottmannshagen ausgewichen war, Weisung erhielt, seine Zelte dort abzubrechen und mit Sack und Pack nach Thüringen überzusiedeln. Er erbot sich freundlicherweise, auf seinem Lastkraftwagen wertvolle Kunstgegenstände mitzunehmen, falls wir sie in Sicherheit fortschaffen wollten. Wir lehnten jedoch sein freundliches Anerbieten dankend ab, da wir im stillen immer noch hofften, die Kriegswelle würde abebben, bevor sie Zettemin erreichte. Auch schien uns die Trennung von unseren geliebten Dingen zu unsicher, wir mochten sie nicht ins Blaue hineinschicken. Taten wir damit recht? Jedenfalls besetzten die Russen auch Thüringen, und wir hörten vom Verbleib des Professors Gottschalt und seiner Forschungsstelle nichts mehr.
Allmählich wurde die Lage manchen unserer Gäste ungemütlich, und einige beschlossen, weiter nach Westen zu ziehen. Andere trafen dafür aus dem Osten flüchtend wieder neu bei uns ein; so der Inhaber der landwirtschaftlichen Buchführungs- und Steuerberatungsstelle in Stettin, der ich seit achtzehn Jahren mit meinen Betrieben angeschlossen war. Für den Fall der Not hatte ich Herrn Braatz Aufnahme zugesichert und Unterkunft in unserem Haus zur Verfügung gestellt. Nun hielt er plötzlich vor der Tür mit einem Motorschlepper und einem Lastwagenanhänger, auf dem er in einem dicken Polstersessel zwischen einem Teil seines Büropersonals, Stößen von Kontobüchern und Formularen und einer größeren Anzahl von Schreibmaschinen thronte. Es beeindruckte Vera und mich sehr, diesen sonst nüchternen, klugen und auf dem Boden realer Zahlen stehenden Mann nun aus Verzweiflung weinend ankommen zu sehen. Er blieb nur kurz und puffte mit seinem Trecker und Lastwagen mit dem Rest seiner Buchstelle wieder ab nach Gültz, einem Maltzahnschen Gut in Vorpommern. Daß Frau Glahn-Woitvik, geborene Staudt, auch auf dem Lastwagen gesessen hatte, erfuhren wir leider erst später; wir hatten uns zuletzt in Berlin im Adlon gesehen. Sie war von der Gestapo

verhaftet, dann aber kurz vor dem Eintreffen der Russen in Stettin freigelassen worden und war in ihrer Not zu Herrn Braatz geflüchtet in dem Augenblick, als er abfahren wollte. Wie sie ging und stand, hatte er sie mitgenommen.
Den in Zettemin zurückgelassenen Teil der Buchstelle quartierten wir in unserem geräumigen Eßzimmer ein, wo sich bald unter der Leitung des meine Betriebe betreuenden Bücherrevisors Herrn Namacher eine lebhafte Bürotätigkeit entwickelte. Er und seine nette Frau vergrößerten die Runde unserer zahlreichen Tafelgäste, während das übrige Büropersonal sich selbst beköstigte. Wir aßen von nun ab in der Halle.
Da Vera und ich ständig erklärten, unter allen Umständen in Zettemin zu bleiben, komme, was kommen möge, war unseren Hausgästen die Möglichkeit verschlossen, von uns im Treck mitgenommen zu werden. Immer rieten wir, wer abreisen wolle, solle es auf jeden Fall bald tun, solange noch die Möglichkeit bestehe, mit der Bahn oder einem Lastkraftwagen fortzukommen, denn Wagen, Pferde und Kutscher konnte ich dafür nicht hergeben. Die mußten uns und allen unseren Dorfbewohnern zur Verfügung bleiben, sollten wir doch noch anderen Sinnes werden. Es herrschte auch im ganzen Dorf geschlossene Einmütigkeit, dazubleiben und sich nicht in das Treckelend auf verstopften Straßen, in überfüllten Ortschaften, mit Hunger und Tieffliegerangriffen zu begeben. »Wir türmen nicht, Frau Gräfin«, sagte unser älterer Landgendarm zu Vera mit dem Brustton der Überzeugung. Sie gab ihm recht: »Nein, wir türmen nicht.« Den Russeneinbruch erlebte der brave Mann noch, der sich vorsichtshalber und richtigerweise Zivil angezogen hatte, dann war er aber doch getürmt, ungeachtet aller seiner Habseligkeiten. »Nimm di nix vör, denn sleit di nix fehl«, sagt ein altes mecklenburgisches Sprichwort.
Ein Fliehen und Imstichlassen von Haus und Hof und unseren Leuten wäre uns als Fahnenflucht erschienen. Ein Kapitän verläßt sein Schiff nicht oder höchstens als letzter. Wir hätten damit von vornherein Gut, Wirtschaft und unsere gesamte, mit soviel Liebe und Freude zusammengetragene Hauseinrichtung mit allen ihren Kunst- und Altertumswerten aufgegeben. Nichts hatten wir in eine fragwürdige Sicherheit fortgeschickt, nicht einmal Kleidung, Wäsche oder Silber, um nicht Beunruhigung in das Dorf zu bringen, denn kein Koffer, keine Kiste wäre zu verheimlichen

gewesen. Nur dadurch und durch unsere feste Haltung wurde jede Treckpsychose von Zettemin ferngehalten, zum Segen unserer Leute, die sich durch ihr Dableiben ihre Wohnungen und ihr gesamtes Eigentum erhalten konnten. Vor unseren eigenen Sachen hätten wir auch alle uns von unseren Verwandten und Freunden anvertrauten Stücke als erste fortschicken müssen; wegen der Menge war das jedoch ausgeschlossen. Schließlich wäre auch die Frage ungelöst geblieben, wohin wir alles in wirkliche Sicherheit hätten bringen können, da die Kriegsfronten von allen Seiten über uns hereinbrachen.

Bestärkt im Ausharren hatte mich unter anderem eine Rundfunkansprache im deutschen Freiheitssender Moskau eines evangelischen Feldgeistlichen der in Stalingrad gefangengenommenen Armee Paulus, der zu unbedingtem Bleiben in der Heimat riet: Es werde uns nichts geschehen. Vertrauensselig glaubte ich diesem Mann mehr als allen Russengreueln, die einem zu Ohren kamen, oder die die Nazipresse und der Rundfunk verbreiteten. Man kannte die Greuelpsychose zu gut und war seit Jahren belogen worden.

Auch die polnischen Wanderarbeiter, die durch den Krieg nun schon jahrelang bei uns festgehalten worden waren, ließen mir sagen, ich könne ruhig hierbleiben, sie würden jederzeit gut für mich aussagen, da ich immer anständig und gut zu ihnen gewesen sei. Das taten sie auch später, denn in den Schnitterkasernen erkundigten sich die Russen stets zuallererst über Sinnesart und Verhalten des betreffenden Gutsbesitzers und Inspektors, und je nachdem erging es diesen dann.

Ausschlaggebend für unseren Entschluß, zu bleiben, war die Unmöglichkeit, meine alte, durch ihren Schenkelhalsbruch unbewegliche Mutter fortzuschaffen. Nur mit einem Krankenauto wäre es gegangen, doch eine solche Möglichkeit gab es längst nicht mehr. Undenkbar war es, daß wir sie mit ihrer langjährigen treuen Pflegerin Helene allein in Zettemin ihrem Schicksal hätten überlassen können.

Nur einen Augenblick – ich muß wie in allen meinen Erzählungen der Wahrheit die Ehre geben und es offen gestehen – war ich zwei Tage vor dem Russeneinfall bei uns drauf und dran, doch noch unter Mitnahme meiner alten Mutter zu fliehen, wie es fast alle Nachbarn getan hatten; sehr zu Veras Beunruhigung und Leidwesen. Ich bat Gott inständig, mir ein Zeichen zu geben, was wir zu Recht tun sollten, denn die Verantwortung für meine Lieben drückte zu schwer. Und ich erhielt ein klares Zeichen, das mir unser Bleiben befahl. Worin es bestanden hat, weiß ich nicht mehr genau, ich glaube, es war der Bericht eines plötzlich auftauchenden Flüchtlings. Nach wenigen Stunden des Schwankens war diese Schwäche überwunden, und unser Entschluß, zu bleiben, stand wieder fest. Besonders Vera atmete erleichtert auf.

In der Wirtschaft ging alles noch seinen gewohnten alten Gang, soweit die immer wachsenden Schwierigkeiten dies zuließen. Diese bestanden namentlich in der katastrophal gewordenen Leuteknappheit an geschulten Kräften, der kaum mehr tragbaren Beschränkung an flüssigen Treibstoffen für die Traktoren in einer Wirtschaft, der die meisten und besten Pferde bereits entzogen waren, der Rationierung beziehungsweise oftmaligen Sperre des elektrischen Stroms und in den sich immer mehr verschärfenden Bahntransportschwierigkeiten. Die Kohlen begannen in gefährlichem Maße zu mangeln, daher fielen immer mehr Eisenbahnzüge aus, und die Molkerei in Stavenhagen mußte mit Holzfeuerung in Betrieb gehalten werden. Der Dampfpflug konnte nicht mehr eingesetzt werden. Unheimliche Mengen Holz fraß die Kartoffeldämpfanlage, die täglich rund sechshundert immer hungrige Schweinemägen zu sättigen hatte, Holz, das nur noch von ungeübten Arbeitskräften angefahren und dann in mühseliger Handarbeit zerkleinert werden mußte.

Die Wintersaaten, außer dem Fett spendenden Raps, waren zum Glück auch ohne künstliche Düngemittel gut durch den milden Winter gekommen, die Anfänge der Frühjahrsbestellung konnten noch ausgeführt werden. Unbeantwortet aber blieb die bange Frage: Durch wen und wie sollen die Früchte bearbeitet werden, die ohne Dünger in einem unzureichend bestellten und daher zur Verunkrautung neigenden Acker wachsen sollen? Wer soll und wird die Ernte einbringen? Werde ich es noch sein, und welche Kräfte werden mir zur Verfügung stehen?

Doch wie der Forstmann es als eine Selbstverständlichkeit hinnimmt, daß er das, was er sät oder pflanzt, nicht selber ernten wird, und darum nicht auf den Gedanken kommt, seine Arbeit und Pflicht nur um ein Geringes weniger sorgsam zu tun, so auch der Landmann. Ihm ist der Acker anvertraut nicht nur zum eigenen Nutzen, sondern auch zu Nutz und Frommen des ganzen Volkes, dessen Ernährung mit der Tüchtigkeit und Einsatzbereitschaft seiner Landleute steht und fällt. Er arbeitet, sät und sorgt aus seinem Verantwortungsbewußtsein heraus, seiner Liebe zur Scholle und Sache und nicht zuletzt aus seinem Gottvertrauen. Diese ideellen Triebfedern sind das Schöne am landwirtschaftlichen Beruf und adeln ihn vor allen anderen.

Daß im Osten Deutschlands keine Ernte mehr wachsen und, wo dennoch in geringem Umfang Winterung im letzten Herbst bestellt werden konnte, diese auf dem Feld stehen oder liegen bleiben würde, wie es auch kam, war unsere Überzeugung. Grund genug, mit allen Kräften bei uns für die Ernte zu sorgen, denn niemand konnte wissen, wo die Grenze zwischen zerstörten und fruchtbringenden Feldern liegen würde. Der Westen Deutschlands allein, wo die Engländer und Amerikaner, wie man hörte, die Bestellung und dann die Ernte nicht nur nicht verhinderten, sondern mit allen Mitteln förderten, konnte Deutschland nicht ernähren und erst recht nicht nach dem Zuzug von Millionen zusätzlicher Flüchtlinge. Diese Überlegung war mit ein Grund unserer festen Annahme und Hoffnung, daß zumindest Mecklenburg, eine Kornkammer Deutschlands, nicht auch noch den Kriegsverwüstungen durch die Russen preisgegeben würde. Die Verantwortung, Deutschland nicht verhungern zu lassen, mußten die Siegermächte wohl oder übel später übernehmen, wollten sie sich nicht mit einem furchtbaren Odium belasten. Es war nicht einzusehen, warum sie sich mutwillig diese Last aufbürden sollten. Wir unentwegten Optimisten klammerten uns bis zum letzten Augenblick an diesen einleuchtenden Gedankengang und hofften immer noch auf einen vorzeitigen Waffenstillstand, der uns vor den gröbsten Schrecknissen bewahren würde. Im Westen war zwar erst ein längerer Stillstand der Front am Rhein eingetreten und nun ein uns unerklärlicher an der Elbe, im Osten dagegen gab es keinen; unsere Front hielt nicht mehr.

Als eigenartiger Vorbote der Russen kam einige Wochen vor ihrem Erscheinen eine sonderbare Hundeseuche in das Land, eine Art Staupe, an der alle Hunde erkrankten, gleich, ob klein oder groß, jung oder alt. Die kleinen Hunde kamen zumeist durch, die größeren gingen jammervoll ein. Als erster Bothos braunweiß getigerter, edler Jagdhund Asco, benannt nach dem finnischen

Olympiasieger Ascola, da er ihm im schnellen Laufen ebenbürtig war. Ihm folgte mein gutmütiger, tolpatschiger Bernhardiner Roland. Die guten und bewährten Staupemittel und Injektionen waren bei dem Massenverbrauch erschöpft, wir mußten die armen und uns lieben Tiere jämmerlich dahinsiechen sehen, ohne ihnen helfen zu können. Asco ging schließlich in den Teich, wohl um seine Fieberhitze abzukühlen, und verendete an einem Herzschlag. Den ganzen Garten suchten wir nach ihm ab, ohne ihn finden zu können, bis ihn endlich sein guter Spielkamerad Roland entdeckte. Dann packte es auch diesen, und er ging langsam unter Qualen ein, als die Russen schon da waren, und ich kein Gewehr mehr besaß, um ihm den Gnadenschuß zu geben. Mein Schweinemeister, der Erfahrung und Übung besaß, mußte ihm den Gnadenstoß versetzen. Bestimmt war dies vorzeitige Ende für die beiden Tiere und für uns gut, denn wer weiß, was geschehen sein würde, wenn die treuen Hunde im Vollbesitz ihrer Kräfte geblieben wären. Ascos Ruhe – wir hatten ihn in einem Gebüsch im Garten vergraben –, wurde gleich anfangs von den Russen gestört, die nach vergrabenen Schätzen suchten. Das frische Erdreich ließ sie anderes vermuten als einen toten Hund.

Ein Kapitel für sich bildete der Volkssturm, diese unverantwortliche, zwangsmäßige Organisation aller zum Militärdienst untauglichen Männer. In Zivilkleidung, nur durch eine Armbinde kenntlich und mehr als kümmerlich bewaffnet, sollten sie den feindlichen Ansturm aufhalten, dem ausgebildete und gut ausgerüstete Soldaten nicht mehr gewachsen waren. Befehligt und geführt wurden die Gruppen, Züge, Kompanien und Bataillone des Volkssturms von Parteigenossen, von denen angenommen wurde, daß sie zuverlässig wären. »Morituri te salutant« mußte man beim Anblick dieser Unglücksmenschen denken, von denen sich aber viele im Ernstfall drückten, wo und wie es möglich war. Zum Glück konnte ich mich dieser Organisation durch ein wohlbegründetes Attest unseres Kreisarztes entziehen.

Die Tätigkeit unseres örtlichen Volkssturms, die erst Anfang März 1945 sichtbar einsetzte, bestand wie überall außer einigem spielerischen Exerzieren im Bauen von Panzersperren, die nur den Verkehr behinderten und zumeist rechts oder links der Straße umfahren werden konnten. Wer die Sperrpunkte aussuchte und den Bau befahl, unser Militär oder die Partei durch ihre Kreislei-

ter, war nicht ersichtlich, sinnlos waren die Anordnungen auf jeden Fall. Besonderen Eifer beim Bauen legten die kleinen Pinscher der Gruppen- und Zugführer des Volkssturms an den Tag, die sich hervortun und an Patriotismus überbieten wollten. Ein Hundsfott, der zu lächeln oder zu widersprechen gewagt hätte: Er wäre sofort denunziert worden. Am liebsten hätten diese kleinen Hitlers alle alten Alleebäume abhauen und einbauen wollen. Gottlob gab es aber noch einsichtige Männer, die diesen Unsinn einigermaßen abbiegen konnten, ohne gleich des Landesverrats beschuldigt zu werden.
Die stärkste und in der Tat unzerstörbare Panzersperre wurde am Peeneübergang Neumühl an dem Abhang hart am Peenelauf gebaut; ein seitliches Umfahren war unmöglich. Schwere, lange Eichenstämme, die ich frei Baustelle kostenlos zu liefern hatte, wurden tief eingegraben, so daß sie einen Kasten bildeten, der mit Feldsteinen und Erde gefüllt wurde. Das bewährte russische Mittel zur Beseitigung der Sperre wäre hier wirkungslos gewesen: mit dem Hinterteil des Panzers seitlich gegen die Sperre zu fahren und dann mit kräftigem Schwung den Panzer dagegenzuhauen, daß Balken, Steine und Erde davonflogen. Als die Organisation Todt, die Trägerin aller Bauten jeglicher Art, von der eine Abteilung auf dem Nachbargut Pinnow im Quartier lag, die Sperre erblickte, fluchte sie laut und wollte sie am liebsten sofort abbauen, unterließ es aber leider. Für unsere bald zurückflutenden Truppen bildete diese Sperre ein überaus lästiges Hindernis, denn alle waren gezwungen, einen weiten Umweg über Peenwerder – Hungerstorf zu machen und zwei für schwere Panzer kitzelige Brücken zu passieren. Einen Vorteil hatte die Sperre nur für uns: Es kamen bedeutend weniger Trecks und Truppen durch Zettemin, und wir lagen noch mehr abseits der großen Straße. Zu wirklicher Funktion ist die Sperre, wie die meisten, kein einziges Mal gekommen, und die tief und sinnig neben ihr ausgehobenen Schützenlöcher sind nie besetzt worden. Es wäre auch kein Volkssturmmann hineingegangen, wie mir vertraulich mit vielsagendem Augenzwinkern verraten wurde. Der Bataillonsführer entschwand rechtzeitig noch am letzten Tag, bevor die Russen kamen, und rettete dadurch sein eigenes Leben und das vieler braver Volkssturmmänner, denn mit seiner Flucht zerplatzte das Bataillon wie eine Seifenblase und richtete, Gott sei's gedankt, kein

Unheil mehr an. Der Russe baute die Panzersperre als erstes ab und öffnete damit wieder den Weg nach Demzin.
Unser Haus war mittlerweile bis unters Dach gesteckt voller Flüchtlinge; jedes Bett war belegt, desgleichen das ganze Dorf, das Vera mit allen überzähligen Betten versorgt hatte. Der Flüchtlingsstrom aus dem Osten schwoll mit jedem Tag an, der Russe stand schon an der Oder und überschritt sie zu unserem Entsetzen. Ein Gerücht verlautete, es solle noch eine Linie zwischen der Oder und uns gehalten werden, doch glaubte das niemand mehr, und man begann sich unter das unvermeidliche Schicksal zu beugen. Nur noch schwach glomm die Hoffnung, es möchte vielleicht ein Abkommen zwischen den Russen und ihren westlichen Verbündeten getroffen worden sein, demzufolge die Engländer an der mecklenburg-vorpommerschen Grenze haltmachen und uns besetzen würden. Aber der Engländer blieb an der Elbe stehen, nachdem er zunächst sogar ein kleines Ende in Mecklenburg vorangekommen war, sich aber dann wieder zurückgezogen zu haben schien. Verdammt noch mal! Soviel gerechnet und gezirkelt hatten wir noch niemals über einer Karte. Wenn der Engländer geahnt hätte, wie sehnlich er erwartet und mit wie offenen Armen er von uns allen in Mecklenburg empfangen worden wäre, dann hätte er sich diese Eroberung nicht entgehen lassen. Doch er überließ uns den Russen, über die die Flüchtlinge täglich Greuelgerüchte über Greuelgerüchte mitbrachten. Aber wir glaubten nur die Hälfte von dem, was wir hörten.
Jetzt entschlossen sich endlich Karl und Anni Lorck, abzureisen, nach vielwöchigem Aufenthalt bei uns. Sie hatten seit langer Zeit ihre Weiterreise nach Holstein geplant, im stillen jedoch immer auf unser Forttrecken und ihre Mitnahme gehofft. Da aber nichts Derartiges erfolgte, faßten sie den Entschluß zur Abreise, zu der ich immer geraten hatte. Weshalb hätten sie sich, die Heimat und alles schon verloren hatten, ausgerechnet hier in Zettemin den Russen ausliefern sollen, wo kein Besitz und keine Pflichten sie banden? Außerdem waren beide im Gehen arg behindert: Karl durch den Verlust eines Beines im Ersten Weltkrieg und Anni infolge eines Autounfalls, so daß sie bei den kommenden Zuständen sich selber und uns eine Last gewesen wären. Sie benutzten die günstige Gelegenheit eines Lastkraftwagens der Luftwaffe, der vom benachbarten Pinnow geradewegs nach Hol-

stein fuhr. Eine große Sorge war uns genommen, und ein Gästezimmer mit zwei Betten wurde wieder frei, ein gewichtiger und erwünschter Umstand.
Wie eine Lawine erst klein und langsam ihren Lauf beginnt, dann immer mehr anschwillt und in Fahrt gerät, so nahmen die Ereignisse der letzten Tage vor dem Eintritt der Katastrophe zu und überstürzten sich.
Eines Abends in den letzten Apriltagen, als wir zu Bett gehen wollten, fuhr ein Auto vor. Zu unserer großen Überraschung entstieg ihm meine Nichte und Patenkind Gisela Münster, die älteste Tochter meines Bruders Alexander, nun auch schon Kriegswitwe. Mit ihr kamen ihre drei kleinen Mädelchen an, von denen eines zu aller Not unterwegs noch seekrank geworden war. Sie war nur mit dem allernotwendigsten kleinen Gepäck versehen und von der plötzlichen Flucht und Realität des Krieges zu Tränen erschüttert. Ein Oberstleutnant der Wehrmacht hatte die Freundlichkeit gehabt, sie aus Wolfshagen herzubringen, da die Russen bedrohlich nahe heranrückten und in der Gegend von Wolfshagen mit Kämpfen zu rechnen war. Ihr kleiner Sohn Hubertus kam selbständig-stolz in einem anderen Personenauto der Wehrmacht mit einem Gisela befreundeten Hauptmann nach. Mutter und Sohn konnten in dem eben freigewordenen Zimmer der Lorcks einquartiert werden, andere Betten waren nicht mehr vorhanden. In Veras Ankleidezimmer wurden daher auf zusammengeschobenen Sesseln die ersten provisorischen Nachtlager aufgeschlagen und die Mädelchen rasch zur Ruhe gebracht. Nach drei Nächten fuhr Gisela mit ihren Kindern vormittags in einem Lastkraftwagen der Wehrmacht, den ihr die Offiziere geschickt hatten, weiter gen Westen und gelangte nach langwieriger und mühevoller Reise nach vielen Tagen glücklich an ihr Ziel in Bückeburg.
Am nächsten Abend hielt wieder ein Wagen vor unserer Tür: Mein Bruder Alexander war mit meiner Schwägerin Enni in seinem Kutschwagen aus Wolfshagen, siebzig Kilometer östlich von Zettemin, eingetroffen. Mit umgehängtem Jagdglas, Pirschbüchse und hinten aufgeschnalltem Koffer bot er einen Anblick, als ob er zur Jagd käme. Ihm folgte ein großer, luftgummibereifter Lastwagen, der durch einen kunstvollen Bretteraufbau zu einem geschlossenen Wagen zurechtgebaut und mit Gepäck und Lebensmitteln voll beladen war. Aus ihm hervor kamen alle Hausgäste

meines Bruders, lauter Flüchtlinge, die er aus Wolfshagen mitgenommen hatte und die oben auf allen Sachen gethront hatten. Es waren seine Schwägerin Ursula Gerlach mit ihrer Tochter Bärbel, eine alte Tante Deetjen und ein Neffe seiner Frau sowie eine junge verwandte Baronin v. der Goltz mit ihrer kleinen Tochter. Ferner zwei um die achtzig Jahre alte, in Berlin ausgebombte und meinen Geschwistern befreundete Pensionsinhaberinnen. Den Schluß dieser unvermuteten Invasion eines Dutzends Menschen bildeten Frau und Tochter des Schäfermeisters, der eine Herde von rund dreihundert Schafen aus Wolfshagen hergetrieben hatte. Sie war in jammervollem Zustand zum Teil durchgelaufen und auf den Knien rutschend am gleichen Nachmittag angekommen. Erstaunlicherweise brachte Vera alle noch unter, obwohl sich von Wolde aus, meinem anderen, vierundzwanzig Kilometer östlich gelegenen Gut, nur mein Bruder Alexander mit Enni zu kurzer Rast auf ihrer Durchfahrt angemeldet hatte. Sie hatten am Abend zuvor Wolfshagen verlassen, da das Schloß als Lazarett eingerichtet wurde und sie darin kaum mehr geduldet wurden.
In Wolde hatte mein Bruder am Morgen die größten Schwierigkeiten gehabt, über die Landesgrenze Vorpommern-Mecklenburg zu kommen, die streng gesperrt war. Wahrscheinlich hoffte man, mit dieser Maßnahme die Russen aufhalten zu können, da unsere Soldaten es nicht mehr schafften. Nur dank der energischen Hilfe meines dortigen Adminstrators, Herrn Hoffmeister, der auch Bürgermeister in Wolde war, waren Alexander und Enni nach längerem Aufenthalt zunächst allein in das gelobte Land Mecklenburg hineingekommen, während ihr Treck erst nach graumer Zeit hinübergelassen worden war. Nach der aufregenden und beschwerlichen Nachtfahrt hatten sich beide in Wolde nach einem kräftigen Frühstück erst einmal gründlich ausgeschlafen, bevor sie die Weiterfahrt nachmittags angetreten hatten. Abends beim Dunkelwerden hatte sich dann der Wolfshäger Treck verfahren, geradeaus durch Stavenhagen in Richtung Malchin, anstatt vorher in die Chaussee nach Waren einzubiegen – und ward nicht mehr wiedergesehen. Daher waren meine Geschwister nur mit ihrem Kutsch- und Lastwagen in Zettemin angekommen, erschöpft und mitgenommen von dem schweren Abschied von ihrer Heimat und ihrem Haus, das sie nicht mehr wiedersehen sollten.
Weit in der Ferne hörten wir bereits das Wummern der Front,

wenn man noch von einer solchen sprechen wollte, und nahe von uns krachten Sprengungen unserer Truppen und Artillerieabschüsse, daß die Fenster klirrten und die kleinen Münster-Kinder zutiefst erschraken. Es war höchste Zeit, daß sie in Sicherheit gebracht wurden.
Diese letzte Möglichkeit, fortzukommen, nutzte auch die junge Baronin v. der Goltz mit ihrem Töchterchen aus, und wir empfahlen sie dringend auch unserer Tochter Benita. Wir hatten sie in diesen kritischen Tagen aus Wolde zu uns geholt, wo sie nach ihrer rasch erfolgten Scheidung die praktische Landwirtschaft erlernte. Doch sie wollte uns unter keinen Umständen verlassen.
Der nächste Tag begann für uns recht früh am Morgen um sechseinhalb Uhr, da unser entfernter Nachbar Wolf-Dietrich v. der Lancken-Galenbeck vor unserem Haus hielt und mich sprechen wollte. Vera war am raschesten unten, empfing ihn in der Halle und bat ihn herauf an mein Bett, da dies am einfachsten war. Lancken kam, setzte sich gestiefelt und gespornt an mein Bett und erkundigte sich nach den bestmöglichen Wegen, da die berüchtigte Panzersperre bei Neumühl den direkten Weg nach Westen über Demzin unbenutzbar machte. Was mag Lancken bei meinem Anblick gedacht haben, als ich behaglich in meinem molligen Bett lag? Ich jedenfalls beneidete ihn nicht. Zwanzig Kilometer Treck hatte er an diesem Morgen schon hinter sich gebracht, und vor ihm lag ein tagelanger Weg voller Not und Mühsal, Gedränge und Obdachlosigkeit. Haus und Hof hatte er aufgegeben, einem ungewissen Schicksal ging er mit den Seinen entgegen. Ob man sich jemals wiedersehen würde? Heute kann ich die Frage gottlob mit einem freudigen »Ja« beantworten; wir trafen uns wohlbehalten im Februar 1946 in Holstein wieder.
Nach dem Frühstück erschien ein zweiter Treck anderer Art: ein Coupé und zwei Landauer, denen der alte Graf Schlieffen-Schwandt entstieg mit drei alten Damen, zwei um die achtzig und eine gar über neunzig Jahre alt, sowie die Familien der beiden Kutscher. Den dritten Wagen kutschierte das Küken, ein auch schon erheblich bejahrtes Fräulein v. Langen. Sie hatten sich zwar eben erst in dem knapp drei Kilometer von uns entfernten Rottmannshagen drei Stunden lang von den Strapazen der Fahrt von einigen fünfzehn Kilometern von Schwandt bis dorthin durch Frühstück und Schlaf erholt, fühlten aber bei uns zu letzterem

schon wieder das Bedürfnis. Die alten Herrschaften wurden auf allen noch verfügbaren Couches und Ruhestätten in unseren Räumen gebettet, bis die Reise nach drei Stunden weiterging, unruhig vom alten Grafen ersehnt, der sich in Erwartung seiner alten Damen bereits nach einer Stunde wieder in sein Coupé gesetzt hatte. Weit sollte diese kleine Karawane nicht kommen, schon in der Malchower Gegend holte der Russe sie ein, und der alte Graf soll trotz seiner Gebrechlichkeit jämmerlich verprügelt worden sein. Die Damen kehrten wieder nach Schwandt heim, während Graf Schlieffen in Malchow blieb und Ende des Jahres dort starb.

An diesem Tag rückte bis auf Einzelfälle ab, wer nicht schon geflohen war oder zumindest Frau und Kinder rechtzeitig nach dem Westen in Sicherheit geschickt hatte. Dies und das Vorbereiten von Treckwagen waren nicht ungefährlich gewesen, denn es wurde von wilden Nazis als Defaitismus angesehen und war unter Androhung schwerer Strafe ausdrücklich verboten. Einheitliche Vorschriften gab es zwar nicht, verschiedentlich wurde aber Gutsbesitzern oder deren Verwaltern angedroht: Noch ein Handgriff oder noch ein Hammerschlag an einem Treckwagen, und sie würden aufgehängt! Damit ist zu erklären, weshalb viele erst im letzten Augenblick forttrecken konnten, als es fast zu spät war. Es war meistens erst möglich, nachdem die heldenhaften Nazis selber ausgerissen waren.

Übel erging es meinem Namensvetter Bernd in Ziethen bei Anklam. Als er seine Kinder frühzeitig fortgeschickt hatte, wurde er von den Nazis festgenommen und mehrere Wochen ins Gefängnis in Anklam gesperrt mit der ständigen Drohung, öffentlich auf dem Marktplatz aufgehängt zu werden. Gottlob kam es nicht dazu, denn einen Tag, bevor die Russen nach Anklam kamen, wurde er freigelassen. Er hatte gerade noch Zeit, in Ziethen ein Reinigungsbad zu nehmen, sich mit seiner Frau auf einen leichten Kutschwagen zu schwingen und mit ihr mit knapper Not nach Holstein zu entkommen. Wozu, nebenbei bemerkt, viel Glück und Gewandtheit gehörten, um von den Engländern über den Elbe-Trave-Kanal gelassen zu werden, woran mancher scheiterte. Vetter Bernd, sonst gesund, erholte sich nicht wieder von den Aufregungen und Anstrengungen und starb nach wenigen Monaten im Juli 1945 in Hamburg. Eine Herzembolie ereilte ihn, als er,

schön wie noch nie, eine Sonate von Beethoven auf dem Flügel bei Freunden gespielt hatte.
Zurück blieben nur wenige Gutsbesitzer, zumeist nur die älteren, und einige beherzte Frauen, deren Männer im Felde standen. Sie betrachteten sich als deren Vertreter auf dem Gut und wollten ihren Männern an Pflichttreue nicht nachstehen.
An dem gleichen Tag, an dem meine Nichte Gisela Münster mit ihren vier Kindern und viele Nachbarn geflohen waren, kam der Administrator Lüdicke mit seiner Frau, seinen fünf kleinen bis kleinsten, über die Maßen ungezogenen Kindern und mit rund hundertzwanzig Mildenitzer Leuten in gut ausgerüsteten Planwagen angetreckt, wie wir es telephonisch einige Tage vorher besprochen hatten. Die Wagenburg baute sich zunächst gedrängt in dem engen Hof am Wirtschaftsflügel auf, notdürftig durch Kastanien gegen Fliegersicht gedeckt, und zog am nächsten Tag auf meine Weisung unter der Führung von Herrn Lüdicke in meinen Peenwerder Wald, um sich dort zu verstecken. Das Wohl der Mildenitzer lag mir besonders am Herzen, denn Mildenitz war mir eine zweite Heimat und gehörte nach dem Tode des Onkels Lutz meinem im Felde stehenden Sohn Botho. Der kleine Wirtschaftshof wurde damit wieder frei und bot den feindlichen Fliegern keinen militärischen Anblick mehr. Es war ein Wunder, daß keine Bomben abgeworfen worden waren.
Gleich nach dem Eintreffen des Mildenitzer Trecks erschien überraschend und unangemeldet noch ein weiterer aus Schlepkow, einem an Wolfshagen angrenzenden Gut meines Bruders Alexander. Geführt wurde er von dem dortigen Beamten, einem dicken und bramsig auftretenden Mann. Obwohl er der verantwortliche Leiter der Begüterung meines Bruders war, hatte er für Zusammenstellung und Ausrüstung des Wolfshäger Trecks kaum gesorgt. Wir konnten und mochten ihn in unserem übervoll belegten Haus nicht auch noch aufnehmen und ließen ihn bei seinen Leuten im Freien kampieren. Seine Wagenburg, bis auf das Kleinste tipptopp ausgerüstet und reichlich mit guten Pferden bespannt – seine Privatwagen mit Motorschlepper und sein Auto fehlten nicht –, hatte er eigenmächtig, ohne mich zu fragen, im Schutz der Fichtenreihen am »Hoppenhof«, einem Bültensoll hinter unserem Garten, im Klee auseinanderfahren lassen. Dort standen die Wagen, außerdem mit Fichtenzweigen bedeckt, vor

Fliegersicht gut getarnt, so daß ich sie nicht auch noch in meinen Wald zu schicken brauchte. Dort herrschte bereits genügend reges Leben all derer aus Land und Stadt der Nachbarschaft, die die Welle der Russen dort über sich ergehen lassen wollten.

Kleinere Truppenformationen und viele einzelne Bauern, zum Teil noch aus Hinterpommern, kamen in diesen Tagen durch auf ihren mit den notwendigsten Dingen vollbepackten und behängten Wagen und Wägelchen, eine schon ziemlich verwilderte Gesellschaft. Meine Leute und ich hatten unsere Not zu verhüten, daß nicht unsere besten Pferde aus den Ställen gestohlen wurden. Paßten wir nicht auf, dann stand unversehens ein elender, abgetriebener Krippensetzer dort im Stand, wo sich eben noch ein gutes Ackerpferd befunden hatte. Alle Bande der Ordnung begannen sich schon stark aufzulösen; es war das typische Bild einer Flucht.

Spätnachmittags baten noch einige Offiziere auf dem Rückmarsch mit ihrer Kompanie um ein Unterkommen für die Nacht. Nett und aus dem Rahmen fallend erschien uns deren Führer und Hauptmann, ein Österreicher, der seine Kompanie in Lehmkuhlen in Holstein abgeben wollte. Allein seine Sprache bestach mich, und wir pickten ihn uns heraus, zogen ihn zu uns und verwöhnten ihn, so gut es uns möglich war. Mein weißer alter Bordeaux und später abends ein köstlicher Burgunder, dessen Flasche durch jahrelanges Lagern undurchsichtig geworden war, mundeten ihm nicht schlecht. Dr. jur. und Dr. ing. mit dem klangvollen Namen Wilfried Freiherr Beck v. Mannagetta und Lerchenau aus Wien entpuppte sich als ein besonders charmanter und kluger Mann, und wir freundeten uns in den paar Stunden derart miteinander an, daß wir uns gegenseitig für spätere Zeiten auf einen Hirsch einluden. Nur ein Jägersmann kann ermessen, was das bedeutet. Donnerwetter, hatte der Mann eine Wut auf die Nazis! Gleich nach Beendigung des Krieges wollte er so rasch wie möglich nach Österreich zurückkehren, um die dann bereits im Gange befindliche »Goldfasanenjagd« nicht zu versäumen. Seinem Vater, einem ehemaligen hohen Beamten, hatte er in die Hand versprochen, die furchtbaren Morde der Nazis zu rächen, die nach seiner Angabe allein in Österreich einundeinhalb Millionen betragen haben sollen.

Unser Gespräch an dem Abend drehte sich natürlich nur um den

Krieg mit seinem Ausgang und seinen Folgen. Baron Beck sah an diesem Abend noch ziemlich hoffnungsvoll für uns; offenbar empfing er allerhand Nachrichten. Unter anderem erzählte er, selbst erlebt zu haben, wie der Kommandeur eines Panzerregimentes, der wie seine Offiziere einen schneidigen Eindruck gemacht habe, seine Herren zusammengerufen, sie dann feierlich und offiziell entlassen und sich von ihnen verabschiedet habe mit der Begründung, die Kampfhandlungen seien nun eingestellt. Waffenstillstand war wohl eingetreten, doch da die SS in Mecklenburg den Kampf fortsetzte, waren auch die Russen dazu gezwungen, wie diese es uns selber am nächsten Abend sagten. Charakteristisch für Baron Beck war seine Bitte, die er abends aussprach, als wir uns zur Ruhe begaben: ihn in unserem Haus nicht zu verheimlichen, falls die Russen schon in dieser Nacht kommen sollten, denn er wünsche nicht, uns Unannehmlichkeiten zu bereiten.

Vollkommen anders sah Baron Beck die Lage am nächsten Morgen an, als ich ihn in der Küche antraf, wo er mit seinem Feldwebel frühstückte, schweigsam, bedrückt und im Wesen verändert. Sein Optimismus vom vorhergehenden Abend war dahin. Besorgniserregende Nachrichten mußte er inzwischen erhalten haben. Als er morgens um acht Uhr abzog, verabschiedete er sich von Vera mit den ernsten Worten: »Hals- und Beinbruch, Gräfin; es wird sehr unangenehm werden, aber nur für kurze Dauer.« Mit ersterem hatte er recht, mit letzterem leider nicht, denn die Unannehmlichkeiten wurden zu einem Dauerzustand.

Daß die Lage kritisch und hoffnungslos für uns geworden war, konnte nun jedes Kind sehen, denn unaufhörlich strömten kleine Gruppen und einzelne Soldaten in Richtung Westen zurück, vereinzelte Militärautos fuhren durch, auch einmal eine Batterie Geschütze. Alle berichteten vom Nahen der Russen, die am selben Tag noch hier sein müßten, da sie schon bei Gädebehn, einige fünfundzwanzig Kilometer von Zettemin entfernt, seien.

Die Soldaten, die sich kaum mehr selber schleppen konnten, warfen zum Teil ihre Karabiner, Stahlhelme, Gasmasken und so weiter fort; es sah um unser Haus herum aus wie auf einem Schlachtfeld. Die Karabiner ließ ich sammeln und am selben Tag im Wirtschafts-Kartoffekeller auf einen Haufen werfen. Mein kürzlich angestellter Vertretungsinspektor öffnete die Schlösser in

Veras und meiner Gegenwart, da ich feststellen wollte, ob die Karabiner noch geladen waren. Die hier und da in ihren befindlichen Patronenrahmen nahmen wir heraus, um ein Unglück zu verhüten. Bauz!! Mit ohrenbetäubendem Krach in dem engen Keller ging versehentlich ein Schuß los, gottlob ohne Unheil anzurichten. Unsere Nerven waren mittlerweile so angespannt, daß wir dies Vorkommnis kaum mehr beachteten. Dorffrauen, die all das herumliegende kriegerische Zeug aufsammelten, ließ ich dann je zwei Karabiner schultern und zum »Geist-Teich« bringen, wo ich sie mit gehörigem Schwung ins Wasser hineinschnellte. Ebenso die zugehörige Munition, denn wohin sollte ich in der Eile mit dem nur Unheil bringenden Kram. Als ich mitten im besten Hineinpfeffern begriffen war, kam ein kleines Auto angefahren, hielt an, ein Offizier öffnete die Tür und rief mich an, was ich da triebe? Verdammt noch mal, wenn das womöglich SS ist, durchzuckte es mich, dann bist du geliefert. Als ich aber sah, daß er kein wilder SS-Mann war, erklärte ich mein Tun und bot dem Offizier die restlichen paar Karabiner an. Er war ein verständiger Mann und nahm sie in seinem Wägelchen mit; Hauptsache, ich war die Schießeisen los. Viele Monate später machten sich unsere Dorfjungen einen besonderen Sport daraus, tauchenderweise alle Karabiner für die Russen wieder ans Tageslicht zu befördern, wofür sie dann einen arbeitsfreien Nachmittag bekamen. Diese Belohnung war ein solcher Ansporn, daß wohl alle versenkten Karabiner wiederauftauchten.

Meine eigenen Jagdgewehre sowie die Büchse meines Bruders, die er unnötigerweise aus Wolfshagen mitgebracht hatte, standen im Gewehrschrank in meinem Arbeitszimmer aufgereiht, wo ich auch alle Pistolen zusammenlegte, die ich mir hatte abgeben lassen. Auffinden vergrabener oder sonstwie verborgener Schußwaffen würde unweigerlich sofort das Leben kosten. Das waren sie nicht wert, auch wenn man noch so gute Hirsche mit seiner Büchse erlegt hatte. Kugelpatronen hatte mein Bruder allerdings in derartigen Mengen mitgebracht, daß ich sie mit meinen zahlreichen Schrotpatronen bis auf geringe Reste beider Arten lieber in den Gartenteich warf. Wäre gar nichts an Munition vorhanden gewesen, dann hätte es zu verdächtig nach Verstecken ausgesehen, das Törichtste und Gefährlichste, was ich hätte tun können. Ebenso handhabte ich es mit dem Wein, den wir fehlerhafterweise

wegen meiner falschen Sparsamkeit nicht selber restlos ausgetrunken oder zum Austrinken herausgegeben hatten. Eine geringe Menge mußte im Keller verbleiben; das sah harmlos aus. Ich packte daher zwei Kisten mit den besten Flaschen voll – oh, was waren das für gute Sachen – und schickte sie zum Verstecken nach meiner Försterei Peenwerder. Eine andere Partie wurde zusammen mit dem Silber im Garten vergraben, und einige fünfzig Flaschen warf ich noch an diesem letzten Nachmittag selber in den Teich im Park, nachdem ich die Etiketts hatte abweichen und abkratzen lassen, damit sie nicht als Verräter oben auf der Wasserfläche schwimmen sollten. Das Versenken war mühselig, denn niemand durfte es sehen oder das Plumpsen hören, die Landstraße und der Hauswirtschaftshof lagen aber in nächster Nähe. Einen kleinen Rest versteckte unser Kunstfreund und Schicksalgenosse Franz Unruh aus Berlin teils im Haus unter den losen Dielen einer entlegenen und dunklen Holzkammer und teils im Park unter Büschen, um sich und uns ab und an einen Labetrunk zu sichern. Von allen den köstlichen Weinen sah ich keine einzige Flasche wieder, außer aus diesen letzten Verstecken: Der von meinem Förster in Peenwerder verborgene wurde angeblich von einem meiner Forstarbeiter ausgetrunken und der von mir in den Parkteich geworfene wurde von einer Flüchtlingsfrau, die es wahrscheinlich hatte plumpsen hören, an die Russen verraten, um sich bei ihnen beliebt zu machen. Durch Dorfjungen ließen sie ihn später herausfischen. Und der mit dem Silber vergrabene Wein wurde am Ende auch entdeckt. Hin ist hin; wenn es nur bei dem Wein geblieben wäre!
Mit den Weinkisten hatten wir auch einige Koffer mit unseren besten Kleidungsstücken, Leib- und Hauswäsche, allen wertvollen Photoapparaten, Jagdgläsern, Farbfilm-Kinorollen und dergleichen uns lieben Dingen nach der Försterei Peenwerder geschickt, damit mein Förster sie dort verbergen sollte.
Unsere umfangreichen Silberschätze sowie die zahlreichen meiner Mutter und unserer Benita hatten wir in zwei geräumigen Mottenkisten verstaut. Da sie aus Blech bestanden und dicht abschlossen, war der Inhalt vor allen verderblichen Einflüssen gesichert. Franz Unruh und der Vertretungsinspektor bargen sie im Garten bei den Komposthaufen in einer mit Brettern ausgekleideten und mit einem Deckel versehenen Grube, die der besonderen Jauchezu-

bereitung in der biologisch-dynamischen Gartenwirtschaft gedient hatte. Ein hoher Laub- und Gestrüpphaufen kam darüber, der im Sommer von üppigstem Unkraut überwuchert wurde. Die Stelle, von dichtem Gebüsch umgeben, erwies sich als zweckmäßig: Trotz eifrigstem Suchen wurde dies Versteck von den Russen nicht entdeckt, und alles ruhte wohlgeborgen darin bis zum vierten Oktober desselben Jahres. Dann war auch dies alles verloren. Doch das soll späterem Bericht vorbehalten bleiben.

Genug der Aufzählung dieser kleinen Verluste; einiges würde hoffentlich noch übrigbleiben, dank der Tatkraft Franz Unruhs, der, kürzlich aus dem Lazarett entlassen, nach Zettemin gekommen war und, obwohl noch elend, Sachen versteckte, soweit es ihm möglich war. Er schaffte auch drei der wertvollsten antiken Stühle aus unserem Wohnzimmer in das Patronatsgestühl unserer Kirche, desgleichen die antiken Holzplastiken, die unsere Halle geschmückt hatten. Auch verschiedene Teppiche der Sammlung Oppenheim breitete er in ihr aus. Die Kirche schien auch unserem famosen Pastor sicherer zu sein als sein Pfarrhaus, da er unter anderen Sachen auch die unentbehrliche Nähmaschine seiner Frau dort sicherstellte. Die Kirche blieb fortan wieder geschlossen, und Pastor und Patron wurden ihrem Grundsatz untreu, das Gotteshaus dauernd geöffnet zu halten, wie es die katholische Kirche im Gegensatz zur evangelischen so schön handhabt. Hoffentlich würde sie bald wieder offen bleiben können, da mancher sie gern aufsuchte.

Unser trefflicher jugendlicher Pastor war ein Pfarrer ohne Furcht und Tadel, der keine Minute den leisesten Zweifel empfunden hatte, ob er bleiben oder mit seiner jungen Frau und den kleinen Kindern fliehen sollte. »Wenn Sie, Herr Graf, fortgegangen wären«, sagte er mir einmal später, »dann wären wir geschiedene Leute gewesen, so übel hätte ich Ihnen das genommen.« Mutig ist er allem stets entgegengetreten und hat sein und seiner Familie Bleiben durch Gottes Hilfe nicht zu bereuen brauchen. Er war einer der evangelischen Pfarrer unserer Gegend, die treu und voller Pflichtbewußtsein auf ihrem Posten in der Gemeinde ausharrten, wie es nicht alle getan haben. Daß die Pfarrer und ihre Familien, Pfarrhäuser und Kirchen von den Russen zum größten Teil verschont blieben – jedenfalls in unserer Gegend –, war eine andere, hocherfreuliche Tatsache, die unmöglich vorauszusehen war.

Am frühen Nachmittag dieses letzten Tages kamen unversehens noch Panzer auf ihrer Flucht nach dem Westen an und stellten sich unter den Linden vor unserem Haus in Deckung auf. Heillos war mein Schrecken, als ich gewahr wurde, daß es SS-Panzer waren, und in dem Gedanken, sie könnten die Absicht haben, Zettemin zu verteidigen. Gottlob fuhren sie nach kurzer Rast weiter in Richtung meiner Forst. Als sie nach dem Forsthof Peenwerder kamen, befanden sich Benita und die vierundzwanzigjährige Irmi Finckenstein zufällig dort. Irmi in ihrer großen Angst vor den Russen ließ sich von den SS-Männern beschwatzten, stieg auf und fuhr davon, ohne Wissen ihrer Mutter, die vor Schreck und Angst beinahe umkam, als sie es erfuhr. Benita hatte ihren Fuß auch schon zum Einsteigen aufgesetzt, doch ihr Verstand und die Vorhaltungen meines Försters hielten sie zum Glück zurück. Wir erhielten allerdings die niederschmetternde Nachricht, Irmi und Benita seien beide mitgefahren; ein furchtbarer Schock! Desto größer waren unsere Freude und Erleichterung, als Benita doch wieder erschien. Von Irmi fehlte nun für ein halbes Jahr jede Nachricht, dann aber hieß es, sie lebe zwar, sitze aber unter den kläglichsten Bedingungen bei den Russen in einem Internierungslager. In Wahrheit war sie wohlbehalten bei ihrer Großmutter in Holstein angekommen.
Da nach allen Aussagen sich immer noch einzeln zurückschleppender Soldaten die Russen an diesem Abend zu erwarten waren, räumten alle Dorfleute den Ort. Sie zogen mit großen Erntewagen, über die sie Plandächer gespannt und in denen sie ihre nötigste Habe und Lagerstätten untergebracht hatten, in die etwas tiefer liegende Wiesenschlenke des Hoppenhofes hinter dem Dorf und stellten sich an den Fichtenreihen ebenso getarnt auf, wie es dort der Schlepkower Treck getan hatte. Dort fühlten sie sich bei etwaigem Beschuß des Dorfes sicherer. Vera und ich besuchten unsere Leute spätnachmittags, sprachen ihnen Mut zu und zeigten ihnen, daß wir bei ihnen geblieben waren. Rotwein, soviel ich hatte mitnehmen können, verteilte ich noch gegen die nächtliche Kühle.
Aus dem gleichen Grund wie die Dorfbewohner strebte auch ein Teil unserer Hausgäste danach, aus der Ortschaft herauszukommen, und wanderte im Laufe des Nachmittags in den Wald zur Försterei oder zum Lagerplatz des Mildenitzer Trecks, um den

Russeneinfall dort über sich ergehen zu lassen. Dies waren die alte Frau Deetjen, Ursula Gerlach mit ihrer Tochter Bärbel, das Ehepaar Namacher und die junge Frau Tangermann mit ihrem anderthalbjährigen Töchterchen und dem alten Kindermädchen Emma. Bei uns im Haus blieben mein Bruder Alexander und Enni, Frau Tangermanns Mutter Frau v. Oesterreich, Franz Unruh, Gräfin Louisa Finckenstein, Gräfin Lucie (Löttchen) Keyserlingk, die beiden achtzigjährigen Berliner Fräulein und selbstverständlich meine fünfundachtzigjährige Mutter, betreut von ihrer guten Helene. Die Krankenschwester hatte es vorgezogen, sich unsichtbar zu machen und meine Mutter im Stich zu lassen.
Inzwischen hatte ich den Keller in unserem Haus als Aufenthaltsraum hergerichtet, für den Fall, daß Zettemin Beschuß bekommen sollte. Liegestühle standen, Kissen und Decken lagen bereit; hinzu kamen je ein Handkoffer von Vera, Benita und mir, die wir mit allem, was zu einer Reise gehört, gepackt hatten. Alle wichtigen Personal- und Gutspapiere hatte ich ebenfalls hineingelegt; nötigenfalls konnten wir die Koffer ergreifen und mit ihnen fliehen.
Den großen Brillantschmuck, den ich längst aus dem Banksafe in Stavenhagen herausgenommen hatte, wo alles zum Teufel gehen mußte und auch ging, hatte Vera an diesem Nachmittag Unruh zum Vergraben im Wald übergeben.
Die weiße Friedensfahne in Gestalt eines Tischtuchs hing seit siebzehn Uhr am Fahnenmast vor dem Herrenhaus. Den Zeitpunkt zum Setzen richtig zu wählen war nicht einfach, denn es mußte genau abgepaßt werden, daß keine Nachzügler mehr durchkamen und die Russen noch nicht da waren. Dieses unheimliche Vakuum dauerte etwa zwei Stunden. Als ich diese Frage mit meinem Vertretungsinspektor besprechen wollte und die beiden Wörtchen »weiße Fahne« hatte fallen lassen, stand plötzlich ein junger Offizier neben mir, der sich darüber aufregen wollte und von »Kapitulieren« und »Schweinerei« faselte. Mir schien, er gehöre der SS an, keinesfalls jedoch der Wehrmacht. Es war ein kitzeliger Augenblick, denn diesem jungen Fanatiker war alles zuzutrauen. Ich konnte die Sache aber noch geradereden, und der Mann verduftete ebenso rasch, wie er aufgetaucht war, denn der Russe ließ ihm keine Zeit.
Nun traf auch ich meine persönlichen Vorbereitungen, indem ich

mir meinen neuesten und haltbarsten Anzug anzog, einen derben grauen Sportanzug mit Knickerbockerhosen, in der Überlegung, daß er vielleicht mein einziger bleiben würde und voraussichtlich viele Monate, wenn nicht gar Jahre, würde durchhalten müssen. Die Tatsachen bestätigten später die Richtigkeit meiner Überlegung, denn die nächsten vier Monate kam ich aus ihm nicht heraus. Und dann war es in der Tat der einzige Anzug, der mir verblieb und den ich tagein, tagaus mehrere Jahre ausschließlich trug. Ferner steckte ich mir ein weißes Handtuch in die Tasche, um es im geeigneten Augenblick als Friedensfahne zu benutzen.
Alles war so weit vorbedacht und vorbereitet, wie es menschenmöglich war. Da aber alles Menschliche unzulänglich ist, spielten die beiden Wörtchen »wenn« und »hätte« später dennoch leider eine große Rolle, bis wir sie energisch aus unserem Wortschatz verbannten. Nach immer härteren Schlägen gelangten wir allmählich zu der Erkenntnis, daß alle irdischen, materiellen Güter zwar schön und angenehm, aber nichtig und vergänglich sind und in keinem Verhältnis stehen zu dem, was wir gerettet haben: Leben, Gesundheit und ein gutes Gewissen der erfüllten Pflicht.
Nicht rückwärts soll man schauen, immer nur vorwärts. Die Gegenwart erforderte nun besonders offene Augen, denn jede Minute konnte uns die Russen bringen.

Die Kriegswelle der Russen

In der Halle, unserem provisorischen Speiseraum, stand das Abendessen auf dem Tisch, um den sich unsere im Haus verbliebenen Gäste versammelten. Ich hatte im Keller noch einmal alles überblickt und fertig gemacht und kam die Treppenstufen herauf, um mich auch zum Abendessen zu begeben. Da stand mein Vertretungsrentmeister vor mir wie ein Geist, denn ich vermutete ihn überall woanders, nur nicht hier. Er hatte sich nämlich vorher Mut angetrunken, und wir hatten ihm auf Veras weisen Rat noch zwei Flaschen Likör gegeben, um ihn unschädlich zu machen. Man konnte nicht wissen, wie sich alles Geschehen in dem Gehirn eines durch Alkohol mutig gewordenen Mannes abspiegeln und demnach ablaufen würde. »Die Russen sind da«, meldete mir Herr Lorenz, und seine Stimme klang wie die des unabwendbaren Schicksals, und als wolle er sagen: Unglück, nimm nun deinen Lauf. Der historische Augenblick, den man nie für möglich gehalten hatte, war eingetreten; tatsächlich hörte ich Gewehrschüsse fallen.

Jetzt war es für mich an der Zeit, in Aktion zu treten. Aber nicht, wie es unser mehrjähriger Jagdgast, Major a. D. v. H. . . . in Berlin getan haben sollte: mit dem Luftschutzhelm auf dem Kopf, seinen Jagdgewehren über den Schultern und dem Revolver in der Hand, um alles überkorrekt zu übergeben. Das hatte ihn sofort das Leben gekostet. Nein, ich wollte mich und unser Haus als friedliebend kenntlich machen, eilte nach vorn durch die Halle, wo sich alle in Erregung wegen der Schüsse von der tiefen Glastür, die zur Terrasse führte, zurückgezogen hatten, und schloß die Haustür zur Vorfahrt auf. Ich trat heraus, zog die Tür hinter mir wieder zu, entfaltete das in der Tasche bereitgehaltene Handtuch und schwenkte es so lange, bis die Russen auf mich aufmerksam wurden. Da keine Geschoßeinschläge um mich herum knallten, konnte ich beruhigt meiner Tätigkeit obliegen.

Die Russen waren mit Kraftwagen von Rottmannshagen bis in die Nähe von Zettemin gekommen, waren herausgesprungen, ausgeschwärmt und umfaßten die Ortschaft von allen Seiten nach allen

Regeln der Kriegskunst. Sie kamen auch durch den Park, immer schießend, warum, war mir unerfindlich. Ich nahm an, um sich selber Mut zu machen und uns einzuschüchtern, denn daß ein paar Nachzügler vom Gutshof aus geschossen haben sollten, hielt ich für ein Märchen. Dazu hätten sie keine Zeit gefunden, denn sie mußten zusehen, noch davonzukommen. Das einzige Geschütz, das die Russen bei sich führten, ratterte über den Gutshof und ging an seinem Ende in Stellung mit Schußrichtung Faulenrost, um zu sichern. Kurz darauf rasselten kleine Panzerwagen durch Zettemin, gingen am Nordwestausgang links des Weges nach Carlsruhe und rechts im Pfarrgarten zur Sicherung in Stellung und gruben sich in Abständen von je fünf Metern ein. Ausgerechnet dort hatten einige Dorfleute ihre Schinken, Speck, Würste und sonstigen Mundvorräte fein säuberlich auch in Abständen von je fünf Metern vergraben! Da das erste Buddelloch der Russen auf eines der Hamsternester stieß, taten es auch sämtliche anderen. Wie mögen wohl die Russen gelacht und sich gefreut haben!
Die Russen, die mich nach geraumer Zeit mit dem Handtuch winkend erblickt hatten, kamen langsam von der Straße her auf mich und das Herrenhaus zugegangen. Es waren lauter junge, zum Teil nicht übel aussehende, gut eingekleidete und merkwürdig saubere Burschen. Als sie herangekommen waren, schüttelten wir uns die Hände. Mein erstes Gefühl war: Gott sei Dank, die erste Berührung ist gut abgelaufen, und wir alle leben noch; mein zweites: Von diesem Augenblick an sind wir gottlob vom Nationalsozialismus befreit! So hatte ich ihn und die führenden Männer, die Verderber unseres Volkes, gehaßt. Andererseits konnte ich mich aber auch der Erkenntnis nicht erwehren: Nun ist die Klappe zu, und wir sitzen in der russischen Mausefalle.
Inzwischen waren Vera, Benita und einige unserer Hausgäste auch aus dem Haus getreten und wir versuchten uns mit den Russen zu verständigen, wobei Benita mit ihren paar Brocken Russisch, die sie in Wolde von den Gefangenen gelernt hatte, den Dolmetscher spielte. Eines verstanden wir jedoch nur zu gut: das »Urr, Urr« der Russen, von denen einige bereits zwei bis drei an ihren Handgelenken trugen. Was half es: Leb wohl, liebe kleine goldene Armbanduhr, die du mir treu über fünfundzwanzig Jahre gedient hattest und die ich Esel nicht durch eine minderwertigere an meinem Handgelenk ersetzt hatte, die es ebenso getan hätte.

Hier setzte die rückläufige Betrachtung der Wörtchen »wenn« und »hätte« zum erstenmal ein.
Andere Russen hatten mit sicherem Instinkt und rasch schon den Weinkeller gefunden und erschienen vor dem Haus mit Armen voller Flaschen, die auf einfache Weise geköpft und gleich ausgesoffen wurden und dann überall verstreut herumlagen. Lebt wohl, ihr guten Flaschen, wenn ihr auch nicht mehr die Elite meines Weinkellers darstellt, leid tut es mir doch um euch.
Wie ein Strom ergossen sich die Russen in unser Haus, sich alles selber öffnend. Des zeigenden und aufschließenden Hausherrn bedurften sie nicht, der konnte nunmehr ein paar Löffel der auf dem Tisch in der Halle verlassen stehenden Erbsensuppe zu sich nehmen. Das tat ich auch, doch mehr als zwei oder drei Löffel wollten nicht rutschen. Hunger verspürte ich nicht, die Anspannung der Nerven war zu groß.
Währenddessen schickte unsere deutsche Artillerie uns als letzten Gruß einige Granaten aus der Richtung Demzin herüber, obwohl ich den letzten hier durchziehenden Batterieführer noch besonders gebeten hatte, nicht nach Zettemin zu schießen, da es sinnlos sein würde. Zum Glück richteten die paar Granaten keinen Schaden an, da sie teils auf dem Feld, teils im Pfarrgarten einschlugen.
Vergeblich hatte ich mich von Anfang an nach einem russischen Offizier umgesehen, konnte aber keinen entdecken. Mit einer bereitgestellten Flasche Sekt hatte ich ihn empfangen wollen, um ihn milde zu stimmen und jeder Feindseligkeit die Spitze abzubrechen. Die Soldateska arbeitete aber scheinbar selbständig, und es spielte sich alles ganz anders ab, als ich es vermutet hatte. Schließlich erschien doch noch ein Offizier, nahm aber keinerlei Notiz von uns und beschlagnahmte das weiße Gästezimmer im Erdgeschoß linker Hand am Haupteingang, um dort zu nächtigen. Dann sah ich ihn nie wieder. Der runden Pelzmütze nach zu urteilen, die auch die meisten Soldaten trugen, gehörte er einem Kosakenregiment an. Gerade in diesem Gästezimmer wohnten mein Bruder Alexander und Enni, die nun schleunigst ausziehen mußten und denen Vera ein Lager oben im Blauen Salon auf dem Fußboden ohne Bettstellen bereitete, da wir weitere nicht besaßen.
Mittlerweile dunkelte es, ohne daß wir die Möglichkeit hatten, das elektrische Licht anzuschalten, da der Strom ausgeblieben war. Die Mehrzahl von uns, die im Haus geblieben war, rückte nun

zusammen um den breiten, runden Marmortisch vor dem Kamin oben im Grünen Zimmer, während wir meine alte Mutter geborgen in ihrem Bett und von ihrer treuen Helene und der resoluten Mamsell Gans bewacht in ihrem Zimmer im Erdgeschoß wußten. Noch während des Russeneinbruches war Vera, als sie Gepolter, Stimmen und Hilferufe von Helene gehört hatte, zu ihr geeilt und im rechten Augenblick gekommen, um einige Russen, die durch das Fenster eindrangen, wieder hinauszuwerfen. Ihre barschen Worte, sie hätten bei der alten, kranken Frau nichts zu suchen und sie sollten das Zimmer sofort wieder verlassen, hatten ihre Wirkung nicht verfehlt. Wie sie gekommen waren, entschwanden sie wieder durch das Fenster, das von nun an dauernd geschlossen gehalten wurde. Es war lächerlich, welchen Respekt, ja Angst den Russen das Wörtchen »krank« stets einflößte. Das merkten wir uns; auch fernerhin blieb meine Mutter gottlob unbehelligt.
Wir machten es uns in den weichen, tiefen Sesseln so bequem wie möglich für die Nacht – eine unheimliche, ewigwährende, dunkle und schreckliche Nacht. Stundenlang, mit Unterbrechungen, leistete ich uns eine brennende Kerze; die reine Finsternis war nicht zu ertragen. Dauernd hörten wir das Treppauf und Treppab der Russen, das Herumstampfen unten und oben im ganzen Haus, ihr Reden und Töneanschlagen auf dem Klavier in der Halle. Dazu die ganze Nacht hindurch das Aufklopfen und Aufbrechen der Kisten und Koffer in dem gegenüberliegenden Zimmer, in dem sich die wertvolle Sammlung Oppenheim, die Reserveapotheke aus Stavenhagen und tausenderlei Sachen unserer Verwandten und Freunde befanden. Nebenan in meinem Arbeitszimmer herrschte der gleiche Betrieb, alle dort in die Wände eingebauten Schränke und mein Schreibtisch wurden aufgebrochen und aufgehauen. Als ich zum bequemeren Öffnen meine Schlüssel anbot, damit nicht alles demoliert würde, wurden sie schroff zurückgewiesen. Alle Schubläden wurden herausgezogen und entleert, alles durchwühlt und durcheinandergeworfen. Ging es schon auf die Nerven, dies dauernd zu hören, wieviel mehr noch das ewige, etwa alle fünf bis zehn Minuten wiederkehrende Hereinkommen eines immer wieder anderen, fremden Russen, der uns jedesmal mit seiner elektrischen Taschenlampe anleuchtete, um zu sehen, ob wir alle noch anwesend wären. Stumm verschwand der Betreffende wieder oder stellte auf russisch Fragen, die wir nicht

verstanden. Da mein Vertretungsinspektor ein wenig Kenntnisse in Russisch und Polnisch besaß, hatte ich ihn in unserer nächtlichen Runde bei uns behalten, und er mußte den Fragesteller befriedigen. Schauderhaft war es, daß diese Russen häufig betrunken waren; wir hatten dann Mühe, sie friedlich wieder hinauszubugsieren. Beileibe durfte ich das Zimmer nicht abschließen, die Türen wären kurzerhand eingetreten worden. Als ich es versuchsweise einmal doch mit der Tür zu meinem Arbeitszimmer tat, schloß ein Russe sofort wieder auf, zog den Schlüssel heraus und schleuderte ihn mit einem Fluch auf den Boden.

Wenigstens das Wohnzimmer, in dem wir alle saßen, blieb von dem Durchwühlen verschont, ebenso im Erdgeschoß das Zimmer meiner Mutter und das, in dem die beiden achtzigjährigen Berliner Dämchen in ihren Betten lagen. Alle anderen Räume wurden dafür in einen grauenhaften Zustand wilden Durcheinanders versetzt. Ein russischer Offizier – vielleicht war es der, welcher sich unten im weißen Gästezimmer einquartiert hatte? – ließ uns sogar sagen, er bedauere es unendlich, daß unser schönes Haus so zugerichtet würde, doch er sei machtlos, es zu verhindern. Es war bereits in dieser ersten Nacht auch nicht mehr die kämpfende Truppe, die hier so hauste; die war längst weiter vorgegangen. Dies waren Nachzügler, Drückeberger und Marodeure, die zum Unglück schon besoffen ankamen, denn die nationalsozialistische Kreisleitung in Malchin hatte letzthin noch eine arge Torheit begangen: Jedem Haushalt in Stadt und Land hatte sie ein oder zwei Tage vor dem Russeneinbruch je zwei Flaschen Weinbrand zugeteilt, um ihre großen Bestände zu verringern. Diese Flaschen konnten von den Beschenkten nicht so rasch geleert werden und fachten nun den Übermut und die Zügellosigkeit der Russen noch mehr an. Außerdem sollen leider auch in Stavenhagen zur Freude der Russen erhebliche Mengen Alkohol vorhanden gewesen sein.

Benita, die bei ihrem Empfang abends vor unserem Haus noch dabei gewesen war, verbrachte diese Nacht nicht bei uns. Sie war mit der Pflegeschwester, die für einen Augenblick bei meiner Mutter wieder aufgetaucht war, durch ein Fenster im Erdgeschoß und durch den Park und Obstgarten zu unseren Dorfleuten nach dem Hoppenhof geflohen. Es war gut, daß sie in dieser Nacht nicht anwesend war.

Endlich, endlich dämmerte der Morgen und es wurde hell; wir

empfanden es als wahre Erlösung. Geschlafen hatte kaum einer von uns, der Russe schon gar nicht, denn er rabatzte in einem fort immer noch ohne Unterbrechung. Wann mögen diese Menschen wohl schlafen? fragte ich mich in dieser Nacht und oftmals später. Der Russe schien ein Nachtvogel zu sein und nur wenig Schlaf zu brauchen. Wir wickelten uns aus unseren Decken und ich mich aus einer Perserbrücke, die mich schön warm gehalten hatte, reckten uns und stellten fest, daß wir alle noch am Leben waren. Meine polnischen Wanderarbeiter hatten demnach Wort gehalten und nur Gutes über uns ausgesagt.

Ebenso wie die Russen zuerst in die Schnitterkasernen liefen, um sich über den »Chef« und den Inspektor zu erkundigen, befragten sie auch die von uns aufgenommenen deutschen Flüchtlinge über ihre Behandlung. Unter diesen hatten wir eine besonders gute Zeugin, Frau Dobberphul aus Rostock mit ihrer eleganten grauen Bügelfaltenhose, ihrer unwahrscheinlichen Kodderschnauze und ihren sieben Kindern, eine über die Maßen gewöhnliche, aber herzensgute Arbeiterfrau. Sie hatte uns schon vorher versichert, sie werde den Russen beibringen, wer und wie wir seien, und tat es auch in dem richtigen Umgangston, den sie mit den Russen glänzend heraushatte.

Wir hatten lebend den ersten Morgen wiedergesehen, das war ein gutes Omen. Die Sonne ging auf und schien so blank, alles taufrisch vergoldend: Es war ein echter Maienmorgen. Nur uns war alles andere als taufrisch zumute nach durchwachter, böser, aufregender Nacht, ungewaschen und mit hohlem Magen. Mein Vertretungsinspektor, Herr Parlow, war auf den guten Gedanken verfallen, unverhofft mit einem bauchigen Gefäß voll frischer Milch, einem Laib Brot und einem dicken Stück Speck zu erscheinen. Am Fenster stehend und das Treiben der Russen beobachtend, verzehrten wir unser improvisiertes Frühstück und blieben auch weiterhin im großen Wohnzimmer beisammen, denn beginnen konnte man nichts. Der Russe tobte überall herum im Haus, auf dem Hof und im Garten, und der Wirtschaftsbetrieb ruhte vollständig. Keiner meiner Leute ließ sich blicken.

Großes Interesse erweckten meine Jagdgewehre in meinem Arbeitszimmer, soweit sie noch vorhanden waren, denn Liebhaber hatten sich schon in der Nacht gefunden. Jetzt war es ein russischer Offizier, der zwei 5,7 Millimeter-Kugelpatronen in die Läufe meiner 9,3 Millimeter-Doppelbüchse steckte. Und da es in Rußland den sinnigen Spruch wohl nicht gibt: »Spiele nie mit Schießgewehr, denn es könnt' geladen sein«, ging prompt ein Schuß in meinem Arbeitszimmer los »mit Getöse schrecklich groß«. Nun war Holland in Not, denn die zu kleinen Patronenhülsen waren aus den Läufen nicht wieder herauszubringen. Hilfesuchend kam der Offizier zu mir, doch auch mir wollte es nicht gelingen. Offizier und Büchse entschwanden, und Vera entdeckte sie, die ich wie meinen Augapfel gehegt und mit der ich alle guten Hirsche der letzten zwanzig Jahre geschossen hatte, nach längerer Zeit zerbrochen hinter der Gartenmauer liegend. Lange habe ich den Einschuß der Kugel in meinem Arbeitszimmer nicht entdecken können, bis ich ihn nach gründlichem Aufräumen schließlich fand: im Fußboden neben meinem Schreibtisch.

O je, wie sah der aus! Aufgebrochen, alle Schubfächer herausgerissen, alles durchwühlt und im ganzen Zimmer verstreut. Immer das Beste und Wertvollste war verschwunden. Es erstaunte mich auch später immer wieder, mit welcher Kenntnis und Treffsicherheit die Russen und Polen, die nunmehr »befreit« waren und sich am Plündern beteiligten, alles Nützliche und Brauchbare sofort herausfanden und mitnahmen. Was übrigblieb, hatte nur Liebhaberwert oder keinen. Das gleiche Bild bei den Wandschränken: Der Inhalt und die Akten waren halb herausgerissen, durcheinandergewürfelt und auf dem Boden verstreut. Überall lagen Aschenhäufchen von verbranntem Papier, das die Russen zum Beleuchten ihres Vernichtungswerkes gebraucht hatten. Es war ein Wunder, daß das Haus in dieser Nacht nicht heruntergebrannt war. In unsere Schlaf- und Ankleidezimmer sowie in die Zimmer unserer Kinder wurden wir nicht hineingelassen; es genügte ein zufälliger Blick: In jedem Bett lag ein besoffener Russe und schlief seinen Rausch aus, nachdem er seinen Gefühlen freien Lauf gelassen hatte!

Wie war mir zumute beim Anblick dieses Chaos? Wie reagiert ein Mensch, der seine Sachen und peinliche Ordnung in seinen in fünfundzwanzigjähriger Tätigkeit angesammelten Akten liebt? Maßloses Staunen ob dieser Unmöglichkeiten empfand ich – sonst nichts. So angespannt waren die Nerven, so nichtig und unwesentlich erschien alles, wo es dauernd um das Leben gegangen war und immer noch ging; und nunmehr ernstlich.

Mittlerweile war nämlich eine unerklärliche Ruhe eingetreten; alle Russen waren aus unserem Gesichtsfeld und wie vom Erdboden verschwunden. Dafür war ein in Bauart und Farbe anders als üblich geartetes russisches Auto angekommen. Ihm waren betrunkene Soldaten entstiegen, die in unser Haus eindrangen, sich in die unteren Räume ergossen und der Weiblichkeit nachstellten. Einige kamen auch in unsere Zimmer nach oben, strömten aber wieder ab, bis auf einen schwer Betrunkenen, der aus unserem Grünen Wohnzimmer nicht herauszubringen war. Wie ich später erfuhr, hatte er Löttchen Keyserlingk nachgesetzt, die nicht wußte, wohin sie entkommen sollte, und ihn und die anderen auf ihrer Flucht in den ersten Stock nach sich gezogen hatte. Er suchte sie noch, ging aber dann auf uns los, die wir alle in dem Zimmer noch beisammen waren, um uns auszuplündern oder zu erschießen. Gehörte er etwa einem besonderen Kommando an, das uns »liquidieren« sollte? Sprach dieses dunkelgrüne Auto nicht dafür? Warum sollten es die Russen unserer SS nicht nachmachen, die viel schlimmer gewütet hatte? Das waren die Gedanken meiner überreizten Nerven, die nicht von der Hand zu weisen waren. Fatal war es, zu sehen, wie sich einer nach dem anderen unserer Gäste still drückte und uns in dieser heiklen Situation allein ließ. Auch ihnen erschien die Lage höchst unheimlich, besonders meinem wackeren Herrn Parlow, der gleich für vierzehn Tage mit seiner Familie in den Wald ausriß. Zum Schluß waren nur Vera, mein Bruder Alexander mit Enni, Franz Unruh und ich übrig. Mein guter Bruder und Enni hätten sich ebenso heimlich und leise verkrümeln können, taten es aber uranständig nicht, um uns im Augenblick der Gefahr nicht allein zu lassen, obwohl sie uns in keiner Weise helfen konnten und sich selber nur ernstlich gefährdeten. In dieser Lage bat ich Franz Unruh loszulaufen, um einen vernünftigen, nüchternen russischen Soldaten zu suchen und schleunigst herzubringen, der uns von diesem Unmenschen befreien sollte. Bis dahin mußten wir mit dem furchtbaren Kerl eine halbe Stunde lang herumexerzieren, da Unruh niemand finden konnte. Das Schlimme bestand darin, daß ein betrunkener Russe von Sinnen ist und keine Ahnung von seinem Tun hat. Der Revolver in seiner Hand konnte daher in jedem Augenblick losgehen, und da er dauernd mit ihm herumfuchtelte und ihn auf uns richtete, war die Lage ekelhaft. Hinzu kam sein ewiges

Herumkommandieren: »hinsetzen«, dann »hinlegen«, Befehle, die wir aber nicht befolgten, da sie den Eindruck erweckten, daß er uns erschießen wollte. Zwischendurch wollte der Kerl Gold und Schnaps haben und durchaus unsere Ringe, da wir mit Uhren nicht mehr aufwarten konnten. Es half nichts: Meinen lieben Trauring und meinen seit meiner Einsegnung getragenen Siegelring mußte ich hergeben, ebenso mein Bruder und meine Schwägerin die ihrigen. Vera behielt so viel Kaltblütigkeit, daß sie vortäuschte, ihren Trauring nicht von ihrem Finger abziehen zu können, wobei sie Glück hatte, daß ihr der Finger nicht ausgerissen wurde, was auch vorgekommen ist. Übel wurde meinem armen Bruder mitgespielt, da er elegante feldgraue Breeches von schönem Stoff und Schnitt trug, die noch aus seiner Militärzeit stammten. Sie erregten dermaßen die Bewunderung des Russen, daß er Alexander befahl, sie auszuziehen, und sie dann an sich nahm. Frierend stand mein armer Bruder unversehens da, mit seinen dünnen Beinen in Unterhosen wie Hans Huckebein, der Unglücksrabe. Trotz dieser drolligen Situation war mir nicht zum Lachen zumute; der Mund war mir trocken in höchstem Unbehagen.
Und Unruh kam und kam nicht wieder. Nur Zeit gewinnen, war die Losung; es war der einzige Ausweg, der Rettung bringen konnte.
Sie kam von ungeahnter Seite, von meiner albernen Sammel- und Aufhebewut, man könnte dieses oder jenes doch einmal gebrauchen. Beim Suchen nach Zigaretten war der Russe in einem Schrank auf Mengen leerer Zigarettenschachteln aus Blech gestoßen. Einzeln wurden sie herausgenommen, aufgemacht, auf den Boden geworfen. Da sich ab und an einige Zigaretten finden ließen, erlahmte dies Spiel nicht, sondern wurde bis zum Ende durchgeführt. Eine Serie von Blechhülsen aufgerauchter Importen folgte; jeder wurde einzeln in die Hand genommen, eingedrückt, weggeworfen. Mit einer Hand ließ sich alles schlecht bewerkstelligen, der Revolver wurde daher in die Tasche gesteckt, um beide Hände zum Kramen und Wühlen freizubekommen. Damit hatten wir viel gewonnen.
Nachdem der Schrank durchgestöbert war, wandte sich der Russe einem Handköfferchen der Gräfin Finckenstein zu, das er irgendwo beim Wickel bekommen hatte. Auch in ihm suchte er nach Zigaretten und Schnaps. Vera, der es wie seinerzeit im Kapp-

Putsch durch den Kopf ging: Hier muß der Geist über die rohe Materie siegen, war ihm behilflich, um Unheil zu verhüten. Der Russe faßte allmählich Vertrauen zu ihr und fragte sie, ob dies etwas tauge oder jenes, und ließ sich im Klauen beraten und leiten. O Schreck, eine Flasche Likör wurde sichtbar, die hatte gerade noch gefehlt! Fragend blickte der Russe wieder zu Vera, die die Flasche geistesgegenwärtig ergriff, tat, als ob sie an ihr röche, und sie wieder in das Köfferchen zurücklegte mit dem Bemerken »Nicht gut«. Mit einer wegwerfenden Handbewegung und einem »Pah« war die Angelegenheit für unseren Russen abgetan. Noch mehr Alkohol in dem Manne hätte die schlimmste Wirkung haben können, und wir waren doch auf dem besten Wege, ihn zu zähmen. Auf jedes »Nicht gut« oder »Kannst haben« bei nebensächlichen Dingen reagierte er prompt in gewünschter Weise.

Endlich kehrte Unruh mit einem nüchternen russischen Soldaten zurück, der uns von dem Quälgeist befreite. Als der Besoffene meine gute Joppe noch mitnehmen wollte, und Vera laut jammerte: »Meine einzige Joppe, ich friere so«, packte den Normalrussen ein menschliches Rühren, er entriß seinem Kameraden die Joppe und reichte sie hinter dessen Rücken Vera zu. Damit rettete sie mir meine gute, nützliche Joppe, die fortan mein ein und alles war und mich später auch auf unserer Fluchtreise begleitete.

Für diesen Freundschaftsdienst bot ich Franz Unruh Duzbrüderschaft an, denn er hatte sich in dieser üblen Situation fein benommen. Auch ohne Furcht und Tadel, während alle anderen – außer meinem Bruder und seiner Frau – uns unserem Schicksal überlassen hatten.

Als wir endlich wieder frei waren, hatte ich den einzigen Wunsch: Zunächst fort von hier mit Vera und Atem schöpfen. Sie holte rasch noch eine alte Knickerbockerhose aus meinem Kleiderschrank für meinen zu leicht bekleideten Bruder, die aber leider nicht annähernd so schön war wie seine Breeches. Dann gingen wir fünf unbehelligt und ohne einen Russen zu sehen, hinunter in den Wald zur Försterei.

Was erblickte ich, als wir das Forsthaus Peenwerder betraten? Ich dachte, ich sähe nicht recht: Alle unsere Koffer, die ich kürzlich hingeschickt hatte, standen mitten in der Eingangshalle fein säuberlich aufgebaut, als wollten die Herrschaften verreisen! Obenauf lag sogar der große Havelock-Fahrpelz der Gräfin Finckenstein. Das Haus war verlassen, alle Türen und Schränke standen weit offen, teilweise sogar mit Anweisungen meines Försters für die Russen versehen. Seine Flucht mit seiner Frau schien planmäßig vorbereitet gewesen und unser Gepäck gewissermaßen als Blitzableiter zur Schonung seiner eigenen Sachen aufgebaut worden zu sein. Ich sträubte mich, diese Gesinnung des bisher so treuen Mannes wahrnehmen zu müssen, konnte mich aber eines unangenehmen Gefühls nicht erwehren.

Erstes Gebot war: Fort mit den Koffern, in denen sich unsere besten Sachen befanden und das Zivilzeug unseres Sohnes Botho, das er dringend brauchen würde, wenn er seine Uniform wieder würde ausziehen können. Mit der Hilfe von Herrn Administrator Lüdicke und seines Freundes, Herrn K... aus Berlin, die wir auf dem Weg zur Försterei zufällig getroffen und die sich uns angeschlossen hatten, schleppten wir die Koffer schleunigst in die dichtesten Gebüsche des Forsthausgartens. Nach längerem, sicherem Ruhen in ihren Verstecken ereilte auch sie das Schicksal. Zunächst in Gestalt von durchdringendem Regen, dann durch meinen Förster, der die Koffer vor dem Regen aus den guten Verstecken in das Forsthaus rettete, und schließlich durch die Russen unserer in Zettemin stationierten Wache, die alles vereinnahmten. Nur mein für sie unbrauchbarer Frackrock, meine Ordensschnalle, ein Bademantel, eine Reise-Gummibadewanne und sonstige Nebensächlichkeiten wurden später seitlich des Waldwegs aufgefunden. Leid tat es mir besonders um die schönen bunten Kinofilme meiner Jahresschauen und Reisen und um die Vernichtung vieler unersetzlicher Erinnerungen. Auch der Verlust von Bothos Zivilsachen war schmerzlich.

Kaum hatten wir alle Koffer in den Gebüschen verborgen, da erschienen zwei Polen, so daß ich befürchten mußte, sie könnten uns bei unserem Tun beobachtet haben, wodurch die Versteckaktion hinfällig gewesen wäre. Sie verschwanden aber gleich im Forsthaus, wahrscheinlich um den Förster zu suchen. Herr Lüdicke und Herr K... folgten ihnen, während Vera und ich den Weg zur Kreuzfichte tiefer im Wald gingen. Meine Forstarbeiter hatten mir gesagt, daß der Förster mit seiner Frau und allen seinen Hausbewohnern, rund ein Dutzend Flüchtlinge, im Jagen zehn stecke. Wir trafen ihn auf dem Weg, auf dem er nach beiden Seiten hin sicherte, und er riet uns, zu ihm und seiner Frau in die Dickung zu kommen, in der beide allein saßen, da er seine Flüchtlingsgäste in eine andere Dickung eingeschoben hatte. Wir folgten gern seinem Rat, da wir uns von ihm berichten lassen wollten und selber nach den Erlebnissen der letzten Nacht und des heutigen Vormittags ruhebedürftig und abgespannt waren. Seine Nervosität war aber dermaßen groß und ansteckend, daß wir trotz dem Frieden im Wald unsere innere Ruhe und unser Gleichgewicht nicht finden konnten. Die dauernden Gewehrschüsse, die ringsherum fielen, trugen auch nicht dazu bei.

Vom Förster erfuhren wir endlich Näheres über Benita, von der wir nach ihrem Sprung durch das Fenster am Vorabend nichts mehr gehört oder gesehen hatten. Sie und die Pflegeschwester meiner Mutter hatten sich nur kurz bei unseren Dorfleuten im Hoppenhof aufgehalten und sich dann nach dem Wald und zur Försterei gepirscht, wo sie nach einer Nacht in einer dichten Waldschonung glücklich gelandet waren. Kurz bevor wir nach Peenwerder gekommen waren, hatten sie aber leider und zu unserem Schrecken die Försterei wieder verlassen, mit dem Lastauto der Firma Kaiser Gebrüder aus Stavenhagen, deren Inhaber sich auch in meinem Wald versteckt hatte. Sie waren nach Zettemin zurückgefahren in größter Sorge um uns, da Benita Schüsse in unserem Hause gehört hatte und nicht wissen konnte, wie alles nach ihrer Flucht ausgelaufen war. Nun war die große Sorge um sie wieder auf unserer Seite, und wir konnten nichts anderes tun, als sie Gottes Schutz anheimzustellen.

Vera und ich blieben bis zum Nachmittag bei unserem Försterehepaar in der Dickung, dann pirschten wir zusammen mit anderen Peenwerder Flüchtlingen, uns immer vor etwa auftauchenden Russen in Deckung haltend, wie ein Rudel Wild im Gänsemarsch zum Lagerplatz des Mildenitzer Trecks. Adminstrator Lüdicke hatte ihn mit allen Wagen und Pferden nahe der Brückenberg-Schneise unter jüngeren Eichen in einer großen und dichten Fichtenschonung geschickt aufgeschlagen. Ein Gutstreck aus Klein-Vielen, an dem wir vorbeikamen, hatte sich ohne mein Wissen nicht annähernd so zweckmäßig aufgestellt.

Wie mundete Frau Lüdickes Suppe aus ihrem reichhaltigen Proviantwagen, da wir seit dem Frühstück nichts mehr genossen hatten. Aber noch besser taten die Ruhe und der Friede hier im

Wald an diesem verborgenen Platz. Hier trafen wir unsere Hausgäste wieder, die kurz vor dem Russeneinbruch in den Wald gezogen waren, und lernten Frau K... und Frau Hermenau kennen, letztere zufällig aus Steinort in Ostpreußen, der Heimat meiner Schwiegermutter. Ihr Mann war dort Oberinspektor bei Veras Vetter Heini Lehndorff gewesen, der nach dem mißglückten Anschlag auf Hitler am 20. Juli 1944 umgebracht worden war. Auf ihrer Flucht aus Ostpreußen hatte sie mit ihrem Auto Mildenitz erreicht und sich dem Treck angeschlossen.
Jetzt hörten wir zum erstenmal von den schrecklichen Ereignissen, die sich außerhalb unseres Gesichtskreises in Zettemin abgespielt hatten. Sechs Frauen hatten sich das Leben genommen, unter ihnen meine vorzügliche Buchhalterin Frau Bletsch mit ihrer Mutter, ihrer aus Ostpommern hergeflüchteten Schwester, ebenfalls Gutssekretärin, und einer Nichte. Frau Bletschs Mutter, die ständig bei ihrer Tochter in Zettemin lebte und ihr den Haushalt führte, hatte schon immer an ihren Nerven gelitten. Der Russeneinfall erschütterte sie dermaßen, daß sie sich die Pulsadern öffnete und verblutete. Als ihre beiden Töchter und die Nichte dessen gewahr wurden, erhängten sich alle drei an den Fensterkreuzen ihrer Stuben. Gewaltiger Schrecken soll sogar die Russen befallen haben, als sie in jedem Zimmer Tote an den Fenstern hängend erblickten. Menschlich und beruflich war dies ein schwerer Verlust für mich, der mich tief ergriff. Die anderen Flüchtlingsfrauen hatten sich im Dorfteich ertränkt.
Im benachbarten Rottmannshagen, hieß es, sei der Inspektor, der brave Herr v. Katte, durch die Russen ums Leben gekommen. Dies bewahrheitete sich gottlob nicht: Herr v. Katte blieb treu und unversehrt auf seinem Posten bis zu seiner Ausweisung im Oktober desselben Jahres. Dafür wurde der dicke Volksschullehrer und Ortsgruppenleiter der NSDAP, der hundertfünfzigprozentige Nazi, von den Russen erschossen. Aber nicht, weil er Ortsgruppenleiter war, sondern weil er nur einen seiner beiden Revolver abgegeben hatte, mit dem anderen jedoch weiter herumfuchtelte. Niemand trauerte diesem Denunzianten nach.
Erschossen wurde leider auch der biedere alte Statthalter Vieth, der sich dummerweise den Russen widersetzt hatte. Und schließlich als dritter der Vorschnitter, wahrscheinlich weil er seine ihm unterstellten polnischen Schnitter und Landsleute schlecht behan-

delt hatte. Die näheren Umstände der Erschießung des Vorschnitters mußten für den jungen Besitzer von Rottmannshagen, Konrad Wahnschaffe, der ebenfalls dageblieben war, und für Herrn v. Katte aufregend gewesen sein: Zu dritt mußten sie sich an eine Scheunenwand stellen, worauf ein Russe den Vorschnitter neben ihnen mir nichts, dir nichts über den Haufen knallte. Beide mußten fürchten, nunmehr an die Reihe zu kommen; es geschah ihnen aber nichts, außer daß ihnen ein gewaltiger Schrecken eingejagt worden war.

Tief erschütterte uns die Nachricht, die wir nicht glauben wollten und für ein Gerücht hielten, deren viele umliefen, daß unser Nachbar Graf Plessen-Ivenack und die Gräfin freiwillig ein oder zwei Tage nach dem Russeneinbruch aus dem Leben geschieden waren. Wir hielten es für unmöglich, da beide tiefgläubige Christen und die Verkörperung der Pflichttreue und Gewissenhaftigkeit waren. Sie hatten aber, wie wir später erfuhren, eine derartig entsetzliche Vergewaltigung ihrer Pastorenfrau mit ansehen müssen, machtlos, sie zu schützen, daß sie die einzige Rettung vor gleichem Schicksal nur im Tod erblickten. Nachdem sie Abschied von ihrem Sohn genommen hatten, erschoß der Graf erst seine Frau, dann eine bei ihnen weilende Krankenschwester und zuletzt sich selbst. Der arme Junge hörte die drei Schüsse im Wald fallen, konnte sich noch eine Weile verborgen halten und wurde schließlich von den Russen in einem Lager in Neubrandenburg interniert, in dem er nach drei Jahren verstarb. Seine Eltern wurden im Wald an der Stelle ihres tragischen Endes verscharrt. Niemand wagte ihnen ein würdiges Grab zu bereiten, bis die Gutsleute sie endlich nach zwei Jahren in aller Heimlichkeit zur Ruhe betten konnten.

Eigenartig, wie solches Beispiel ansteckend wirkte, denn allein auf dem Gut Ivenack nahmen sich einige dreißig Menschen das Leben, darunter der Inspektor mit seiner Familie gegen den Willen der armen Kinder. Er bewerkstelligte es auf eine eigenartige Weise: Er sprengte sich und die Seinen mit einer Mine in die Luft!

Von Nachbarn und Jagdfreunden verloren wir ferner Baron Brockdorff aus Kastorf, der sich vergiftete, und meinen lieben, humorvollen Henning v. F., den »Millionär«, der von den Russen erschossen wurde, als er seine Tochter vor Vergewaltigungen schützen wollte. Er war zu spät mit seiner Frau, Tochter und allen seinen Leuten fortgetreckt, war von den Russen eingeholt worden und hatte kehrtmachen müssen. Nur noch zwei Tagesmärsche von seinem Gut entfernt, ereilte ihn sein Geschick. Seine Frau, die immer tapfere und vergnügte »Appelschnut«, wie wir sie nannten, die in guten und in bösen Zeiten durch dick und dünn mit ihrem Henning gegangen war, nahm darauf Gift und starb. Tief trauern wir um diese liebenswerten Menschen.

In Klein-Plasten war die resolute, ihr Gut als Witwe selber bewirtschaftende Frau v. Michael mit ihren acht bis zehn Verwandten und Hausgästen durch Gift aus dem Leben geschieden. Man fand sie alle tot und mit Blumen geschmückt auf ihren Betten. Die zuletzt noch lebende Dame hatte ihnen diesen Liebesdienst als Abschiedsgruß erwiesen, bevor auch sie sich niedergelegt hatte und gestorben war.

Oberst v. Brincken, der als Pferdevormusterungskommissar viel in Mecklenburg herumgekommen war, zeigte mir später in Rostock eine Liste aller seiner Bekannten, fast ausnahmslos Gutsbesitzer, die sich in diesen kritischen Tagen selber entleibt hatten: Es waren einige fünfzig. Sein Wissen erstreckte sich jedoch auf viele, viele mehr.

Allein in dem Städtchen Stavenhagen sollen es um die zweihundert Menschen gewesen sein, in Waren um die achthundert und in Neubrandenburg gar um zweitausend, die sich in den Seen ertränkt haben, wie mir dortige Einwohner berichteten. Diese Zahlen bieten ein Bild der Panik und Verzweiflung, die die Bevölkerung ergriffen hatten.

Die Mehrzahl der Gebildeten trug Gift bei sich, Morphium oder Zyankali, sogar unser trefflicher Pastor. Vielen erschien dies als der letzte Ausweg. Von einem Fall hörte ich, daß das Gift bei dem einen der Ehepartner zum Tod geführt hatte, während der andere wieder zum Leben erwacht war – die denkbar furchtbarste Tragik. Vera und ich führten kein Gift bei uns, hatten den Gedanken keinen Augenblick auch nur erwogen, da er sich nicht mit unseren Anschauungen deckte. Wann und wie wir sterben sollen, ist allein Gottes Wille, dem wir nicht in das Handwerk pfuschen dürfen. Wir hatten beide so stark das feste Gefühl der Geborgenheit in Gott, daß uns nichts Ernstes zustoßen würde, daß wir immer unsere Ruhe bewahrten. Zum Nachsinnen hatten wir auch keine Zeit. Daß uns dennoch bisweilen Augenblicke der Angst in beson-

ders ekligen Lagen überkamen, war selbstverständlich und durchaus menschlich.
Wie unmöglich es ist, unserem Schicksal zu entgehen, auch wenn wir uns noch so sehr bemühen, zeigte folgender Fall: Herr v. Puttkamer war von seinem Gut Plaut in Westpreußen vor den Russen geflohen und übernachtete bei einem Freund in Pommern, in dessen Haus deutsche Einquartierung lag. Soldaten putzten in der unter seinem Schlafzimmer gelegenen Stube ihre Gewehre, ein Schuß löste sich, schlug durch die Stubendecke und traf den oben in seinem Bett liegenden Herrn v. Puttkamer tödlich. Hatte ihm seine Flucht genützt? Seine Zeit war abgelaufen, sein Schicksal hatte sich erfüllen müssen.
Dennoch ist es unklug und widernatürlich, sich fatalistisch jeder Chance, sein Leben zu bewahren, zu begeben, und man soll es mit dem Aktiven der beiden Frösche halten, die beide in einen Milchzuber gefallen waren. Der eine gab das Paddeln bald auf, da es ihm zwecklos erschien und sie doch ertrinken müßten. Der andere ließ den Mut nicht sinken, paddelte und trat weiter in der Hoffnung, daß vielleicht doch noch Hilfe kommen könnte. Der erste ertrank, der andere verspürte jedoch nach geraumer Zeit festen Grund unter seinen Beinchen, denn siehe da: Durch das ewige Paddeln und Treten hatte sich Butter gebildet, die dem Frosch festen Grund gab. Er war gerettet! Mut und Hoffnung soll man nie verlieren, und man darf nicht selber voreilig Schluß machen. Die Nerven müssen allerdings gut sein und durchhalten; sie rissen aber vielen infolge der aufregenden Ereignisse dieser Tage, die oft zu grauenhaft waren. Vor allen den Armen, die ihrer Nervenanspannung nicht mehr gewachsen gewesen waren, beugen wir uns tief in Trauer.
Den kleinen und größeren Städten im Land war es unterschiedlich ergangen, je nach dem Verhalten ihrer SS- oder SA-Kommandanten und ihrer Bürgermeister und besonders der Hitlerjugend und des »Werwolfs«, einer erst in letzter Zeit ins Leben gerufenen Organisation wilder, junger Naziburschen. Zum Teil waren achtzig Prozent der Innenstädte vernichtet und ausgebrannt, in denen Widerstand geleistet oder von blindwütigen Angehörigen ebengenannter Organisationen auf die Russen geschossen worden war. Zum geringeren Teil wiederum waren sie im Bodenkampf weitgehend unversehrt geblieben, da sie sich vernünftigerweise – wie

zum Beispiel die Städte Güstrow und Rostock – rechtzeitig den Russen ergeben und sich in ihnen keine Schießereien ereignet hatten. Der einfache Bürgersmann war einsichtig genug gewesen, eine Verteidigung durch Volkssturm, Hitlerjugend oder Werwolf ohne reguläre Soldaten und ohne Waffen jeglicher Art zu verdammen; nur verhindern konnte er sie nicht. Ebensowenig wie wir alle, die wir uns einen klaren Blick bewahrt hatten, uns den Auswüchsen und Verbrechen der Nationalsozialisten hatten widersetzen können.

Am meisten erschütterte meinen armen Bruder Alexander, Enni und mich die Nachricht, die wir nach vielen Wochen erhielten, daß das Schloß in Wolfshagen vollkommen ausgebrannt war und daß die Russen das »Schweizerhaus«, den Witwensitz im Park, zur Feier des ersten Mai als Freudenfeuer angezündet hatten. Das Feuer im Schloß, in dem sich ein deutscher Gefechtsstand befunden hatte, war durch Artilleriebeschuß ausgebrochen, der den Dachstuhl in Brand gesetzt hatte. Unser liebes, altes Heimathaus war wenigstens in ehrlichem Kampf gefallen. Unwiederbringliche Werte alter Familientradition, alter Gemälde, Ahnenbilder und wertvoller antiker Möbel waren vernichtet worden, da nichts fortgeschafft und in vermeintliche Sicherheit gebracht worden war. Das wenige, was mein Bruder an Silber und besonders wertvollen Erinnerungsstücken in seinem Wald vergraben hatte, wurde wie allerorts aufgefunden und geraubt. Mit einem Schlag war unser alter Stammsitz – das Schloß war 1723/25 und die Seitenflügel mit dem großen Saal 1823 erbaut worden –, mein Geburtshaus, meine geliebte alte Heimat ausgelöscht worden. Es war ein unfaßlicher Gedanke. Da Kampfhandlungen um Wolfshagen stattgefunden hatten, waren auch einige Hofgebäude abgebrannt, und die Kirche hatte einen Volltreffer in ihren Turm erhalten.

Auch das Schloß in dem Wolfshagen benachbarten Göhren war niedergebrannt; der mehrere Güter umfassende Besitz war bereits als Folge des zwanzigsten Juli 1944 enteignet worden, nachdem mein Vetter Ulrich-Wilhelm Schwerin als Mitglied der Widerstandsbewegung »liquidiert« worden war. Nur das Mildenitzer Schloß war verschont geblieben, da sich in ihm ein Altersheim befand.

Da auch alle weiteren Schlösser und Sitze unserer engeren Familie

teils durch Brand zerstört oder ausgeplündert wurden – Wildenhoff in Ostpreußen, Walsleben in der Mark, Tamsel bei Küstrin und die vielen Besitze der weiteren Familie in Pommern –, waren sämtliche Familienerinnerungen verloren. Alles, was das Geschlecht der Schwerin im Laufe von achthundert Jahren in mühevoller Arbeit geschaffen und aufgebaut hatte, war in wenigen Tagen vernichtet worden. Sic transit gloria mundi.
Nach dieser Abschweifung und diesem Vorgriff – alle diese Nachrichten erhielt ich erst nach vielen Monaten – komme ich auf das Waldlager des Mildenitzer Trecks in meiner Forst Peenwerder zurück, wohin Vera und ich gepirscht waren, um endlich ein wenig Ruhe und Nahrung zu finden.
Nachdem wir die stärkende Suppe, die uns Frau Lüdicke von ihren Vorräten auf offenem Feuer gekocht hatte, ausgelöffelt hatten, krochen wir in das geschlossene kleine DKW-Auto der Frau Hermenau, das sie uns freundlicherweise zur Verfügung gestellt hatte, um die Nacht geschützt und warm zu verbringen. An Schlaf war aber infolge der teuflischen Enge und unserer überreizten Nerven nicht zu denken; dennoch erquickten uns der Dämmerzustand und die Ruhe vor den Russen. In der Ferne fielen dauernd einzelne Gewehrschüsse, und in der Nähe schreckten Rehe; sonst herrschte tiefer Friede, wie ihn nur der dichte, dunkle Wald geben kann.
Der Morgen brach an, ein Maienmorgen mitten im Wald unter lichten, jüngeren Eichen, umgeben von einer undurchdringlichen, ausgedehnten jungen Fichtenschonung. Die Vögel erwachten, an allen Zweiglein, Blättchen und Fichtennadeln glitzerte der Tau. Wie schön, wie friedlich erschien immer wieder die Natur, wie erquickte und stärkte sie das unruhige Herz. Wie köstlich erschien der Frühling, wie dankbar waren wir, ihn noch erleben zu dürfen.
In diesen Frieden und in solche Gedanken platzte mein Förster, der unvermutet neben dem Auto in einem Räuberzivil auftauchte, wie es nur ein Forstmann tragen kann, mit flackernden Augen, geduckt wie auf einem Pirschgang. Er verglich sich selber mit einem gehetzten Keiler, als er sich aus der Dickung hervorschob, ein treffender Vergleich. Ich fügte in Gedanken noch das Wörtchen »grob« hinzu, denn der starke, große Mann glich in der Tat einem groben Keiler. Doch warum gehetzt? Bisher hatte ihm kein Russe etwas getan, und gewiß würde ihm auch fernerhin keiner

etwas anhaben, denn er war immer menschlich und gut zu seinen Polen und Russen in der Forst gewesen. Solchen Menschen geschah nichts Böses, es sei denn, daß sie im ersten Ansturm aus Versehen umgebracht wurden; diese Gefahr war aber vorüber. Der Förster bildete sich jedoch ein, verfolgt zu werden, drückte sich mehrere Tage in den Dickungen des Waldes herum und schlich sich nur zum Futterholen heimlich in seine Försterei, in die seine Frau längst zurückgekehrt war. Ja, die leidigen Nerven!
Dann kam die große Erleichterung und Freude für uns: Plötzlich erschien unsere Benita mit der Krankenschwester wohlbehalten und guter Dinge. Wie wir schon wußten, hatten die beiden gestern kurz vor unserer Ankunft in Peenwerder die Gelegenheit des Lastautos der Firma Kaiser Gebrüder genutzt, mit dem »Kaiser Wilhelm« den Wald wieder räumte, um nach Stavenhagen zurückzukehren. Mein Förster hatte nämlich verbreitet, alle Trecks und Flüchtlinge müßten schleunigst den Wald verlassen, da dieser von den Russen durchkämmt werden würde. Es war lediglich eine Vermutung, die seiner Phantasie entsprungen war und wahrscheinlich auch seiner Angst, die vielen Menschen und die reiche Beute könnten die Russen anlocken. In Zettemin war Benita nur kurz ab- und gleich wieder aufgestiegen, da es dort von üblen Russengestalten wimmelte. Sie war weiter mitgefahren, um gegebenenfalls bei der Familie Kaiser in Stavenhagen unterzukommen, da sie nicht ahnte, was mit uns seit dem Abend zwei Tage zuvor geschehen war. Es mußte eine aufregende Fahrt gewesen sein, da sie dauernd von Russen angehalten worden waren, die nach Uhren und sonstigem verlangten. Im Wald zwischen Rottmannshagen und Jürgenstorf versagte zu allem Ungemach noch der Motor, »besann« sich auch nicht wieder, wie mein guter Fahrer Tanger zu sagen pflegte. Herr Kaiser, dem es allmählich langweilig geworden war, begann dann mit der Flinte, die der Unglücksmann immer noch mitführte, fröhlich zu jagen und auf Niederwild zu schießen. Er wollte wohl seinen Speisezettel etwas auffrischen, tat aber damit das Gefährlichste, was man in seiner Lage unternehmen konnte. Bald hatte sich auch allerhand Dorfjugend an dem unfreiwilligen Halteplatz angefunden, die fröhlich lärmte und juchzte und damit die Russen geradezu anlocken mußte. Das war Benita zuviel geworden, denn normalerweise konnte es nicht gut ausgehen. Daß Herr Kaiser seinen Privatschutz-

engel bei sich hatte und sich nichts Böses ereignete, konnte sie nicht wissen. Sie verließ daher mit der Krankenschwester, die sich immer an ihre Fersen heftete, den harmlos-heiteren Tummelplatz und den kühnen Jägersmann und schlug sich seitwärts durch die Büsche in Richtung der Forst Peenwerder. Querbeet ging es teils gehend, teils kriechend durch Wald und über Wiesen und Felder, bald im Schummern und schließlich in stockfinsterer Nacht. Unbehelligt erreichten sie unseren Wald, ahnten aber nicht, wo der Lagerplatz des Mildenitzer Trecks zu finden war, und schoben sich daher zum Schlafen in eine Dickung ein. Am nächsten Morgen fanden sie den Platz und erschienen. Wie froh und dankbar waren Vera und ich, daß auch dies wieder einmal gut abgelaufen war.
Wir verbrachten nun einen friedlichen Tag Lagerleben, das in der Hauptsache im Ruhen im Liegestuhl und im Einnehmen der von Frau Lüdicke zubereiteten Mahlzeit bestand. Ich ging bei den einzelnen Mildenitzer Familien herum, die sich mit mehr oder weniger Kunstfertigkeit ein Dach über ihren Köpfen und möglichst auch ein bis zwei Seitenwände aus Plänen und Decken in den jungen Fichten gebaut hatten, gut getarnt gegen Fliegersicht mit abgehauenen Fichtenbäumchen. In jeder Lagerstatt brodelte über dem Feuer ein Kochtopf oder brutzelte es in einer Pfanne. Die Leute waren alle guter Dinge, hatten ja bisher keinen Russen zu sehen bekommen und befanden sich noch im Besitz aller ihrer Sachen. Der Unterschlupf im Wald hatte sich gut bewährt.
In der Mitte des Lagers stand Herrn Lüdickes großer Ernteplanwagen, um den wir uns alle scharten; daran anschließend lag der Pferdekral. Es war ein geruhsamer, schöner Tag im Wald, an dessen Ende Vera und ich wieder in das Autochen krochen, um in ihm die zweite Nacht zu verbringen. Diesmal hatte ich es mir vorn und Vera im Fond »bequem« machen wollen, ein Versuch, der vollständig mißglückte, denn mir bohrte sich dauernd der kurze, zwischen den Sitzen befindliche Handbremshebel in den Oberschenkel, und Vera wurden von den durch mich belasteten Vordersitzen die Schienbeine eingedrückt. Dennoch fanden wir beide ein wenig Schlaf, wenn nicht Fliegerbomben über Zettemin herunterkrachten, die in mir die leise Hoffnung weckten, die Engländer kämen nun doch noch und vertrieben die Russen aus Mecklenburg, das sie beanspruchen wollten. Denn anzunehmen, daß die Russen

eine von ihnen längst besetzte Ortschaft noch mit Bomben belegen würden, war noch sinnloser. Natürlich waren es russische Fliegerbomben, wir kannten die Unberechenbarkeit der Russen nur noch nicht. Grandios hallten die Explosionen im stillen, finsteren Wald, der ihnen eine besondere Akustik gab. Sie ähnelten den scharfen, knallenden Donnerschlägen eines mit elementarer Wucht niedergehenden Gewitters. Ich hielt die Einschläge für im Wald liegend und war nicht wenig erstaunt, als ich am nächsten Morgen erfuhr, daß sie sich hart bei Zettemin auf dem Feld befanden, zum Glück ohne Schaden anzurichten. Nur die in kleinem Format gehaltenen und in altertümlicher Art in Blei gefaßten Fensterscheibchen der alten Kirche hatten zum Teil gelitten, sonst waren alle Glasscheiben im Ort heil geblieben.
Wieder erwachte die Natur am dritten Morgen nach dem Russeneinbruch friedlich und unter Vogelgezwitscher, unberührt von allen Schrecknissen um sie her. Zum zweitenmal krochen wir mühsam und mit völlig steifen Gliedern aus der Enge des kleinen DKW-Autos. Nun wurde Toilette gemacht, das hieß: Wir fuhren uns mit einem Schwamm über das Gesicht und wuschen uns die Hände in einem Waschbecken der Familie Lüdicke, das im »Waschraum« aufgestellt war. Dieser bestand aus einer winzigen Lichtung inmitten der dichten Fichtenschonung und war nur durch eine als Küche dienende kleine Kahlfläche zu erreichen. Vera trieb den Genuß sogar so weit, daß sie sich ganz entkleidete und mit heißem Wasser und Seife operierte. Kein morgendliches Bad sei je so himmlisch gewesen, meinte sie.
Auf dem offenen Feuer kochte eine Mehlsuppe, die uns zum Frühstück prächtig schmeckte und die uns für die nächsten vier Wochen das fehlende Brot ersetzen mußte. Jetzt zeigte es sich, wie wichtig, wie unentbehrlich und wie köstlich das Brot ist! Die Milch wurde jeden Morgen von den Küken in der nahe gelegenen Koppel gemolken, und täglich fuhr ein Wagen nach dem Gut, um Hafer für die Pferde, Kartoffeln, Lagerstroh und so weiter heranzuschaffen. Das heißt, der Wagen fuhr nur bis in die Nähe des Hofes, um nicht sichtbar zu werden, denn die Russen hätten ihm sogleich die Pferde ausgespannt, und außerdem wäre dadurch unser Lagerplatz verraten worden.
Einen großen Nachteil hatte dieser leider: Es war kaum Wasser vorhanden. In kleinen, an mooriger Stelle nahe dem Lager gegra-

benen Löchern sammelte sich zwar ein wenig, doch es war von fragwürdiger Beschaffenheit und konnte nur zum Tränken der Pferde und zum Waschen benutzt werden. Zum Trinken und Kochen mußte es von dem ziemlich entfernt liegenden Forsthof Peenwerder mühsam in Flaschen geholt werden.

Ein weiterer Mißstand des Lagerplatzes ergab sich durch mangelnde Organisation. Der Lagerführer, Herr Lüdicke, und ich selber, denn ich will mich nicht von Schuld freisprechen, hatten die Anlage mehrerer Latrinen verabsäumt, die als erste hätten gebaut werden müssen. Doch die umliegenden, weiten Dickungen ließen es zunächst nicht notwendig erscheinen, der Wald in unbegrenzter Ausdehnung bot den bequemsten »verschwiegenen Ort«. Aber die rund einhundertfünfzig Menschen mußten allmählich immer größere Kreise ziehen, zumal bei allen bald nicht abzustoppender, monatelanger Durchfall einsetzte. Er war eine natürliche Folge der andersgearteten, fettarmen Kost ohne Brot und des Liegens auf dem kalten Erdboden in den noch empfindlich kühlen und regenfeuchten Nächten. Da hieß es dann laufen, bis man an die Peripherie der Gefahrenzone kam, die sich täglich ein wenig weiter entfernte, in stockfinsterer Nacht, manchmal gar bei Regen. Himmelangst konnte einem oftmals werden, wenn es »pressierte«!

Nach zwei immerhin erholsamen Nächten drängte es Vera und mich, nach Zettemin zu sehen und selber zu erfahren, wie sich alles dort gestaltet hatte. Daß inzwischen nichts heruntergebrannt war, hatten wir durch meinen Vertretungsinspektor gehört, der am dritten Morgen dort gewesen war. Er hielt sich aber mit Frau und Tochter, in einem alten Landauer hausend, an einer anderen Stelle im Wald weiterhin versteckt, da er sich von Polen verfolgt glaubte, die ihn angeblich umbringen wollten.

Wir beide wanderten daher an einem strahlend sonnigen, im ersten Buchengrün prangenden Maienvormittag nach Zettemin, um die Zügel wieder zu ergreifen, für Ordnung zu sorgen, soweit es ging, und um nach Möglichkeit den Gutsbetrieb wieder in Gang zu bringen. Die Kriegswelle der Russen war ja nun über uns hinweggebraust.

Unter der Russenherrschaft

Höchste Zeit war es, daß wir wieder nach Zettemin in unser Haus kamen, denn meine polnischen Schnitter waren im besten Zuge, alles an Kleidern, Wäsche und Schuhzeug, dessen sie habhaft werden konnten, auszuräumen.

Verdenken konnte ich es ihnen nicht, daß sie diese herrliche Gelegenheit, endlich wieder zu Kleidungsstücken zu kommen, nach Herzenslust wahrnahmen. Schon lange sollen sie davon gesprochen haben, bei erstbester Gelegenheit tüchtig zu plündern; nun schwelgten sie darin! Wie trostlos waren die armen Menschen aber auch im letzten Jahr und besonders im vergangenen Winter bekleidet gewesen. Nur noch Lumpen hingen an den Körpern der Männer, Frauen und Kinder. Im Betrieb geklaute Getreidesäcke hatten herhalten müssen für Hosen, Röcke und Jacken, die geschickt aus ihnen gefertig worden waren. Da auf allen Gütern unter den Polen und Kriegsgefangenen die gleiche Bekleidungsnot herrschte, hatte eine derartige Verwendung eine katastrophale Verknappung der Säcke herbeigeführt. Wie oft war ich im Wirtschaftsamt des Landratsamtes wegen dieser Bekleidungsnot vorstellig geworden; schriftlich, telephonisch, persönlich, im Guten und im Bösen. Nichts hatte es gefruchtet, denn es war nichts mehr vorhanden. Vera, Benita und ich hatten mit unseren alten Sachen ausgeholfen, soweit wir konnten, doch war es bei der Menge einiger achtzig Menschen nur ein Tropfen auf einen heißen Stein. Aus aller älteren Bett- und Tischwäsche hatte Vera Hemden nähen lassen, damit wenigstens die Frauen und Mädchen solche bekamen, denn Unterwäsche hatten die armen Menschen überhaupt nicht mehr. Es war ein menschenunwürdiger und bejammernswerter Zustand, der uns dauernd gequält, besorgt und beschämt hatte, zumal wir selber immer noch gut und warm gekleidet gehen konnten.

Wenn ich daher auch volles Verständnis dafür hatte, daß die Menschen an Bekleidung nun errafften, wessen sie habhaft werden konnten, so war es doch schmerzlich, zu sehen, als wir an unser Haus herankamen, wie polnische Frauen mit den wertvollen

seidenen und baumwollenen indischen Gewändern in prächtig leuchtenden Farben aus der Sammlung Oppenheim abzogen. Wertvolles wurde völlig unnütz vernichtet. Ebenso wird mir der Anblick zeitlebens haarscharf vor Augen stehenbleiben, wie eine Schnitterin mit Veras schwerem, weißseidenem, italienischem Umhängetuch mit den langen Fransen fortging, das sie sich über die Schultern gehängt hatte.
Unser erster Gang führte uns zu meiner Mutter, die in ihrer altgewohnten Stube friedlich in ihrem Sessel neben ihrem Bett saß. Helene war bei ihr; beiden war gottlob nichts geschehen, nur einmal hatte Helene den Versuch eines Russen, ihr näherzutreten, abwehren müssen, wie sie Vera zu deren Ergötzen blumenreich schilderte. Auch im Zimmer stand alles auf demselben Fleck, nichts war angerührt oder entwendet worden.
Desto toller sah es in allen anderen Räumen, besonders im ersten Stock in unseren Wohn- und Schlafzimmern aus. Da erblickten wir erst richtig die Bescherung: Es herrschte ein unvorstellbares Tohuwabohu in allen Räumen vom Keller bis unter das Dach. Überall stießen wir auf unsere Polen, die suchten, was sie gebrauchen und mitnehmen könnten. Besonders zahlreich wimmelten sie oben bei den Wäscheschränken und in den Reservestuben herum, ließen sich durch unser Erscheinen nicht stören, stöberten eher noch emsiger, da sie mit Recht fürchteten, daß mit dem Plündern nun wohl Schluß gemacht werden müsse. Ohne böse Worte, aber mit Nachdruck, wehrte ich ihnen und gab ihnen zu verstehen, daß sie nun genug geräubert hätten und mir wenigstens etwas übriglassen sollten. Damit trieb ich sie alle aus dem Haus, das ich nun zum erstenmal wieder abschloß.
Als einziger Ein- und Ausgang blieb hinfort nur die Hintertür zum Wirtschaftshof nahe der Küche offen. Jeder, ob er hinein- oder herausging, war gezwungen, an der Küche vorbeizugehen, von wo aus er gesehen werden mußte. Das gab uns ein klein wenig Sicherheitsgefühl.
Wir gingen nunmehr die einzelnen Zimmer durch, um einen Überblick zu gewinnen, wobei uns Neugier, Staunen und Bedauern erfüllten. Doch keine Trauer, denn wir hatten zuviel erlebt, um noch an diesen materiellen Dingen zu hängen und deren Verlust schmerzlich zu empfinden. Leid tat es mir nur, den Wust in den Zimmern nicht photographisch festhalten zu können, da ich

keinen Apparat mehr besaß. Die Fußböden waren dick besät mit dem Inhalt der Schränke und Kommoden, deren Schubfächer halb heraushingen oder auf den Möbeln und Teppichen lagen. Auf allen Tischen standen gebrauchte Weingläser und leere Flaschen herum, falls sie nicht auf dem Boden lagen, umgeben von leeren Eierschalen. Diese Stilleben ließen darauf schließen, daß man es sich hatte gutgehen lassen. Nirgends konnte man hintreten, ohne etwas zu vernichten, seien es Photographien, Bilderrahmen mit Glas, signierte Radierungen und Lithographien, Bücher, Schreibzeug und was es sonst noch gab. Bei jedem Schritt knirschte es. Über und zwischen allem lag ein weißrosa, süßlich duftender Staub aus einigen unglückseligen Puderbüchsen, die die Tücke des Schicksals aus Louisa Finckensteins Zimmer, weiß der Himmel wie und warum, in unsere Wohnräume verschleppt und dort entleert hatte, alles noch mehr beschmutzend. An Möbeln fehlte nichts, an Teppichen nur einige gute Brücken, von den Fenstervorhängen waren nur wenige verschwunden. Die Ölgemälde hingen noch unversehrt und vollzählig an den Wänden, nur mein großes Portrait von Professor Sohn-Rethel aus dem Vorjahr hatte einen Messerstich in die rechte Schulter erhalten, der aber nicht tödlich war. Ausgesprochen gelitten hatten die allenthalben schief hängenden großen Lampenschirme.
Mit einem Anflug von Schadenfreude sah ich einen Russen mit meinem italienischen Linguaphonplatten-Kursus abziehen, den er sich am Riemen über die Schulter gehängt hatte. Ich stellte mir seine Enttäuschung und Wut vor beim Anhören des unverständlichen Kauderwelschs statt der erhofften Tanzmusik, falls es überhaupt zum Spielen der Platten kommen würde. Ausgeräumt waren bereits alle großen Konzerte, die wir so liebten und die die primitiven Plünderer nicht minder enttäuscht haben dürften.
Nicht anders sah es in unseren Schlaf- und Ankleidezimmern aus. Gähnende Leere herrschte in allen Schränken und Fächern, und die wenigen alten Sachen, die keinen Liebhaber gefunden hatten, lagen verstreut auf den Fußböden. Fort waren auch alle Toilettengegenstände, einschließlich aller Rasiermesser samt Zubehör, so daß mir nichts anderes übrigblieb, als mir wieder einen Vollbart stehenzulassen, der seit dem Russeneinbruch notgedrungen bereits im Wachsen war.
Eigenartig und kaum erklärlich war es, wie vieles durcheinander-

gewürfelt und verschleppt war: Man fand häufig in einem Zimmer Sachen, die aus einem fernab gelegenen stammten. Sie mußten für den jeweiligen Liebhaber an Reiz verloren haben, so daß er sie wieder fortgeworfen hatte.

Das Zimmer, in dem die kostbare indische Sammlung des Freiherrn v. Oppenheim, die Reserveapotheke aus Stavenhagen und die zahlreichen Koffer, Kisten und Pakete unserer Verwandten und Freunde untergebracht waren, bot in seiner unvorstellbaren Fülle und seinem Durcheinander einen grotesken Anblick. Hier hatten die Russen die erste Nacht hindurch bis zum Morgen alles aufgebrochen und durchgewühlt und die Polen hernach das Ganze nochmals gründlich durchgesiebt. Die Tür ließ sich nur zu einem Spalt öffnen, durch den man sich gerade noch hineinzwängen konnte. Dann stand man auf einem Berg von indischen Gewändern, die alle zu räubern die Polinnen nicht geschafft hatten. Man erblickte nur ein Chaos bunter Seide und Wolle, übersät mit Büchern, Papieren, medizinischen Flaschen, pharmazeutischen Präparaten, indischem Schmuckzeug, Silbersachen und unendlichen Dingen, an denen die Herzen der Eigentümer gehangen hatten. Ein großer silberner Pokal des Freiherrn v. Oppenheim lag oben im Kronleuchter! Das mußte man gesehen haben, beschreiben läßt es sich nicht.

Im obersten Stockwerk war es nicht anders. Die Koffer, soweit sie noch vorhanden waren, waren aufgebrochen oder aufgeschlitzt, die Hauswäscheschränke bis auf geringe Reste geleert. Sie hatten nicht nur unsere eigene Hauswäsche enthalten, die Vera im Hinblick auf den Verlust des Krieges erheblich vermehrt hatte, sondern auch die gesamte Mildenitzer und die des ehemaligen Hausstandes unserer Benita.

Im Gutsbüro und in meinem Arbeitszimmer waren wenigstens die Akten unberührt geblieben; für sie zeigten die Russen kein Interesse. Desto mehr für alles unbeschriebene Papier und noch unbenutzte Kontenbücher und Register. Wie ich mir sagen ließ, hatten die Russen nur rauhes und schlechtes Papier und waren daher auf unser glattes, weißes Schreibpapier so scharf. Daß die Schreibmaschinen und meine Rechenmaschine schon unbrauchbar gemacht worden waren, brauche ich kaum zu erwähnen. Alles, was der Russe in die Finger bekam, ging sofort in die Brüche, weniger aus Absicht als aus Unkenntnis und Ungeschick.

Toll sah es auch auf dem kleinen Wirtschaftshof am Büro aus. Überall flatterten Hunderte von Papierblättern, lagen Stapel von alten Wirtschaftsbüchern herum. Die Aktenkammer war nämlich aufgebrochen worden, in der ich alle Unterlagen der Betriebe der jeweils letzten zehn Jahre aufgehoben hatte. Von dort erhielt der Wirtschaftshof ständig neue Nahrung, denn kaum hatten Stellmacher und Schmied die Kammer geschlossen, war sie von neuem wieder aufgebrochen worden. Ich mußte das Spiel schließlich aufgeben.
Der Verlust des alten Papierkrams war nicht schmerzlich, wohl aber das Ausräumen unserer Speise- und Vorratskammern durch die Russen, die uns herzlich wenig übriggelassen hatten. Eingeschlachtet war nur für fünfzehn Personen, da uns nach den Rationierungsbestimmungen nicht mehr zugestanden hatte, und auch das Einmachen hatte aufgrund der uns zustehenden geringen Zuckermenge nur in beschränktem Maß vorgenommen werden können. Die Zahl der Personen, die beköstigt werden mußten, war aber seit Weihnachten allmählich auf einige fünfzig gestiegen durch die vielen Flüchtlinge, von denen wir die bei uns als Hausgäste Wohnenden an unseren eigenen Tisch genommen hatten. Da waren die Vorräte erheblich zusammengeschmolzen, und nun waren alle Weckgläser und Saftflaschen leer oder verschwunden, alle eingelegten Eier aufgefressen, der gesamte kostbare Zucker-, Mehl- und Räucherwarenvorrat ausgeräumt. Von nun an hieß es, den Gürtel Loch um Loch enger zu schnallen, bis man sich noch neue Löcher einpfriemen mußte.
An Aufräumen war nicht zu denken, es hätte auch keinen Sinn gehabt, denn in diesen Tagen drangen immer wieder neue Plünderer, russische Soldaten oder Halbsoldaten, in unser Haus ein, die gleich alles wieder umkehrten. In meinem Arbeitszimmer, in dem ich versucht hatte, nach Möglichkeit etwas Ordnung zu schaffen, um das Notwendigste schreiben zu können, hatte ich es schon erlebt. Es war richtiger, alles so, wie es war, liegenzulassen und nur ein paar Laufgassen auf den Fußböden freizumachen, um nicht noch mehr zu zertreten. Die Eindringlinge sahen auf diese Weise gleich, daß bereits ganze Arbeit geleistet worden war, und die Sachen, die noch brauchbar waren, gingen in dem Wust erwünschter unter. Auch hierin hatte ich Erfahrung gesammelt, denn die Dinge, einige neue Schwämme, Bürsten, Seifenstücke,

Kölnischwasser und dergleichen, die ich aus dem Dreck herausgeklaubt und zusammengelegt hatte, waren am nächsten Tage wieder restlos verschwunden. Ich hatte es den Plünderern nur leicht gemacht: Sie brauchten nicht lange zu suchen, sondern nur zuzugreifen.

Es hieß nun, sich der neuen Lage anzupassen, einigermaßen Ordnung in das Chaos zu bringen und das Weiterleben erträglich zu gestalten.

Das weiße Friedensfahnenlaken am Flaggenmast auf dem Rasenplatz vor unserem Haus wurde eingezogen und durch eine rote Fahne aus Bettinlett ersetzt. Wir mußten es tun, um nicht aus dem Rahmen zu fallen und durch Nichtflaggen Ärgernis zu erregen. Auch im Dorf steckten einige Leute rote Fähnchen heraus, doch in erheblich geringerer Anzahl als in allen umliegenden Ortschaften. Besonders Kittendorf tat sich darin hervor, weil dort am Sitz der russischen Kommandantur der Druck am größten war, vielleicht aber auch, weil die Kittendorfer die intensivsten Nazis gewesen waren. Vier Wochen dauerte der Zauber, dann wurde uns bedeutet, die roten Fahnen einzuziehen. Damit war jegliche Fahne für wer weiß wie lange verschwunden, denn Deutschland besaß offiziell keine Farben mehr, falls es überhaupt noch existierte. Wir hörten und sahen nichts mehr, ohne Post, ohne Zeitung, ohne Telephon und Radio; auch die Kleinbahn verkehrte nicht mehr. Wir waren von aller Welt abgeschnitten und lebten wie auf einem Atoll mitten im brausenden, unendlichen Meer.

In der Küche herrschte fortan Fräulein Gans, unser »Gänschen«, die Veras Kusine Carola Schrötter aus Wohnstorf in Ostpreußen auf ihrer Flucht mitgebracht und bei ihrer Weiterreise bei uns zurückgelassen hatte, da sie einer Kochmamsell nicht mehr bedurfte. Vera stellte sie fest an, da sich unsere junge Köchin, zu sehr gefährdet durch die Russen, hatte verdrücken müssen, wie auch das Küchen-, das Hausmädchen und der Kochlehrling. Den engeren Stab von Fräulein Gans bildeten fortan Louisa Finckenstein, die sich wunderbar echt in Aussehen und Gebaren als Küchenmädchen tarnte, Ursula Gerlach, die gleichermaßen perfekt kochte wie ostpreußisch sprach, und unsere junge Leuteköchin Ida. Sie war ein hübsches Mädchen, schaffte es aber trotzdem, sich so wenig schmackhaft zu gestalten, daß kein Russe anbiß und sie anrührte. Ihre dunklen Haare hatte sie sich unordentlich in die Stirn gezogen, ein schwarzes Tuch um den Kopf gebunden und sich als scheußliche Mutter von vier nicht vorhandenen Kindern ausgegeben. Dazu stellte sie sich so kratzbürstig, daß die Russen ihr den Beinamen »Schwarze Zigeunerin« gaben und einen Bogen um sie machten. Wir hatten unsere helle Freude an ihr.

»Gänschen«, eine ältliche, äußerst resolute Person mit köstlicher, zweifelsfrei ostpreußischer Mundart, von der sie überreichlichen Gebrauch machte, entpuppte sich als unbezahlbar, als Perle, als Juwel, denn sie konnte nicht nur kochen, ein Kunststück bei dem Mangel an jeglichen Zutaten, sondern auch im Guten und im Bösen in ihrer Küche gewaltig regieren. Sogar die Russen und Russinnen hatten Dampf vor ihr, liebten sie aber dennoch und nannten sie »Mutti«. Wenn ihrer zu viele in der Küche wurden, dann warf sie sie einfach hinaus. Es entwickelte sich dort aber auch ein unglaublicher Betrieb, die Küche wurde für uns alle das Zentrum des Hauses. Dort traf man jeden, von dort aus konnte man auch am besten den gesamten Raum vor dem Haus übersehen, ohne selber erblickt zu werden. Die fremden Russen kamen als erstes in die Küche, weil sie nahe dem hinteren Eingang lag. Anfänglich, um sich Nahrung zu holen, und in späteren Zeiten, als viele russische Mädchen hier waren, um sich ihr Essen selber zuzubereiten und zu kochen, was für Gänschen eine große Entlastung bedeutete. Schließlich war die Küche der wärmste Raum im Haus, den wir in der Kühle des Mais noch oft und gern aufsuchten. Daß sie vielen im Haus und jedem Durchwanderer auch als Eßraum diente, bedarf kaum der Erwähnung. Daher war in der Küche immer etwas los, und wen man durchaus nicht finden konnte, den traf man dort, oder zum mindesten wußte man dort Bescheid, wo er zu suchen war. Die Küche war die Nachrichtenzentrale, und in ihr schuftete und schwadronierte Gänschen unermüdlich von früh bis spät.

In den Speise- und Aufenthaltsraum unserer Hausleute neben der Küche verlegten wir nunmehr unseren Eßtisch, da es in der Halle, unserem bisherigen, provisorischen Speiseraum, ebenso wild und dreckig aussah wie in allen anderen Räumen. Diese Maßnahme sparte viel Arbeit, auch erschien unser Tisch dadurch weniger »herrschaftlich«, wenn auch der Raum für uns zahlreiche Men-

schen äußerst beengt war und nur notdürftig ausreichte. Von nun an frühstückten Vera, Benita und ich hier, taktvoll und voller Verständnis von unseren Gästen allein gelassen, wofür wir ihnen unendlich dankbar waren: Zum ersten Frühstück muß der Mensch seine Ruhe haben.
In dieser ersten Nacht wieder in unserem Haus betteten Vera und ich uns in dem Stübchen neben meiner alten Mutter, in dem bisher ihre Pflegeschwester gewohnt hatte. Diese war ausquartiert und anderswo untergebracht worden, da sie sich um meine Mutter nicht mehr kümmerte. Sie behauptete, sie sei durch die Russen gefährdet, in Wirklichkeit hatte sie aber nur noch Augen und Sinn für Herrn Parlow, obgleich er verheiratet war und Frau und Tochter bei sich hatte. Bei jedem äußerte sich die gewaltige Nervenanspannung dieser Tage in anderer Form.
Im Zimmer meiner Mutter schliefen außer der treuen alten Helene noch unser erstes Hausmädchen Emma und Löttchen Keyserlingk, die gewaltige Schnarcherin. Dies enge Beisammensein gab uns allen ein Gefühl der Beruhigung trotz dem Erscheinen von Russen mitten in der Nacht, die zu uns hereinkamen, aber nichts Böses taten. Selbstverständlich blieben Vera und ich vollkommen angekleidet und hatten nur unsere Schuhe ausgezogen, wie wir es hinfort vier lange Monate hielten.
Im Parterre des Mittelbaus war nur noch ein weiteres Gästezimmer besetzt mit der alten Frau Deetjen und den beiden steinalten Berliner Dämchen. Beide waren im Alter wieder winzig geworden wie kleine Kinder. In ihren Betten liegend sahen sie aus, als ob sie schon verstorben wären. Denen taten die Russen bestimmt nichts zuleide, obwohl sie an beiden Orten vor keinem Alter Halt machten. Wenn sie aber diese beiden kleinwinzigen Käfer erblickten, dann prallten sie zurück und verließen eiligst wieder das Zimmer. Später nutzten wir den »Russenschreck«, wie wir hinfort die beiden alten Dämchen benannten, praktisch aus, indem wir sie zur Nacht in ihrem Zimmer gleich vorn gewissermaßen aufbewahrten, Stricke im Zimmer spannten und über diese zum Nehmen der Sicht Kleidungsstücke und Wäsche hängten. Dahinter wurden die beiden jungen Mädels, Benita und Bärbel Gerlach, in ihren Betten versteckt, als sie nach einigen Wochen aus dem Wald wieder zu uns ins Haus zogen. Sie lagen dort geborgen wie in Abrahams Schoß.

Leider litten wir als Folge der beiden Waldnächte und der andersgearteten ärmlichen Kost auch weiterhin an üblem Durchfall, der uns bis zum Herbstbeginn nicht wieder verlassen wollte. Katastrophal wirkten sich in dieser Beziehung die Dunkelheit in der Nacht ohne elektrisches Licht und noch mehr der Wassermangel aus, da nicht mehr gepumpt werden konnte. Alles Wasser für die Menge der Menschen mußte von nun an herangeschleppt oder auf einem Handwägelchen von der nächstgelegenen Dorfpumpe herangefahren werden. Zum Kochen aus dem Brunnen, zum Waschen und Spülen aus dem Gartenteich, dessen Wasserspiegel ich mit Sorgen sich im Sommer senken sah. Fürchtete ich doch das allmähliche Sichtbarwerden meiner hineinversenkten Weinflaschen.
Nach der ersten, einigermaßen unruhigen Nacht wieder im Haus galt meine Hauptsorge der Wirtschaft. Herr Parlow kümmerte sich vierzehn und der Statthalter acht Tage lang nicht den Teufel um sie. Beide waren verschwunden und hielten sich versteckt: der Herr Inspektor im Wald und der Statthalter auf irgendeinem Heu- oder Strohboden, denn beide hielten sich für verfolgt und mit dem Tode bedroht. Ob zu Recht oder Unrecht, wollte ich nicht entscheiden, aber ich mußte lebhaft an eine klassische Kasernenhofblüte aus meiner Leutnantszeit in Rathenow denken, die dem Mund meines Rekrutenunteroffiziers beim Reitenlassen seiner Abteilung als fluchende Betrachtung entfahren war: »Bei den feinen Leuten nennt man es Nerven, bei euch verfluchten Kerls heißt es Schiß.« Feine Leute waren beide nicht, weder mein Vertretungsinspektor noch der Statthalter, wie sich später leider nur zu deutlich zeigte. Demnach traf auf beide der Kraftausdruck zu.
Da erwuchs mir plötzlich eine tatkräftige Hilfe von einer Seite, von der ich sie niemals erwartet hätte: von meinem Vertretungsrentmeister, der mir mit Grabesstimme die Russen gemeldet hatte. Er, der den Gutssekretärsposten ohne Lust und Liebe mehr schlecht als recht verwaltet und nur das Notwendigste gearbeitet hatte, war auf einmal da in seinem abgerissenen, alten Anzug mit dem schwärzlichen Kragen, dem roten Schlips und dem dicken Spazierstock. In aller Ruhe, ohne die geringste Furcht ging er bedächtig unter den Russen herum und half mir, den Gutsbetrieb notdürftig wieder in Gang zu bringen und die Dorf-

leute dazu heranzuziehen, die zum größten Teil noch untätig in ihren Wagen im Hoppenhof lagen oder zu Hause herumsaßen.
Das dringlichste waren das Melken der Kühe und das Füttern und Tränken des Viehs, soweit es sich nicht in den Koppeln befand, und ferner das Schließen aller aufgebrochenen Türen, insonderheit der Korn- und Futterböden. Russen, Polen, durchziehende Banden und deutsche Trecks auf dem Rückmarsch stahlen und schleppten Korn, Kartoffeln, Heu und alles, was nicht niet- und nagelfest war, mit fort. Über achthundert Zentner Hafer, zumeist beste Hochzucht, waren unter anderem auf diese Weise verschwunden, als nach einigen Wochen ein dicker Strick unter die Naturalrechnung gezogen und alles noch Vorhandene neu aufgenommen wurde. Dies Dichtmachen der Türen war eine ausgesprochene Sisyphusarbeit: Immer von neuem wurden sie aufgebrochen und wieder geschlossen, bis allmählich doch Ordnung hineinkam, und eine einigermaßen geregelte Kornausgabe gegen Bezahlung wieder Platz griff.
Da die Kleinbahn nicht mehr verkehrte und sämtliche Pferde gestohlen waren, konnte die gemolkene Milch nicht mehr zur Molkerei Stavenhagen befördert werden. Diese paar Tage bedeuteten infolgedessen für uns eine köstliche Fettlebe; wir schwammen in Milch und herrlicher Butter. Bewußt genossen wir diesen Zustand, denn es war klar, daß er nicht lange andauern würde.
Kaum war eine Woche vergangen, da war die Herrlichkeit auch bereits zu Ende. Eines Abends gegen zwanzig Uhr fuhr ein Auto vor, und ihm entstieg ein schmächtiger, blatternarbiger und sehr blasser russischer Offizier in verstaubt-schmuddeliger, schwarzer Uniform. Auf dem Kopf trug er eine Tellermütze und auf der Brust eine Anzahl flatternder Blechorden. Doch schick waren seine makellosen hellen Lederhandschuhe, die er sich bestimmt irgendwo »organisiert« hatte. Außerordentlich höflich und liebenswürdig, ja formvollendet, trat er auf, als Vera und ich ihn vor dem Haus empfingen. Desto wüster und wenig vertrauenerwekkend sah sein Stab aus, nur der Wagenführer glänzte ebenfalls in den schönsten braunen Stulpenlederhandschuhen. Beruhigend wirkten eine alte Dolmetscherin und eine scheinbar echte junge Bayerin, wenigstens der Tracht nach zu urteilen, die selber nicht wußte, warum sie eigentlich mitgekommen war. Sie stellte den Offizier als unseren Kommandanten in Kittendorf und sich selber

als Frau Dr. jur. Fischer vor, hatte angeblich in einem Konzentrationslager gesessen und besaß daher das Wohlwollen der Russen. Sie wurde bald hernach unser Amtsgerichtsrat in Stavenhagen und schließlich gar noch Oberstaatsanwalt, bis sie als abgefeimte Schwindlerin entlarvt und verhaftet wurde. Auch den Doktortitel hatte sie sich selber verliehen.
Der Kommandant, vollendet liebenswürdig, redete in einem fort, ohne daß wir ein Wort verstehen konnten. Nun schaltete sich die alte Dolmetscherin ein und erklärte uns den betrüblichen Sinn der langen Rede: Bis auf vierzehn Kühe für die Wirtschaft und je eine Kuh pro Familie am Ort sollten noch am selben Abend bis einundzwanzig Uhr sämtliche Kühe nach Rottmannshagen getrieben werden; also innerhalb einer Stunde. Ebenso alle Schafe bis auf dreißig Stück, die hierbleiben durften. Ade, gute Merino- und strapazierte Wolfshagener Schafherde; ade, Milch und nahrhafte Butter! Diese zehn Milch- und vier Schlachtkühe sollten fortan uns, unsere Hausgäste und alle Unverheirateten im Ort, Einheimische sowie Flüchtlinge, versorgen. Mit diesem Befehl wurden rund siebzig Kühe und gegen neunhundert Schafe der Wirtschaft entzogen, und Kuh- und Schafstall wurden leer.
Als sich nach einigen Tagen die hochgehenden Wogen ein wenig geglättet hatten, zog der Schlepkower Gutstreck meines Bruders unter der Führung des dickbramsigen Administrators wieder ab. Viel zu früh nach unserer Meinung, denn die Unsicherheit auf den Straßen und in den Städtchen, die durchfahren werden mußten, war noch viel zu groß: Man hörte ständig von Überfällen und Ausplünderungen bis aufs Hemd. Der Administrator und die Leute waren jedoch nicht zu halten. Der Treck wurde auch prompt geplündert, und der Administrator dem einen Gerücht zufolge nach seiner Rückkehr nach Schlepkow von seinen dortigen Polen zu Tode getreten, nach anderer Lesart so schwer verletzt, daß er in ein Krankenhaus gebracht werden mußte.
Der Mildenitzer Treck unter Administrator Lüdicke blieb dagegen vernünftigerweise weiter im Peenwerder Walde, und bei ihm mein Bruder Alexander mit Enni, unsere Benita sowie einige unserer Hausgäste. Sehr bald sollten auch Vera und ich ihn nochmals für zwei Tage aufsuchen.
Tag und Nacht zogen russische militärische oder zivile Banden in größeren oder kleineren Trupps durch Zettemin und statteten in

erster Linie – wie konnte es anders sein – unserem Haus ihre Besuche ab. Meistens gelang es uns, sie am Eindringen zu hindern oder sie rasch wieder hinauszubefördern, wenn es nur zwei oder drei Mann waren. Mit einem Trupp von fünfzehn Mann, zumeist Mongolen, sonderbarerweise unter Führung einer sauber und manierlich aussehenden, aber kaltschnäuzigen, deutschsprechenden Russin, gelang es uns nicht. Diese Kerle drangen nicht nur durch den einzigen offenen Hauseingang an der Küche ein, sondern stiegen auch durch ein Fenster in unser Eßzimmer ein, in dem die Stettiner Buchstelle einquartiert war. Vera wandte ihr bisher immer geglücktes Mittel an, sie wieder hinauszubringen, indem sie den ersten besten gewaltig anhauchte, zumal dieser Mongole bereits einen geklauten Handkoffer bei sich trug. Doch leider wirkte es diesmal nicht, sondern brachte den Kerl erst recht in Wut, so daß unser altes, famoses Gänschen Vera rasch in der Speisekammer verstecken mußte, damit ihr Anblick die Bande nicht noch weiter reizte. Inzwischen war ich mit dem Gros der Gesellschaft durch die oberen Räume des Wirtschaftsflügels gezogen, um sie von unseren Privaträumen im Mittelbau abzulenken. Es gelang mir, und schließlich sogar, sie zur Tür wieder hinauszubugsieren; mit sanftem Druck auch den Mongolen, dem ich dabei den Handkoffer abnahm. Rasch schloß ich die Tür und schob den Riegel vor, entfachte damit aber vollends die Wut der Horde, die nun die Haustür einzutreten drohte. Es war ratsamer, wieder aufzuschließen und dem Mongolen den Handkoffer herauszugeben. Da aber drängte die ganze Bande wieder herein, und wir standen uns in dem engen Flur gegenüber, der Mongole mich fanatisch-wütend ansehend. Mit einem Mal, wie ein Blitz aus klarem Himmel, schlug er mir einen Kinnhaken, so daß mir das Blut sofort aus dem Mund rann. Es war gottlob nicht gefährlich, nicht einmal erheblich schmerzhaft, sah aber zu meiner Rettung schön grausig aus. Nie hatte ich geahnt, daß ein Kinnhaken mit derartiger Blitzesschnelle versetzt werden kann. Mich zur Wehr zu setzen oder zurückzuschlagen wäre mein Verderb gewesen. Ich blickte den Mann nur ruhig und ernst an und sagte nichts weiter als: »Das war nicht gut.« Über die Wirkung meiner Haltung und Worte war ich selber am erstauntesten, denn alle starrten mich an, wurden mucksmäuschenstill, und einer wiederholte meine Worte »nicht gut«. Das russische Mädchen sagte ihnen etwas, dem Sinne

nach wahrscheinlich, daß sie nun gehen wollten, denn still verließen sie alle das Haus und zogen ab. An dieser wunderbaren Wendung meiner kritischen Lage wurde mir der Sinn des mir bisher unverständlichen Bibelwortes Matthäus 5, Vers 39 klar: »Ich aber sage euch, daß ihr nicht widerstreben sollt dem Übel; sondern so dir jemand einen Streich gibt auf deinen rechten Backen, dem biete den anderen auch dar.« Damit entwaffnete ich die Horde; instinktmäßig hatte ich richtig gehandelt. Gleiche Weisheit sprach auch Buddha aus: »Haß kann niemals durch Haß, sondern nur durch Güte überwunden werden.«
Mit Vera, die in der Speisekammer arge Ängste um mich ausgestanden hatte, zog ich darauf wieder hinunter in den Wald zum Mildenitzer Lagerplatz, um Ruhe zu haben und den Hauptdurchzug der russischen und polnischen Banden abebben zu lassen. Drei Nächte blieben wir nochmals dort, kampierten aber nicht wieder in dem winzigen Auto der Frau Hermenau, sondern auf einem Strohlager in einer aus Laken von Bindemähmaschinen unter jungen Fichten provisorisch gebauten Hütte. Am Tage besuchten wir unser Försterehepaar im Forsthaus Peenwerder, in dem sich mittlerweile der Förster wieder eingefunden hatte, sich aber immer sprungbereit beim Fenster hielt und mit einem Auge nach etwa ankommenden Russen oder Polen schielte. Uns wiederum besuchte Franz Unruh mit einem Lagebericht aus Zettemin und mit einer Flasche Cognac, die er für unseren Privatgebrauch in einer dichten Fichtenschonung versteckte. Vorzügliche Dienste leistete sie mir zur Erwärmung meiner bedauernswerten Eingeweide, denen dies kühle und feuchte Nachtlager den Rest gegeben hatte. Bei meinen nächtlichen Schnelläufen stellte ich fest, daß mich die beiden Lagerwachen, die sich alle zwei Stunden ablösten, meistens gar nicht bemerkten. Der Russe hätte es nicht schwer gehabt, in das Lager einzudringen und alle zu überrumpeln. Daß er es noch nicht gefunden und heimgesucht hatte, war ein Wunder bei dem Krach, den die vielen Kinder machten, allen voran die ungezogenen des Herrn Lüdicke. Da half kein Verwarnen und kein Drohen, das Geschrei und Geplärre hörte nicht auf, und man vernahm es schon von weitem in dem schallreichen Wald.
Erst nach vielen Wochen entdeckten russische Flieger das Lager, in dem die Hausfrauen zu sorglos ihre weiße und bunte Wäsche aufgehängt hatten. Es sollte nicht lange nach dem Erscheinen und

Kreisen eines Flugzeuges gedauert haben, bis ein russischer Offizier und zwei Soldaten kamen. Sie trommelten alle Lagerinsassen zusammen und ließen sie sich in einer Reihe hinknien, so daß alle von furchtbarer Angst ergriffen wurden in der Annahme, ihr letztes Stündlein hätte nun mit einem Genickschuß geschlagen. Beim Russen kam es aber immer anders, als man dachte. Der alkoholisierte Offizier erblickte meinen Bruder, ging auf ihn zu und küßte ihn auf die Stirn mit den Worten: »Du wie mein Vater!« Damit löste sich die bedrohliche Lage auf, und geplündert wurde auch nur mäßig. Beim folgenden Besuch wurde dies ernsthafter nachgeholt und fortan erfolgten die Fliegerbesuche täglich, so daß der Zustand unhaltbar wurde, das Lager abgebrochen werden und der ganze Treck in die Hofgebäude von Zettemin heraufziehen mußte. Das war eine unerfreuliche Einquartierung, da die Mildenitzer Leute stahlen wie die Raben, womit sie sich bei unseren Leuten in den übelsten Ruf brachten. Die Familie Lüdicke brachten wir noch in unserem Haus unter, ebenso deren Freund, Herrn K. mit seiner Frau und drei ungebärdigen Jungen sowie einige Mildenitzer Familien. Damit war das Haus zum Bersten voll.
Nach den drei Nächten im Wald bezogen Vera und ich ein kleines, nach vorn heraus im Erdgeschoß liegendes Gästezimmer mit Bad, das ruhig lag, und von dem aus man die Straße und den Hof gut beobachten konnte. Mein Bruder mit Enni, Benita und Bärbel Gerlach zogen nach Abbruch des Lagers für kurze Zeit in die Försterei Peenwerder, in der dann einige zwanzig Menschen hausten, die zumeist, wie auch mein Bruder und seine Frau, in der großen Stallscheune auf Stroh schliefen. Weitab vom Schuß fühlten sich alle dort leidlich wohl, lag doch der Forsthof mitten im Wald und ohne befestigten Weg fern von jedem Verkehr. Nur selten verirrten sich Russen, besonders nicht Einzelgänger, dorthin, denn im Wald graulten sie sich zu sehr. Nur die leidigen Flöhe störten die Ruhe gewaltig.
Sie waren ein Kapitel für sich: Je mehr Russen zu uns kamen, desto mehr Flöhe ebenfalls. Mich bissen die Biester am schärfsten; es war oft nicht zum Aushalten und behinderte mich arg am Schlafen. Die größte Fangfertigkeit besaß die alte Helene meiner Mutter, die mit nächtlichen Strecken von zehn bis zwanzig Flöhen aufwarten konnte! Diese Tortur verblieb uns bis tief in den Herbst hinein.

Eines Nachmittags erschien ein Riesenzug von Planwagen, bog auf den Gutshof ein und nahm dort Aufstellung: Es war der Wolfshäger Treck auf dem Rückmarsch, der seinerzeit meinem Bruder bei Stavenhagen verlorengegangen war. Geführt wurde er von zwei vorzüglichen Männern, dem Statthalter und dem Bodenmeister. Bis nach Schwerin in Mecklenburg war er gekommen, immer mit den Russen auf den Fersen und oft beinahe eingekesselt. Der Engländer hatte ihn aber nicht weiterziehen lassen, sich ihm gegenüber zwar korrekt benommen, ihn aber wieder zurückgeschickt. So war er nach Beendigung der Kriegshandlungen in die Hände der Russen geraten und hatte sich auf den Heimmarsch begeben, sonderbarerweise, ohne ausgeplündert zu werden. Groß war die Freude meines Bruders und seiner Leute, als sie sich wiedersahen. Den Treck brachte ich in der weiträumigen Bretterscheune unter, die nachts abgeschlossen werden konnte. Nur einmal drangen Russen in der Nacht dort ein und wollten die jungen Mädchen vergewaltigen. Alle Männer verkrochen sich, nur der famose Statthalter aus Mildenitz, ein ganzer Kerl, trat ihnen entgegen. Er wurde zwar windelweich geschlagen, so daß er die nächsten Tage kaum gehen konnte, den Schutz der Mädels erreichte er aber doch. An diesem Beispiel konnte man wieder sehen, daß mit energischem Auftreten oftmals viel durchzusetzen war.
Zugleich mit dem Wolfshäger Treck kam ein weiterer an aus Krumbeck, dessen betagte Besitzerin, Fräulein Ursula v. Dewitz, rechtzeitig geflohen war. Gottlob blieb dieser nur wenige Tage, denn nun waren wir um die achthundert Menschen im Ort, und die Wassernot wurde katastrophal, da die Dorfbrunnen einer derartigen Wasserentnahme nicht gewachsen waren. Zurück blieben nur eine junge Frau R. mit ihren drei kleinen Kindern und eine Ukrainerin Wera, die wir auch noch in unserem Haus unterbrachten, das Unmögliche möglich machend. Wir konnten es nicht über das Herz bringen, die jugendliche Dame mit ihren Kinderchen einem ungewissen und gefährlichen Schicksal zu überlassen. Später kam noch ihr Mann, Dr. jur. R., hinzu; sie waren stille und bescheidene Menschen.
Langsam erwachte der Gutsbetrieb, dessen Leitung ich Administrator Lüdicke übertragen hatte, da Herr Parlow durch Abwesenheit glänzte. Als er sich nach acht Tagen einmal am Haus blicken ließ und einen Russen kommen sah, riß er schleunigst wieder aus,

worauf der Russe ihm eine Kugel nachjagte, doch offenbar ohne zu zielen. Daß man den Herrn Inspektor für die nächsten weiteren acht Tage nicht wiedersah, konnte man ihm nun kaum verdenken und war entschuldbar. Doch als er nach dem Abzug aller Polen, den die Russen angeordnet hatten, wieder auftauchte, fürchteten Vera und ich um seinen Verstand, so irre Augen hatte der Mann und ein so eigenartiges Benehmen trug er zur Schau.

Herr Lüdicke sorgte für die Fortführung der Frühjahrsbestellung und setzte dafür die Mildenitzer Gespanne ein; die Wolfshäger leisteten leider passiven Widerstand. Sechs Pferde, die herrenlos auf den Feldern und Wiesen von meinen Leuten eingefangen worden waren, standen außerdem zur Verfügung, übriggeblieben waren nur die Fohlen. Auch Louisa Finckenstein hatte den Verlust von zwei Pferden zu beklagen: Vorhanden war nur noch einer der bildschönen Schimmel und eine der edlen, braunen Stuten, die durch ihr erst kürzlich in Zettemin geborenes Fohlen geschützt worden war. An dem Schimmel fand bald ein russsischer Offizier Wohlgefallen, der ihn leidlich gut ritt, denn »Roß und Reiter sah man niemals wieder«.

Bestellt wurden als erstes die Kartoffeln der Dorfleute und anschließend dreißig Hektar Gutskartoffeln statt der vorgesehenen fünfundsiebzig. Ein Schlag, rund fünfundsiebzig Hektar, mußte leider wegen Mangels an Zugkräften unbestellt liegenbleiben. Unendliche Mühe und Arbeit machte die Bearbeitung der fünfundzwanzig (statt normal fünfzig) Hektar Zuckerrüben mit allen verfügbaren Arbeitskräften aus dem Dorf und den Flüchtlingen, zu denen auch unsere jüngeren Hausgäste zählten. Wir waren stolz, eine so große Fläche angebaut zu haben, und stellten damit weit und breit in der Gegend einen Rekord auf. Das Nachbargut Rottmannshagen schaffte nur fünf von geplanten fünfundsiebzig Hektar.

In der ersten Zeit war es mir leider unmöglich, auf dem Hof und dem Feld herumzugehen, denn daß ich nach dem Rechten sehen mußte, sahen die Kommunisten nicht ein. Obwohl ich meinen Schlips abgelegt und den Spazierstock in der Ecke hatte stehenlassen, da beide aufreizende Zeichen eines herumflanierenden Bourgeois waren. »Halt, du nicht spazierengehen, du arbeiten, sonst totschießen«, rief mir des öfteren eine der auf Rädern herumfahrenden zweifelhaften russischen oder polnischen Gestalten mit roter Armbinde und Flinte über dem Rücken zu. Es war ratsamer,

sich zunächst zurückzuhalten; auch war meine Anwesenheit im Haus ständig erforderlich.
Denn Tag und Nacht kamen Russen, denen Vera und ich allein entgegentreten mußten, da alle anderen sich drückten. Besonders nachts war es scheußlich. Immer lag man mit gespitzten Ohren, angekleidet und sprungbereit, und hörte man ein Auto, lauschte man voller Bangen, ob es auf der Dorfstraße durchfuhr oder vor unserem Haus einbog. In letzterem Fall herrschte bei uns höchste Alarmstufe, rasch sprangen wir auf, fuhren in die Schuhe, ich überwand meinen sogenannten »inneren Schweinehund«, und wir traten den Eindringlingen entgegen, um sie abzuwimmeln.
Als uns dies eines Tages mit einer Horde Russen nicht gelang, erschien es ratsamer, uns zu drücken, da sie betrunken und unzurechnungsfähig waren. Wir gingen daher hinter den Dorfgärten entlang nach der Pfarre zu unserem Pastor, dessen Amt als Geistlicher ihn, seine Familie und sein Heim bisher geschützt hatte und auch fernerhin schützte. Wir hielten uns eine Weile bei unserem jungen Pastorenehepaar auf und kehrten auf dem gleichen verborgenen Weg zurück, hörten aber Schüsse in unserem Garten fallen. Zum Heimkehren war es noch zu ungemütlich, wir legten uns daher beide am Hoppenhof in den Klee, um abzuwarten, bis keine Schüsse mehr fallen und die Luft wieder rein sein würde. Die Sonne schien warm, und unsere Müdigkeit war infolge der immer unruhigen Nächte groß, kurz und gut, wir schliefen fest ein und erwachten erst nach ein bis zwei Stunden. Vera hatte aus ihrer Kindheit geträumt, sie spielten Indianer. Im Garten fiel kein Schuß mehr, wir wanderten heim. Doch schon empfing uns voller Aufregung unser alter, guter Chauffeur Tanger, der während des Krieges mangels Autos unseren eingezogenen Gärtner ersetzte: Die Russen hätten auf dem Boden des Schlosses eine Kiste voller Gewehre und Munition gefunden, hätten mich überall gesucht, und der Kommandant habe mich sprechen wollen. Das klang schlimm, denn bewahrheitete es sich, dann war es aus mit mir. Denkbar war es immerhin, daß irgendein Esel mir eine gefährliche Kiste ins Haus gebracht haben könnte, nicht wissend, wohin mit ihr. Ich jedenfalls wußte nichts davon. Unter diesen Umständen hielten wir es für richtiger, daß ich mich nicht zeigte, und Vera sondierte erst einmal die Lage. Die Russen waren gottlob fort, und es stellte sich heraus, daß sie nichts anderes als meine Schrot-

flintenpatronen gefunden hatten, die die ganze Zeit öffentlich in meinem ausgeplünderten Gewehrschrank gelegen hatten. Ein Beweis, wieviel man auf Erzählungen und Berichte zu geben hatte, die schon auf so kurze Entfernung wie vom Haus zum Gemüsegarten derartig üppig aufblühten.
Dennoch war es besser, solche Gerüchte im Keim zu ersticken, und ich entschloß mich, noch an demselben Nachmittag zum Kommandanten nach Kittendorf zu fahren. Der Arbeiter Pagel aus Wolfshagen erklärte sich trotz dem Jammern seiner Frau bereit, mich hinzufahren. Ich schwang mich also auf einen ratterigen, ungefederten kleinen Kastenwagen, da ich über meine Kutschwagen nicht mehr verfügen konnte, ein solcher auch viel zu vornehm ausgesehen haben würde, und nahm mir Herrn Parlow mit. Vor Rottmannshagen bogen wir ab, um die Ortschaft mit ihren Russen nicht zu berühren, und fuhren einen Schleichweg durch die Wiesen um den Tiergarten herum. In diesem wurde gerade munter geknallt; anscheinend jagten die Russen auf das in ihm befindliche Damwild. Ein Stück lag auch bereits verendet mitten auf unserem Feldweg hart außerhalb des Gatters, und es war anzunehmen, daß es dort verludern würde, denn eine Nachsuche kannten die Russen nicht.
Obwohl ich gewissermaßen in die Höhle des Löwen fuhr und immer gewärtigen mußte, daß Russen mich anhalten und mir die Pferde ausspannen und fortnehmen würden, war diese erste Ausfahrt aus Zettemin im grünen Frühling und bei der sinkenden Sonne ein Genuß. Vorbei kam ich an dem Haus des Kittendorfer Bauern und Ortsbauernführers, an dem die Russen am Abend ihres Kommens Frau und Tochter des abwesenden Bauern erschossen hatten, wahrscheinlich, weil leichtsinnigerweise keiner von ihnen daran gedacht hatte, das Emailleschild mit der Aufschrift »Ortsbauernführer« und dem Hakenkreuz abzunehmen. In Kittendorf selbst wehten an jeder Wohnung rote Fähnchen und am Mast mitten im Dorf eine riesengroße rote Fahne mit Hammer und Sichel.
Auf der Suche nach der Wohnung des Kommandanten fuhr ich zunächst zum Schloß von Fritz v. Oertzen, das aber ausgestorben dalag. Es bot einen eigenartigen, trostlosen Anblick mit seinen teils offenen, teils eingeschlagenen, gardinenlosen Fenstern: »In den öden Fensterhöhlen wohnt das Grauen.« Der Kontrast zu den

gerade in vollster Blüte stehenden, üppigen Fliedergebüschen und Fliederwänden, eine Sehenswürdigkeit Kittendorfs, war besonders stark. Hier war jedenfalls der Kommandant nicht zu suchen, dessen Quartier ich auf dem Gutshof im Inspektorhaus fand. Eine Handvoll Russen, teils in Uniform, teils in Zivil oder halb und halb in beidem, wie es bei den Russen üblich war, lungerte vor der Eingangstür herum. Auf meine Frage nach dem Kommandanten gaben sie mir willig Bescheid: Er sei fortgefahren, komme aber irgendwann zurück. Ich entschloß mich, zu warten, denn ich mußte den Mann sprechen, und hatte Glück, denn nach wenigen Minuten kam er im Auto angefahren mit seinen nagelneuen, makellosen, hellen Glacéhandschuhen und den eigenartigen, klapprigen Orden auf der Brust. Gleich nahm er mich und Herrn Parlow mit ausgesuchter Höflichkeit in seinen im oberen Stockwerk gelegenen Amtsraum mit, wo er, Tellermütze auf dem Kopf und die tadellosen Handschuhe an den Händen, hinter einem mit knallrotem Tuch verhängten Tisch auf dem Sofa Platz nahm, während er mir einen Ledersessel neben sich anbot. Dann entnahm er seiner Tasche ein silbernes Etui, öffnete es und bot mir eine Zigarette an. Der Mann war ein Kavalier! Etwas Reizenderes hätte er mir nicht antun können, denn wegen der Russen hatte ich nicht mehr das geringste zu rauchen, ein besonders scheußlicher Zustand in diesen aufregenden Zeiten. Mit erfreutem Dank nahm ich an. Nun redete der Kommandant liebenswürdig auf mich ein, doch ich konnte nur lächeln und bedauernd die Schultern hochziehen und versuchen, ihm klarzumachen, daß ich leider kein Wort verstehen könne. Zum Glück war die alte Dolmetscherin wieder anwesend, die die Verständigung herstellte, und so konnten wir Höflichkeiten austauschen und der Kommandant sich nach meinen Wünschen erkundigen. Rasch war alles in Ordnung gebracht; meiner Bitte um eine Schutzwache entsprach der gute Mann sofort, indem er mir einen Zettelukas an den Wachtposten in Rottmannshagen mitgab. Auch Herr Parlow, der aus Erregung plötzlich grundlos zu weinen begann, hatte einen schönen Erfolg zu buchen, denn zur Feldbestellung konnten wir zwei Fässer Dieselkraftstoff und ein Kännchen Benzin zum Anlassen des Motorschleppers gleich mit nach Hause nehmen.

Der Unterredung wohnte ein vierschrötiger deutscher Zivilist bei mit breitrandigem Schlapphut, an dem vorn ein Abzeichen mit

Hammer und Sichel befestigt war, und mit knallroter Binde um den linken Oberarm. Sein Gesicht war die Karikatur eines Zuchthäuslers. Es war »Alfred«, der »rote General«. Er war sehr gnädig zu mir, und auf ihn komme ich noch zurück. Ein jüngerer Schreiber, ebenfalls mit roter Armbinde, vervollständigte unseren kleinen Kreis.
Erleichtert und befriedigt fuhren wir heim, diesmal über Rottmannshagen, wo ich den Ukas des Kommandanten persönlich dem Wachtposten übergab. Er bestand aus zwei jungen Russen in Zivil und in Hemdsärmeln, die mit je einem russischen Mädchen im Arm und je einer Schrotflinte bewaffnet in der Veranda vor dem Inspektorhaus saßen. Sie machten einen durchaus friedlichen Eindruck und wunderten sich über mich und meinen Zettel. Mit Einbruch der Dunkelheit langte ich wieder in Zettemin an, von Vera erleichtert begrüßt. Da das Abendessen bereits beendet war, bereitete mir Ursula Gerlach zu meiner großen Freude köstliche Bratkartoffeln, die letzten guten, die ich für lange, lange Zeit aß und an die ich noch heute als an eine der größten Delikatessen zurückdenke.
Diese Expedition habe ich deshalb eingehend beschrieben, weil sie meiner Meinung nach ausschlaggebend für unsere Zukunft war, denn ich hatte den Kommandanten für uns interessiert und gewonnen, so daß er uns und Zettemin unter seinen besonderen Schutz stellte. Zweifellos hatte ihm mein rasch erfolgter Gegenbesuch gefallen, dazu der eines Grafen und Gutsbesitzers, von denen die meisten geflohen und die wenigen, die zurückgeblieben waren, ihn bestimmt nicht aufgesucht hatten. Großes Glück hatten wir gehabt, einen so anständigen und menschlichen Kommandanten bekommen zu haben, denn von diesem hing alles ab.
Ordentlich war auch der in Ivenack regierende Kommandant, der den selbstgewählten Tod des Grafen und der Gräfin Plessen sehr bedauert haben soll und sogar den am Leben gebliebenen Sohn beider eine Zeitlang bei einem Förster verbarg. Da ich mich bemühe, objektiv und wahrheitsgetreu alle Personen, alle Ereignisse und Situationen festzuhalten, liegt mir daran, die Ehrenhaftigkeit dieser beiden russischen Kommandanten besonders zu erwähnen.
Wenige Tage nach meinem Besuch in Kittendorf erschien in Zettemin »Alfred«, wenn ich so sagen darf, mein alter Bekannter,

über den ich inzwischen einiges erfahren hatte. Er war der beste Mann der Kommunisten in unserer Gegend und stammte aus dem Ruhrgebiet, wie alle umstürzlerischen Rädelsführer in der Revolution 1918 und im Kapp-Putsch 1920 immer von auswärts nach Mecklenburg gekommen waren. Alfred Göhrke, schlankweg bei seinem Vornamen genannt oder, wenn man ihm schmeicheln wollte, mit seiner eigenmächtigen Titulierung, der »rote General«, erzählte mir jovial von seinen Kapp-Putsch-Heldentaten im Ruhrrevier: Elf junge Studenten habe er damals eigenhändig umgelegt, und jahrelang sei er in einem Konzentrationslager inhaftiert gewesen. Ich konnte mich des Gedankens nicht erwehren, daß es aller Wahrscheinlichkeit nach ein Zuchthaus gewesen war, denn eine derartig typische Zuchthäusler-Physiognomie hatte ich bisher nur in Witzblättern gesehen. Nun hatte ich ein lebendiges Original vor mir: einen großen, breitschultrigen Kerl mit Butzkopf, starkknochigen Kinnladen, dünnen, zusammengekniffenen Lippen, mit kurzgeschorenen, angegrauten Stachelhaaren, bartlos und schlecht rasiert, so daß sein Kinn mich an die Walze einer Spieldose in meiner Kindheit erinnerte. Er stellte in Ergänzung der militärischen Gewalt des russischen Kommandanten die Zivilverwaltung dar und betitelte sich bald danach mit »Bezirksbürgermeister«. Das war ein neugeschaffener Posten, dem acht bis zehn Bürgermeistereien unterstanden, auch die von Zettemin.

»Es war ein Sonntag hell und klar, ein selten schöner Tag im Jahr«, die Sonne schien strahlend warm, und der Frühling hatte seine ganze Pracht entfaltet. »Alfred«, in der Maske eines Biedermannes, mit seinem großen, graubraunen Schlapphut mit der Hammer-und-Sichel-Kokarde und der roten Binde um den Arm trommelte das ganze Dorf zusammen in unseren Park. Alle kamen, man stand oder lagerte auf dem Rasen, und wenn es sich nicht um eine teuflische Sache gehandelt hätte, so hätte man an ein Frühlingsfest glauben können.

»Alfred« stieg auf einen Tisch, stellte sich vor und verkündete, ich heiße nun nicht mehr Graf von Schwerin, sondern schlankweg Georg Schwerin, und jeder könne mich mit »Georg« und »Du« anreden, wie wir uns allesamt mit unseren Vornamen ansprechen könnten. Das rief allgemeines Lachen hervor, in das ich einstimmte, wurde aber kein einziges Mal beherzigt.

»Ach Gott«, platzte Ida, die schwarze Zigeunerin, Vera gegenüber heraus, »ich kann doch Frau Gräfin nicht ›Vera‹ nennen!« Während ein junger Mann aus dem Dorf nur wegwerfend sagte: »Solch ein Quatsch.«
Alfred sprach von Sonntagsruhe ab Sonnabendmittag (das gab es schon, solange ich denken konnte, hörte aber von nun an auf!), von einem Monat Urlaub im Jahr, in dem jeder zur Erholung hinreisen könne, wohin er wolle, und von diesem und jenem Guten und Schönen, was jeder gern hören mochte. Auch vom Rasen, auf dem wir lagerten, sprach er, daß er immer schön gemäht und der Park gut gehalten werden müsse. Und daß im Schloß selbstverständlich jeder verfügbare Raum für die Flüchtlinge im Ort zur Verfügung gestellt werden müsse. Hatte der eine Ahnung, wie vollbelegt das Haus schon war! Selbst mir verkündete er öffentlich, Eigentum bleibe Eigentum und der Grundbesitz unangetastet, womit er das Gegenteil verlautbaren ließ von dem, was er mir am Abend meines Besuches in Kittendorf gesagt hatte: Zettemin und alle Güter gehörten nun nicht mehr ihren Besitzern, sondern seien Staatseigentum. Für niemand sagte er etwas Peinliches, wie das bei Volksbetörern üblich ist. Als er geendet hatte und vom Tisch heruntergestiegen war, kam er auf mich zu, klopfte mir auf die Schulter und sagte jovial: »Du, Georg, bleibst hier Betriebsführer.« Worauf ich prompt erwiderte: »Jawoll, Alfred, wird jemacht.« Damit war ich offiziell in meinen alten Befugnissen bestätigt und anerkannter Herr auf meinem Gut.
Es erfolgte eine Abstimmung, ob hier in Zettemin eine Ortsgruppe der KP gegründet werden solle, was fast einstimmig bejaht wurde, da niemand wagte, dagegen zu stimmen. Daß ich meinen Arm nicht bejahend erhob, vermerkte Alfred übel. Es wurden nun der Vorsitzende, der Schriftführer, der Kassierer (besonders wichtig!) und ihre Stellvertreter vorgeschlagen und ernannt, soweit sich jemand für die Posten bereit fand; desgleichen der neue Bürgermeister und seine Sekretärin. Den Vorsitz der KP-Ortsgruppe übernahm sogleich mit Begeisterung mein langjähriger, tüchtiger, aber gesinnungsmäßig unerfreulicher Statthalter, der inzwischen aus seinem Heubodenversteck hervorgekrochen war, den Schriftführerposten für kürzere Zeit unser Flüchtlingsgast Frau T., den Bürgermeisterposten mein Vertretungsrentmeister, Herr Lorenz. Allen in Zettemin und auf dem Gut, besonders aber

Vera und mir, erwies Herr Lorenz mit der Übernahme dieses äußerst unerfreulichen, aber wichtigen und einflußreichen Amtes den allergrößten Dienst, den ich ihm nie vergessen werde. Wie sehr half er uns in der folgenden Zeit, wieviel Unheil verhütete er in seiner immer gleichbleibenden, freundlichen und ruhigen Art. Als seine Sekretärin meldete sich unser gutes »Löttchen« Keyserlingk, ebenfalls in der Absicht, anderweitige, bösartige Besetzung dieses Postens zu verhindern. Sonderbarerweise erhielt sie ihn trotz ihrem nunmehr hinderlichen Namen. Auch ihr hatten wir alle in Zettemin Unendliches zu danken, und sie hielt auf ihrem Posten sogar noch längere Zeit durch, nachdem Vera und ich aus Zettemin hatten abziehen müssen.

Zum Schluß der Versammlung hielt sich ein Russe, der Grobschmied Wassilji, bemüßigt, auch noch ein paar rauhe Worte und kommunistische Gemeinplätze in gebrochenem Deutsch zu krächzen. Damit war alles erledigt, und alle Leute gingen wieder heim bis auf einige durch ihre ewige Unzufriedenheit längst aufgefallene Mildenitzer Arbeiterfrauen. Angeregt und aufgestachelt durch Alfreds Rede, wollten sie durchaus auch im Herrenhaus untergebracht werden, ein Verlangen, das nur dem Neid entsprang. Es wurmte sie, daß wir andere, ordentliche Mildenitzer Leute in unserem Blauen Salon einquartiert hatten und nicht sie.

Kaum war Alfred fort, stürzten wir uns darauf, mit Hilfe unserer Hausleute und einiger Dorffrauen, die sich gleich anboten, alle Räume unseres Hauses von unten bis oben aufzuräumen und von dem Wirrwarr zu befreien, der sämtliche Fußböden und Möbel noch bedeckte. Alfred war nämlich für Ordnung im jungen, kommunistischen Staat. Wie er die Rasenflächen und den Park gepflegt sehen wollte, so auch alle Räume in unserem Haus. Vierundzwanzig Stunden hatte er uns Zeit zum Aufräumen und Säubern gegeben, andernfalls würde unser Haus ausgeräumt und die Möbel und Sachen unter die Flüchtlinge verteilt werden, da es ein Zeichen sein würde, daß wir sie nicht brauchten. Entschieden hatte er damit gerechnet, daß wir es in dieser kurzen Zeit nicht schaffen würden. Doch in genau vierundzwanzig Stunden herrschte Klarschiff, und wir wohnten wieder ordentlich, sauber und leidlich wie vordem in unseren Räumen.

Da wir schon einmal mit Aufräumen und Einrichten gut im Zuge waren und auf Alfreds Geheiß für die Unterbringung der Bürgermeisterei und für ein KP-Büro sorgen mußten, richteten wir im Anschluß die geräumige Knechte-Eßstube im Wirtschaftsflügel für diese beiden Zwecke ein. Üppig und prächtig staffierten wir sie aus, so daß selbst Alfred bei seinem nächsten Besuch entzückt war. Wir hatten dabei den Leitgedanken, unser tiefes Ledersofa und desgleichen Sessel aus der Halle – auf solche waren die Russen scharf – und namentlich unseren guten Perserteppich aus dem Grünen Wohnzimmer, den wir wegen seiner Größe nicht verstekken konnten, zu retten, denn aus dem geheiligten Amtsraum durfte nicht einmal der Russe etwas klauen. Die Sitzflächen der beiden Sessel, deren Leder die Russen am ersten Tag herausgeschnitten hatten, wurden mit braunem Tuch überzogen, und nun sah die Zusammenstellung wieder tipptopp aus. Einen modernen Schreibtisch lieferte die im Stich gelassene Wohnung unseres getürmten Gendarmen, auf einem anderen Tisch retteten wir als Decke einen wertvollen Teppich aus der Oppenheim-Sammlung. Woher die Schreibmaschine kam, blieb ein Rätsel, im Gegensatz zu sämtlichen anderen war sie sogar intakt. Die neue Büroeinrichtung war nicht nur vollständig, sondern auch so hübsch und behaglich, daß Vera und ich oft »Löttchen« besuchten, die dort als Sekretärin wirkte.

Als auch der Mildenitzer Treck nach einiger Zeit abgezogen war, renkte sich der Betrieb allmählich wieder ein. Wir alle atmeten erleichtert auf und waren froh, die vielen Esser und Müßiggänger endlich los zu sein. Hätten alle Leute beider Trecks ordentlich zugepackt und mitgearbeitet, dann wären die fünfundsiebzig Hektar nicht unbestellt liegengeblieben. Beide Trecks kamen einigermaßen heil in ihren Heimatorten an, entgingen dann aber ihrem Schicksal nicht und wurden daheim anständig durchgeplündert. Frau Lüdicke sahen wir nicht wieder: Sie starb im Sommer nach Ansteckung durch Russen an Diphtherie. Herrn Lüdicke wurde bald die Betriebsleitung in Mildenitz abgenommen, und er mußte sich als einfacher Landarbeiter seinen Unterhalt verdienen. Wir haben nie mehr von ihm gehört, und er muß jammervollerweise unter die Verschollenen gerechnet werden. Abgebrannt war in Mildenitz gottlob nichts, der Gutsbetrieb aber durch Verschleppung und Vernichtung allen Inventars restlos zerschlagen worden.

Vom Mildenitzer Treck war auf unsere Bitte die Familie K... bei uns zurückgeblieben, da wir Eltern und Kinder vor dem sicheren

Verderben bewahren wollten. Sie nahm unsere Einladung dankbar an, und Herr K..., Direktor einer großen Versicherung in Berlin, stellte sich vorbildlich um und versah seinen Landarbeiterposten mit Eifer und Humor. Abends leistete er uns häufig angenehme Gesellschaft, steckte aber immer voller Schauernachrichten, die er mit erschrocken-aufgerissenen Augen von sich gab. »Glaube nichts, was du hörst, und glaube nur die Hälfte von dem, was du siehst«, lehrt ein altes Sprichwort. Da wir innerhalb des nächsten halben Jahres nichts anderes als wilde Gerüchte hörten, durften wir nichts, aber auch nichts glauben. Dennoch glaubten wir zaghaft immer wieder an das, was wir sehnlichst erhofften: an den Abzug der Russen und an das Kommen der Engländer. Ab Mai ging das so: Der Erste oder der Fünfzehnte, bisweilen auch der Zwanzigste jeden Monats sollte dies Ereignis bringen, und wir glaubten und hofften von einem Termin zum anderen. Diese kurzfristigen Zeitspannen trugen viel dazu bei, uns Mut und Kraft zum Ausharren zu geben, denn gewöhnen konnte man sich nicht an diesen regellosen, chaotischen und mehr und mehr deprimierenden Zustand, ebensowenig wie an die mehr oder weniger ständig drohende Lebensgefahr.
Aber auch der Frühling trug zu seinem Teil an dem Ausharren bei; in einer anderen Jahreszeit wäre es viel schwerer gewesen, alles zu tragen. So war man jeden Morgen wieder von neuem entzückt und begrüßte jedes frisch entfaltete Blättchen, jede aufgeblühte Blume voll innigen Dankes zu Gott, daß man das noch sehen und genießen konnte.
Als Herr Lüdicke abgezogen war, trat Herr Parlow sein Amt wieder an. Ich selber blieb der Betriebsleiter und führte wieder die Bücher, da meine gute Frau Bletsch tot war. Mein Bücherrevisor, Herr Namacher, spielte mit Eifer und wunderbarer Genauigkeit den Rentmeister, als Herr Lorenz das Bürgermeisteramt übernahm. Wie haben wir gelacht, als Herr Namacher von einem Russen durchaus eine Quittung für Korn oder ein Tier haben wollte, das dieser sich einfach genommen hatte. Ohne Ausfertigung eines Aktenbeleges mit Unterschrift und Gegenzeichnung ging das doch nicht, das war völlig unmöglich! Dieser Prachtsmann repräsentierte noch einen Beamten alter preußischer Genauigkeit und Ordnungsliebe, der über ihm anvertraute Werte mit unendlicher Pflichttreue wachte.

In Nicolai hatten wir den vom Kommandanten erbetenen Wachtposten erhalten. Er war ein aus Kursk stammender blauäugiger und blonder, frischer und netter Junge Anfang der zwanziger Jahre. Da er längere Zeit als Kriegsgefangener in Königsberg in Preußen gelebt hatte, sprach er leidlich Deutsch, so daß wir uns gut mit ihm verständigen konnten. Mit ihm erschien seine Tanja, die er einmal als seine Braut und ein andermal als seine Frau bezeichnete. Sie war ein ordentliches und nettes – wir wollen getrost bei dieser Benennung bleiben – Mädchen, das ihren Nicolai über alles liebte und offenbar schon lange betreute. Tanja war nicht hübsch, aber sympathisch und ging immer gut angezogen. Beim Waschen ihrer Leibwäsche bemerkte man denn auch durch die Zeichnungen X. v. Y. und so weiter deren gute Herkunft. Alle Russen und Polen, Männlein und Weiblein, liefen in den besten Kleidern und Kostümen herum, die sie sich »besorgt« hatten, die ihre Träger und Trägerinnen aber leider nicht verschönten und über deren Herkunft nicht täuschen konnten. Wie sahen sie aus mit ihren kurzen, gedrungenen Körpern, ihren dicken Beinen und gewöhnlichen Gesichtern! Nicolai und Tanja waren zweifellos etwas »Besseres«, denn beide hoben sich aus dem Rahmen heraus.

Um unsererseits nicht zu bourgeois und kapitalistisch auszusehen und dadurch die kommunistische Seele zu reizen, suchten wir uns unelegant zu gestalten. Mir war es leider nicht möglich, da ich nur den einzigen, mir verbliebenen neuen Steinhardt-Anzug mit den Knickerbockern auf dem Leib trug. Ich konnte daher nur den Schlips fortlassen, während Vera sich eine Schürze umband. Der Gräfin Finckenstein sah man auch nicht mehr die Schloßherrin von Schönberg an, seitdem sie in der Küchenregion verschwunden war, und die Gräfin Keyserlingk hatte ihren gepflegten schneeweißen Bubikopf, der ihr zu ihrem frischen Gesicht so hübsch gestanden hatte, in einen festen kleinen Dutt verwandelt. Alle anderen Hausgäste brauchten sich nicht weiter zu tarnen: Sobald sie zur Arbeit auf dem Hof oder auf dem Feld gingen, ergab sich von selber ihr arbeitermäßiges Aussehen.

Mit Nicolai, unserem Wachtmann, besserte sich unsere Lage erheblich, und es trat etwas mehr Ruhe ein, denn er war ein guter Junge, mit dem wir rasch auf gutem Fuß standen. »Du Graf«, nannte er mich, während andere mich oftmals mit »Vater« anrede-

ten, und wir schüttelten uns die Hand, wenn wir uns trafen. Als Zimmer gaben wir ihm eine neben dem Kücheneingang gelegene Stube, so daß er diesen gut bewachen konnte. Tanja wohnte bei ihm und wurde bald mit allen in der Küche gut Freund. Nicolai hatte nur leider einen sehr gesunden und kaum zu erschütternden Schlaf, so daß ich es oft schwerhatte, ihn wachzubekommen, wenn nachts ein Lastkraftwagen mit Plünderungslüsternen vor dem Haus anhielt oder dahinter auf den kleinen Wirtschaftshof fuhr. Denn leider hörten diese Schreckschüsse noch immer nicht auf. Nicolai wehrte alle diese Plünderer immer brav ab oder begleitete sie durch die Zimmer, wenn sie eingedrungen waren, und paßte auf, daß sie nichts entwendeten, obwohl es für ihn oft nicht leicht war. Er hatte recht, wenn er zu bedenken gab, was er mit seinem einen Gewehr gegen Trupps von acht bis zehn Mann ausrichten sollte, die alle mit Maschinenpistolen ausgerüstet waren.
So konnten er und ich mit der Angabe, der Kommandant habe Plündern streng verboten und komme jeden Augenblick, leider nicht verhindern, daß eines Tages ein schwerbewaffneter Soldatentrupp einige der schönsten Möbel, darunter Veras Schreibtisch, auf ein Lastauto lud und damit abfuhr. Mich hatten die Russen, ohne ein Wort zu verlieren, beiseite geschoben. Nicolai aber hatte sich auf seinen Kutschwagen geschwungen und war nach Rottmannshagen gejagt, um von dort seine Kameraden zur Hilfe zu holen. Einige von den Plünderern ihm nachgepfefferte Schüsse hatten sein Tempo noch beschleunigt. Immerhin beeilten sich die Räuber, die sonst wahrscheinlich mehr mitgenommen hätten, und mehr konnte der gute Junge nicht erreichen. Dies stellte unseren einzigen Verlust an wertvollen Möbeln dar, denn sonst glückte es Vera immer, Stühle und Tische suchende Russen mit einfachsten Möbeln aus der Wirtschaft zu befriedigen.
Neben unliebsamen Besuchen erhielten wir im Mai aber auch netten, traurigen. Das eine Mal erschien unverhofft Mechthild Oertzen, die Tochter unseres Nachbarn und Freundes Arndt-Heinrich, von der wir nicht ahnten – wir lebten wie auf einer Insel –, daß sie allein mit ihrer Schwester Sabine in Briggow zurückgeblieben war. Sie kam mit einer Freundin und etlichen Dorfmädchen zu Fuß von einem einige fünfundzwanzig Kilometer entfernt liegenden mecklenburgischen Städtchen zurück, wohin sie auf Befehl der Russen ihr eigenes Vieh hatte treiben müssen!

Das andere Mal war es die junge Gräfin Königsmarck, die mit ihren vier kleinen Kindern und ihrer Schwiegermutter und deren Pflegerin von ihrem kleinen Gut Neu-Kleeth vor den Russen geflohen war, während ihr Mann noch im Felde stand. Bis Bad Kleinen im westlichen Mecklenburg war sie mit der Eisenbahn noch gekommen, dort hatten die Russen den Zug überholt und sie gezwungen, ihn zu verlassen. Sie mußte nun mit ihren vier Kindern den beschwerlichen Rückmarsch von einigen hundertdreißig Kilometern zu Fuß zurücklegen. Ihre alte, kränkelnde Schwiegermutter war in dem allgemeinen Trubel und der Aufregung auf der Toilette der Endstation verlorengegangen, fand sich aber nach vielen Wochen gottlob wieder an. Nun kam die junge Gräfin bei uns in Zettemin durch mit einem Handwägelchen, in dem das Kleinste von knapp einem Jahr zwischen Decken und Handtaschen saß, und den anderen drei, die liefen. Ihr angeschlossen hatten sich ihre Schwester, Frau v. D., mit fünf, sowie ihr Kutscherehepaar mit zwei kleinen Kindern. Im ganzen waren es fünf Erwachsene und elf Kinder, die einen Fußmarsch von bereits über hundert Kilometern bewältigt hatten! Ihr Anblick erschütterte uns um so mehr, da alle infolge mangelhafter Ernährung, Anstrengungen und Aufregungen von einem schrecklichen Durchfall befallen waren. Vera bemühte sich, ihn mit den Kohlevorräten der Stavenhagener Reserveapotheke, über die wir zum Glück verfügen durften, soweit sie noch vorhanden waren, abzustoppen. Selbstverständlich behielten wir die armen Menschenkinder einen Tag und eine Nacht bei uns, damit sie sich ein wenig ausruhen und erholen konnten. Zu allem Unglück kam hinzu, daß die drahtige und anziehende junge Gräfin dauernd der Verfolgung durch Russen ausgesetzt war, die von Ortschaft zu Ortschaft hinter ihr herzogen. Auch diese Nacht in unserem Haus bildete keine Ausnahme und bestätigte ihre Berichte, denn am folgenden Morgen erfuhren wir, daß fremde Russen nachts in ihr Zimmer eingedrungen waren, vor denen sie sich aber gottlob durch einen Sprung durch das Fenster hatte retten können. Die Pflegerin hatte aber im Beisein der Kinder daran glauben müssen.

Kaum waren wir etwas zur Ruhe gekommen, da ereignete sich wieder ein schreckhafter Vorfall; diesmal in der Försterei Peenwerder, die immer noch dicht belegt war. Zehn junge Mädchen, im Pflanzgarten an der Försterei arbeitend, hatten die Aufmerksamkeit der Russen auf sich gezogen, denn sie erschienen eines Tages mit Offizieren und verlangten von meinem Förster eine genaue Liste der Mädels. Der Förster stellte sie auf und holte in seiner unbeschreiblichen Angst sogar selber die Mädchen aus dem Wald heraus, die sich rasch in den umliegenden Dickungen versteckt hatten. Dann verschwand der Held selber im Wald! Die Russen ließen nun eine Forstarbeiterwohnung räumen, ließen die Mädchen hineingehen und dort schlafen und legten sich dazu. Durch ein offenbares Wunder entging Benita allem Ungemach, doch wir nahmen sie und Bärbel gleich am folgenden Tag zu uns nach Zettemin. Sie schliefen fortan im Erdgeschoß-Gästezimmer zusammen mit der alten Frau Deetjen und den beiden uralten Russenschreck-Dämchen, wie ich es schon beschrieben habe. Dort versteckt, waren die beiden Mädchen am sichersten und konnten im Notfall rasch durch ein Fenster in den Garten fliehen. Auch Alexander und Enni zogen zu uns, denen wir unseren Blauen Salon einrichteten, denn die Försterei wurde immer häufiger von Russen heimgesucht, so daß der Aufenthalt dort unerträglich wurde.

Benita schuftete von nun an auf dem Hof als Bodenmeister in den Speichern mit, woran sie durch ihre Eleventätigkeit in Wolde gewöhnt war. Es war aber eine ewige Angstpartie, sie mutterseelenallein auf dem Speicher zu wissen, in dem sie sich, sooft es möglich war, von einem unserer Leute einschließen ließ. Eine Bluse und eine vielfach geflickte, schmutzige, alte blaue Hose stellten ihre Bekleidung dar, und an den Füßen trug sie nichts, bestenfalls ein Paar ausgelatschter alter Sandalen. Damit sah sie durchaus zünftig aus, und alles lief gottlob gut ab.

Nach einigen Wochen zogen Vera und ich nach gründlicher Säuberung und Durchlüftung der Stuben wieder hinauf in unser Schlafzimmer im ersten Stock. Schön war es, wieder auf seinem altgewohnten Bett zu liegen, wobei ich mit Absicht »auf« und nicht »in« sage, da wir auch weiterhin voll angekleidet schliefen. Mußten wir doch stets gewärtig sein, Lastkraftwagen mit Plünderern abzuwehren.

Einmal waren es keine Plünderer, sondern zehn russische Offiziere, die frühmorgens im Dämmerschein des anbrechenden Tages von Vera und mir, nachdem wir von unseren Betten gesprungen waren, bereits oben im Treppenflur angetroffen wurden. Wir

standen uns gegenüber, und sie starrten mich wortlos an wie ein wildes Tier. Als ich mich nach ihrem Begehren erkundigte, fragten sie: »Du Baron?« Nein. »Du Marquis?« Nein. »Du Graf?« Ja. »Du Chef?« Ja. Keine weitere Frage, nur dies peinliche Anstarren. Offenbar hatten sie nur sehen wollen, wie wir sonderbarerweise hier im Herrenhaus noch lebend angetroffenen feudalen Besitzer ausschauten und wie wir wohnten. »Schön hat es Graf hier«, hörte ich einen von ihnen sagen, womit der Mann die Wahrheit sprach. Lebhaft interessierten sich einige Offiziere für meine oben im Treppenflur hängenden guten Hirschgeweihe, während andere sich unsere Wohnzimmer besahen. Wortlos entfernten sie sich.
Von der Jagd hatten die Russen sonst keinen Schimmer, die Knallerei der in Zettemin und in den benachbarten Ortschaften einquartierten Russen riß im Wald nie ab. Daß einmal eine Treibjagd organisiert und abgehalten werden könnte, kannten sie nicht; es war nur ein wildes Schießen ungebildeter, roher Menschen. Trotzdem schrien die Hirsche im Herbst in der Brunftzeit noch vereinzelt! Ein derartig reichbesetztes Rotwildrevier konnte ihnen wohl passen. Ob Schonzeit oder nicht, war ihnen gleichgültig und ebenso, ob es sich um Hoch- oder Niederwild handelte. Auf alles, was kreuchte und fleuchte, wurde geschossen, und da ihr Gewehr nur einen Kugellauf besaß, faute de mieux mit der Kugel; sogar auf die Tauben auf dem Gutshof. Dabei etwas zu treffen war glücklicherweise reiner und seltener Zufall. Munition schien in Hülle und Fülle vorhanden zu sein, denn die Russen trieben es so arg, daß mein Förster das Auszeichnen der Bäume für die Durchforstung aufgeben mußte. Er konnte sich eine Zeitlang nicht mehr in das Revier wagen, weil die Kugeln derartig darin pfiffen. Wie oft hatte er versucht, wenigstens Nicolais scheinbare Jagdpassion in geregelte Bahnen zu lenken, wie oft hatte er sich angeboten, ihn zu führen und zum Schuß zu bringen. Es war ein vergebliches Bemühen, der Mann verstand das gar nicht, wie auch jede Nachsuche eines krankgeschossenen Stück Wildes auf völlige Verständnislosigkeit stieß: Was nicht gleich im Feuer lag, war eben fort. Neun Schüsse in rascher Folge zählte ich einmal; sie mußten aus einem Maschinengewehr abgegeben worden sein. Wie der Erfolg war, wußte ich nicht, wollte es auch nicht wissen, denn das edle Weidwerk war so total verschandelt und in

den Dreck gezogen, daß man Augen und Ohren schließen mußte, wollte man nicht vor Wut in die Luft gehen. Gefühle mußte man sich abgewöhnen und sich gegen alles stumpf machen, was einem lieb und teuer war.

Folgendes Erlebnis erläutert trefflich Nicolais jagdliche Passion, sein Unverständnis und seine Gutmütigkeit: Eines Tages führte er Benita in sein Zimmer und zeigte ihr voller Stolz und Freude ein Rehkitz, das er in sein Bett gelegt und warm bis obenhin zugedeckt hatte. Benita glaubte ihren Augen nicht zu trauen. Es stellte sich heraus, daß Nicolai erst die Mutter totgeschossen und dann von Mitleid gepackt das arme, verwaiste Kitz mitgenommen hatte. Mamsell Gans, die hinzugekommen war, befahl Nicolai, das Kitz umgehend in den Wald und an dieselbe Stelle zurückzubringen, da es hier im Bett eingehen werde. Ob Nicolai dies einsah oder nicht, steht dahin. Von Gänschen gut erzogen, stand er vor ihr stramm, legte die Hand grüßend an seine Pelzmütze, sein einziges Uniformstück, sagte nur »Zu Befehl, Mutti« und brachte das Kitz sofort in den Wald zurück, wo es gewiß eingegangen sein wird.

Die Buchführung füllte meine Zeit nur geringfügig aus, denn die Einnahme- und Ausgabeposten sowie die Bewegungen in der Natural- und Viehrechnung waren homöopathisch zusammengeschmolzen. Doch besonderen Stolz und Genugtuung empfand ich, daß ich in Zettemin, dem einzigen Gut weit und breit, trotz allen gesperrten Bankkonten, alle Löhne und Gehälter weiter zahlen konnte, bis zu dem Augenblick, an dem mir jedes Anordnungs- und Verfügungsrecht genommen wurde. Von da ab erhielt niemand mehr auch nur einen Pfennig.

In den Ställen stand kein Vieh mehr, im Schweinestall kommandierten nur die Russen herum, meine Feldbesichtigungsgänge wurden als unnütze Spaziergänge angesehen und unterbunden, was sollte ich beginnen? Ich wollte mich außer im Garten wenigstens beim Kartoffelpflanzen auf dem Feld nützlich machen. Doch da kam ich schlecht bei meinen Leuten an, die diese Arbeit unter meiner Würde hielten und sie nicht zuließen. Dagegen war nichts zu machen: Mein Korb wurde nicht mit Kartoffeln gefüllt und mir aus der Hand genommen.

Ich hatte somit viel Zeit, im behaglich eingerichteten Büro der Bürgermeisterei Herrn Lorenz und seine Sekretärin Löttchen zu

besuchen. Hier wurde die jeweilige Lage besprochen, und man erfuhr das Neueste beim »Genuß« einer Zigarette, denn wir alle waren leider passionierte Raucher, bis auf Vera, die das Rauchen zum Glück schon seit Jahren aufgegeben hatte. »Zum Glück« sage ich für Vera und »leider« für uns, denn das, was wir rauchten, saumäßig zu nennen, wäre noch geprahlt. Namentlich, was Löttchen in ihrer Verzweiflung abbrannte: getrocknete Rosenblätter vermischt mit »Dr. Richters Frühstückstee«! Bald gab es in keiner Apotheke oder Drogerie mehr Gesundheitstee: Er war restlos aufgeraucht worden.
Meine Zigaretten, Marke Zettemin, bestanden wenigstens noch aus Tabak, den mein guter Tanger im Garten angebaut und dessen Blätter teils er, teils ich möglichst sachgemäß präpariert hatten, durch Besprengen mit Honigwasser und Schwitzenlassen im Küchenherd oder im elektrischen Brutapparat. Wir nannten diesen frommen Selbstbetrug stolz »fermentieren«. Immerhin, das Zeug rauchte, schmeckte zwar verdammt kräftig, war aber ein leidlicher Tabakersatz – so man ihn besaß. Aber Russen, Polen und vorher deutsche Dachdecker waren auf meinem Hausboden, wo die Blätter auf Drähten aufgezogen zum Trocknen gehangen hatten, scharf hinterher gewesen und hatten nicht nur meine Vorräte an sich genommen, sondern erpreßten dauernd vom armen Tanger seine kümmerlichen Reste. Denn in bezug auf Tabak sorgte Väterchen Staat für seine Russenkinder höchst mangelhaft, doch auch sie rauchten nur zu gern und daher alles, was sie kriegen konnten, unter Benutzung von Zeitungspapier. Da war ich doch feiner, denn ich verwendete Schreibmaschinen-Durchschlagpapier. Wenn das Kraut, das mir übriggeblieben war, seinen Zweck auch nur mangelhaft erfüllte, so ergab es doch eine Art Zigarette, die man oft dringend nötig hatte zur Beruhigung der Nerven, die den Hunger betäubte und einem über manches hinweghalf. Das Kapitel »Rauchen« war eine schreckliche Misere.
Inzwischen hatten wir einen leibhaftigen Schutzengel eigener Art bekommen in Gestalt eines jungen Franzosen Raymond, der geheimnisvoll und unter dem Siegel der tiefsten Verschwiegenheit (damit wir es sicher erfahren sollten) Louisa Finckenstein anvertraute, er sei eigentlich Spanier und ein Conte und heiße in Wirklichkeit Don Pedro de Gonsalvez du Guadalupe – ein bombastischer Name! Wir erfuhren es natürlich prompt, glaubten es aber

nicht, da Raymond und besonders seine Frau, deren Photo er uns zeigte, in ihrem Aussehen diesem hochtönenden Namen durchaus nicht entsprachen, obwohl Raymond im Wesen und in seinen Manieren tadellos war. Wir nahmen an, daß es sich bei ihm um ein Malheurchen gehandelt hatte. Er war ein typischer Abenteurer, der mit zwei anderen Franzosen, die wie er Kriegsgefangene gewesen waren und sich nun heimwärts durchschlugen, auftauchte, obwohl alle Kriegsgefangenen längst mit Bahn oder Wagen gesammelt abtransportiert worden waren. Wie ein solcher Trupp im Vorüberfahren unsere letzte Pute gegriffen und mitgenommen hatte, haftete besonders gut in unserem Gedächtnis.

Diese drei Franzosen hatten sich für längere Zeit im Gendarmeriehaus einquartiert, das von seinen Bewohnern unter Zurücklassung der Einrichtung verlassen worden war. Sie führten einen eigenen Haushalt, da einer von ihnen angeblich seine Frau mitgebracht hatte, eine Deutsche, die, wie auch ihre beiden Kinder, weder ein Wort Französisch verstand, geschweige denn sprechen konnte. Die Mundart der »Elsässerin« verriet nur zu sehr ihre hinterpommersche Heimat, und die beiden Kinder von schätzungsweise zwölf und vierzehn Jahren werden ihre Geschwister gewesen sein. »Mes petits chouchoux« nannte sie mit listigem Augenzwinkern der liebevolle und stolze »Vater«; er wollte wahrscheinlich die drei in Sicherheit in seine Heimat bringen.

Der prächtige kleine, schwarzhaarige Raymond trat erstmalig in Erscheinung, als die Russen, während Vera und ich einen Gang zur Försterei unternommen hatten, in unserem leeren Weinkeller Feuer gelegt hatten, um unser Haus in Brand zu setzen. Es war ein Versuch am untauglichen Objekt, da ihnen dies in dem schweren Steingewölbe niemals geglückt wäre. Raymond löschte das Feuer, das nur einen scheußlichen Qualm entwickelt hatte, und trat voller Empörung an Vera heran mit der Bitte, ob sie erlaube, daß er meinen persönlichen Schutz übernähme. Das taten wir dankbar und gern, und der wackere kleine Mann hielt wochenlang sein Wort. Wir boten ihm ein Zimmer im Wirtschaftsflügel an, das er aber ablehnte, da er Nacht für Nacht um unser Haus herumpatrouillieren müsse. Auf jeden Lastkraftwagen, der vorgefahren kam, stürzte er sich und überredete seine Insassen zum schleunigen Abzug mit der Erzählung, der Kommandant sei entweder im Haus oder werde jeden Augenblick erwartet. Das zog fast immer, und wirkte es nicht, dann klopfte er an das Fenster, hinter dem Benita und Bärbel schliefen, damit sie aufwachten und durch das Fenster in den Park entwischen konnten, um sich in den dichten Gebüschen zu verstecken. Raymond paßte auf und holte die Mädels wieder herein, wenn die Luft wieder rein war. Einmal sogar kam er atemlos zu Vera und bat sie um trockene Strümpfe und Schuhe für Benita, die in größter Eile keine Zeit zum Anziehen ihrer Schuhe gefunden hatte und nun mit nassen Füßen im Gebüsch saß.

Nachdem Raymond sich so bewährt hatte, gaben wir ihm trotz seiner Ablehnung eines der Gästezimmer im Erdgeschoß unseres Hauses, damit er seine Ruhe pflegen und trotzdem auf Wache sein konnte, indem er in vereinfachtem Verfahren durch sein Fenster ein- und ausstieg. Wir hatten es nicht zu bereuen.

Auch sonst war Raymond ein guter und anständiger Junge: Wollte eines unserer Haus- oder ein Dorfmädchen nach Rottmannshagen oder nach Stavenhagen gehen, dann war er es, der es zum Schutz begleitete und heil wieder zurückbrachte.

Oft habe ich später an seine Voraussicht und an seinen Rat gedacht, den er uns damals gegeben hatte, alles stehen und liegen zu lassen und so rasch wie möglich zu fliehen. Nutzlos sei alles, und es sei besser, unser Leben zu retten als diese toten Besitztümer. »Que voulez-vous? Vous ne risquez chaque jour votre vie que pour un tas de briques.« Aber nun, nachdem das dickste Ende unserer Ansicht nach überwunden war, wollten wir das Rennen erst recht nicht aufgeben.

Raymond war die Perle des Franzosen-Kleeblatts, obgleich die beiden anderen auch gut zu leiden waren. Sie stellten uns ihre Wohnung zur Verfügung, falls dicke Luft herrsche und wir uns außer Sicht- und Schußweite bringen wollten. Sie luden uns nicht nur immer wieder ein, sondern freuten sich aufrichtig, wenn wir kamen. Dann politisierten wir eifrig miteinander, wobei der angebliche Familienvater offen erklärte, er sei Kommunist, doch ihr Kommunismus habe mit dem der Russen nichts gemein: Sie seien Patrioten. Einmütig stellten wir fest, daß zwischen unseren Völkern kein Haß bestände und es auch künftig keinen geben dürfe, da wir keinerlei entgegengesetzte Interessen hätten, und daß wir fortan als gute Nachbarn zusammenstehen müßten. Als sie weiterzogen, stahlen sie zwei Pferde vom Bauern, »aber nicht vom Herrn Grafen, denn der sei immer gut zu ihnen gewesen«, wie sie mir beruhigend versicherten.

Wie bei den Franzosen im Gendarmerie-Häuschen hatten wir stets auch in der Pfarre bei unserem trefflichen Pastor einen willkommenen Unterschlupf, den wir ab und an aufsuchten, wenn sich die Russen zu stramm besoffen und dann feindselig und unberechenbar wurden. Dort ruhten wir uns gern von allen Aufregungen aus und waren eine Weile sicher, keine Russen zu sehen, da sie Pfarre und Kirche achteten und verschonten. Pastor Witt verstand es auch gut, mit den Russen umzugehen und fertig zu werden. Oft besänftigte er ihre Gemüter, indem er ihnen auf seinem Klavier Volks- und Kirchenlieder, Märsche oder andere leichte Weisen vorspielte, wofür die Russen außerordentlich empfänglich waren. Auch gab er ihnen im Herbst Äpfel und sonstiges Obst von der reichen Ernte seines großen Gartens, den die Russen ebenfalls respektierten, Gaben, die sie sogar ohne Ansehen des Geldes bezahlten. Seine Garderobe hatte Pastor Witt beim Russeneinfall dadurch gerettet, daß er sich vier Anzüge übereinander anzogen hatte! Wie haben Vera und ich gelacht, als unser guter Pastor uns dies schnurrige Verfahren damals voller Stolz gezeigt und ad oculos demonstriert hatte, indem er unvermutet eine Hose nach der anderen aufzuknöpfen begann. »Halt!« hatte Vera gerufen, als er im Übereifer bei Hose Nummer vier hatte beginnen wollen, nicht bedenkend, daß diese die letzte war!

Die Gottesdienste hielt Pastor Witt ohne Unterbrechung jeden Sonntag ab, zunächst nur in Zettemin, späterhin auch in der Nachbarschaft, da die Gemeinden und sogar die Russen (vermutlich wegen der Orgelmusik) es wünschten, und Pastor Witt mit dem Kommandanten auf gutem Fuß stand. Bald durfte er wieder ein Fahrrad halten, später sogar ein Pferd und einen kleinen Kastenwagen. So hatte er mehr als genug zu tun, da der Pastor im benachbarten Rittermannshagen wegen seiner Kenntnis der russischen Sprache von den Russen entführt worden war und leider viele Pfarrer beim Einbruch der Russen ihre Gemeinden im Stich gelassen hatten und geflohen waren. Wer von ihnen nach geraumer Zeit zurückkehrte, konnte häufig nicht in seiner alten Gemeinde bleiben, da er sich ihr Vertrauen und ihre Liebe verscherzt hatte.

Eines Sonntags im Juni besuchte auch ich wieder den Gottesdienst, als die Gefahr durch herumziehende Plünderbanden, die immer sonntags besonders drohte, nicht mehr akut war. Ich konnte mein Haus schon einmal für kurze Zeit verlassen. Die Liturgie war beendet, Pastor Witt hatte die Kanzel bestiegen und gerade mit seiner mir zu Herzen gehenden, selten schönen Predigt begonnen, deren Genuß ich mich ganz hingeben wollte. Da wurde die Kirchentür mit Gepolter geöffnet, und ich hörte stapfende Schritte die Treppe zu meinem Patronatstuhl heraufkommen. Kurz darauf erblickte ich das grobe Gesicht des neuen, das Kommando in Rottmannshagen führenden Wassilji in Zivil und mit blauer Mütze auf dem Kopf. Er winkte mir heftig zu und bedeutete mir, mitzukommen, und mir blieb nichts anderes übrig, als ihm zu folgen. Ich bewunderte unseren Pastor, daß er sich nicht aus dem Text bringen ließ, nur etwas stutzte und durch sein Mienenspiel seine Erregung verriet. Draußen angelangt, beruhigte mich der »Grobschmied«, wie wir Wassilji, der in der Tat diesen Beruf ausgeübt hatte, seines Aussehens und Gebarens wegen nannten: Mir werde nichts Böses angetan werden, ich solle nur als Betriebsführer sofort sämtliche Einwohner Zettemins zusammentrommeln und arbeiten lassen. Gleich begab ich mich zum Statthalter, den ich in seiner Wohnung auch antraf, und ordnete das Nötige an. Alle mußten Spaten mitbringen und auf dem Feld den Acker umgraben, und die beiden noch betriebsbereiten Motorschlepper – die beiden anderen hatten wir in einem Kornfeld und im hohen Mais des Schmiedemoors versteckt – mußten pflügen. Vera und ich gruben von Anbeginn an aus Solidarität mit, obwohl es von uns beiden nicht verlangt wurde, sehr zum Erstaunen Tanjas, die die Anwesenheit aller kontrollieren mußte. Weshalb die plötzliche und verrückte Maßnahme am Sonntagnachmittag? Daß noch so viel Kartoffelacker unbearbeitet liegengeblieben war und nun mit untauglichen und bei der Größe der Fläche sinnlosen Mitteln fertiggemacht werden sollte, war nur ein Vorwand. Der wahre Grund war, daß die Russen sich über die Zetteminer geärgert hatten, von denen niemand zu dem von ihnen in Kittendorf inszenierten Verbrüderungs- und Tanzfest erschienen war. Das heischte Bestrafung! Wir gruben einige vier Stunden, dann durften wir alle wieder heimgehen.

Leider bekam diese schwere körperliche Arbeit Vera schlecht, die an derartige Anstrengungen nicht gewöhnt war und schon seit

längerer Zeit an einer Gastritis litt. Mangels jeder Diätmöglichkeit und der richtigen Arzneimittel verschlimmerte sie sich zusehends, besonders als noch eine üble Gelbsucht hinzutrat, die im Sommer allgemein grassierte. Da ihr Magen Speisen kaum bei sich behielt, wurden ihr Aussehen und ihre Abmagerung beängstigend, so daß es sogar unseren Russen auffiel und einer zu ihr sagte: »Warum du Frau so krank? Mußt ins Bett«, während ein anderer ihr gutmütig ein wenig Grieß brachte als nahrhafte und leichte Kost. Es war für mich eine schreckliche Sorge, da man nichts dagegen tun konnte, auch kein Arzt kam oder hätte helfen können, denn das einzige Heilmittel wäre außer Ruhe eine sachgemäße Diät mit Milch, Butter, Eiern und Weißbrot gewesen, lauter Dinge, die es nicht mehr gab. Rührend besorgt waren unsere Dorfleute, deren einige von diesen Köstlichkeiten brachten, soviel sie auftreiben konnten. Das war aber nur ein Tropfen auf einen heißen Stein, denn sie besaßen davon selber kaum mehr etwas. Gottlob half eiserner Wille Vera allmählich darüber hinweg, es kostete sie aber zuviel Kraft und einige fünfzig Pfund Körpergewicht.
Auch an mir gingen die ewigen Aufregungen, die immer schmaler werdende Kost und die sommerliche, starke Durchfallperiode nicht spurlos vorüber. Allein im Mai nahm ich vierunddreißig Pfund, im ganzen schließlich auch fünfzig ab, so daß ich mit hundertfünfunddreißig Pfund mein Gewicht als Abiturient wiedererlangt hatte.
Man hatte wirklich keine Ruhe, immer wieder gab es neue Sensationen; so brannte Ende Mai eines Nachts das nachbarliche Schloß in Rottmannshagen herunter. Plündernde Russen hatten es wieder einmal heimgesucht und die fehlende Beleuchtung durch brennendes Papier ersetzt wie bei uns in der ersten Nacht. Mangels Beweises nahm man es wenigstens so an. Es war ein Jammer um das stilreine Rokokoschloß mit allem Mobiliar und um die wertvolle, umfangreiche Bibliothek unseres erst Anfang des Krieges verstorbenen alten Freundes Exzellenz Wahnschaffe, des Vaters des jetzigen Besitzers Konrad. Seine Witwe, unsere liebe Nachbarin, konnte sich zum Glück rechtzeitig in Sicherheit bringen, verlor aber fast alle zum Leben notwendigen Dinge und mußte unter kümmerlichen Bedingungen in das überfüllte Wirtschaftshaus ziehen.

Ich erwachte in dieser Nacht aus meinem leichten Schlummer durch die Rufe »Feuer, Feuer!«, durch die Alarmglocke und durch dauernde Gewehrschüsse auf der Dorfstraße, sah zum Fenster hinaus und gewahrte den glutroten Feuerschein über Rottmannshagen. Da ich nicht hätte helfen können und keinesfalls nachts unser Haus und seine Bewohner verlassen wollte, verhielt ich mich ruhig in meinem Schlafzimmer. Ich weckte auch Vera nicht, da ich viel zu froh war, daß sie endlich einmal festen und ruhigen Schlaf gefunden hatte, der ihr besonders nottat. Feurio rief auch unser russischer Wachtmann Nicolai, der die Dorfbewohner durch die Gewehrschüsse wecken wollte. Es rührte sich zunächst aber niemand, denn alle glaubten, es wäre nur ein Trick, sie aus ihren Wohnungen herauszulocken, um diese dann desto besser durchplündern zu können. Als endlich unsere Motorspritze doch noch angelassen werden sollte, zeigte es sich, daß Russen die Zündkerzen geklaut oder verschleppt hatten, so daß die Spritze nicht in Tätigkeit treten konnte. Erst am späten Morgen, als das Unglück längst seinen Lauf vollendet hatte, konnte sie in Gang gebracht und nach Rottmannshagen gefahren werden.
»Wie schön habe ich geschlafen, Emma. Das war endlich einmal eine ruhige Nacht«, waren Veras Worte beim morgendlichen Eintritt unserer Beschließerin, die nur entgeistert erwidern konnte: »Aber Frau Gräfin, heute nacht ist doch das Schloß in Rottmannshagen abgebrannt!« Da war die Entgeisterung auf seiten Veras; ich aber freute mich über ihren guten und erquickenden Schlaf.
Es war ein Segen, daß Vera sich durch den Schlaf immer wieder neue Kräfte holen konnte, denn wenn die Heimsuchungen auch seltener wurden, ganz hörten sie nie auf. Man lebte ständig auf dem »Quivive«, zwar nicht mehr so gefährdet wie anfangs, aber dennoch beunruhigt wie in einem Katz-und-Maus-Spiel, das manchmal sogar der Komik nicht entbehrte.
Kamen da eines Tages zwei Autos mit Offizieren an, wenigstens nahmen wir an, daß es solche waren, denn diese von den Mannschaften zu unterscheiden, war nicht immer möglich. »Verachen, Russen im Haus!« ertönte wie so oft der Warn- und Hilferuf Ursel Gerlachs in klassischem Ostpreußisch, und damit setzte Veras Abwehraktion ein. Schon waren einige in das Zimmer des »Russenschrecks« eingedrungen und hatten unglücklicherweise Bärbel

in ihrem Bettversteck entdeckt. Ratlos stand eines der alten Dämchen da, der Russenschreck wirkte diesmal nicht und wurde von dem lieblichen Anblick Bärbels neutralisiert. Mit »Krank, du raus« in der primitiven Sprechweise, die man sich mit den Russen angewöhnt hatte, gelang es Vera mit Mühe und Energie endlich, die Russen zum Hinausgehen zu bewegen. Nur einer blieb hartnäckig und erklärte: »Ich Arzt, wo krank, will sehen.« Es war nichts zu machen, der Kerl wollte und wollte nicht fortgehen. »Kommandant will abfahren, du mit«, dachte sich Vera nun aus. Doch auch das zog nicht, der Mann machte nur eine wegwerfende Handbewegung und erwiderte: »Pah, ich Zeit.« Nun ließ Vera ihre stärkste Mine springen, lief zu Nicolai und hieß ihn, das Autohorn nachdrücklich und wiederholt tönen zu lassen, das übliche Zeichen zur Abfahrt. Der gutmütige Nicolai, der in solchen Fällen immer unser Bundesgenosse war, tat es auch kräftig und ausgiebig, und es wirkte prompt. »Auto tutet«, drängte Vera, und da spritzten die Russen und der Arzt heraus wie ein geölter Blitz, um den Anschluß nicht zu verpassen.

Am 3. Mai 1945 waren die Kriegshandlungen offiziell eingestellt worden, die Russen hatten den Engländern und Amerikanern auf der Linie Wissmar-Schwerin-Wittenberge-Magdeburg-Leipzig-Hof die Hände gereicht. Ein bis zwei Wochen früher hätte dies Ereignis statthaben müssen, und Mecklenburg wäre nicht mehr mit Kriegshandlungen überzogen, sondern von den Russen nur besetzt worden. Doch eine größere SS-Formation hatte den Kampf bis zum letzten Quadratmeter, der ihr noch verblieben war, fortgesetzt, wohl wissend, was ihr bei Gefangennahme geblüht haben würde. Kurze Zeit darauf zogen sich die Engländer und Amerikaner wieder zurück und überließen unbegreiflicherweise auch das westliche Mecklenburg, Sachsen und Thüringen den Russen, eine Tragödie, die man sich nicht schauriger hätte ausmalen können und die wir nicht fassen konnten. Auf einer Zusammenkunft in Jalta sollten die Alliierten dies vereinbart und »das falsche Schwein geschlachtet« haben. Die Grenze im Westen des russisch besetzten Gebietes verlief nunmehr endgültig folgendermaßen: Ostsee – Elbe-Travekanal – Büchen – Wittenberge – Helmstedt – Harzburg – Eichenberg – Vacha – Meiningen – Hof – tschechoslowakische Grenze. Grauenhaft!

Nachdem einige Wochen ins Land gegangen waren und sich die

Gemüter ein wenig beruhigt hatten, wurden auch die bei uns ständig stationierten Russen friedlicher. Der Krieg mit Deutschland, mit uns war zu Ende, nicht aber für sie, wie sie meinten. Gegen wen und wo er weitergeführt werden würde, wußten sie aber auch nicht. Der Umgang mit den Russen gestaltete sich leidlich normal, die unvermutet auftauchenden, bösartigen Plünder-Lastautos wurden allmählich seltener, und die Sonntage, bisher immer die unangenehmsten Tage, wurden ebenfalls ruhiger.

Nun konnte sich auch unser Wachtmann Nicolai mehr seinem Privatleben widmen und tat es ausgiebig, indem er sich zu seiner Tanja eine zweite Frau zulegte, Liesbeth, ein lockeres deutsches Mädchen, Tochter eines in Rußland vermißten Zetteminer Gutsarbeiters. Sehr zum Kummer Tanjas, eines besonders netten und adretten und ihrem Nicolai treu ergebenen Mädchens. Sie wurde von ihrem lieben Nicolai kurzerhand hinausgeschmissen und das Zimmer abgeschlossen. Da es aber sommerlich warm wurde, stand das Fenster offen, und Tanja, die sich mit ihrem Mißgeschick nicht zufriedengab, war gelenkig und eroberte sich ihren Nicolai immer wieder, ob er wollte oder nicht. Es ergab sich ein entzückendes »Changez les dames«, zumal Liesbeth Nicolais Wünschen auch nicht immer zu entsprechen schien. Eines Nachts warf er sie in ihrer elterlichen Wohnung im Dorf, in die er aus Bequemlichkeit und um vor Tanja sicher zu sein, übersiedelt war, aus seinem, oder vielmehr ihrem molligen Bett und sperrte sie in den kühlen und feuchten Schweinestallkoben! Nun hatte Tanja wieder Oberwasser; doch nicht für lange, dann begann das Spiel von neuem. Liesbeth und ihre Mutter, die diese Liebschaft zur Wut des ganzen Dorfes begünstigte, fuhren dabei nicht schlecht: Sie hatten in Hülle und Fülle zu essen und zu trinken, Liesbeth fuhr in meinem eleganten Coupé spazieren, und einmal ging Nicolai mit ihr am Sonntag sogar offiziell in die Kirche! Grotesker ließ es sich nicht treiben. Zum Schluß hatte sich Nicolai nicht weniger als drei Wohnungen mit Betten zur Auswahl zugelegt.

»Wer nicht liebt Wein, Weib und Gesang, der bleibt ein Narr sein Leben lang«, dachte offenbar auch Nicolai und wollte kein Narr bleiben. In puncto Weib war alles bereits im besten Lot, Gesang war ihm gottlob nicht gegeben, aber Wein ließ sich noch organisieren, das heißt Alkohol, denn nur Schnaps war für den Russen von

Interesse, dann aber in ungeheuerlichem Ausmaß. Im Brennen dieses Getränkes aus Kartoffeln und Zuckerschnitzeln war jeder Russe ein Meister. Leider verstand es auch mancher Deutsche, und es fanden sich Schweinehunde, die ihm diese Mühe noch abnahmen, um sich lieb Kind zu machen und Vorteile zu ergattern. Bedauerlicherweise gehörte zu ihnen unser Milchkontrolleur aus dem Nachbardorf, der Ende des Sommers ausgerechnet unser Bürgermeister werden sollte. Und schließlich sorgte das russische Väterchen Staat in rührender und verschwenderischer Weise dafür, daß keines seiner Kinder verdurstete. Anfang August kam ein- bis zweimal wöchentlich, bestimmt aber an jedem Sonnabend, ein kleines grünliches, geschlossenes Lastauto mit unerschöpflichem Vorrat des unedlen Naß und erweckte in uns immer von neuem große Sorge. War das Spritauto gekommen, dann herrschte bereits am selben Abend gewaltige Besäufnis. Die russische Regierung wußte, warum sie ihre Untertanen dermaßen unter Schnaps setzte: Er machte den Russen glücklich und fröhlich und bedeutete ihm Lethe, die ihn seine trostlose Lage für eine Weile vergessen ließ. Denn glücklich war der Russe unter seinem Regime nicht, wie wir oft bemerken konnten. Nicht einmal für Post war gesorgt, so daß zwischen unseren Russen und ihren Angehörigen daheim nicht die geringste Verbindung bestand. Sie lebten seit Jahren getrennt, konnten sterben und verderben, ohne es zu erfahren. Nitschewo, da half nur Schnaps in rauhen Mengen.
Wie verheerend und demoralisierend die Wirkung des Schnapses, insbesondere dieses Fusels war, der ein wenig abgelagert nicht einmal so übel schmeckte, aber voller Gier gleich nach dem Brennen noch lauwarm und für uns völlig ungenießbar ausgesoffen wurde, wurde uns an Nicolai deutlich vor Augen geführt. Er, der anfangs ordentlich und nett gewesen war, sackte moralisch weiter und weiter ab, und damit auch sein Aussehen und Gebaren. Schließlich war er in nüchternem Zustand kaum mehr anzutreffen, trat herrisch auf oder litt an Weltschmerz und wollte sich dann immer das Leben nehmen. In dem halben Jahr, während dessen wir ihn ständig gut beobachten konnten, veränderte sich der Mensch Schritt für Schritt erschreckend in dem gleichen Maße, in dem er den Alkohol in immer größeren Mengen zu sich nahm. Tanja war machtlos und konnte uns nur leid tun.
Auch Kommandant Kuraschin hatte von Nicolais Verfassung

Wind bekommen, die offenbar selbst für russische Verhältnisse das erlaubte Maß überschritt. Er erschien eines Tages, traf Nicolai aber nicht an, da der sich im Wald offenbar »auf Jagd« befand. Da der Kommandant mir gegenüber immer manierlich und ordentlich gewesen war, fand ich mich aus Höflichkeit ein und wohnte der Inspektion von Nicolais Stube und insbesondere seines Schrankes bei. Wie groß war mein Erstaunen, als Kuraschin dem Schrank mein Büchsen-Zielfernrohr und mein Jagdglas entnahm. Siehe da, hier waren sie gelandet! Mit dem Zielfernrohr wußte Kuraschin nichts zu beginnen, ich setzte ihm daher den Zweck des Instruments auseinander, so gut wie wir uns gegenseitig verständlich machen konnten. Und über das Jagdglas klärte ich ihn auf, daß es das meinige sei und ich mich freue, es wiederzusehen. Verstand er mich nicht, oder wollte er mich nicht verstehen: Er übergab beides seinem Adjutanten, der die Gläser in das Auto legte, womit sie für immer meinem Gesichtskreis entschwanden.

Eines war mir durch diesen Vorfall klargeworden: Die Plünderer unserer in der Försterei Peenwerder versteckten Koffer waren Nicolai höchstselbst und unsere hiesigen Russen gewesen, denn in eben diesen Koffern hatten sich unter anderem Wertvollen auch unsere Jagdgläser befunden. Also war es doch mein Smoking gewesen, den ich an Nicolai zu bemerken geglaubt hatte, denn ihn und meinen Frackanzug hatte ich ebenfalls in einen der Koffer gelegt. Der Frackrock, ohne Hose und Weste im Wald gefunden, war das einzige mir erhalten gebliebene Kleidungsstück. Meine Ordensschnalle, die auch im Wald aufgefunden worden war, hatte Unruh in einem Fuchsbau in einer Schonung wieder versteckt. Werde ich sie jemals wiedersehen?

Inzwischen hatte sich, von den Russen gefördert, eine Art Verwaltung gebildet. Landrat war nach dem Verschwinden des nationalsozialistischen ein Dr. O. geworden, der bislang zurückgezogen und unbekannt in Stavenhagen gelebt hatte. Dorthin war auch das Landratsamt vorübergehend aus Malchin verlegt worden, da Malchin zu sehr zerstört und der nötigen Unterkunftsräume beraubt war. Herr Dr. O. besaß zwar keinerlei verwaltungstechnische Kenntnisse, soll aber ein kluger und trefflicher Mann gewesen sein, der sein Bestes daransetzte, Unheil zu verhüten und den Verwaltungsapparat wieder leidlich in Gang zu bringen. Seine Tätigkeit bestand aber doch nur im Lavieren, denn ihm zur Seite waren von den Russen als Bezirksbürgermeister und Angestellte verschiedene deutsche Kommunisten eingesetzt worden, die außer ihrem Parteiprogramm erst recht keine Sachkenntnisse besaßen. Nach bewährtem Muster waren es wieder landfremde Elemente, zumeist Sachsen und Thüringer, die bekanntlich schon immer linksgerichtet waren. Den Kreislandwirt, der von der Landwirtschaft keine Ahnung hatte, da er Mechaniker war, vermochte der Landrat mit der Zeit von seinem Posten zu entfernen, indem er ihm einen unwichtigeren gab. Dafür besetzte er ihn mit unserem jungen Rottmannshäger Nachbarn Konrad Wahnschaffe, der Diplomlandwirt und somit der geeignete Mann war. Da Wahnschaffe auf seinem Gut nichts mehr zu sagen hatte, übersiedelte er mit seiner Familie, die eben noch Zuwachs durch einen Sohn erhalten hatte, von Rützenfelde nach Stavenhagen. Trotz großen Anstrengungen konnten Dr. O. und Wahnschaffe an der fortschreitenden Mißwirtschaft und dem Verfall nichts ändern.

Der Polizeigewaltige im Kreis war zunächst gottlob unser altbewährter, uns befreundeter früherer Kreisoberinspektor Hovemann geworden, der auf keiner Jagd hatte fehlen dürfen. Wir fühlten uns daher behördlich nicht ganz vereinsamt, selbst wenn wir Herrn Hovemann kaum sehen und sprechen konnten. Er vermochte sich nur ein Einspännerwägelchen zu organisieren, mit dem er versuchen mußte, im ganzen großen Kreis herumzukommen. Nur dem Landrat stand ein Auto zur Verfügung.

Toll waren die Herrn Hovemann unterstellten Polizeiorgane, lauter waschechte Kommunisten, da die bisherigen ausgerissen, erschossen, verschleppt oder zum mindesten abgesetzt worden waren, weil sie Parteigenossen hatten sein müssen. Zur ersten Kategorie gehörte unser Zetteminer Gendarm, und wir bekamen nun als Nachfolger einen ungebildeten und unausgebildeten jungen Zivilisten mit roter Armbinde, der bisher Landarbeiter auf dem bei Deutsch-Krone gelegenen Gut Rosenfelde, das ebenfalls Wahnschaffe gehörte, gewesen war. Im Treck war er nach Rottmannshagen gezogen, war natürlich Kommunist und eine sehr unerfreuliche Erscheinung. Hilfspolizist in Zettemin wurde unser guter Brümmer, wohl der einzig anständig denkende Mann in dem Verein. Entsetzt war er über seine »Kollegen«, als er diese bei

einer amtlichen Zusammenkunft in Stavenhagen kennengelernt hatte.
So sah unsere Kreisverwaltung aus, und nach etwa zwei Monaten hörten wir, daß Mecklenburg in Schwerin auch eine Regierung erhalten hatte, aus einigen Kommunisten und Sozialdemokraten bestehend, die aber nur von den Russen eingesetzte Puppen waren. Ihre Machtbefugnisse konnten sie so gut wie nicht durchsetzen, denn jeder kleine Posteninhaber tat, was er wollte und was ihm frommte und was der hinter ihm stehende Russe ausgeführt haben wollte.
Rein äußerlich gesehen, hegte man die vage Hoffnung, dieses und jenes würde wieder in Ordnung und ein allmählicher, wenn auch sehr langsamer Wiederaufbau im wirtschaftlichen Leben in Gang kommen:
Die Geschäftsläden in Stavenhagen schlossen ihre Türen wieder auf und mußten ihre Verkaufszeiten einhalten. Zu kaufen gab es aber aus Warenmangel so gut wie nichts.
Unser Geld behielt zu unser aller Erstaunen seinen vollen Wert. Damit hatten die Russen und Polen bei ihren ersten Durchplünderungen unseres Hauses nicht gerechnet, denn alles Papiergeld hatten sie verschmäht und verstreut. Ich hatte mir die Scheine, oftmals von dreckigen Stiefelsohlen verschmutzt und mit Nägelabdrücken der Stiefelabsätze versehen, bündelweise aus dem Wust auf den Fußböden zusammensuchen dürfen.
Einige wenige Personenzüge fuhren wieder, aber infolge der unglaublichen Überfüllung war es lebensgefährlich, sie zu benutzen. Wer mitkommen wollte, mußte oftmals mit einem Platz auf dem Dach, dem Trittbrett oder gar auf dem Puffer vorliebnehmen. Daß die meisten Fensterscheiben in den Wagenabteilen zerschlagen waren und fehlten – später wurden die Fenster mit Brettern vernagelt –, sei nur nebenbei erwähnt und ebenso, daß es nur noch eine einzige Wagenklasse gab, die dritte.
Die Fernsprechverbindungen, doch nur innerhalb des Anschlußamtes, wurden im Sommer wiederhergestellt, und jede Bürgermeisterei, auch die in Zettemin, bekam wieder einen Apparat und Sprechmöglichkeit. Allerdings nur mit den amtlichen Stellen, Ärzten, Apotheken, Krankenhäusern und so weiter, denn Privatleute, Handel und Landwirtschaft mußten sich weiter ohne Telephon behelfen.

Staunen und Verwunderung erregte es, als die erste schüchterne Postzustellung wieder einsetzte, zunächst nur durch örtliche Boten und dann allmählich weitere Kreise ziehend, ohne Briefmarken, nur mit dem Vermerk bezahlter Gebühren. Nach etwa drei Monaten funktionierte sie innerhalb der gesamten russischen Besatzungszone mit selten häßlichen, kleinen Briefmarken in giftigen Farben und mit Darstellungen des »werktätigen« Volkes. Diese Marken paßten ausgezeichnet zu dem ganzen Russenbetrieb.
Von den drei Parteien, die sich in dem neu eingerichteten »demokratischen« Staatswesen auftaten, den Kommunisten, Sozialdemokraten und Demokraten, rührte sich als einzige nur die kommunistische. Die beiden anderen waren zweifellos der russischen Militärregierung nicht genehm und daher nicht recht lebensfähig. Es gab daher bei uns auf dem Lande und in den kleinen Städten nur zwei Zeitungen, übel hetzende kommunistische Blätter. Zum Lesen genügten die Schlagzeilen, genau wie in den Zeitungen des »Dritten Reiches«, aber man hatte wenigstens wieder Papier für gewisse lebensnotwendige Zwecke.
Zur ersten KP-Versammlung in unserem Gasthof in Zettemin, die sich als landwirtschaftliche Versammlung tarnte und vom Kreislandwirt (damals noch der Mechaniker) einberufen worden war, gingen das ganze Dorf und auch ich, da wir annehmen mußten, neue Richtlinien über landwirtschaftliche Fragen zu hören. Der Redner, in seinem Fach gewiß ein guter Zentralheizungsmonteur, trug uns mit der üblichen Versammlungs-Stentorstimme den dämlichsten Quatsch vor; es mutete wie der Abklatsch einer der sattsam bekannten Naziversammlungen an, nur mit verstärktem Vorzeichen. Die Versammlung schloß mit der einstimmig gefaßten Resolution, daß wir Landwirte gewillt wären, unsere Pflicht zu tun. Als ob das noch einer besonderen Aufforderung oder Bekräftigung bedurft hätte! Enttäuscht und verärgert gingen wir alle auseinander, und zu den folgenden Versammlungen erschien niemand mehr, worauf sie mangels Beteiligung aufgegeben wurden. Von den beiden anderen Parteien war nichts zu hören oder zu sehen.
Von Regierung und Kreisverwaltung spürten wir nichts, unsere Plagegeister waren die drei Fixsterne in unserer Gegend, die eisern durchhielten, während die anderen Russen mehr oder weniger wechselten: der alkoholdurchtränkte Nicolai, der Grob-

schmied Wassilji, Wachtmann im Bauerndorf Pribbenow, und Nikita mit seiner hellgelben Schirmmütze, Wachtmann in Rottmannshagen und ein fataler Bursche. Da Nicolai ein Schwächling geworden war gemäß dem Sprichwort: »Die Liebe und der Suff, die reiben den Menschen uff«, erschienen die beiden anderen häufig in Zettemin und kommandierten in Nicolais Bereich herum.
Das bekamen Vera und ich eines Nachmittags übel zu spüren. Wir wurden auf den kleinen Hof hinter dem Wirtschaftsrundflügel heruntergerufen und leisteten Folge, da es sich nicht vermeiden ließ, ahnungslos, was die Russen von uns wollten. Unten empfing uns Nikita, total blau, herrschte uns an und verlangte von uns beiden, wir sollten unseren Landauer, der zufällig unbespannt auf dem Wirtschaftshof stand, persönlich nach der Wagenremise im anderen Hausflügel schieben. Es war lediglich eine Schikane, um uns zu demütigen und seinen Machtgefühlen zu frönen. Weigerung unsererseits wäre dem betrunkenen, rohen Patron gegenüber sinnlos gewesen. Wir machten daher gute Miene zum bösen Spiel und schoben und zogen den Wagen zur Remise. Doch nur dem Anschein nach, denn wir brauchten uns nicht anzustrengen: Der Zufall wollte es, daß mein Stellmacher und einige unserer Männer zugegen waren, die voller Empörung über die uns angetane Schmach zupackten und uns nicht mitangreifen lassen wollten. Als wir den Wagen fortgebracht hatten und uns außer Sichtweite des Scheusals befanden, schlugen wir uns seitwärts durch die Büsche unseres Gartens und warteten bei einer Familie im Dorf ab, bis die Luft wieder rein war und wir in unser Haus zurückkehren konnten. So konnte uns Nikita nicht nochmals zu sich zitieren mit weiß der Himmel wie verrückten Befehlen.
Der Landauer wurde bald hernach abgewrackt, der Ledertambour wurde abgeschnitten, die Kissensitze wurden aufgeschlitzt und die Polsterungen herausgerissen. Denn ebenso unverständig wie mit allem sonstigen gingen die Russen mit unseren Kutschwagen und Kutschgeschirren um, die sie vom ersten Tag an mit Beschlag belegt hatten und die für mich nicht mehr in Betracht kamen. Mit den Wagen wurde ausschließlich in irrsinnigem Tempo gefahren, ein Waschen, kapitalistischer Luxus, erschien unnütz, da sie doch wieder dreckig wurden. Jeder Wagen hielt eben so lange, bis er kaputt war, und er war es bei dieser

Behandlung bald, besonders die geringwertigeren, von denen in kurzer Zeit eine Menge aus der Nachbarschaft mit gebrochenen Rädern oder Deichseln oder sonstigen Schäden bei uns herumstanden. Meine gepflegten Wagen hielten etwas länger, aber auch nicht ewig. Einer nach dem anderen ging in die Brüche oder wurde von fremden Russen fortgefahren. Nie werde ich den Anblick vergessen, wie sich sechs mehr oder weniger besoffene Russen in meinem von mir besonders geschätzten Neußwagen mit den angenehm weichen Federn herumlümmelten und mit ihm auf Nimmerwiedersehen davonfuhren.
Am längsten widerstand unser dunkelgrünes Coupé, das Hochzeitsgeschenk meines Vaters. Zwei Räder hatte ich vorsorglich abmontieren und verstecken lassen, und die vier Gummiräder waren ebenfalls verborgen worden. Trotz harter Bedrohung mit dem Revolver hielt unser alter Kutscher eisern dicht und verriet das Versteck nicht. Aber die Russen fanden die Räder schließlich doch selber, und nun kam das Coupé als letzter Wagen an die Reihe und wurde Nicolais Leibwagen. Zunächst saß er gesittet darin wie jeder vernünftige Mensch. Da er aber infolge des Alkohols nicht lange vernünftig bleiben konnte, beliebte er häufig aus dem Fenster des im Galopp fahrenden Wagens in die Luft zu schießen, was die Pferde so munter anfeuerte. Bald genügte ihm auch dies nicht mehr, und er legte sich lang auf das Dach des sausenden Coupés, während zwei weitere Russen hinten auf dem Kofferbrett saßen. Schließlich behagte Nicolai der geschlossene Wagen überhaupt nicht mehr und er ließ durch meinen Stellmacher und Schmiedemeister den oberen Teil einfach absägen! Ich mußte die beiden Männer zuvor beruhigen, denn diese Unvernunft und Zerstörungswut ging ihnen über die Hutschnur. Was sollte ich erst sagen? Mir blieb nichts anderes übrig, als zu resignieren und meinem bequemen und eleganten Coupé Valet zu sagen.
Daß der Russe aber auch mit Tieren wie mit den Sachen umging, roh und rücksichtlos, bis sie erledigt waren, wunderte mich sehr, denn es erschien mir nicht vereinbar mit seinem im Grunde gutmütigen Wesen. Wie behandelte er die Pferde, um nur diese zu nennen! Die beste Gangart vor dem Wagen war Galopp, die zweitbeste ein unmäßiger Stechtrab. Da die Pferde das nicht lange aushielten, mußten dauernd neue daran glauben, wodurch

unser mühsam zusammengesuchter kleiner Bestand mehr und mehr verdorben wurde.
Verdorben wurden in gleicher Weise auch die Jungen aus dem Dorf, die die Russen als Kutscher anheuerten. Sie verrohten selber rasch, verlernten jedes anständige und vernünftige Fahren und verloren jegliches Gefühl für die Pferde und deren Pflege.
Mein Gott, wie sah es vor unserem Haus, in der Wagenremise, im Kutschstall aus! Wagen mit und ohne Räder, verstreute Wagensitze und -kissen, zerbrochene Deichseln, leere Weinflaschen, abgerollte alte Phonola-Notenrollen und tausenderlei fortgeworfene und zerbrochene Dinge standen und lagen dort in wüstem Durcheinander herum. Aufräumen hatte keinen Zweck und war sinnlos, denn vor dem Haus behaupteten die Russen das Feld, dafür wiederum wir die rückwärtige Parkseite. Der tägliche Anblick dieser Schweinerei war niederziehend, doch wir gewöhnten uns allmählich einigermaßen daran, denn der Mensch stumpft mit der Zeit ab.
Auch gegen das ewige Geknalle mit Gewehren und Pistolen, das mir anfänglich Schrecken eingejagt hatte, wenn es unmittelbar unter dem Fenster meines Arbeitszimmers oder nachts im Garten loskrachte, worauf ich nicht gefaßt war. Es entsprang dem Bedürfnis der Russen, sich selber Mut zu machen, und artete zu gern in Übermut aus.
Nur gegen die Musikliebe der Russen abzustumpfen war unmöglich. Es war zum Verrücktwerden, wenn einzelne von ihnen »musizierend« durch den Garten zogen und auf einer Ziehharmonika bis zur Erschlaffung immerfort dieselben paar Takte einer Melodie oder eines Tanzes spielten mit einer Inbrunst, die eines Besseren würdig gewesen wäre. Oder den Russen zu hören, der sich erfolglos mühte, meinem Pleß-Jagdhorn mit abrupten Stößen einen Ton zu entlocken.
Was war aus dem musikalisch empfindsamen Russen in der verhältnismäßig kurzen Zeit des Bolschewismus geworden! Musik liebte er auch heute noch, wie man aus seinen krampfhaften Bemühungen auf der Ziehharmonika, aus seiner Andacht für das Orgelspiel in der Kirche und aus seiner Begeisterung über das einfache Klavierspiel unseres Pastors ersehen konnte. Diese Musikliebe aber zu pflegen und fortzubilden war dem Russen genommen, so daß er nicht einmal mehr singen konnte, da er keine

Lieder mehr kannte. Nur zweimal im Lauf dieses halben Jahres vernahm ich den typisch russischen, schwermütigen und vielstimmigen Gesang, den wir alle kannten und liebten.
Erschreckend war es, zu sehen, auf einen wie tiefen Stand die Russen heruntergedrückt waren. Wenn auch alle lesen und schreiben konnten, so war doch vom Homo sapiens nicht viel mehr übriggeblieben als die zoologische Einreihung. Er war zum Tier herabgesunken, zwar zu einem gutmütigen, aber immerhin doch Tier ohne andere Gedanken oder anderen Lebenszweck, als zu fressen, zu saufen und sich fortzupflanzen. Daneben war er wieder wie ein Kind mit seinem oft freundlichen Charakter und hilfsbereiten Wesen, seiner Freude an grellen Farben und Blumen, seinem vielen Lachen und Tanzen und nicht zuletzt mit seiner Fertigkeit, alles, was ihm unter die Finger kam, kaputtzumachen. Leider waren es keine unzerreißbaren Bilderbücher, sondern lauter wertvolle Dinge, wie unter anderen Radiogeräte und Telephonapparate, die anfangs sämtlich abgegeben werden mußten. Wie Unrat wurden sie auf einen Wagen geworfen und abgefahren. Daß die Russen geschickte Mechaniker sein sollten, wie man behaupten hörte, hielt ich für ein Märchen. Dazu waren sie viel zu ungeschickt, plump und unzivilisiert, soweit ich sie kennenlernte. Bei uns zeigten sie sich als Meister nur im Zerstören, setzten niemals das Geringste instand und schöpften immer aus dem Vorrat, solange er reichte. Dazu besoffen sie sich zwei- bis dreimal in der Woche wie die Schweine, grölten und tanzten auf russische Art, indem sie mit den Stiefeln auf die Böden ihrer Stuben trampelten, daß der Kalk von der Decke fiel. Wie oft lugten wir durch das Fenster auf den Platz vor unserem Haus und beobachteten die bis zum Rand vollen, torkelnden Burschen. Wir staunten, daß so etwas möglich war, und lachten, lachten.
Gottlob hatten wir alle Versuche abschlagen können, daß sich die Russen auch in unserem Mittelbau einnisteten. Sie hausten weiter im Wirtschaftsflügel und wollten möglichst auf einem Haufen zusammenbleiben, denn einzeln graulten sie sich.
In allen unseren Räumen und Gästezimmern hatten wir die Möbel durcheinandergequirlt, die Teppiche fortgenommen und versteckt und die wertvollsten Ölbilder abgehängt und verborgen. Es sollte möglichst unelegant und durchgeplündert aussehen. Als Eßraum benutzten wir nach einigen Wochen wieder die Halle, da

unser zahlreicher Tisch auf die Dauer im Hausleute-Eßzimmer zu beengt war. Alle unsere Gäste, soweit sie noch rüstig waren, arbeiteten brav auf dem Hof oder auf dem Feld mit oder halfen im Gemüsegarten.
Hier wirkte seit Kriegsbeginn, als unser Gärtner in den ersten Tagen eingezogen worden war, unser prächtiger Tanger, die treueste Seele, die man finden konnte. Ich hatte ihn vor fünfundzwanzig Jahren von meinen Eltern in Wolfshagen übernommen, wohin er schon 1914 als Chauffeur gekommen war. Mangels Pferden und Autos war er mit Freuden als Gärtner eingesprungen und betreute nun unter Veras fachkundiger Leitung Gemüse, Früchte und Blumen mit der gleichen Sorgfalt und Gewissenhaftigkeit. Auch als ihm der fleißige und nette Franzose Georges genommen war und ihm keine ständigen Hilfskräfte zur Verfügung standen, sah man dem »Lustgohren« und dem Gemüse- und Blumengarten die bösen Zeiten kaum an. Wir halfen mit Gießen, Unkrautjäten und Heckenbeschneiden »im Schweiße unseres Angesichtes«. Ich hatte ja nichts Besseres zu tun, die »Betriebsführung« war für die Katz: Die Buchführung lag brach, auf dem Felde und im Wald durfte ich mich nicht zeigen und auf dem Hof mochte ich mich ungern unter den Russen aufhalten, zumal alle Ställe außer dem Schweinestall, den ich nicht betreten durfte, gähnend leer standen. Meine schwarze Cornwall-Stammzucht mit vierzig Zuchtsauen und insgesamt fünf- bis sechshundert Schweinen hatte dem Russen so gewaltig imponiert, daß er zu ihrer Betreuung zwei Tierärzte in Zettemin stationiert hatte, die das Kommando führten. Meine Gartenarbeit gefiel außerdem den Russen wohl, denn körperliche Arbeit erkannten sie an. Im Garten konnte ich mich ihrer Sicht auch am besten entziehen, was immer erwünscht und geboten war.
In die Nachbarschaft kam ich, der Pferde und Wagen beraubt, kaum, ich mochte auch Zettemin und Vera selbst nur für wenige Stunden, die ein Fußmarsch immer beansprucht hätte, nicht allein lassen. Im angrenzenden, verwaisten Pinnow lag russisches Militär und wirtschaftete der Russe oder richtiger, ließ er alles liegen und verkommen. Im benachbarten Demzin lebte zwar noch unser lieber, infolge Gicht unbeweglicher alter Mäcki Hahn, der sein Haus mit einer Arbeiterwohnung vertauscht hatte; aber es war mir zu weit und zu zeitraubend, ihn zu besuchen. Aus dem gleichen

Grund ging ich auch nicht nach Rützenfelde, wohin Konrad Wahnschaffe mit seiner Familie zunächst ausgewichen war, da es abseits jeder festen Straße lag. Nur seine Mutter besuchte ich zu ihrer großen Freude wenige Male in dem nahe gelegenen Rottmannshagen in ihrem kümmerlichen Stübchen im Wirtschaftshaus. Tief beeindruckte mich der erstmalige Anblick des ausgebrannten, schönen und stilreinen Rokokoschlosses, und ich freute mich, daß unser alter, verehrter Freund, Exzellenz Wahnschaffe, den Anblick nicht mehr zu erleben brauchte. Wohl allen der vorigen Generation, die vor diesen Zeiten zur Ruhe eingegangen waren, sie hätten sich mit ihnen nie und nimmer abfinden können.
Nur zweimal fuhr ich mit Herrn Parlow in einem im Peenwerder Wald herrenlos aufgefundenen zweisitzigen Einspännerwägelchen nach Stavenhagen, wo wir geschäftlich zu tun hatten. Pferd und Wagen ließen wir unter der Obhut eines mitgenommenen Jungen vor der Stadt warten, da wir nicht riskieren wollten, daß uns beide abgeknöpft wurden. Erstaunt und erfreut war ich, das Städtchen verhältnismäßig intakt vorzufinden. Nur einige Brandschäden veränderten das gewohnte Bild des Marktplatzes, auf dem Fritz Reuter nach wie vor behaglich vor dem Rathaus saß. Aber Stavenhagen machte auf mich einen unerfreulichen, bereits östlichen Eindruck mit seinen russischen Plakatbildern, Fähnchen, Girlanden, seinem erheblichen Verkehr russischer Soldaten, Halbsoldaten und immer noch zurückziehenden Trecks.
Es vergingen der Mai, Juni und Juli, die hochgehenden Wogen verloren ihre Schaumkronen, und das Meer der Erregungen glättete sich allmählich. Bestehen blieb nur eine schwere Dünung, in der man sich sein Leben einrichten mußte, so gut es ging.
Die Russen in Zettemin, lauter Zivilisten und Halbuniformierte, wurden in der Woche ein- bis zweimal zusammengezogen. Sie lagerten dann, Männlein und Weiblein durcheinander, im Halbkreis bäuchlings auf dem Rasen hinter unserem Haus oder saßen auf den dort unter der hohen Platanengruppe zusammengetragenen Gartenbänken und -stühlen und hatten Vorträge eines Kameraden von längerer Dauer anzuhören. Entschieden waren es Schulungen, um sie bei der Stange ihres Bolschewismus zu halten. Denn das war nötig, da sie sahen, wie wunderbar gut wir in Deutschland ohne ihn lebten. »Wir nicht verstehen, warum ihr Krieg? Habt doch alles«, sagten sie mir. Daß alle Häuser und

Wohnungen in Zettemin – es gab keine Bauern im Ort, und alle Baulichkeiten mit Ausnahme der Kirche, Pfarre und Schule gehörten zum Gut – die meiner Arbeiter waren, wollten die Russen durchaus nicht glauben: In jeder könne Stalin wohnen, das seien keine Arbeiter, sondern Kapitalisten. Auf besonders gute und schöne Wohnungen meiner Arbeiter hatte ich allerdings von Anfang an größten Wert gelegt, hatte viel gebaut und viel dafür getan in den sechsundzwanzig Jahren meines Wirkens in Zettemin. Schulungen waren daher den Russen bestimmt sehr vonnöten.

Es wollte ja auch keiner der Russen oder Russinnen wieder nach Hause zurückkehren. Nicolai und viele andere besorgten sich Zivilkleidung, und unter dem Siegel der tiefsten Verschwiegenheit vertraute er uns heimlich an, als er wieder einmal selig-blau war, daß er sich drücken und in Deutschland bleiben wolle. Dann würde er uns immer besuchen, wobei er mit seinen Armen die Bewegungen des Autosteuerns machte. Das könnte ihm wohl passen! Wie er dachten viele. Wie oft kullerten Carp, einem Russen aus dem benachbarten Gut Duckow und gutem Jungen, der häufig in unserer Küche saß, die dicken Tränen herunter, wenn er an die unvermeidliche Rückkehr in seine russische Heimat dachte. Desgleichen wollte Wera, die Ukrainerin, ihren Abtransport im Herbst durchaus durch einen Beinbruch verhindern, den sie sich beim Radfahren zu erzwingen bemühte. Da ein solches Vorhaben aber schwierig ist und es ihr trotz wiederholtem Fahren gegen eine Mauer nicht gelingen wollte, hatte sie zum mindesten vor, sich vom Transport abzusetzen und zu verdrücken. Ob es ihr später gelungen ist, entzieht sich meiner Kenntnis.

Mitte des Sommers machte sich wieder ein unangenehmer Wind auf, die Wogen kräuselten sich, und unsere leidlich friedlich gewordenen Russen erklärten, es sei wieder Krieg, oder es werde einen geben mit – England. Wir armen Deutschen müßten dann hier daheim bleiben, während sie fortlaufen könnten, war ihre Meinung, oder: »Tommy wird machen großen Kreis, wir aber alle Hände hoch.« Interessant war es, daß schon damals die Russen auf einen kommenden Krieg mit England vorbereitet wurden. Tatsächlich zeigten sie nun jedesmal Angst, wurden furchtbar aufgeregt und verkrochen sich, hielten ihre Transporte an und versteckten sie unter Bäumen, wenn englische oder amerikani-

sche Flieger uns überflogen. Ihr Benehmen auch uns gegenüber schlug allmählich um, und Nicolai, heruntergekommen durch Suff und Liebe, wurde oft anmaßend und eklig.
Viel trug dazu bei, daß sein böser Geist in Gestalt des Vorschnitters aus dem benachbarten Clausdorf erschienen war, der erklärte, er sei zum Beaufsichtigen des Viehs und zu Nicolais Unterstützung hergekommen. Es währte nicht lange, bis er sogar öffentlich verkündete, er sei fortan der Graf in Zettemin! Welcher Nationalität er angehörte, war undurchsichtig: Bald gab er sich als Russe aus, bald als Pole, bald als Staatenloser, je nach Konjunktur, um nicht abgeschoben zu werden. Seine Frau und einen Haufen Kinder brachte er mit seinem gesamten Hab und Gut gleich mit und beanspruchte nicht weniger als drei Stuben im Wirtschaftsflügel. Da Nicolai diese Forderung unterstützte, blieb uns nichts anderes übrig, als sie ihm zu geben und noch enger zusammenzurücken. Dieser Mensch ließ Nicolai nicht mehr aus den Augen, war bei ihm wie sein Schatten und half ihm beim Saufen, das für seine Frau stets die üble Folge hatte, von ihrem Mann fürchterlich vertrimmt zu werden. Als die Russen ihm bei ihrer sinnlosen Knallerei einmal versehentlich ins Bein schossen, zwar ungefährlich, aber immerhin schmerzhaft, kühlte sich seine Russenliebe etwas ab. Doch nur vorübergehend, solange er humpeln mußte.
Mit seinem Erscheinen begannen fremde Russen und russische Mädchen in zunehmender Menge als Viehhüter zu uns zu kommen, denn Zettemin wurde Viehsammeldepot, wie es das unweit gelegene Jürgenstorf schon seit längerer Zeit war. Viel schlimmer war es aber, daß Zettemin außerdem auch Auffangort für herumstrolchende Russen wurde.
Zuerst wurden Schafherden der Umgegend angetrieben, unter ihnen auch die alte, im ganzen Reich berühmte und wertvolle Merino-Stammherde aus Basedow. Schließlich waren es rund viertausend Schafe, die wochenlang auf dem Klee, den ich auf großer Fläche angebaut hatte, auf dem unfreiwilligen Brachacker und auf den Waldwiesen gehütet wurden. In den Wald drangen sie zum Glück nicht ein, wie es vorgesehen war, denn die Russen fürchteten sich darin und gingen nicht hinein. Trotz den vielen Russen mußten die Güter Zettemin, Rottmannshagen und Kittendorf ihre Schafmeister stellen, da die Russen vom sachgemäßen

Hüten und von der Schafpflege keine Ahnung hatten und auch viel zu faul waren. Einen Basedower Prima-Stammbock im Wert von zehntausend Mark verstanden sie aber ohne weiteres als Sonntagsbraten aufzufressen.

Ferner wurden einige hundert Milchkühe und hundert Stück Jungvieh aus der Nachbarschaft zusammengetrieben und wochenlang in den Koppeln gehalten und auf dem Klee gehütet. Melken mußten unsere Dorffrauen und die russischen Mädchen. Milch sahen wir jedoch keinen Tropfen, wenn uns nicht die Russen oder erstaunlicherweise der unfreundliche Clausdorfer Vorschnitter ab und an heimlich welche schenkten. So kläglich gestaltete sich unsere Kost, daß wir sogar diese Menschen dauerten. Die gesamte Milch ging in die Molkerei nach Stavenhagen, wo sie zu Butter für die Russen verarbeitet wurde bis auf die, welche die Russen an Ort und Stelle bei uns genossen, um nicht ewig das Wort »soffen« zu gebrauchen, das für unmäßiges Trinken das bezeichnendste ist. Denn wie sie Schnaps in rauhen Mengen in sich hineingossen, so auch Milch als bestes Gegenmittel, um den Alkohol niederzuschlagen. Der Milchverbrauch war kaum zu glauben.

Schließlich fuhren die Russen noch etwa dreihundert Schweine nach Zettemin zusammen, so daß mit den eigenen rund neunhundert Stück beisammen waren. Es lagerten nämlich hier zwölftausend Zentner anerkannte Saatkartoffeln, die vor dem Russeneinbruch nicht mehr hatten verkauft und verfrachtet werden können. Zwar wuchsen sie schon durch die Erdmieten durch, waren aber zum Teil als Schweinefutter noch verwertbar. Wie oft hatte ich ihr Vorhandensein dem Landrat und sonstigen Dienststellen gemeldet, damit sie noch rechtzeitig zur Ernährung nach Berlin abgefahren werden könnten, wo größter Mangel herrschte. Dort wurden sie mit horrenden Summen bezahlt, während ich sie gern für geringsten Preis oder gar umsonst abgegeben hätte. Doch der Russe stellte keine Eisenbahnwaggons oder Lastkraftwagen, und niemand kümmerte sich darum, bis endlich im August die kaum mehr verwertbaren geringen Reste doch noch mit Lastkraftwagen nach Berlin geschafft wurden. Wieviel Not hätte bei rechtzeitiger Abfuhr gelindert werden können.

Alles Vieh blieb einige Zeit in Zettemin, wurde dann weitergetrieben und durch neues ersetzt. Zwölf Kühe wurden täglich im unweit gelegenen Bauerndorf Pribbenow von den Russen ge-

schlachtet, das übrige ging nach Berlin, wo es angeblich in Dauerware für Rußland verarbeitet wurde.
Bildete das viele Vieh für die Wirtschaft in Zettemin eine große Belastung, so waren die zum Hüten sich ansammelnden und sonst sich einfindenden Russen eine greuliche Plage. Sie überschwemmten unseren Wirtschaftsflügel und wurden schließlich auch noch in Arbeiterwohnungen im Dorf, im Gasthof und in der Schule untergebracht. Sie überfluteten alles und tummelten sich überall herum, so daß uns der Aufenthalt im Garten, unsere einzige Erholung, auch noch verekelt wurde. Allerorts lustwandelten sie, lagen auf den Rasenflächen mit ihren russischen Mädchen, milde gesagt, mehr als ungeniert oder radelten umher, ihr Hauptvergnügen. Das kannten sie in ihrer Heimat offenbar nicht und betrieben es daher mit Feuereifer, nachdem sie es rasch erlernt hatten. Wie herrlich war das Spielzeug Klingel! Sie wurde viel und gern betätigt, auch wenn weit und breit niemand zu sehen war.
Bei diesem Treiben im Garten zitterte ich dauernd, daß unser Silberschatz eines Tages entdeckt werden könnte. Zwar wucherte Unkraut dick über ihm, aber man konnte nie wissen, wie der Zufall spielen würde. Das Suchen nach verborgenen Schätzen hatte bei den Russen nie aufgehört, wobei sie meine alten Kavalleriesäbel benutzten, mit denen sie in den Erdboden stachen, um einen Widerstand ausfindig zu machen. Im Entdecken von Verstecken hatten sie mittlerweile erhebliche Geschicklichkeit erlangt. Die Dorfjugend, die wie ein Schwarm die für sie interessanten Russen immer begleitete und sich unseren Park als Spiel- und Tummelplatz auserkoren hatte, hatte ich wenigstens hinausgetrieben. Der Lärm und das Geschrei waren zu laut geworden, besonders aber die Gefahr, daß sie durch Zufall doch einmal das Versteck entdecken und den Russen verraten könnten. Gefährlich waren die halbwüchsigen Bengel aus dem Dorf, die die Russen mit Belohnungen zum Suchen und Auffinden angefeuert hatten, wenn die Jungen auch Vera versichert hatten, nie und nimmer würden sie etwas verraten. Durch geschicktes Tauchen holten sie dennoch alle von mir seinerzeit in den Dorfteich hineingepfefferten Militärgewehre und im Parkteich versenkten Weinflaschen heraus.
Bedauerlich war es, daß die Russen und vornehmlich die Russinnen täglich Arme voller Blumen aus dem Garten holten, gottlob

aber, ohne daß sie merklich abnahmen, da es deren so viele gab. Besonders die Rosen mußten daran glauben, das »mecklenburgische Unkraut«, wie Septimus Hahn sie zu nennen beliebt hatte, die auf unserem schweren Boden doppelt prächtig gediehen. Jeden Morgen kam es zu einem Wettlauf zwischen Vera und den Russen, wer als erster die neu erblühten Rosen erreichte, ein Wettlauf, den Vera stets gewann. Da unser Garten weit und breit der einzige noch gepflegte war und die Russen Blumen liebten, kamen sie auch aus der Nachbarschaft zu uns, um im Garten zu räubern; anfangs mit schlechtem Gewissen, später aber ohne jegliche Hemmungen.

Bei den Blumen blieb es selbstverständlich nicht, sie waren zu verschmerzen; viel bedauerlicher war die Räuberei von Gemüse und Obst. Kaum hatte das Gemüse angesetzt, da wurde es bereits herausgerissen und aufgegessen, so daß für uns kaum etwas übrigblieb. Vergeblich war die unendliche Mühe, die wir uns mit dem Unkrautjäten zwischen den Zwiebeln und Möhren gemacht hatten. Der russische Koch, der inzwischen eingesetzt worden war, da die Russinnen die Kocherei nicht mehr bewältigen konnten, verbrauchte unheimliche Mengen. Die Zahl der Russen allein in unserem Haus war auf neunzig gestiegen! Zu allem wollten auch noch die vielen Flüchtlinge im Dorf Gemüse erhalten und bekamen es auch. Unsern armen »Obergärtner« Tanger packte oft die Verzweiflung.

Scheußlich war das Plündern allen Obstes, angefangen mit den Erdbeeren bis zu den Äpfeln, Birnen und Pflaumen im Herbst. Die Russen stiegen in die Bäume oder hieben das Obst mit langen Stangen herunter, warfen danach mit Stöcken oder brachen in vereinfachtem Verfahren die Äste ab. Reif oder unreif war ihnen gleich, das heißt, zum Reifen ließen sie das Obst gar nicht kommen, sie fraßen alles unreif, und merkwürdigerweise bekam es ihnen glänzend. Nur einmal litt der Koch an heftigen Leibschmerzen und entwickelte dabei eine derartige Komik, daß wir alle einen grausamen Spaß hatten. Schon von Natur sah der Mann unbeschreiblich drollig aus, mit seinem viel zu kleinen blauen und matrosenartigen Tellermützchen auf dem Hinterkopf und mit seinem schiefen, verknautschten Gesicht, als ob er stets Bauchgrimmen hätte. Nun hatte er es wirklich, und jeder, der ihn erblickte, mußte lachen. Er aber stöhnte gottsjämmerlich »oh,

ih« in allen Tonarten, schnitt die tollsten Grimassen und hielt sich den Bauch. Zuletzt rollte er sich in eine unserer rotseidenen Steppdecken aus einem der Gästezimmer ein und legte sich auf den Rasen, um bald wieder zu gesunden. Er war ein gutmütiger Kerl und empfand es schmerzlich, daß niemand von seinen Kameraden und Mädchen mit ihm umgehen wollte, daher hielt er sich mehr an uns. Ursel Gerlach, die ständig in der Küche mithalf, bekam unversehens einen Kuß von ihm, und mit Ida, der »schwarzen Zigeunerin«, wie Nicolai sie unbarmherzig weiter nannte, tauschte er schallende Ohrfeigen, als es mit dem Küssen haperte.
Daß im heißen Sommer keine Epidemie ausbrach bei dem Gefresse von unreifem Obst und bei den jeder Beschreibung spottenden Abtritten, die nur aus sämtlichen Gebüschen des Parks bestanden, war ein Gotteswunder. Neunzig Russen und etwa sechzig deutsche Hausbewohner, das machte einhundertfünfzig Menschen, die täglich mindestens einmal in den Gebüschen verschwanden, da unsere Wasserkunst, getrieben von einem Motorschlepper, meistens versagte. Den Russen sagte ein Klosett sowieso nichts; sie glaubten, es wäre eine Einrichtung zum Händewaschen, allerdings eine verzweifelt unpraktische, da das Wasser immer nur für wenige Sekunden rauschte und gleich wieder entschwand. Sie setzten ihre Häufchen fein säuberlich daneben in die Ecken, wenn es durchaus in der Toilette sein mußte; ein Gebüsch war ihnen weitaus lieber. Auch das war ein Grund, weshalb uns unser schöner Garten verleidet wurde, der sonst nur voller Blumenduft stand.
Im Laufe des Sommers wurden wir eine Zeitlang von zwei Bezirksbürgermeistern regiert: dem berüchtigten »Alfred« in Kittendorf, bestallt von eigenen Gnaden, und einem Angermann in Stavenhagen. Dieser war ein vierundzwanzigjähriger, von den Russen eingesetzter und eingefuchster Thüringer, ein unsympathischer Jüngling mit einer Talmieleganz und einer jüdischen Frau, die ihm beim Regieren behilflich war. Die Russen wandten ein schlau ausgeklügeltes System an: Sie hatten deutsche Überläufer in ihrer Verwaltung ausgebildet, hatten sie mitgebracht und setzten sie nun überall ein, um uns nach ihren bolschewistisch-kommunistischen Grundsätzen zu regieren. Mit deutscher Gründlichkeit besorgten sie es viel nachdrücklicher als die Russen selber. Auf diese Weise mischte sich der Russe offiziell in unsere Regie-

rung und Anbelange nicht ein und erweckte den Anschein, als ob die Deutschen sich selber verwalteten. Inoffiziell und mittelbar beherrschte er uns aber doch mit seinen teuflischen Methoden.
Hart tobte der Kompetenzstreit zwischen den beiden Bezirksbürgermeistern, ein Zeichen der Machtlosigkeit des Landrats und des Durcheinanders in der Verwaltung. Die Leidtragenden, mit doppelter Arbeit für die beiden Stellen Belasteten, waren unser Bürgermeister Lorenz und seine Sekretärin »Löttchen«. Schließlich löste Alfred selber den gordischen Knoten zu seinen Ungunsten, indem er auf der Dorfstraße in Kittendorf einen deutschen Flüchtling, Vater von fünf Kindern, mir nichts dir nichts über den Haufen knallte, als er ihm nicht rasch und genügend ausgewichen war. Die Leiche wurde bald in ihrem Versteck entdeckt und Alfred auf Befehl der Russen verhaftet und ins Gefängnis nach Malchin gebracht. Dort saß er nur wenige Wochen, bis er auf dringliche Vorstellungen seiner Kommunisten-Genossen, »sie könnten ihren besten Mann nicht missen«, ohne Verhandlung wieder freigelassen wurde. Ich war zufällig Augenzeuge seines Abtransportes, als er in einem offenen Kutschwagen mit zwei der üblichen Zivilpolizisten mit roten Armbinden und übergehängten Gewehren auf dem Weg nach Malchin durch Zettemin fuhr. Ich wunderte mich nichtsahnend, warum Alfred nicht wie üblich allein mit umgehängter Knarre und Patronentasche im grauen Ledermantel in einem geschlossenen Wagen sitzend vorüberfuhr, wie er es zumeist seiner Würde entsprechend auch im heißen Sommer zu tun pflegte. Nach seiner Entlassung kehrte er nur vorübergehend nach Kittendorf zurück, denn seine Untat war so widerwärtig, daß er sich eine andere Gegend für seinen Wirkungskreis suchen mußte. Auf diese Weise wurden wir ihn und den überflüssigen zweiten Bezirksbürgermeister los, auch als er nach einigen Monaten, nachdem er über die Geschichte Gras hatte wachsen lassen, mit einer neuen Frau und ohne Amt und Würden nach Kittendorf zurückkehrte.
Mit dem neuen Bezirksbürgermeister Angermann kamen wir vom Regen in die Traufe. Er kujonierte unseren guten Bürgermeister Lorenz wie er nur konnte, da der ihm zu anständig und geistig weit überlegen war. Leute wie Herrn Lorenz konnten die Kommunisten und Russen nicht gebrauchen.
Gleichzeitig erwuchs Herrn Lorenz ein anderer Feind in Gestalt

des Bürgermeisters Köppen im benachbarten Bauerndorf Carlsruhe. Köppen, bisher in unserem genossenschaftlichen Molkereibezirk Milchkontrolleur, war der berüchtigte, den Russen diensteifrige Schnapsbrenner, den ich schon erwähnte. Mit der Begründung, Zettemin und Carlsruhe seien bisher eine Gemeinde unter dem in Carlsruhe wohnenden Bürgermeister gewesen, versuchte er mit allen Mitteln fort und fort, Herrn Lorenz aus seinem Zetteminer Bürgermeisteramt zu verdrängen, um diesen Posten selber zu übernehmen. Anfangs erschien er nur ab und an, später aber täglich, bis er sich offiziell durch Bekanntmachung am Schwarzen Brett als alleinigen Bürgermeister von Zettemin proklamierte. Herr Lorenz parierte alle Angriffe und Machenschaften gewandt und energisch und ließ sich vom Landrat selber bestätigen, daß er der alleinige und rechtmäßige Bürgermeister von Zettemin sei. Da keinerlei grobe Verletzung seiner Amtspflichten vorlag, der einzige mögliche Grund für eine Absetzung, konnte eine solche gar nicht vorgenommen werden. Schließlich veranlaßten aber Köppen und der Bezirksbürgermeister Angermann unter einem fadenscheinigen Vorwand die Verhaftung und Festnahme von Lorenz. Gottlob brauchte er nur eine Nacht in Stavenhagen zu sitzen und wurde dann wieder freigelassen; es wurde ihm aber bedeutet: Noch eine Verhaftung, und er würde nicht wieder freikommen. Begreiflicherweise war dies Herrn Lorenz zuviel, und auch wir konnten die Verantwortung nicht übernehmen, ihn zu bitten, sein Bürgermeisteramt weiter auszuüben, da selbst der Landrat ihn nicht schützen konnte. Herr Lorenz bat ihn daher, ihn von seinem Amt zu entbinden, und der Landrat kam seinen wiederholten Bitten schließlich, doch sehr ungern, im September 1945 nach.
Herr Lorenz übernahm wieder seinen alten Rentmeisterposten, von dem ich ihn für die Dauer seines Bürgermeisteramtes nur beurlaubt hatte. Es paßte insofern gut, da Herr Namacher und seine Frau uns verlassen mußten, weil sein alter Chef ihn anforderte, um seine landwirtschaftliche Buchstelle wieder aufzubauen. Jedes Gut wurde jetzt nämlich angehalten, wieder eine ordnungsmäßige Buchführung zu betreiben. Das einzige, das seine Bücher in vollkommener Ordnung bis hierher geführt hatte, war Zettemin gewesen, wie mir Herr Namacher später berichtete.
Jetzt hatte Köppen sein Ziel erreicht, wurde unser Bürgermeister

und damit auch der Leiter des gesamten Gutsbetriebes. Im Sommer war nämlich die Verfügung ergangen, daß die Bewirtschaftung der Güter, die dem Landrat unterstand, den Bürgermeistern übertragen werde. Damit war Herr Lorenz Betriebsführer in Zettemin geworden, ohne daß mir jemals die Entziehung meiner Befugnisse mitgeteilt worden war. Herr Lorenz hatte das neue Amt mit größtem Takt ausgeübt, und wir hatten alle Maßnahmen stets miteinander besprochen. Das hörte nun mit einem Schlag auf, denn Köppen schaltete mich völlig aus, und ich hörte und erfuhr über den Gang der Wirtschaft nichts mehr. Sogar die Buchführung, die ich bislang bearbeitet hatte, mußte ich abgeben und durfte nicht einmal mehr Einblick in die Bücher nehmen. Der einzige Spalt, durch den ich das Gutsgetriebe noch ein wenig beobachten konnte, war Löttchen. Sie behielt ihren Posten als Sekretärin des Bürgermeisters, teils aus Selbsterhaltungstrieb, teils auf unser Anraten und teils ihrer Schuhe wegen, denn sie besaß nur noch ein einziges Paar, das geschont werden mußte. Sie hielt wacker durch, bis sie die Verhältnisse nicht mehr ertrug und Anfang Februar 1946 ebenfalls in die britische Besatzungszone übersiedelte. Es war ein Wunder, daß sie als Gräfin noch so lange geduldet wurde, und konnte nur mit ihrer Tüchtigkeit und Unentbehrlichkeit für den ungebildeten Köppen erklärt werden. Und damit, daß sich die Russen und Kommunisten daran gewöhnt hatten, in Zettemin lauter Grafen und Gräfinnen zu sehen, worüber sie sich selber staunend äußerten.
Eine alte Ukrainerin, die sich auf dem Rücktransport in ihre Heimat befand, hatte auch davon gehört und wollte zu gern einmal einen wirklichen, lebendigen Grafen sehen, denn im Osten Deutschlands hätten die Russen alle erschossen. Zufällig ging ich gerade an ihrem Fenster vorbei und konnte ihr gleich gezeigt werden. Und eine Gräfin? Sie hatte Glück, denn in dem Augenblick kam Vera vorüber. Gottlob hatten sich die Russen auf ihrem Weg nach Westen etwas abgetobt, und wahrscheinlich waren ihnen die Engländer zu nahe.
Ende August und Anfang September vermehrte sich unsere Flüchtlingsschar noch um zwei weitere Gäste, zufällig wieder zwei Grafen. Eines Tages ließ sich ein alter, abgerissener Herr bei mir melden und wollte mich sprechen. Wer erschien? Graf Döring v. Krockow, der von seiner Frau und Tochter, die vor dem Russen-

einbruch eine Zeitlang unsere Flüchtlingsgäste gewesen waren, uns aber rechtzeitig wieder verlassen hatten, längst für tot gehalten wurde. Er hatte in Westpreußen in der Nähe seines Besitzes Krockow bis zur letzten Möglichkeit ausgehalten und kam nun nach abenteuerlicher Flucht, auf der er seine beiden Handkoffer und seinen Rucksack eingebüßt hatte, unbeschwert, aber in vollkommen erschöpftem Zustand an. Einige Tage Bettruhe brachten ihn aber wieder auf die Beine; er blieb bei uns und wurde uns ein angenehmer Hausgenosse. Aufregend war es leider für ihn, als er am zweiten Tag von einer Russenstreife von seinem Lager aufgescheucht und festgenommen wurde. Die Russen suchten einen Grafen und glaubten, diesen in ihm gefunden zu haben. Die Streife, die unser Haus durchsuchte, benahm sich überaus korrekt, sie bestand aus russischem Militär und war keine Plünderbande. Nachdem sie sich von der Harmlosigkeit des alten Grafen Krockow überzeugt hatte, durfte er wieder in sein Bett kriechen, und die Streife von etwa dreißig Mann rückte wieder ab. Der Feldwebel gab kurze Kommandos, und die Truppe marschierte im Gleichschritt ab, voran der Offizier, der Vera und mich militärisch und höflich grüßte. Wir staunten, denn das hatten wir noch nicht erlebt. Wir kannten nur das außerdienstliche Benehmen der Truppe und hatten unseren Spaß an dem eigenartigen Umgangston zwischen den Offizieren und Mannschaften. »Du mein lieber Kamerad«, sagte der einfache Soldat zu seinem Leutnant oder Hauptmann, hakte ihn dabei unter oder klopfte ihm auf die Schulter, was sich der betreffende Vorgesetzte mit sauersüßer Miene gefallen lassen mußte.

Etwa drei Wochen vordem hatte uns schon einmal eine Militärstreife beträchtlich größeren Stils heimgesucht. Sie fahndete nach Russen, die einem General Wlassow anhingen, der mit den Deutschen gegen die bolschewistischen Russen gekämpft hatte. Die Zahl dieser sogenannten Wlassow-Leute mußte erheblich gewesen sein, und in unserer Gegend sollte sich eine Menge von ihnen aufgehalten und versteckt haben. Plötzlich war nicht nur das ganze Dorf, sondern insbesondere unser Haus von Soldaten umstellt, und niemand durfte hinaus. Nur Vera kehrte sich nicht an das Verbot, denn Benita arbeitete allein auf dem Futterboden auf dem Hof, und Vera war in großer Sorge um sie. Das »Du nicht heraus« des Postens an der Tür ließ sie nicht gelten, und mit

energischem »Ich muß!« erreichte sie tatsächlich, hinausgelassen zu werden, um Benita vom Futterboden zurückzuholen. Es war eine unheimliche, undurchsichtige Lage, da wir alle nicht wußten, um was es sich handelte, denn die Russen schwiegen. Sie eilten durch alle Räume des Hauses, wobei Vera und ich sie begleiteten, alle Zimmer aufschließend, die wir und unsere Gäste stets sorgsam abgeschlossen hielten, um nicht plötzlich überraschenden Russeneinbruch zu bekommen. Um in keinem Zimmer Russen allein zu lassen, mußten Vera und ich uns trennen, wobei sie das drollige Erlebnis hatte, daß ein Russe nicht allein mit ihr auf den Boden gehen wollte. »Du Handgranate« und »Kamerad erst kommen« war seine Sorge, und erst, als Vera ihm lachend versicherte, sie habe keine und werde ihm nichts Böses antun, und ein »Kamerad« dazugekommen war, bequemte er sich zaghaft, mitzugehen. Der einzelne Russe war kein Held. Nichts rührten die Soldaten an, stumm sahen sie sich nur in den Räumen um, und auf eine Durchsuchung von Veras Schlafzimmer verzichtete der russische Offizier sogar taktvoll.
Als offiziellen Grund gaben die Russen nach einiger Zeit die Prüfung unserer Ausweise an, die keiner besaß, da uns auf deren Anforderung von der Kommandantur Stavenhagen geantwortet worden war, wir brauchten keine zu haben. Damit alles den Anschein erwecken sollte, daß diese Ausweisprüfung der wirkliche Zweck der Aktion wäre, wurden wahllos einige zwanzig Hausbewohner zum Kirchenplatz getrieben, darunter auch unsere Benita, meine verheiratete Nichte aus Wolfshagen, Rose-Marie v. Busse, und Bärbel Gerlach. Oh, wie jammerte Ida, die schwarze Zigeunerin, denn sie dachte, nun wäre ihr junges Leben dahin, nun wäre alles aus. Geheuer war auch mir selber nicht zumute, ich muß es offen gestehen, dazu sahen die beiden die Truppe begleitenden GPU-Männer mit ihren roten Armbinden und Maschinenpistolen zu wenig vertrauenerweckend aus. Es lief aber alles gut und harmlos aus. Benita und einige andere Mädchen kamen bereits nach einer knappen halben Stunde wieder zurück, meine Nichte Rose-Marie und Bärbel noch an demselben Abend, und der Rest, der bis nach Faulenrost hatte laufen müssen, am nächsten Tag. Allen war gottlob nicht das geringste geschehen, die Russen waren durchweg freundlich zu ihnen gewesen.
Der zweite noch so spät zu uns gestoßene Gast war der zwanzig-

jährige Konrad, Louisa Finckensteins einziger Sohn. Wegen Kränklichkeit, »Hei wier en bäten swack up de Bost«, würde der Mecklenburger sagen, war er aus russischer Kriegsgefangenschaft entlassen worden und kam nun zu Fuß angewandert. Wie glücklich war seine Mutter, ihren Jungen wiederzuhaben und sich nur noch um ein Kind sorgen und bangen zu müssen, ihre damals mit den SS-Panzern geflohene Irmi. Der junge Konrad hatte es in seiner russischen Kriegsgefangenschaft nicht schlecht gehabt, kam aber verständlicherweise schmal, blaß und ausgehungert bei uns an.

Leider fand er einen äußerst dürftig gewordenen Tisch vor, denn der berüchtigte Schmalhans war neben Ursula Gerlach, die die erkrankte Mamsell Gans ersetzte, Küchenmeister geworden. Vorräte waren nicht mehr vorhanden, schlachten durften wir nicht, Milch und Butter bekamen wir nicht, Geflügel und Eier gab es nicht, und der Gemüse- und Obstgarten war ausgeplündert. Übriggeblieben war nur die gute, alte Kartoffel, unsere Retterin, die in jeglicher Form genossen wurde, zu der kein Fett nötig war: als Pellkartoffel, gestampft oder als Brei. Schlimm wurde es, als das Salz ausgegangen und neues nicht zu beschaffen war. Mit Viehsalz und kleingeschlagenen und zerpulverten Salzlecksteinen aus dem Schafstall hatten wir uns eine Zeitlang durchgeholfen, dann war auch das zu Ende. Den Wert und die Unentbehrlichkeit des Salzes lernten wir erst richtig kennen, als es fehlte, und ebenso den tiefen Sinn der schönen, alten Sitte, Brot und Salz zur Bewillkommnung zu überreichen: Beides ist lebensnotwendig. Unsere Ernährung war so kümmerlich geworden, daß es selbst unsere Russen jammerte und sie uns außer den gelegentlichen Milchgaben ab und an sonntags ein Stückchen Fleisch schenkten. Gleich schmeckte die Suppe herzhafter, denn dünne und wässerige Kartoffel- und Gemüsesuppen, auf denen kein einziges Fettauge schwamm, bildeten sonst unsere tägliche Nahrung, die zwar füllte, doch nie sättigte. Wir alle lernten den richtigen Hunger kennen, mitten auf dem Lande, in der fruchtbarsten Gegend Mecklenburgs.

Auch den Russen wurde ab Ende August der Brotkorb ein wenig höher gehängt, und sie durften nicht mehr dermaßen mit allen Lebensmitteln asen und schamlos fressen wie bisher. Dennoch lebten sie im Vergleich mit uns weiter im Schlaraffenland mit den

köstlichen gebratenen Klopsen und Bergen von Bratkartoffeln, die sie schon zum ersten Frühstück täglich verlangten.
In dem Maße, in dem unsere Nahrung magerer und dürftiger wurde, schwoll die Menge der Russen in unserem Haus immer noch weiter an und nahm im September Formen an, die zu den ungemütlichsten der Russenzeit gehörten. Die Wohnung unseres Dienerehepaares Brümmer, das seit geraumer Zeit ins Dorf gezogen war, da im Herrenhaus immer zuviel »los war« und alle Blitze dort einschlugen, und ebenso die Stuben darüber im nördlichen Flügel wurden nunmehr eng belegt. Rückwandernde Ukrainer mußten untergebracht werden, die mit gestohlenen Pferden, Planwagen und mit geraubten Sachen bestens ausstaffiert ankamen. Wochenlang machten sie oft Rast in Zettemin, waren aber ordentliche und stille Menschen, die uns nicht belästigten, nur Platz beanspruchten. Sie waren ein völlig anderer Menschenschlag als die Russen und nahmen es todübel, wenn man sie für solche hielt, da sie sich wie Katze und Hund standen.
Doch auch für sich selber verlangten die Russen dauernd mehr Raum, und der verkommene Nicolai machte uns immer häufiger die übelsten Szenen und drohte uns mehr und mehr, unsere eigenen Stuben mit Russen zu belegen. Auch mit russischen Mädchen, die sich immer zahlreicher angefunden hatten; ein an sich glücklicher Umstand, in dessen Folge unsere Frauen und Mädchen verschont blieben. Vergewaltigungen blieben daher in Zettemin im Gegensatz zu anderen Ortschaften eine Seltenheit, abgesehen von den ersten Tagen des Russeneinbruchs. Da die russischen Trampel die mitgebrachten eleganten Messingbetten mit seidenen Daunendecken und Volants beim Weiterziehen mit den Viehtransporten nicht mitschleppen durften, schenkte Nicolai sie Vera mit großzügiger Geste: »Da, Frau, kannst haben.«
Leider kam dies Geschenk zu spät, denn auf der Suche nach Betten waren die Russen eines Nachts in Veras neben unserem Schlafzimmer gelegenes Ankleidezimmer eingedrungen, in dem Löttchen und noch zwei weitere Flüchtlingsdamen schliefen. Löttchen war gerade damit beschäftigt, einen knorrigen Ast durchzusägen, als sie jählings aus ihrem Bett gekippt und dieses abtransportiert wurde. Nicht wissend, wie ihr geschah, stand sie mit einem Male frierend und klappernd in ihrem dünnen Nachtgewand mitten im Zimmer. Wie haben wir, aufgescheucht durch den

Lärm, trotz allem Mitgefühl gelacht, denn die Situation und der Anblick waren hinreißend komisch. Löttchen blieb nichts anderes übrig, als zu einer der anderen Damen ins Bett zu kriechen, denn ihres war sie nun los.

Notgedrungen gaben wir auch noch die beiden Reservestuben, in denen sich nichts mehr befand, und die Kofferstube über unseren Schlafzimmern frei und erduldeten den Krach und das ewige Treppauf und Treppab der russischen Nagelstiefel. Aber die Durchgangstüren im ersten und zweiten Stockwerk ließ ich vom Stellmacher hermetisch verbrettern und vernageln, denn wenigstens mußte ich die Gewißheit haben, daß die Russen nicht von oben und rückwärts in unsere Räume eindringen konnten, wie sie es sofort versuchten. Wie fluchte mein Stellmacher, als ihm bei dieser Arbeit sein Hammer und seine beste Zange prompt von den Russen gestohlen wurden. Nur einen kurzen Augenblick war er fortgegangen, um neue Bretter zu holen, hatte aber leichtsinnigerweise sein Handwerkszeug liegen lassen.

Trotzdem lagen wir nachts mit einem Ohr lauschend und neuerdings wieder voll angekleidet auf unseren Betten, jeder Überraschung gewärtig. Die Russen hatten es sich angewöhnt, öfters auch unten in das Mittelhaus einzudringen, sei es, um sich einen Koffer im zweiten Stockwerk zu suchen, sei es, um die Ukrainerin Wera zu besuchen, die als Kindermädchen bei der Familie des Dr. R. hängengeblieben war und bei ihr wohnte. Nach ihrer »Befreiung« jedoch als »gnädiges Fräulein«, bedient von Frau R., da die Russen ihr keinerlei Betätigung mehr erlaubten. Greulich war es, wenn wir die rauhen Stimmen der Russen plötzlich unten in der Halle hörten oder gar ihr Ziehharmonikaspiel, mit dem sie nicht einmal dort aussetzten. Um das zu unterbinden, hielten wir von nun ab auch den einzigen Flureingang im Mittelbau unten streng abgeschlossen.

Gelegentlich eines solchen Eindringens entdeckten die Russen mein Harmonium, das Nicolai so begeisterte, daß es vom Boden, wohin ich es in Sicherheit gebracht hatte, in seine Stube heruntergeschafft werden mußte. Da sie unter meinem Arbeitszimmer lag, hatte ich den Genuß, ständig eine Reihe zusammenhangloser Töne und scheußliche Disharmonien zu hören, bis der spielende Künstler über diesen Erfolg dermaßen in Verzückung geriet, daß er in ein Furioso ausbrach und dieses mit einem Trampeltanz

beschloß. Doch auch höheren russischen Ortes erschien das Harmonium begehrenswert, denn eines Tages mußte es zum Kommandanten nach Stavenhagen gefahren werden. Auch das war ich nun los.
Mehr Glück hatte Vera, die ihren guten Steinway-Flügel verteidigte wie die Löwin ihr Junges. Alle Angriffe auf ihn hatte sie erfolgreich abgeschlagen, und als einmal einige Mann mit Stricken und Gurten zum Abtransport im Blauen Salon erschienen, hatte sie kategorisch erklärt: »Der Flügel bleibt hier!« Und er blieb. Längere Zeit war Ruhe eingetreten, bis eines Tages ein Russe aus Stavenhagen auftauchte und die Frage an Vera richtete: »Kommendant läßt fragen, ob Flügel heil?« Himmeldonnerwetter, geht das mit dem Flügel schon wieder los? Können die verfluchten Kerle den Flügel nicht endlich in Ruhe lassen! Vera lief die Galle über, und wütend warf sie dem Russen an den Kopf: »Sag Kommandant, der Flügel ist heil und sogar sehr gut!« Darauf der Russe: »Dann läßt Kommendant dir sagen, kannst behalten, geht bloß kaputt.« Darauf war Vera nicht gefaßt gewesen, beim Russen kam es tatsächlich immer anders, als man dachte.
Aber etwas entdeckten die Russen zum Glück nicht: unsere Badezimmer. Es wäre auch katastrophal geworden bei ihrem überraschenden Reinlichkeitstrieb, von dem wir aus Rottmannshagen hörten, wo täglich Badehochbetrieb herrschen sollte. Bei uns begnügten sich die Russen mit unserer Waschküche, die dauernd diesem Zweck dienen mußte. Da unsere Wäsche aber auch gewaschen werden mußte, gab es große Schwierigkeiten mit den Kesseln und Bottichen, da die Russen auf ihr Bad nicht verzichten wollten. Beides mußte daher zu gleicher Zeit vor sich gehen, was unsere Russen nicht im geringsten störte, vielmehr unsere Waschfrauen wegen der erschwerten Arbeit und in puncto Ästhetik.
Benahmen sich die Russen mit ihrer lobenswerten Baderei harmlos und vergnüglich, so taten sie es weniger mit den Türklinken. Sie hatten es sich angewöhnt, sie von allen erreichbaren Türen abzunehmen, teils aus Furcht, damit niemand hereinkommen konnte, und teils aus Vorsicht vor ihren Kameraden, da sie sich untereinander genauso beklauten wie mich und alle anderen. Da jeder Russe einen Türdrücker in seiner Tasche mit sich führte, konnte er sich bequem jede Tür öffnen, falls sie nicht abgeschlos-

sen war. Schaffte es die Türklinke nicht, dann mußte der Dietrich nachhelfen, den wiederum ich ihnen klaute, wenn sie ihn hatten herumliegen lassen. Die Türschlösser, die ich unter allen Umständen geschlossen halten wollte, verstopfte ich daher mit einem feinen Draht, so daß der Dietrich nichts ausrichten konnte, ein Mittel, das sich bestens bewährte.

Die Verständigung mit den Russen bereitete niemals Schwierigkeiten, da sie alle erstaunlicherweise Deutsch verstanden und in primitiver Art auch radebrechten, eine Art zu sprechen, die wir uns im Umgang mit ihnen ebenfalls angewöhnt hatten. Wir erfuhren, daß in den Schulen in Rußland Deutsch ein Pflichtfach war. Da sie uns verstanden, obwohl sie es sich nicht anmerken ließen, mußten wir mit allem, was wir in ihrer Gegenwart unter uns sprachen, äußerst vorsichtig sein.

Mittlerweile war die Ernte im Gange, bei der alle unsere Hausbewohner fleißig mithalfen und die vom Wetter außerordentlich begünstigt wurde. Arbeitsfreie Sonntage gab es nicht mehr, trotz Kommunismus und allen schönen Versprechungen; dazu war die Zeit zu kostbar. Aus den paar Pferden, die wir uns zusammengesucht hatten, und den wenigen, zumeist ungeübten Menschen mußte auf Befehl der Russen herausgeholt werden, was herauszuholen war. Carlsruher Bauern und Hungerstorfer Siedler halfen mit ihren Pferden und Wagen, nachdem sie ihre eigene Ernte geborgen hatten. Mit vieler Mühe gelang es Herrn Parlow immer noch, so viel Treibstoff heranzuschaffen, daß zwei Traktoren die Getreidefelder mit Hängen und Würgen abmähen konnten. Zum Wasserpumpen, Schroten und Mahlen mußte auch etwas abfallen, denn letzteres war lebensnotwendig geworden, da das Bäckerbrot zu schlecht und zu knapp war.

Ein Sonderkapitel bildete das Dreschen, das am Tag mit Traktor und Treibstoff betrieben werden mußte, während nachts neuerdings wieder elektrischer Strom zur Verfügung stand, den die Zuckerfabrik Stavenhagen erzeugte. Lediglich durch ein Versehen waren wir in den Stromkreis eingeschaltet worden, und wir erhoben ein so lautes Wehgeschrei, als man uns wieder abschalten wollte, daß wir darin belassen wurden. Doch mit dem Nachtstrom hatte es seine Tücken, denn meistens kam er erst, wenn wir zu Bett gingen oder gegangen waren, oft aber auch erst mitternachts oder noch später. Dann mußten die armen Drescher, die bereits um

einundzwanzig Uhr antreten mußten, tatenlos an der Maschine warten oder auf der Strohmiete schlafen, eine peinliche Angelegenheit in diesem frühzeitig kühlen Herbst.
Eine fatale Behinderung der Wirtschaft gerade in der Zeit der Rübenbearbeitung war die von der russischen Kommandantur Stavenhagen anbefohlene tägliche Gestellung von dreißig männlichen und weiblichen Arbeitskräften zum Abbau unserer schmalspurigen Kleinbahn. Wir mußten an der Strecke Clausdorf–Stavenhagen helfen, eine besonders für die Frauen und Mädchen beschwerliche, lange Tagesarbeit, die zwei bis drei Wochen dauerte. Die Schienen wurden mit langen Hebelbäumen aus den Holzschwellen herausgerissen, auf Güterwagen geladen und in Stavenhagen zusammengefahren und gelagert, um angeblich später nach Rußland geschafft zu werden. Wirtschaftlich war der Abbau der Kleinbahn – nunmehr in des Wortes zwiefacher Bedeutung eine »Kurz- und Kleinbahn« – für alle anliegenden Güter und Ortschaften eine Katastrophe, doch danach fragte der Russe nicht, der nur zerstören konnte und wahrscheinlich auch wollte. Auch dies war uns unentwegten Optimisten, die wir uns an jeden Strohhalm klammerten, ein Zeichen, daß er über kurz oder lang doch abziehen würde, denn sonst würde er das Land und die Produktionsmöglichkeiten nicht derartig geschädigt haben.
Wir paddelten wie der Frosch, von dem ich erzählt habe, von einem Termin zum anderen hoffend, daß wir wieder festen Grund unter die Füße bekommen würden, um mit dem Wiederaufbau der Wirtschaft beginnen zu können. Bisher hatten wir fast unsere gesamte Wohnungseinrichtung durch alle Fährnisse hindurchgerettet und lebten, wenn auch unter großen Einschränkungen und mit Bangen, immer noch in unserem Haus gewissermaßen als die Gutsherrschaft.
Dies Bangen war nicht unberechtigt, denn der erste Alarm ließ nicht mehr lange auf sich warten: Eines Tages erklärte Herr Parlow öffentlich und laut in meiner Küche, ich hätte nun gar nichts mehr zu sagen und würde enteignet. Es war bitter, sich von seinem ersten Beamten im Stich gelassen zu fühlen, auch wenn er nur als Vertreter von mir angestellt worden war, der Not gehorchend, ohne Auswahlmöglichkeit. Meine Freundlichkeit, Frau und Kinder nachkommen zu lassen, und mein Entgegenkommen in jeder Weise dankte er mir schlecht. Seitdem mir die Führung des Betrie-

bes aus der Hand genommen worden war, behandelte er mich wie Luft, ich war für ihn nicht mehr vorhanden. Es ging sogar so weit, daß er das Geflügel, das er von den Dorfleuten erbat und das sie ihm in der Meinung gaben, es wäre für Vera und mich bestimmt, in seinem eigenen Haushalt verzehrte, bis die Leute voller Empörung dessen gewahr wurden und ihm nichts mehr gaben. Er dachte nur noch an sich, wir waren ihm völlig gleichgültig. Leider konnte ich den Mann nicht mehr entlassen, denn das Recht stand jetzt nur dem Landrat zu, und es mußten beweiskräftige und stichhaltige Gründe vorliegen. Sein Verhalten mir gegenüber zählte nicht mehr.
Auch mein langjähriger Statthalter ließ seine Maske fallen und verkündete allen Leuten beim Dreschen triumphierend, Zettemin werde nun aufgeteilt und gesiedelt. Für diesen Fall hatte er sich schon als Eigentum die geräumige, von mir neu erbaute Schnitterkaserne als Wohnhaus und die daranliegenden fünfundzwanzig Hektar Ackerland ausgesucht.
Der Bürgermeister Köppen hatte ebenfalls seine Wahl getroffen. Er baute sich später seine Wohnung, deren Einrichtung dank meinen Möbeln und Teppichen besonders hübsch ausgefallen sein sollte, in meinen modernen Schweinestall ein, in dem richtigen Instinkt, dorthin zu gehören. Ich kochte, konnte aber nichts dagegen unternehmen, und der Landrat war machtlos.
Bald wurde auch er abgesetzt und durch einen Kommunisten ersetzt, der Werkmeister in einem kleinen mecklenburgischen Städtchen war und demnach ein durch keine Verwaltungskenntnisse getrübtes Urteil besaß. Wir kannten das aus der Nazizeit: Stramme Parteilinie war alles, und der Verstand würde schon mit dem Amte kommen. Vor dem Landrat hatte unser Kreislandwirt Konrad Wahnschaffe gehen müssen, und unser Polizeichef im Kreis, der treffliche Herr Hovemann, war bereits seit Wochen verhaftet und im Lager Fünfeichen bei Neubrandenburg festgesetzt worden, wo er dann umkam. Er war zu eng mit den bösen Gutsbesitzern verbunden gewesen. Damit war unser Kreis Malchin von den letzten tüchtigen und kenntnisreichen leitenden Männern entblößt worden, obwohl sie niemals Nationalsozialisten, sondern immer scharfe Gegner des »Dritten Reiches« gewesen waren.
In dieser Auflösung aller vernünftigen und ordnungsmäßigen

Bande befanden wir uns, zwar noch unbehelligt, doch wir konnten es uns an den fünf Fingern abzählen, daß es immer schlimmer kommen würde und schließlich zur Katastrophe führen mußte. Franz Unruh sorgte vor, anzusehen wie der Fliegende Holländer mit meinem alten Filzjagdhut und meinem wallenden Lodenumhang als Rockersatz, da man ihm sein Jackett ausgezogen hatte, das schmale, abgemagerte Gesicht von einem schwarzen, struppigen Bart umrahmt. Bald war er da, bald entschwand er wieder, um unversehens plötzlich aufzutauchen wie ein Klabautermann. Zwischen Zettemin, dem Krankenhaus in Stavenhagen, wo es noch leidlich zu essen gab, und seiner einigermaßen erhalten gebliebenen Wohnung in Berlin geisterte er mit der Bahn oder auf Kartoffel-Lastautos unstet umher. Selbst den Russen war er unheimlich, und sie mieden ihn. Das machte er sich zunutze und schleppte heimlich unter weitem Lodenumhang unbehelligt Silbersachen, kleine Kunstgegenstände, Bildchen und so weiter fort, um zu retten, was noch zu retten war.
Noch in die letzte Amtszeit des anständigen aber machtlosen Landrats fiel die Bildung der Siedelungskommissionen. Auch in Zettemin wurde durch den Bezirksbürgermeister Angermann eine ins Leben gerufen, zu welchem Zweck um die Mittagszeit in der Arbeitspause alle Einheimischen und Flüchtlinge auf dem Gutshof versammelt wurden. Mein Statthalter befand sich, wie es nicht anders zu erwarten war, mit Begeisterung unter den wenigen, die einen Posten in der Kommission übernahmen, von meinen Leuten gingen nur zwei, Neuzugezogene, hinein, und der Rest waren Flüchtlinge. Alle übrigen drückten sich voller Empörung und wollten mit diesem Eigentumsraub nichts zu tun haben.
Fünf Hektar sollte jeder an eigenem Grund und Boden erhalten oder, wo dieser minderwertig war, siebeneinhalb, lautete die Bestimmung im russischen Besatzungsgebiet, während in den Zonen der Engländer, Amerikaner und Franzosen, wenigstens einstweilen, keine Enteignungen und Aufteilungen vorgenommen wurden. Zum Leben waren diese für unsere Gegend winzigen Siedlungen zu klein, zum Verhungern zu groß, und eine Ablieferung zur Versorgung der Städte war ausgeschlossen. Jeder meiner Leute wurde gezwungen, Siedlungsland zu nehmen, andernfalls wäre er seiner Wohnung verlustig gegangen, hätte mit seiner Familie auf der Straße gelegen und wäre selber ein Vertriebener

geworden. Wir konnte ihnen auf ihre Fragen, was sie tun sollten, da sie kein gestohlenes und erst recht nicht mir geraubtes Land nehmen wollten, immer nur dringend raten, um ihrer selbst willen dennoch zu siedeln. Sie sahen es schließlich ein und taten es dann mit dem Vorbehalt, das Land nur treuhänderisch zu übernehmen, um es uns sofort zurückzugeben, wenn eine Aufhebung dieser die Volksernährung zerstörenden Maßnahme erfolgen sollte. Denn daß sie einmal rückgängig gemacht werden müßte, glaubten wir fest. Wie unglücklich meine Leute mit der ihnen aufgezwungenen Siedelei waren, erklärten sie uns immer wieder: Ein sorgenfreies Leben hätten sie bisher geführt, hätten ihren Lohn und ihr reichliches Deputat erhalten, gleich, ob die Ernten gut oder schlecht ausgefallen waren. Und für alle Reparaturen der Wohnungen und sonstigen Bedürfnissen hätte ich gesorgt, so daß sie es gar nicht besser hätten haben können. Nun aber erwarteten sie Arbeit über Arbeit, Sorgen, Not und nur geringer Verdienst.
Sogar unser gepflegter Wald war zu einem Drittel für die Aufteilung vorgesehen, während der größere Teil von zweihundert Hektar verstaatlicht werden sollte. Zum Glück wurde mein Förster in seiner Stellung belassen, und ich war überzeugt, daß er alles bis zur Grenze des Möglichen tun würde, um die Forst vor der Devastierung zu bewahren. Hatte er sie doch in siebenundzwanzigjähriger, liebevoller Pflege mit großer Sachkenntnis aufgebaut und trotz dem unmäßigen Rotwildbestand zu der wertvollen Höhe gebracht. Dem Wald hatte unsere besondere Liebe gegolten, ihn hatte ich zu meiner Sparbüchse gemacht, in ihn hatte ich für Kulturzwecke stets alle herausgeschlagenen Einnahmen wieder hineinfließen lassen.
Den Gemüsegarten übernahm unser prächtiger alter Tanger als Handelsgärtnerei, den Park unser guter Brümmer, deren beider Zuverlässigkeit und Anhänglichkeit wir über fünfundzwanzig Jahre erprobt hatten. Tanger, der Treueste der Treuen, ohne den Zettemin nicht denkbar war, starb nach zwei Jahren, und Brümmer wurde späterhin von dem Bürgermeister außerdem mit dem Hausmeisteramt betreut, so daß wir wenigstens Haus und Garten einstweilen in den besten Händen wußten.
Bisher hatte ich in keiner Weise irgendeine amtliche Mitteilung über alle Maßnahmen erhalten. Es herrschte darüber Schweigen,

und die Behörden taten, als ob ich gar nicht existierte. Ein Rundschreiben an alle Bürgermeister war die erste schriftliche Verlautbarung, die mir vor Augen kam und mir die Hoffnungslosigkeit unserer Lage offenbarte. Ich nahm mir Abschrift und lasse sie hier wortgetreu folgen:

Stavenhagen, den 24.9.1945

An alle Herren Landbürgermeister des Bezirks Stavenhagen

Ich habe wiederholt feststellen müssen, daß die Gutsbesitzer sich noch als Eigentümer betrachten. Ich weise auf die Verordnung der Bodenreform hin, wonach mit Wirkung vom 1.5. ds. Js. jeder Guts- und Großgrundbesitzer enteignet ist. Dazu gehören auch Schloß und Wohnraum des ehemaligen Besitzers.

Sollte irgendeinem Besitzer Einblick und Einmischung in die heutigen Verfügungen gewährt werden, sehe ich mich gezwungen, den betreffenden Bürgermeister oder auch Gutsverwalter zu bestrafen. Es steht keinem ehemaligen Besitzer zu, irgendwelche Einsprüche gegen Anweisungen des Landrats und des Bezirksbürgermeisters zu erheben. Dieses ist der Bevölkerung sowie den gesamten Besitzern bekanntzugeben.

Der Bezirksbürgermeister
gez. Angermann.

Was sollte nun aus uns werden? Vorsorglich stellte ich Anträge auf Belassung von Restgütern, deren Größe bis zu hundert Hektar festgesetzt war, für Vera und mich in Zettemin und für Benita in Wolde bei der Siedelungskommission des Landratsamtes Malchin und bei der des Landratsamtes Burg Stargard für unseren Gott weiß wo und wahrscheinlich in Gefangenschaft befindlichen Botho in Mildenitz. Hieß es doch zunächst, daß wir als Nicht-Parteigenossen der NSDAP und Nichtflüchtlinge Restgüter erhalten würden. Alle drei Anträge wurden aber abschlägig beschieden mit der Begründung, daß die Voraussetzungen auf uns nicht zuträfen. Es wurde aktive, antifaschistische Betätigung verlangt, das hieß, daß man zum mindesten im Konzentrationslager gesessen haben und ein »Opfer des Faschismus« geworden sein mußte, wie der Fachausdruck lautete. Damit konnten wir allerdings nicht aufwarten. Der Sinn war, alle Gutsbesitzer, die »schmutzigen Feudalreste«, zu entfernen, um freie Bahn für den Raub zu haben und um jede Möglichkeit zu unterbinden, daß Kristallisations-

punkte für etwaigen Widerstand gegen die sogenannte »Bodenreform« zurückblieben. Die Russen waren gute Lehrmeister, die deutschen Kommunisten gelehrige Schüler.
»Das sind keine Kommunisten, das ist Mob«, sagte Kadow zu uns, ein in Hamburg ausgebombter und in Zettemin untergekommener Kommunist. Er war ein anständiger Mann, mit dem uns in dieser Russenzeit geradezu Freundschaft verbunden hatte und mit dem wir täglich unser Schwätzchen gemacht hatten. Immer hatte er, der anscheinend durch heimliche Kanäle orientiert wurde, uns Mut und Hoffnung auf einen Umschwung gemacht und uns im Falle der Not seine Wohnung zur Verfügung gestellt, in der er uns vor den Russen verstecken wollte: Wir sollten nachts nur an sein Fenster klopfen. Es gab auch anständige Kommunisten, Idealisten, die sich gar nicht klar darüber waren, was der Kommunismus bedeutete und wohin er führte. Wer bisher Kommunist gewesen war und nun die Russen erlebt hatte, hatte umgelernt durch den denkbar besten Anschauungsunterricht. Jeder Kommunist in der freien Welt spricht wie der Blinde von der Farbe: Er sollte eine Freifahrkarte erhalten in die Länder, in denen die Regierungsform verwirklicht ist, die er herbeisehnt, und er würde von seinem Wahn geheilt werden.
Der 3. Oktober 1945 war für uns der »dies irae«, der wie ein Blitz die dunklen Wolken zerriß und unsere furchtbare Lage grell beleuchtete. Vormittags kam Löttchen bleich und mit erschrokken aufgerissenen Augen und bat Vera und mich in das Bürgermeisterbüro. Auf meine Frage, um was es sich handele, antwortete sie nur, es sei etwas sehr Schlimmes. Wir gingen hinunter und fanden außer Löttchen und Köppen noch die Frau des Bezirksbürgermeisters Angermann aus Stavenhagen vor. Mit scharfer, keifender Stimme eröffnete sie uns ohne Umschweife, daß wir nicht nur enteignet, sondern auch mit unserer Tochter, mit meiner fünfundachtzigjährigen, unbeweglichen Mutter und mit meinem Bruder und seiner Frau ausgewiesen seien. Die Enteignung umfasse auch die Beschlagnahme unseres Privatvermögens und gesamten Privateigentums. Sie werde nun die nächsten Tage ständig hierbleiben, um alles an Möbeln, Hausrat und so weiter aufzunehmen und aufzupassen, daß nichts entfernt werde. Die Ausweisung sei in besonders entgegenkommender Weise erst auf dem 5. Oktober festgesetzt worden, während den meisten nur wenige Stunden,

manchem sogar nur eine einzige, zugebilligt worden seien. Wir hätten demnach zwei Tage Zeit, um alles zu packen, was wir auf einem zweispännigen Kastenwagen mitnehmen wollten, der uns bis zur nächsten Bahnstation zur Verfügung gestellt werden würde. Mehr dürfe es keinesfalls sein, auch kein Geld in größerer Summe und kein Schmuck von höherem Wert. An Geld besaß ich sowieso nur 250,- RM, da mir alles geraubt und die Bankkonten gesperrt waren, und Vera hatte auch nur noch 800,- RM. Den großen Schmuck verheimlichten wir selbstverständlich.
Wohin wir uns begeben wollten, war uns freigestellt. Bedingung war nur, uns wenigstens dreißig Kilometer von Zettemin zu entfernen. Sollten wir nicht wissen, wohin, dann würden wir in dem Lager in Neukalen oder in einem Privatquartier in Dargun untergebracht werden. Wir dankten für beides, denn was ein Lager bedeutete, noch dazu eines, in dem bis jetzt rücktransportierte Ukrainer gehaust hatten, konnten wir uns denken. Desgleichen, daß wir nie wieder aus ihm herauskommen würden, wenn wir erst einmal in ihm gefangen säßen. Auch Dargun kam nicht in Frage, denn dort würden wir stets »greifbar« und weltabgeschieden leben müssen, ohne das geringste zu erfahren. Wir fragten daher telegraphisch – wenigstens innerhalb Mecklenburgs konnte man wieder telegraphieren – bei Ruth Oertzen in Rostock an, ob sie uns aufnehmen könne, und erhielten umgehend die rührend gute Zusage. So wußten wir wenigstens, wohin wir abziehen konnten.
Am nächsten Tag wurde mir folgendes Schriftstück ausgehändigt:

Zettemin, den 4. 10. 1945

Auf Grund der Verfügung, daß alle Besitzer und deren Sippe bis zum 6. 10. 45 ihre Güter verlassen und ihren neuen Wohnsitz mindestens 30 km davon entfernt nehmen müssen, ist Graf Schwerin mit seiner Familie darauf angewiesen, Zettemin zu verlassen und in einer anderen Gemeinde zu leben.

Der Bürgermeister
gez. Köppen.

Das Ärgste, was uns außer Ermordung oder Verschleppung treffen konnte, war uns widerfahren: Wir wurden mittellos und ohne jegliche Entschädigung von Haus und Hof vertrieben, auf die Straße gesetzt und in den flutenden Strom der Flüchtlinge gestoßen. Es war unfaßbar; dafür alle Kämpfe, Not und Mühsal unseres Hierbleibens. Bis hierher hatten wir wenigstens im Haus alles so gut wie vollzählig gerettet, nun war auch das mit einem Schlag vernichtet und das Fünkchen Hoffnung auf ein gutes Ende erloschen. Der einzige, dafür allerdings köstliche und befriedigende Lohn und Trost war der, durch unser Bleiben bewirkt zu haben, daß unseren Leuten all ihr Hab und Gut erhalten geblieben und das Band zwischen ihnen und uns durch gemeinsam getragenes Leid unzerreißbar geworden war.

Telephonische Vorstellungen beim Landrat von seiten meines Bruders, daß wenigstens er und seine Frau von der Ausweisung nicht betroffen seien, bewirkten für ihn die Erlaubnis, in Zettemin zu bleiben, da die Ausweisung nur die engste Familie, Mann, Frau und Kinder, betreffen dürfe. Doch was hätte das Recht genützt? Sich dem Befehl der Frau Angermann zu widersetzen wäre mit so vielem Ärger und Schwierigkeiten verbunden und im Endergebnis doch fruchtlos gewesen, daß Alexander und Enni sich entschlossen, mit uns abzureisen.

Einen harten Kampf darum, daß meine Mutter in Zettemin zurückbleiben durfte, hatte ich mit Frau Angermann zu bestehen, die zunächst nichts davon wissen wollte. Sie behauptete hartnäckig, der Transport meiner Mutter sei gut zu bewerkstelligen, indem sie in ihrem Bette liegend auf den Kastenwagen geladen würde. Daß die alte Dame die Fahrt nicht lebend überstehen würde, gehe sie nichts an und rühre sie nicht im mindesten. Ihrer Mutter sei es auch nicht besser ergangen, sie sei in einem Sammellager von den Deutschen (sprich: von dem hundsgemeinen SD und den SS-Kommandos) vergast worden. Frau Angermanns Wut- und Rachegefühle konnte ich nun einigermaßen verstehen, ich ließ aber nicht locker, zumal ich Kenntnisse erhalten hatte, daß der bedeutend jüngeren und körperlich rüstigen alten Frau Wahnschaffe erlaubt worden war, in Rottmannshagen zu bleiben. Was der einen recht war, sollte der anderen billig sein, und ein Telephonat der Frau Angermann mit dem Landrat ergab schließlich auch die Genehmigung zum Bleiben meiner Mutter. Gott sei Lob und Dank! Sie durfte weiter in ihrem bisherigen Zimmer wohnen und von ihrer alten, guten Helene auch fernerhin gepflegt werden. Es sollte sich in ihrem einförmigen, traurigen Leben nichts ändern, abgesehen von der bitteren Einsamkeit, wenn wir alle fort sein würden.

Der Kommunismus hatte an mir ganze Arbeit geleistet, er war sogar über das Ziel hinausgeschossen. Das Wort »Kommunismus« besagt, daß jeder an allem Besitz teilhaben soll, mir aber war auch mein Anteil genommen worden. Mit Galgenhumor stellte ich fest, daß man mit mir den Überkommunisten geschaffen hatte. Das war Frau Angermanns Werk, denn die Beschlagnahme unseres Privateigentums erfolgte ungesetzlich, wenn man überhaupt von einem Gesetz sprechen wollte, denn alle Maßnahmen beruhten lediglich auf Verfügungen der von den Russen eingesetzten, willkürlichen Regierungen in Mecklenburg, Brandenburg, Schlesien, Sachsen und Thüringen. Nach dem eigenartigen »Gesetz« der »Bodenreform« fiel nur der Grund und Boden und alles, was zum landwirtschaftlichen Betrieb gehörte, unter die Enteignung, während der übrige Privatbesitz unangetastet dem Eigentümer belassen werden sollte. In einem längeren Zeitungsartikel hatte der mecklenburgische Ministerpräsident diese, auch seine Auffassung klipp und klar dargelegt und die Landräte und Bürgermeister für die Durchführung in diesem Sinne verantwortlich erklärt. Je nun, niemand kümmerte sich darum, Landräte und Bürgermeister taten, was ihnen beliebte. Mein Schreiben, an den Ministerpräsidenten persönlich gerichtet, blieb unbeantwortet, und es war nichts dagegen zu unternehmen, als Frau Angermann mit keifender Stimme gebot, alles sei beschlagnahmt und unsere Möbel und unser Hausrat würden unter die bedürftigen Flüchtlinge und Siedler verteilt werden. Unsere rund zweitausendfünfhundert Bände moderner Literatur umfassende Bibliothek, unsere Liebe und unser Stolz, bei deren Anblick selbst die Angermann entzückt war, sollte einer Leihbibliothek zugeführt werden.

Die letzten Stunden in der Heimat

Die Galgenfrist von zwei Tagen benutzten wir zum Zusammensuchen der nötigsten uns noch verbliebenen Sachen, die wir mitnehmen wollten. Vornehmlich aber sichtete ich alle meine Akten und Papiere, um die wichtigsten an mich zu nehmen und alle übrigen zu vernichten. Schweren Herzens überantwortete ich alle Briefe und Erinnerungen an meine Lieben von meiner Kindheit an dem Feuer, und es erschien mir, als ob ich damit die Brücken zur Vergangenheit abbräche und das Gewesene auslöschte. Die Photographien von Vera, den Kindern und meinen Eltern nahm ich jedoch an mich, denn ich wollte nicht, daß sie in die Hände wildfremder Rohlinge fielen, wie ich es mit den herumflatternden Bildern unserer Pinnower Nachbarn Maltzahn erlebt hatte.

Die Familienbilder in den Wohnräumen und die geschlossene Reihe meiner Ahnenbilder im Eßzimmer und im Treppenhaus mußten zu meinem Schmerz an den Wänden hängen bleiben, da Zeit und Möglichkeit fehlten, sie fortzuschaffen. Als später im Eßzimmer wie im übrigen Haus die Dorfschule untergebracht wurde, kamen die Ahnenbilder gottlob in die Kirche, wo ich sie einstweilen geborgen wußte. Sie lagen mir besonders am Herzen, da es die einzigen noch existierenden unserer Linie waren nach der Vernichtung aller ihrer Schlösser.

Während ich mich in meinem Arbeitszimmer beim Sichten befand, stürzten sich Frau Angermann und Herr Parlow vor meinen Augen auf meine Schreibpapier- und Büchervorräte sowie die Schreibausrüstung und begannen alles fortzuschleppen, was sie brauchen konnten. Als sich aber Herr Parlow gar meine Rechenmaschine unter den Arm klemmte und mit ihr abzog, sah ich rot: Das war zu unverschämt. Aber was half es, ich mußte mich beherrschen.

Frau Angermann blieb auch nachts in Zettemin, um zu verhindern, daß wir etwas heimlich entfernten, und nahm pro forma ein Verzeichnis aller Möbel auf, denn das sah sachlich und gewissenhaft aus. Wie wir später erfuhren, vervollständigte sie als erste ihre

Wohnung in Stavenhagen mit unseren besten Sachen. Gottlob hielt sie sich im Hintergrund, wir zitterten aber immer, daß sie plötzlich irgendwo auftauchen könnte, denn wir verschleppten und verbargen, soviel wir konnten. Zum Glück kündete ihre scharfe Stimme immer rechtzeitig an, wo sie sich befand. Brümmer und Emma, die Beschließerin, übertrafen sich selbst: Sie halfen uns, wo und wie sie konnten. Vieles schafften wir mit ihrer Hilfe in das Zimmer meiner Mutter, das im ganzen Haus die größte Sicherheit bot, denn aus Scheu und Rücksicht auf die gebrechliche alte, im Bett liegende Frau wurde es als einziges niemals planmäßig durchstöbert.

Der folgende und letzte Tag war mit der gleichen Betätigung ausgefüllt und mit dem Zusammenstellen von drei Metallbetten mit Inhalt und dem Packen einer kleinen Kiste mit Lebensmitteln und von vier weiteren mit dem notwendigsten Koch-, Eß- und Waschgeschirr. Drei von den Russen aufgeschlitzte, aber noch reparaturfähige, leider nicht mehr abschließbare Handkoffer und ein uralter Reisekoffer nahmen die geringen uns verbliebenen Reste an Wäsche und Toilettengegenständen, Kleinigkeiten, an denen unser Herz hing und die uns nützlich sein konnten, und die wichtigsten Papiere auf. Mehr durften und konnten wir nicht mitnehmen, denn mein Bruder Alexander und Enni hatten auch noch einiges Gepäck.

Der Tag verging nur zu rasch, und wir wurden kaum mit dem Nötigsten fertig; am nächsten Morgen sollte unsere Abfahrt erfolgen. Abgearbeitet und müde saßen wir nach dem Abendessen zum letztenmal im Grünen Wohnzimmer um den niedrigen runden Marmortisch am Kamin, in dem so oft ein lustiges Feuer wärmespendend und besinnlich stimmend gebrannt hatte. An diesem Abend war er dunkel, und es fehlte auch die Flasche guten Weines. Ich konnte es nicht wagen, die letzte Flasche alten Burgunder aus ihrem Versteck in den Untiefen der Couch herauszuholen oder an das Versteck hinter den Büchern unserer Bibliothek heranzugehen. Dunkel war auch das Zimmer, nur von dem flackernden Schein der letzten Kerze schemenhaft erleuchtet, da der elektrische Strom erst spät abends eingeschaltet wurde. Wir ruhten aus, und jeder hing seinen Gedanken nach.

Da öffnete sich die Tür, und ein unbekannter, russischer Offizier trat herein, begleitet von unheimlich aussehenden fremden Solda-

ten oder Halbsoldaten. Der Offizier setzte sich schweigend zu uns, die Soldaten lungerten im Zimmer herum, die Lage wurde ungemütlich. Was wollten die durchaus nicht freundlich blickenden Fratzen? Die Antwort ließ nicht lange auf sich warten.
Nachdem sich der neben mir sitzende Offizier umständlich eine Zigarette mit Zeitungspapier gedreht und entzündet hatte, radebrechte er einige Brocken von einem Loch in der Erde und Silber. Sofort wußte ich, was geschehen war, stellte mich aber unwissend und verständnislos, um zunächst herauszuhören, inwieweit unser Silberschatz wirklich entdeckt worden wäre, und um Zeit zum Überlegen zu gewinnen. Die mögliche Entdeckung unseres Silberversteckes hatte mich alle die Monate hindurch gequält und besorgt. Noch an diesem Spätnachmittag, als ich mich bei meiner Mutter aufhielt, war mir der Gedanke daran sogleich wieder gekommen, als ich Nicolai mit umgehängtem Gewehr und von einer aufgeregten Dorfjungenschar begleitet, in der Richtung des Gemüsegartens am Fenster vorbeieilen sah. Nun war das Unglück am letzten Tag unseres Aufenthaltes in Zettemin doch noch geschehen, wie sich im Laufe der stockend geführten, kümmerlichen Unterhaltung ergab. Es blieb mir schließlich nichts anders übrig, als unsere Absicht, das Silber verborgen zu halten, zuzugeben, denn ein Leugnen hätte die Lage nur verschlimmert.
Ich wurde nun unter Bewachung in das oben im Wirtschaftsflügel gelegene Wohnzimmer Nicolais geleitet und mußte zwischen zwei Russen auf dem Sofa Platz nehmen. Mir gegenüber am Tisch saß ein mir unbekannter junger Offizier der Kommandantur Stavenhagen, ein weißer Rabe, wie ich seinesgleichen bisher unter den Russen nicht erlebt hatte: ruhig, sachlich, sauber, fast möchte ich sagen sympathisch. Desto ekelhafter sahen seine Trabanten aus, die teils am Tisch saßen, teils herumstanden und das Zimmer restlos füllten. Beleuchtet wurde die Szene von zwei Lichtstumpen, die auf Flaschen steckten.
Es setzte ein greuliches Verhör ein, bei dem sich besonders widerwärtig der früher umgängliche Nicolai hervortat, der mich anschrie und bedrohte. Um das Silber ging es weniger, und das Thema wurde bald fallengelassen, als ich erklärte, ich sei nur zur Ablieferung von Gold- und Silberbarren, nicht von verarbeitetem Gebrauchssilber verpflichtet gewesen. Die Russen vermuteten vielmehr, daß ich, wie das Silber, Schußwaffen versteckt oder aus

dem Versteck herausgenommen und rasch wieder anderwärts verborgen hätte. Da ich nicht so töricht gewesen war, das zu tun, konnte ich ihren Wissensdurst nach weiteren Verstecken nicht stillen und ebensowenig ihre Frage beantworten, wer das Versteck geöffnet hätte. Das hätte ich gern selber gewußt, denn es kannten das Versteck außer Vera und mir nur Herr Parlow und Unruh, die seinerzeit die Schätze versenkt hatten, und schließlich der gute Tanger, der sich jedoch eher hätte in Stücke reißen lassen, als es zu verraten. Unruh schied aus, da er längst in Berlin war, und es von mir oder Benita anzunehmen, wie die Russen es taten, war ungereimt. Schrecklich wurde auch der armen Benita zugesetzt, die in das Zimmer nachgeholt worden war. Sie war scheinbar beobachtet worden, als sie nachmittags im Garten verborgenen kleinen Schmuck an sich genommen hatte, um ihn auf die Reise mitzunehmen.
Als die Russen einsahen, daß aus mir nichts herauszuholen war, ließen sie von dem Verhör ab, und ich wurde aufgefordert, den Inhalt aller meiner Taschen zu entleeren und auf den Tisch zu legen. Donnerwetter, das fehlte gerade! Kurz zuvor hatte ich wegen der am nächsten Morgen erfolgenden Abreise Veras kostbares Brillantenkollier und Ohrgehänge, die sie nachmittags aus dem Versteck im Wald herausgeholt hatte, in meine hintere Hosentasche gesteckt. Dazu noch andere wertvolle Dinge aus dem Waldversteck, darunter meine goldene, liebe Springdeckeluhr mit Kette, von meinem Urgroßvater stammend, die mich seit meiner Einsengung ständig begleitet und nie im Stich gelassen hatte. Ich mußte auspacken, ob ich wollte oder nicht. Als ich fertig war, wurde ich von oben bis unten abgetastet, mit negativem Erfolg, denn ich hatte alle Taschen restlos geleert. Meine alte goldene Taschenuhr samt Kette entschwand als erstes Stück in der Kartentasche des Offiziers, und mein Taschenmesser mit vielen Instrumenten wurde ebenfalls von ihm vereinnahmt. Alle anderen kleinen Gegenstände, einschließlich meines Portemonnaies mit vollem Inhalt wurden mir feierlich Stück für Stück von dem Gentleman zurückgereicht. Als mir als letztes sogar der helle kleine Brustbeutel aus weichem Leder und das Brillantenkollier mit den Ohrgehängen, das die ganze Zeit ausgebreitet auf dem Tisch gelegen hatte, zurückgehändigt wurde, war ich paff. Dies Wunder konnte ich mir nur damit erklären, daß der Wert dieses

Schmuckes den Russen gar nicht klargeworden war, da keiner der Anwesenden jemals einen solchen gesehen hatte. Die freudige Erregung, die mich durchzuckte, ließ ich mir nicht anmerken, gelassen, aber innerlich jubelnd, steckte ich den Beutel mit dem Inhalt, der nunmehr unser ganzes Vermögen darstellte, wieder ein.

Es hatte bereits zweimal ein Unstern über den Steinen gestanden, doch beide Male war alles gut abgelaufen. Am Nachmittag vor dem abendlichen Russeneinbruch hatte Vera sie unserem Freund Franz Unruh mit anderen wertvollen kleinen Dingen in einem Blechkasten zum Vergraben im Wald übergeben. Die Russen waren aber gekommen, bevor Unruh sein Vorhaben hatte ausführen können, und durchwühlten sein Bett, in dem er den flachen Blechkasten versteckt hatte. Als Vera dies voller Schrecken bemerkte, hatte sie Unruh angewiesen, hinzustürzen und mit einer Wolldecke den Kasten zu raffen. Es war gelungen, und nach zwei Tagen war es ihm geglückt, den Blechkasten im Wald zu vergraben. Aber erst nach Wochen hatte er Vera das Versteck zeigen können, dessen Lage nicht einmal ich kannte.

An jenem letzten Nachmittag war es Vera zunächst unmöglich gewesen, den Kasten wiederzufinden. Verzweifelt hatte sie ihn gesucht, denn ein Dachs hatte ausgerechnet an dem Baumstumpf gearbeitet und das Versteck verschüttet. Endlich war es ihr doch noch gelungen, den Schatz wiederzufinden, zu heben und sicher heimzubringen. Nun war er mir von den Russen erst abgenommen und dann wiedergegeben worden. Es sollte noch unglaubwürdiger kommen.

Als ich in unsere Wohnräume zurückgeführt wurde – die Russen ließen mich nicht mehr aus den Augen –, stöberten dort überall die Russen herum, und der Teufel schien mit einem Male los zu sein. Sie hatten in einem unserer Handkoffer die Kerzen gefunden, die uns der nette, kleine Franzose Raymond geschenkt hatte, nachdem er sie den Russen entwendet hatte, und beleuchteten mit ihnen ihr Unwesen. Uns verblieben dafür die primitiven russischen Lichtspender, kleine Blechbüchsen mit Loch und Docht im Deckel und blakendem Flämmchen, das von einer mörderisch stinkenden, petroleumartigen Flüssigkeit gespeist wurde. Zu sehen war dabei so gut wie nichts.

Als ich einen Augenblick mit Vera allein sein konnte, berichtete

ich ihr von meinem Verhör und der unfaßbaren Rückgabe des Schmuckes, griff in meine hinter Hosentasche und – erstarrte: sie war leer! Hatten mir doch diese verfluchten Russen den Beutel mitsamt den Brillanten wieder aus der Tasche herausgestohlen, ohne daß ich das geringste verspürt hatte! Nun waren wir auch noch unseres letzten Rettungsankers beraubt, mit dessen Hilfe wir unser zukünftiges Leben neu gestalten wollten.
Zum Nachsinnen wurde mir keine Zeit gelassen, denn ich wurde genötigt, unter Bewachung durch finster blickende Russen in die Wirtschaftsküche zu gehen. Dort mußte ich am breiten und langen Küchentisch Platz nehmen, auf dem zwei Kerzen brannten. Mir gegenüber setzten sich derselbe Offizier, der mich verhört hatte, und die ekelhafte Frau Angermann. Die geräumigen Blechmottenkästen aus dem Gartenversteck standen bereit und wurden entleert. Alles Silber wurde auf dem Tisch, der durch Ansetzen eines zweiten verlängert worden war, aufgebaut, und ich konnte zum letztenmal die schönen Dinge betrachten: den schweren, schalenförmigen Rokoko-Tafelaufsatz mit der Menge der eingelassenen Taler aus dem Dreißigjährigen Kriege, die beiden hohen, je neunkerzigen Rokoko-Kandelaber, die uns oft bei festlichen Diners geleuchtet hatten und die nun doch nicht rechts und links an meinem Sarg brennen werden. Vier Kaffee- und Teeservice, ein Haufen großer und kleiner Platten, Schüsseln, Saucieren, Büchsen und so weiter und Eßbestecke für vierundachtzig Personen blitzten und blinkten mich an, denn das Putzen des Silbers war die Leidenschaft unseres guten Brümmer gewesen. Die beiden Tische standen und lagen rappelvoll, da auch das Silber meiner Mutter und Benitas hinzugekommen war. Der Offizier nahm auf russisch mit kyrillischer Schrift ein genaues Verzeichnis auf, da alles Silber nur »sichergestellt«, beileibe nicht gestohlen wurde! Er, Frau Angermann und ich mußten das Verzeichnis unterschreiben, und mir wurde feierlich eine Durchschrift überreicht. Danach wurde alles wieder in die Blechbehälter hineingeworfen und diese wurden auf ein kleines Lastauto geladen, das nahe der Wirtschaftsküche gehalten hatte. Damit war alles Silber meinen Blicken für immer entschwunden. Der Offizier entließ mich, drückte mir beim Abschied wie ein Gentleman die Hand, und ich durfte unter Bewachung wieder nach unseren Wohnräumen gehen.

Ich kam nur bis in die Halle, wo die Russen eifrig beschäftigt waren, in Veras Beisein unsere fünf mühsam von Brümmer und dem Stellmacher gepackten Kistchen mit Geschirr und Eßvorräten wieder aufzubrechen und alles herauszureißen. Was dabei nicht in die Brüche ging, mußte abermals eingepackt werden.
Plötzlich herrschte unter den Russen gespielte Aufregung: Eine Kiste fehlte, es waren nur noch vier vorhanden. Alles Suchen nützte nichts, denn die Russen selber hatten sie beiseite geschafft. Gerade sie war für uns lebenswichtig, denn sie enthielt unsere Nahrungsmittel. Als sich die Gemüter beruhigt hatten und alles wieder verstaut war, begaben wir uns hinauf in unsere Schlafzimmer, um dort das letzte zu packen und uns zur Ruhe zu begeben.
O weh, wie sah es dort aus! Unter der Führung von Frau Angermann waren die Russen auch dort dabei, alles, aber auch alles aus den Koffern herauszureißen, auf die Betten oder den Fußboden zu werfen, kaputtzumachen oder an sich zu nehmen, was ihnen begehrenswert erschien. Es war ein Jammer, die letzten und notwendigsten Dinge zu verlieren, die man sich noch hatte zusammenklauben können. Plötzlich gab es auch hier große Aufregung: Ein Russe hatte unglückseligerweise in einer Tasche meiner Pelzjoppe eine Schrotpatrone gefunden, die wahrscheinlich von der letzten Jagd im vergangenen Winter herrührte. Bedrohung mit der Faust vor meiner Nase mit unendlichem Wortschwall und mein Versuch, den harmlosen Fund zu erklären, bildeten nochmals einen dramatischen Höhepunkt, der aber nicht mehr in die Tiefe meines Gemütes drang, denn ich war bereits so abgestumpft, so müde, müde.
Während die Russen bei mir alles durcheinanderwarfen, war Vera in ihrem Schlafziummer nebenan schon wieder mit dem Einpakken ihrer durcheinandergewürfelten Sachen beschäftigt. Als sie damit fertig war und die Russen sich verzogen hatten, kam sie zu mir herein, um mir zu helfen. Doch da hörten wir die Russen schon wieder in ihrem Schlafzimmer rumoren, und es zeigte sich, daß sie wieder alles aus dem Handkoffer herausrissen. Vera wollte es verhindern mit den Worten: »Nun laßt das doch, ihr habt ja eben erst alles schon einmal durchwühlt«, sie wurde aber nur mit einem »Raus!« hart angelassen.
Wie alles einmal ein Ende hat, hatten es auch dieser nächtliche Wirrwarr und die Plünderei, denn es war mittlerweile Mitternacht

geworden. Die Russen zogen sich zurück und machten es sich auf den Sesseln und Fußböden im Grünen Wohnzimmer, auf den Fluren, in der Halle, mit unseren Kissen und Diwandecken allüberall bequem, schwatzten, rauchten ihre Zeitungspapierzigaretten oder schliefen.
Vera, Benita und ich, todmüde, wollten es auch tun, zuvor aber packte Vera ihren Handkoffer zum dritten Male beim flackernden Schein der russischen, stinkenden Tranfunzel. Als alles im Handkoffer verstaut war und auch sie sich mit einem Seufzer der Erleichterung endlich zur Ruhe legen wollte, fiel ihr etwas Helles auf, das auf dem Boden lag. Ach, laß es liegen, dachte sie, doch ihre Ordnungsliebe siegte, sie erhob sich, bückte sich, hob es auf und konnte es kaum fassen: Es war der helle lederne Brustbeutel mit den Diamanten! Ihn hatten nun wieder die Russen verloren. Jetzt wurde uns ihr unverständliches, sich immer wiederholendes Durchwühlen unseres Gepäcks verständlich: Sie suchten, was sie verloren hatten. Nie wieder sollten sie den Schmuck in die Hände bekommen, dafür sorgte Vera, indem sie ihn nun sicher einnähte.
Bedeutend wohler war uns jetzt zumute in unserer Lage, wenn man von einer solchen Gemütsverfassung sprechen wollte. Wir legten uns angekleidet auf unsere Betten, schliefen aber kaum, da wir immerfort die Ohren spitzten, konnten doch die Russen jeden Augenblick hereinkommen. Sie hatten im obersten Stockwerk die mit starken Brettern vernagelte Verbindungstür aufgebrochen und tobten frühmorgens hemmungslos im ganzen Haus herum. Gottlob blieben wir unbehelligt, frühstückten aber am Morgen äußerst ungemütlich neben unseren Betten und Koffern inmitten des Tohuwabohu, das die Plünderei des gestrigen Abends angerichtet hatte. Wir wurden gefangengehalten, durften unsere beiden Zimmer nicht verlassen, und niemand im Haus durfte mit uns sprechen. Die Lage war dermaßen ungemütlich und undurchsichtig geworden, daß wir unsere Abfahrt als Erlösung herbeisehnten, aber wir ahnten nicht, wann sie erfolgen würde. Wie uns später klarwurde, lag der Grund der Verzögerung unserer Abreise darin, daß wir den Zug in Stavenhagen versäumen sollten.
Wir legten uns wieder auf unsere Betten, um ruhend die Zeit totzuschlagen, da wir doch nichts beginnen konnten. Jede Viertelstunde kam ein russischer Offizier herein, setzte sich stumm ein Weilchen auf einen Stuhl neben unseren Betten, starrte uns an

und verschwand wieder. Ein anderer brachte mir die Ordensschnalle meines Bruders Alexander, die beim Durchwühlen seiner Sachen entdeckt worden war, und überreichte sie mir feierlich. So unterschiedlich beurteilte das eigenartige Volk den Wert einer Dekoration, denn meine, die nun in einem Fuchsbau ruhte, war nicht so ehrenvoll behandelt worden: Mit ihr hatten die Russen meinen Förster an seinem Hosenlatz dekoriert!
Die Stunden schlichen dahin, bis es für mich noch einmal eine besondere Überraschung gab: Es öffnete sich die Tür, herein traten ein fremder Offizier und einige Soldaten mit Maschinenpistolen über den Schultern, und ich wurde aufgefordert, mitzukommen. Ich war auf meine Exekution gefaßt. Auf dem Treppenflur sah ich mich mehreren Offizieren und GPU-Männern der Kommandantur Stavenhagen gegenüber, die mich höflich empfingen und fragend auf einen Wäschekorb wiesen, der mit Silbersachen vollgehäuft war. Ich erkannte gleich lauter Dinge aus der Sammlung Oppenheim, aber auch verschiedene große Tabletts, die ich als mir gehörig angab. Unsere Hausrussen, wenn ich sie so bezeichnen darf, hatten sie längst selber in Benutzung genommen. Damit war der Fall erledigt, und ich nahm allen Mut zusammen, um mit Würde das letzte Mal die Treppe hinunterzugehen. O Wunder! Mit innerem Jubel stellte ich fest, daß man mich in mein Arbeitszimmer führte, das gerammelt voll war mit einigen zwanzig Soldaten, GPU-Männern, Offizieren und Kommissaren in Ledermänteln. Wortführer war der trotz allem nicht unsympathische junge Offizier, der mir am Abend das Tafelsilber abgeknöpft, Verzeihung, »sichergestellt« hatte. Es folgte eine ergötzliche, satirische Komödie: Feierlich überreichte mir der Offizier einen Haufen Schlüssel! Was sollte ich mit ihnen beginnen, da alles aufgebrochen, Schränke und Schubfächer ausgeräumt und nicht mehr verschließbar waren? Ausgehändigt wurde mir nach Verschließen der Tür auch der Schlüssel zur Bibliothek, nachdem ich mich zum Schein vorher hatte vergewissern müssen, daß seit dem Vortag nichts von der Oppenheim-Sammlung verschwunden war, deren Reste wir dort zusammengetragen hatten. Damit war ich entlassen und kehrte in unser Schlafzimmer zu Vera und Benita zurück.
Gott sei Dank bekamen wir einen Teller Suppe, da es längst Zeit zum Mittagessen geworden war und der Magen uns gewaltig

knurrte. Dann begann von neuem das Warten auf unsere Abfahrterlaubnis, bis es unvermittelt gegen vierzehn Uhr hieß, wir dürften losfahren. Ich ließ es mir nicht zweimal sagen, denn wir hatten nur einen Gedanken: Fort von hier, so rasch wie möglich. Ich bestellte den zweispännigen Kastenwagen, der uns zur nächstgelegenen Bahnstation Stavenhagen bringen sollte.

Wir nahmen Abschied von meiner lieben alten Mutter, die friedlich in ihrem Sessel am Bett saß. Das Furchtbare allen Geschehens war ihr, Gott sei Dank, gar nicht mehr zum Bewußtsein gekommen, war nicht mehr in die Tiefe ihrer Seele gedrungen. Ein gnädiges Geschick hatte sie durch ihr langes Siechtum so abgestumpft, daß sie vor dem grausamen Abschiedsschmerz bewahrt blieb. Auch wir hofften und glaubten, es wäre eine Trennung von nicht allzu langer Dauer, während es eine für immer in diesem Leben wurde. Sie starb nach zweieinhalb Jahren in ihrem altgewohnten Zimmer, nachdem ihr zu allem Leid noch kläglicher Frost in den beiden folgenden Wintern nicht erspart geblieben war. Sie hatte sie nur durchhalten können, indem sie fest im Bett liegengeblieben war.

Danach verabschiedeten wir uns von allen unseren Hausleuten und Gästen, die die Halle füllten und mit den Tränen kämpften. Auch Frau Pastor Witt war gekommen, während ihr Mann es nicht hatte über sich bringen können, der traurigen Abfahrt beizuwohnen. Die Treppe füllten neugierig blickende Russen, während den Russinnen die Tränen herunterliefen.

Zwei Familien zeigten sich bezeichnenderweise nicht: die des Försters und des Ersatzinspektors. Beide hatten ein schlechtes Gewissen und hielten ihr Fernbleiben für diplomatisch. Auch hatte mein Förster es mir tödlich übelgenommen, daß ich ihn gewaltig angepfiffen hatte, als er Benita und die anderen Mädchen seinerzeit in Peenwerder den Russen ausgeliefert hatte. Dafür drückte uns Frau Angermann herzlich und mit allen guten Wünschen die Hand und betrachtete sich von Stunde an als die alleinige Herrscherin über Zettemin, die Schlange!

Brümmer und Tanger, die Getreuen, und viele helfende Hände verstauten unterdessen unser Gepäck. Leider fehlte Benitas Handköfferchen, in das sie ihre allerletzten bitternotwendigen Habseligkeiten gepackt hatte. Die verdammten Russen hatten es vormittags von den anderen in der Halle zusammengestellten

Sachen auch noch fortgestohlen. Die Ärmste besaß nun nichts mehr und mußte sich, leichtbeschwingt wie ein Vöglein, auf die Reise begeben in ihrer alten, zerrissenen, blauen Arbeitshose und auf ausgelatschten Sandalen, da sie nicht einmal mehr einen Rock und Schuhe ihr eigen nannte.
Bei dem Aufladen schob sich ein netter Flüchtling, ein Schlachtermeister aus Pommern, mit dem uns ein besonderes Vertrauensverhältnis verband, wie von ungefähr an Vera heran und flüsterte ihr zu: »Fahren Sie nicht über Stavenhagen, sondern über Malchin. Es ist nicht nötig, daß Herr Graf dem Stavenhagener Kommandanten noch einmal in die Hände gerät.« Er folgerte richtig, denn infolge unserer hinausgezögerten Abfahrt wären wir gezwungen gewesen, die Nacht in Stavenhagen zu verbringen, da der einzige tägliche Zug nach Güstrow bereits um die Mittagszeit durchgefahren war. Die Gelegenheit, uns nochmals gründlich nach dem Schmuck zu durchsuchen und zum letztenmal auszuplündern, hatten sich die Russen schlau ausgedacht.
Es hatte zu regnen begonnen und war kalt: »Zum Abschiednehmen just das rechte Wetter.« Sollte ich lachen oder heulen? Da stand Brümmer, der Gute, wie in altgewohnten Zeiten bei einer Abreise und hielt mir meine Spazierstöcke – die Plünderer hatten kein Interesse für sie gehabt – zur Auswahl hin, welchen ich mitzunehmen gedächte! Ich verzichtete dankend, denn mit unnützen Dingen konnte ich mich unmöglich noch beschweren.
Wir kletterten auf einer Leiter auf den Kastenwagen: Vera, Benita, mein Bruder, meine Schwägerin und ich und setzten uns bequem auf die weichen, zusammengerollten Bettmatratzen. Vorn auf den Sitz neben dem Kutscher schwang sich unser guter Brümmer, der uns beim Abladen am Bahnhof behilflich sein wollte. Die Pferde zogen an, und mit Segenswünschen und unter dem Winken der Zurückbleibenden, die sich gewaltsam die Tränen verhielten, um uns den Abschied nicht noch schwerer zu machen, fuhren wir ab. Jetzt erst gab ich dem Kutscher den Befehl: Nicht nach Stavenhagen, sondern nach Malchin.
Wie wir uns später haben erzählen lassen, sollen sich die uns Nachschauenden gewundert haben, daß wir nicht nach links, sondern nach rechts in die Dorfstraße einbogen. Gottlob war Löttchen Keyserlingk im rechten Augenblick der rettende Einfall gekommen: »Sie werden den Feldweg nach Stavenhagen neh-

men.« Daß dies einen erheblichen Umweg bedeutet hätte, war der ortsunkundigen Frau Angermann nicht klar, und sie erhob daher keinen Einspruch. Auch diese Klippe war glücklich umschifft worden.

Gott sei Lob und Dank, nun waren wir frei! Dies Gefühl war in mir so stark, daß ein Abschiedsschmerz, Haus und Hof und alle unsere Getreuen verlassen zu müssen, nicht aufkam. Das letzte halbe Jahr und diese letzten Tage mit ihren Schreckschüssen und dauernden Aufregungen machten mir den Abschied weiß Gott leicht. Es war ja auch kein Abschied für immer, denn Vera und ich hatten so felsenfest das Gefühl unserer über kurz oder lang erfolgenden Rückkehr, daß es mir vorkam, als ob wir nach erfüllter Pflicht und erledigter Arbeit nun zu einer Erholungsreise aufbrächen. Gefühle in solchen Augenblicken trügen nicht.

Wir klapperten durch das Dorf, das ausgestorben zu sein schien: Niemand ließ sich blicken, und alle Fenster und Türen waren verschlossen. Unsere Leute hatten den schmerzlichen Anblick unserer Vertreibung nicht mitansehen wollen. Sie wußten, was wir ihnen gewesen waren, und ahnten, was ihrer, auf sich allein gestellt, harrte.

Wir fuhren an der alten gotischen Feldsteinkirche der Zisterziensermönche mit ihrem gedrungenen Turm, in dem die Dohlen hausten, an der nun endgültig verdorrten Hitler-Eiche und an dem Pfarrgehöft vorbei. Hier hatten in Fritz Reuters *Stromtid* Mining un Lining gelebt und Mining im »großen Wassergraben« mit Fritz Triddelfitz gesessen. Vorbei ging es am Schießberg, um den der wackere alte Pastor mit Bibel und fliegendem Talar den leibhaftigen Teufel dreimal gejagt und vertrieben hatte, und an der alten knorrigen, verkrüppelten Kiefer im Grenzrain, an der sich vor langen Zeiten ein alter Mann aufgehängt haben sollte. Erinnerungen flogen vorbei auf Schritt und Tritt, während wir auf unserem Hausrat auf dem Kastenwagen thronten wie arme Leute, die umzogen. Die wußten immerhin, wo sie sich wieder häuslich einrichten und ihr Haupt würden niederlegen können, wir aber wußten es nicht. Eigenartig spielte der Zufall: Auf einem fremden, kleinen Kastenwagen eines Stavenhagener Fuhrunternehmers hatte ich vor siebenundzwanzig Jahren meinen Einzug in Zettemin gehalten, auf ähnliche Art zog ich wieder davon. Gesegnete Jahre des Glückes und des Leides hatten mir jedoch einen

Reichtum beschert, den mir niemand, auch kein Russe und kein Kommunist, rauben konnte, da er in mir selber ruhte.
Wir überfuhren eine kleine Bodenwelle, der butzige Kirchturm, das letzte Zeichen von Zettemin, wurde kleiner und kleiner, bis auch die Wetterfahne auf seiner Spitze untertauchte. Dann ging es über die Gutsgrenze, und wir waren losgelöst von der heimatlichen Erde, von Zettemin. Tiefe, schwere Regenwolken fegten unter dem Himmel dahin und ließen mir die trostvolle, froh und zuversichtlich stimmende Strophe des alten Kirchenliedes immerfort durch den Sinn gehen:

Befiehl du deine Wege
und was dein Herze kränkt
der allertreusten Pflege
des, der den Himmel lenkt.
Der Wolken, Luft und Winden
gibt Wege, Lauf und Bahn,
der wird auch Wege finden,
da dein Fuß gehen kann.

Glossar

achter	hinter
aftauhoalen	abzuholen
bannig	kräftig, sehr
begäng	zugange
Besäuk	Besuch
dahl	nieder
eis	einmal
fuhrts	gleich
höchte	freute
Högen	Freuen (substantiviertes Verb)
hürt	gehört; hier im Kontext: wie sich das gehört
Kateiker (eigentlich Kalteiker)	Eichkätzchen
Start	Schwanz
töwen	warten
verfiert	erschreckt
Wührt, »in de Wührt«	mit den Worten
zulpte	saugte

Fehmarn-Belt
Rödsand
Gjedser
Markelsdorfer Huk
Puttgarden
Petersdorf
Fehmarn
Orth
Burg
Burgstaaken
Fehmarn Sund
Staber Huk
Heiligenhafen
Hohwachter B.
Großenbroder Fähre
Lütjenbrode
Hohwacht
Oldenbg
Lütjenbg.
Grube
Dahme
Kellenhusen
Mecklenburger Bucht
Warnemünde
Heiligendamm
Arendsee
Brunshaupten
Diedrichsh. B.
Oldenburg
Cismar
Grömitz
Neustadt
Eutin
Lübeck
Lübecker B.
Wustrow
A. Gaarz
Doberan
Kröpelin
Neu-Bukow
Salzhaff
Poel
Kirchdf.
Scharbeutz
Haffkrug
Gleschendorf
Niendf.
Klütz
Boltenhgn.
Wismar B.
Travemünde
Dassow
Wohlenbg.
Wismar
Hornstorf
Neukloster
Schwaan
Hohe Burg
LÜBECK
Schlutup
Schönbg.
Grevesmühlen
Mecklenbg.
Warin
Ratzeburg
Rehna
Kleinen
Blankenbg.
Güstrow
Karlow
Wiligrad
Schweriner See
Brüel
Sternberg
St. Georgsberg
Ratzebg.
Gadebusch
Hütter B.
Mölln
Lützow
Schwerin
Demen
Goldberg
Hollenbek
Zarrentin
Krivitz
Lauenburg
Holthsn.
Banzkow
Grebbin
Schwarzenbek
Büchen
Dodow
Wittenbg.
Lübz
Geesthacht
Hagenow
Friedrichsmoor
Lewitz
Elde
Parchim
Lauenbg.
Boizenbg.
Brahlstorf
Wöbbelin
Neustadt
Redefin
Ludwigslust
Marnitz
Bleckede
Lübtheen
Grabow
Neuhaus
Neetze
Dahlenbg.
Malliß
Eldena
Kl. Berge
Hitzacker
Dömitz
Rambow
Karstädt
Göhrde
Forst Göhrde
Medingen
Dannenberg
Lenzen
Perleberg
Elbe

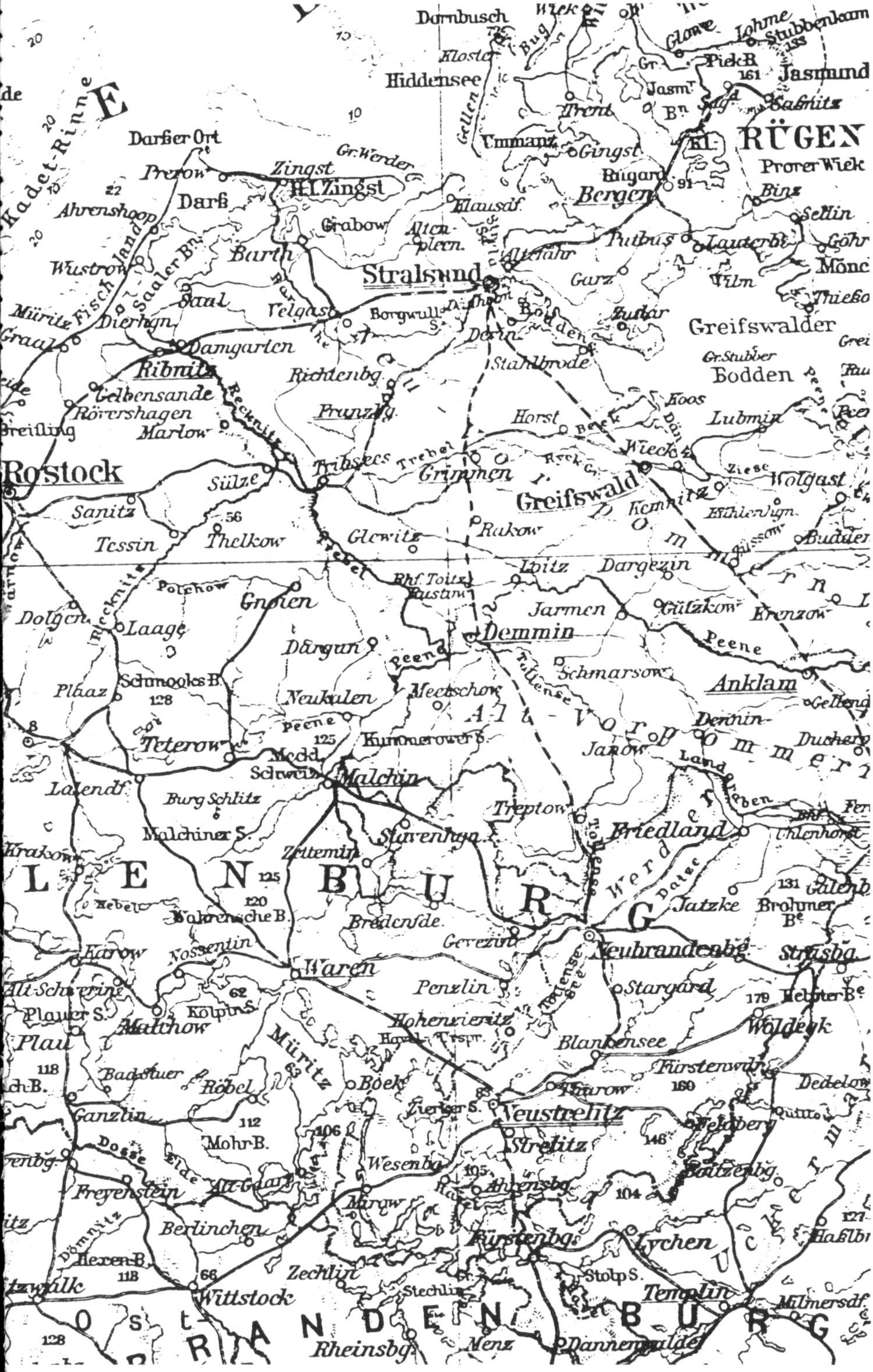
Dornbusch
Hiddensee
Kloster
Jasmund
Stubbenkam
RÜGEN
Prorer Wiek
Binz
Sellin
Bergen
Gingst
Ummanz
Putbus
Lauterbach
Garz
Zudar
Greifswalder
Bodden
Gr. Stubber
Lubmin
Wolgast
Darßer Ort
Prerow
Zingst
Kl. Zingst
Gr. Werder
Darß
Ahrenshoop
Wustrow
Barth
Grabow
Stralsund
Altefähr
Saal
Velgast
Borgwall S.
Dierhgn.
Damgarten
Ribnitz
Gelbensande
Rövershagen
Marlow
Richtenbg.
Franzbg.
Stahlbrode
Koos
Horst
Wieck
Greifswald
Grimmen
Tribsees
Trebel
Rostock
Sülze
Sanitz
Tessin
Thelkow
Glewitz
Rakow
Kemnitz
Loitz
Dargezin
Gützkow
Jarmen
Peene
Demmin
Anklam
Schmarsow
Tollense
Polchow
Gnoien
Laage
Dolgen
Dargun
Neukalen
Meetschow
Plaaz
Schmooks B.
Teterow
Kummerower S.
Malchin
Lalendf.
Burg Schlitz
Malchiner S.
Stavenhgn.
Treptow
Friedland
Jatzke
Brohmer
Galenbk.
Datze
Bredenfde.
Gevezin
Neubrandenbg.
Strasbg.
Stargard
Penzlin
Nossentin
Karow
Waren
Alt-Schwerin
Plauer S.
Kölpin S.
Malchow
Plau
Müritz
Hohenzieritz
Blankensee
Woldegk
Fürstenwdr.
Dedelow
Badstüer
Röbel
Boek
Thurow
Neustrelitz
Strelitz
Ganzlin
Mohr B.
Feldberg
Wesenbg.
Boitzenbg.
Freyenstein
Alt-Gaarz
Mirow
Ahrensbg.
Lychen
Berlinchen
Fürstenbg.
Hexen B.
Zechlin
Stolp S.
Wittstock
Stechlin
Templin
Milmersdf.
Rheinsbg.
Menz
Dannenwalde
Ost-
BRANDENBURG
LENBURG
Uckermark
Vorpommern
Alt-Vorpommern